TEORIA GERAL do ESTADO e CIÊNCIA POLÍTICA

O GEN | Grupo Editorial Nacional – maior plataforma editorial brasileira no segmento científico, técnico e profissional – publica conteúdos nas áreas de concursos, ciências jurídicas, humanas, exatas, da saúde e sociais aplicadas, além de prover serviços direcionados à educação continuada.

As editoras que integram o GEN, das mais respeitadas no mercado editorial, construíram catálogos inigualáveis, com obras decisivas para a formação acadêmica e o aperfeiçoamento de várias gerações de profissionais e estudantes, tendo se tornado sinônimo de qualidade e seriedade.

A missão do GEN e dos núcleos de conteúdo que o compõem é prover a melhor informação científica e distribuí-la de maneira flexível e conveniente, a preços justos, gerando benefícios e servindo a autores, docentes, livreiros, funcionários, colaboradores e acionistas.

Nosso comportamento ético incondicional e nossa responsabilidade social e ambiental são reforçados pela natureza educacional de nossa atividade e dão sustentabilidade ao crescimento contínuo e à rentabilidade do grupo.

TEORIA GERAL do ESTADO

e CIÊNCIA POLÍTICA

JOÃO ROBERTO GORINI GAMBA

4ª edição revista, atualizada e ampliada

- **Atendimento ao cliente: (11) 5080-0751 | faleconosco@grupogen.com.br**

- Direitos exclusivos para a língua portuguesa
Copyright © 2025 by
Editora Atlas Ltda.
Uma editora integrante do GEN | Grupo Editorial Nacional
Travessa do Ouvidor, 11 – Térreo e 6º andar
Rio de Janeiro – RJ – 20040-040
www.grupogen.com.br

- Capa: Aurélio Corrêa

CIP-BRASIL. CATALOGAÇÃO NA PUBLICAÇÃO
SINDICATO NACIONAL DOS EDITORES DE LIVROS, RJ

G179t
4. ed.

    Gamba, João Roberto Gorini
      Teoria geral do estado e ciência política / João Roberto Gorini Gamba. - 4. ed.,
rev., atual. e ampl. - Barueri [SP] : Atlas, 2025.
      360 p. ; 24 cm.

    Inclui bibliografia
    ISBN 978-65-5977-736-5

    1. Ciência política. 2. Estado. I. Título.

	CDD: 320.1
25-96697.0	CDU: 321.01

Meri Gleice Rodrigues de Souza - Bibliotecária - CRB-7/6439

Respeite o direito autoral

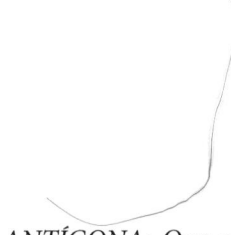

ANTÍGONA: Que sonho, hein, para um rei, animais! Seria tão simples.[1]

---

[1] Diálogo entre Antígona e Creonte extraído da adaptação da tragédia grega *Antígona* pelo dramaturgo francês Jean Anouilh, apresentada pela primeira vez em 1944.

SOBRE O AUTOR

Pós-doutorado em Democracia e Direitos Humanos pela Universidade de Coimbra, Portugal. Doutor e Mestre em Filosofia do Direito pela Pontifícia Universidade Católica de São Paulo (PUC-SP), instituição pela qual também obteve sua formação em Direito. Professor da Universidade São Judas Tadeu (USJT). Advogado em São Paulo.

NOTA À 4ª EDIÇÃO

Nesta 4ª edição, seguimos comprometidos com o aprimoramento contínuo desta obra, realizando revisões, atualizações e ajustes para torná-la mais clara e completa, sempre com o objetivo de preservar a sua versatilidade ao apresentar os conteúdos de maneira didática, mas com a profundidade necessária ao pensamento crítico. No todo, o livro permanece o mesmo, sem mudanças estruturais ou de posicionamento.

Nos últimos anos, o avanço da inteligência artificial, especialmente com o desenvolvimento de modelos como o ChatGPT-4, tem transformado a maneira como buscamos e processamos informações. Essa nova fase da inteligência artificial segue impactando diversos setores (educacional, artístico, serviços e até mesmo a indústria), tornando-se uma ferramenta essencial na busca por produtividade e inovação.

A introdução dessas tecnologias no mercado de trabalho nos lembra, mais uma vez, que a automação de funções humanas não se dá necessariamente por meio de robôs hollywoodianos, mas por qualquer inovação tecnológica que, ao ser incorporada ao processo produtivo, reduza a demanda por trabalho humano.

Para manejar essas ferramentas, entretanto, é essencial possuir um conhecimento crítico e aprofundado, que permita inserir e refinar *prompts* e comandos para obter resultados mais precisos; ser capaz de validar e checar as informações; interpretar e aplicar as respostas obtidas de modo contextualizado, adaptando-as às situações reais; e, ainda, estar consciente sobre os possíveis vieses algorítmicos.

Diante disso, incentivamos os leitores a manterem uma postura ativa no aprendizado, buscando desenvolver um pensamento fundamentado e crítico para que possam manter o controle sobre o uso da tecnologia, garantindo que ela amplifique suas habilidades em vez de limitá-las.

Fevereiro de 2025
João Roberto Gorini Gamba

APRESENTAÇÃO

Acesse o QR code e assista ao vídeo
> uqr.to/eeqt

A obra que o leitor tem em mãos busca compreender, por meio de diferentes pontos de vista e abordagens, os mais variados temas estudados em Teoria Geral do Estado e Ciência Política. Serão apresentados alguns conceitos clássicos, há muito reproduzidos em manuais e livros dedicados ao tema, mas também conceitos inovadores, decorrentes de restruturações teóricas e de adequações necessárias em virtude de mudanças verificadas na prática política observável. Ainda, o leitor encontrará por toda a obra análises críticas sobre os mais diversos temas que serão trabalhados, bem como a exposição de argumentos favoráveis e contrários aos diversos institutos e opiniões que serão apresentados, buscando, assim, fornecer ao leitor alguns argumentos conflitantes entre si e usualmente arguidos em debates políticos e filosóficos e, com isso, proporcionar uma compreensão mais ampla dos temas.

Estruturalmente, a obra é dividida em três partes com características e propósitos distintos. Na Parte I, o leitor encontrará análises sociológicas e históricas sobre a sociedade e o Estado, buscando prepará-lo para uma compreensão mais contextualizada dos conceitos que serão apresentados ao longo da obra; afinal, não podemos compreender os fenômenos políticos atuais sem verificarmos sua origem histórica e seu gradual desenvolvimento ao longo dos séculos. Já a Parte II é destinada ao estudo das diferentes formas de justificação do Estado, incluindo as noções de legalidade, legitimidade e justificação filosófica do poder. Engloba, ainda, um estudo mais amplo e detalhado acerca das diferentes formas de justificação do Estado que foram utilizadas ao longo da história do pensamento humano. Essa parte, vale destacar, possui um nível consideravelmente mais elevado de complexidade, posto que se vale de temas relacionados à filosofia política, demandando um estudo mais cuidadoso. Por fim, a Parte III apresenta abordagens jurídicas e políticas acerca de diversos temas relacionados à estruturação e ao exercício do poder, tais como os elementos constitutivos do Estado, as formas e os sistemas de governo, o sufrágio, os sistemas eleitorais, os sistemas partidários e os partidos políticos, além de outros assuntos que se relacionam diretamente com essas questões, tais como burocracia, tecnocracia, grupos de pressão, revoluções e golpes de Estado e, ao fim, uma análise das questões contemporâneas que afetam o Estado e a democracia diante das transformações trazidas pela quarta revolução industrial em curso.

Adicionalmente, buscando ampliar e reforçar a compreensão dos temas, ao final de cada capítulo o leitor encontrará *Filmografia, Questões Objetivas, Questões Dissertativas* e *Casos Práticos.*

A *Filmografia* indicada é composta por alguns títulos de produções audiovisuais relevantes para o estudo do tema do respectivo capítulo. Por vezes, os filmes indicados serão diretamente relacionados aos temas trabalhados ao longo do capítulo e o leitor poderá compreender a aplicação prática (em casos reais ou fictícios) dos conceitos teóricos então estudados. Em outros filmes, é possível que o tema seja apenas colateralmente tratado ou, ainda, que sejam relevantes apenas por sua ambientação, isto é, por demonstrarem as relações políticas, sociais e econômicas típicas de determinado período histórico, o que já torna tais obras relevantes para fins de compreensão de temas de natureza político-social.

As *Questões Objetivas* cuidam de reforçar a compreensão dos diferentes temas abordados em cada capítulo, bem como verificar se o estudante compreendeu adequadamente a diferença e a relação entre os conceitos. Ademais, tem uma função prática relevante de preparar o leitor para enfrentar provas de concursos públicos, OAB e outras em que a realização de questões objetivas se faz necessária.

As *Questões Dissertativas* apresentadas ao final de cada capítulo servem para direcionar o estudo e são focadas nos temas mais relevantes. Busca-se, com elas, verificar se o leitor compreendeu adequadamente os conceitos e, portanto, se pode aproximá-los e diferenciá-los por meio da elaboração de um texto bem estruturado. Trata-se aqui, ainda, de incentivar os estudantes a elaborarem respostas dissertativas e, com isso, aprimorarem sua redação.

Por fim, os *Casos Práticos* servem para que o leitor possa verificar a concretização das teorias aprendidas, conectando-as à realidade política e social em constante transformação. As análises e questões requeridas ao final de cada caso são, via de regra, abertas e comportam diferentes respostas, desde que devidamente fundamentadas. Busca-se, aqui, demonstrar ao leitor que a aplicação das teorias à prática política pode abrir diversos caminhos e comportar diferentes visões e argumentos.

Diante dessas ferramentas à disposição do leitor, esperamos que esta obra cumpra o papel a que se dispõe, demonstrando que as instituições políticas são construções humanas em constante transformação e, portanto, será sempre possível avançarmos no sentido de uma sociedade mais livre, justa e solidária.

Boa leitura!

João Roberto Gorini Gamba

SUMÁRIO

PARTE II
O PROBLEMA DAS JUSTIFICAÇÕES
DO ESTADO

Capítulo 4
AS JUSTIFICAÇÕES DO ESTADO

Capítulo 5
AS JUSTIFICAÇÕES DO ESTADO EM
PERSPECTIVA HISTÓRICA

PARTE III
ASPECTOS JURÍDICOS E POLÍTICOS

Capítulo 6
ESTADO

Capítulo 7
FORMAS DE ESTADO

Capítulo 8
FORMAÇÃO E EXTINÇÃO DOS ESTADOS

Capítulo 9
REGIMES POLÍTICOS

Capítulo 10
FORMAS DE GOVERNO

Capítulo 11
SISTEMAS DE GOVERNO

Capítulo 12
SUFRÁGIO

Capítulo 13
SISTEMAS ELEITORAIS

Capítulo 14
PARTIDOS POLÍTICOS E SISTEMAS PARTIDÁRIOS

Capítulo 15
BUROCRACIA E TECNOCRACIA

Capítulo 16
GRUPOS DE PRESSÃO

Capítulo 17
REVOLUÇÃO E GOLPE DE ESTADO

Capítulo 18
CONSTITUIÇÃO

Capítulo 19
IMPACTOS POLÍTICOS DECORRENTES DA QUARTA REVOLUÇÃO INDUSTRIAL

INTRODUÇÃO

Acesse o QR code e assista ao vídeo sobre o tema

> uqr.to/eepz

Todo estudante das ciências humanas não pode se furtar a compreender as características estruturantes da sociedade em que vive. Essa razão explica a importância desta obra dedicada ao estudo da Teoria Geral do Estado e da Ciência Política.

Referida compreensão, entretanto, não é tarefa fácil e que pode ser resolvida com uma simples obra; trata-se de estudo permanente e que envolve a análise das origens históricas dos institutos políticos e jurídicos mais relevantes de nossa sociedade, bem como da forma como eles se inserem e são organizados no atual contexto, além do exercício filosófico de questionamento acerca de como esses institutos deveriam ser estruturados para alcançarmos uma sociedade mais justa e, é claro, discutir qual concepção de justiça adotar. Em outras palavras, é necessário compreender a estrutura do Estado, o modo de funcionamento de suas instituições, de onde vieram e qual seu sentido atualmente desempenhado, bem como qual papel poderão desempenhar no futuro.

Posto isso, temos que esta obra não visa reproduzir em tom automatizante algum conteúdo, supostamente transferindo-o ao leitor, ocasionando um ensino passivo e apenas técnico, voltado à mera necessidade de reposicionamento de quadros funcionais. Ao contrário, o objetivo aqui é proporcionar uma visão ampla, crítica e questionadora acerca das instituições políticas e jurídicas que existem e daquelas que estão sendo projetadas para nosso futuro próximo, de tal forma que o conhecimento possa ser utilizado como ferramenta para análise crítica e construtiva, enxergando na educação uma prática de transformação, emancipação e liberdade.

Assim, o estudo de Teoria Geral do Estado e Ciência Política encontra-se dentro do eixo fundamental de formação de qualquer estudante de humanidades, posto que fornece aos educandos uma visão ampla acerca do fenômeno estatal e das mais diversas questões políticas que necessariamente circunscrevem a vida de qualquer cidadão, para que este possa avaliar suas perspectivas dentro de um projeto ético, com consciência de seus direitos individuais e da coletividade que o circunda, de forma que exerça um pensamento crítico a respeito de sua atuação na sociedade, buscando não uma mera reprodução do que há, mas uma reformulação conforme sua possibilidade e seu entendimento.

1.1 TERMINOLOGIA E OBJETO DE ESTUDO

Teoria Geral do Estado e Ciência Política referem-se a duas abordagens distintas sobre o fenômeno do poder nas sociedades políticas, tendo como foco o Estado. Afinal, não se pode estudar o Estado sem se falar em política e não se pode estudar política sem se considerar o Estado. Entretanto, há diferenças entre as duas áreas de estudo, bem como divergências acerca de como conceituá-las. Vejamos.

A *Teoria Geral do Estado* busca compreender o Estado sob vários aspectos, tais como o contexto político e histórico de seu surgimento, como se relaciona com os demais atores políticos e com a sociedade e qual sua relação com o direito; enfim, todas as relações que de alguma forma o envolvem. Assim, em resumo, busca-se com a Teoria Geral do Estado compreender o mais amplamente possível o fenômeno estatal, bem como todas suas funções e relações, considerando-o ao menos do ponto de vista histórico, filosófico, econômico e jurídico. Referida pretensão é exteriorizada no nome da matéria: Teoria *Geral* do Estado, dando a entender que se trata de uma teoria tão geral que seria aplicável a todo e qualquer Estado e, portanto, dotada de certa universalidade, na medida em que busca reunir aquilo que há de essencial nos Estados, inobstante as particularidades que cada um evidentemente possui.

No nosso caso, não se trata de buscar uma teoria universal do Estado, posto não acreditarmos ser essa uma tarefa possível. Todas as formas de sociedades políticas organizadas, incluindo essa forma específica chamada de Estado, possuem suas características, e mesmo os Estados modernos construídos nos últimos três séculos possuem entre eles distinções notáveis. Desse modo, a ideia de uma Teoria *Geral* do Estado significa, apenas, que se busca aqui apontar os princípios e as características do Estado considerado em abstrato e em sentido amplo (*lato sensu*) e não uma análise de determinado Estado singular.

De toda sorte, também não faremos aqui qualquer teoria específica sobre o Estado, visando demonstrar uma determinada tese sobre o fenômeno estatal ou analisar um determinado Estado ou, ainda, conjecturar sobre sua forma ideal. Trata-se, em resumo, de apresentar as condições históricas e políticas do surgimento do Estado moderno, bem como suas características estruturantes mais marcantes, reconhecendo, entretanto, a diversidade de Estados existentes.

A *Ciência Política*, por sua vez, ocupa-se com as instituições, os recursos, os modelos e as formas políticas historicamente verificadas e ainda vigentes, ou seja, cuida dos aspectos práticos acerca do exercício do poder e como este se estrutura. Afinal, na qualidade de ciência, a Ciência Política não pode se furtar a partir da realidade e da experiência.

Muito se discute sobre o objeto de estudo da Ciência Política. Dentro de uma abordagem limitada e reduzida, poderíamos indicar o Estado como tal. Outros preferem apontar, de modo mais amplo, o *poder*[1] ou a *estrutura de autoridade*[2], conferindo à matéria uma maior abrangência, sobretudo ao colocar o Estado como apenas uma das estruturas possíveis para o exercício do poder. De todo modo, é notável que o Estado tem

---

1   DUVERGER, Maurice. **Ciência política:** teoria e método. Trad. Heloísa de Castro Lima. Rio de Janeiro: Zahar, 1962, p. 10.

2   MEYNAUD, Jean. **A ciência política:** sua natureza e seu alcance. Trad. Luiz Cláudio de Castro. Rio de Janeiro: Função Getulio Vargas, 1960, p. 27.

papel destacado dentro da Ciência Política, fazendo com que seu estudo seja central tanto para a Teoria Geral do Estado como para a Ciência Política, ainda que as abordagens e os métodos sejam distintos – e normalmente complementares.

Como objeto de estudo da Teoria Geral do Estado, o Estado é visto – em abstrato – sobre múltiplos ângulos (histórico, filosófico, jurídico, econômico etc.), já sob o domínio da Ciência Política, importa-nos compreender a organização do Estado tal como ela aparece ao cientista: formas de governo, sistemas de governo, sistemas eleitorais e, ainda, fatores externos à estrutura estatal, mas que com ela se relacionam: grupos de pressão e discursos tecnocráticos, por exemplo; afinal, a Ciência Política busca estudar o poder e tudo aquilo que com ele se relaciona.

Vale destacar, ainda, que a Ciência Política não se confunde com aquelas ciências ditas exatas e, portanto, não possui qualquer pretensão de certeza em seus postulados, tais como é comum nas chamadas *hard sciences* (matemática, física, química etc.). Antes disso, analisaremos brevemente as distinções entre a Filosofia Política e a Ciência Política, para aclararmos qual o objeto de estudo de cada um desses ramos do conhecimento.

1.2 FILOSOFIA POLÍTICA E CIÊNCIA POLÍTICA

Antes de entrarmos nas diferenças substanciais entre Filosofia Política e Ciência Política, cabe-nos apresentar algumas noções sobre o que elas têm em comum: a política como objeto de estudo. A palavra política decorre dos vocábulos gregos *pólis* (cidade, cidadãos que formam a cidade), *politeia* (conceito amplo, que pode significar Estado, Constituição, República ou Cidadania), *politica* (coisas cívicas e inerentes à cidade) e *politikè* (arte da política); sendo a política, portanto, a discussão de tudo o que se relaciona com a convivência humana, especialmente sua forma de organização e o fenômeno do poder político, o que obviamente inclui não só a questão das regras que regem as relações de humanos que convivem (vivem conjuntamente), mas também a forma de exercício do poder entre eles.

Já o termo *Filosofia* remonta ao termo grego *philos*, que deriva do termo *philia*, cujo significado é amor, enquanto o termo *sophia* significa sabedoria. Assim, a partir da análise etimológica (estudo da origem e da evolução das palavras) do termo Filosofia, temos que ele significa "amante da sabedoria". Atribui-se a Pitágoras a invenção do termo. Ao ser perguntado se ele era um sábio (*sóphos*), Pitágoras teria dito que sábio é aquele que vive a sabedoria (ou seja, os deuses), de modo que ele era apenas um amante da sabedoria (*philósophos*)[3].

Para Aristóteles, a Filosofia é a "ciência dos primeiros princípios"; para Tomás de Aquino, é a *"Scientia rerum per altíssimas causas"*; e para Descartes, é "o conhecimento da verdade pelas causas primeiras"[4]. Essas definições, embora abstratas, nos permitem compreender

---

3   LEITE, Flamarion Tavares. **Manual de filosofia geral e jurídica:** das origens a Kant. Rio de Janeiro: Forense, 2008, p. 13.

4   LAHR, C. **Manual de filosofia:** resumido e adaptado do "Cours de Philosophie". 4. ed. Porto: Livraria Apostolado da Imprensa, 1948, p. 2.

a abrangência e a pretensão que são usualmente atribuídas à Filosofia como questionadora dos pressupostos e condições de possibilidade de todas as ciências particulares[5].

Diante dessas noções iniciais, ao falarmos de Filosofia Política, é comum fazermos as seguintes perguntas: Por que vivemos em sociedade? Qual é o fundamento do poder político justo? Como seria o Estado ideal? Qual é a melhor maneira de estruturar o poder nas sociedades políticas?

Posto isso, temos que a Filosofia Política remonta ao menos à Antiguidade. Com efeito, sabe-se que desde Platão e Aristóteles temos importantes textos a respeito de como a pólis ideal deveria ser organizada e regida (vide *A República* de Platão), bem como quais são a natureza e origem da sociedade e sua relação com seus membros (vide *A Política* de Aristóteles).

Já a *Ciência* parte da realidade – e não de especulações. Diante disso, baseia-se em experiências para, a partir delas, compreender a existência de regras gerais. Desse modo, a Ciência Política estuda as instituições políticas, ou melhor, a estrutura de autoridade na gestão das coisas públicas[6].

Assim, enquanto a Filosofia Política existe há milênios (Platão e Aristóteles são apenas os exemplos mais conhecidos), assume-se que a Ciência Política se inicia apenas no século XVI, sendo comum entre os estudiosos do tema apontar seu início com *O Príncipe* de Maquiavel, uma vez que tal obra não traz uma análise especulativa e conjectural sobre formas de se governar, mas apresenta um manual com estratégias para conquista e manutenção do poder, baseando-se na experiência de governos e em situações reais.

Em suma, temos que a Ciência faz análises que partem do real, utilizando a realidade para explicar a própria realidade – daí o foco na experiência; enquanto a Filosofia busca conceitos ideais, a partir de conjecturas e especulações filosóficas, não necessariamente partindo da realidade.

Vejamos como ficam definidos os temas correlacionados e analisados anteriormente:

Teoria Geral do Estado	Busca compreender o mais amplamente possível o fenômeno estatal. Isto é, visa analisar o Estado sob vários aspectos, tais como histórico, filosófico, econômico e jurídico.
Ciência Política	Analisa a estrutura, as instituições, os modelos e as formas políticas historicamente verificadas e ainda vigentes, ou seja, cuida dos aspectos práticos acerca do exercício do poder. Afinal, na qualidade de ciência, a Ciência Política não pode se furtar a partir da realidade e da experiência. Centra-se, portanto, nas instituições políticas.
Filosofia Política	Busca explicar questões fundamentais acerca do exercício do poder e da sociabilidade humana, bem como apresentar hipóteses e conjecturas sobre as mais diversas questões políticas. Diante disso, centra-se em teorias políticas.

---

5   REALE, Miguel. **Introdução à filosofia.** 4. ed. São Paulo: Saraiva, 2002, p. 9.

6   MEYNAUD, Jean. **A ciência política:** sua natureza e seu alcance. Trad. Luiz Cláudio de Castro. Rio de Janeiro: Função Getulio Vargas, 1960, p. 27.

Vale destacar que há um intercâmbio de informações e conhecimentos inevitável e imprescindível entre esses ramos do saber. A Teoria Geral do Estado, tal como apresentada, possui amplas possiblidades de análise sobre o Estado, incluindo a compreensão de institutos existentes e da experiência política concreta (quando se assemelha à Ciência Política), bem como a análise filosófica acerca do Estado (quando então se vale de conceitos da Filosofia Política). Ainda, é evidente que não se pode compreender os institutos políticos existentes (objeto da Ciência Política), sem se atentar para a Filosofia Política que fundamentou o nascimento desses institutos ou para as teorias atuais que buscam criticá-los. Por outro lado, não se pode fazer Filosofia Política sem considerar as instituições e estruturas existentes à época dos escritos ou sem analisar os impactos da filosofia para a construção de instituições políticas concretas.

Muito embora seja possível apontar diferenças na metodologia e no objeto de estudo de cada um dos campos aqui analisados, a distinção entre as disciplinas não é uníssona na doutrina. Como nos lembra Jean Meynaud[7], a controvérsia acerca do objeto de estudo da Ciência Política reside naqueles que a compreendem como estudo do Estado e os que preferem vê-la como estudo do poder (ainda que o autor prefira falar em estudo da estrutura de autoridade). Essas posições podem tornar o escopo da disciplina mais ou menos delimitado, podendo até esvaziar a distinção existente entre Teoria Geral do Estado e Ciência Política, tal como apresentamos anteriormente. De toda sorte, é certo que determinadas temáticas, em razão da complexidade ou de sua natureza interdisciplinar, poderão estar inseridas dentro da Ciência Política ou da Teoria Geral do Estado em razão da visão do autor ou por motivos didáticos.

1.3 NATUREZA E CULTURA

É possível realizar uma divisão das ciências em três grandes grupos[8], quais sejam: as *Ciências Matemáticas (ou Ideais)*, que estudam objetos ideais (como os números); as *Ciências Físicas (ou Naturais)*, que estudam objetos naturais (tais como as plantas estudadas pela Biologia); e, por fim, as *Ciências Culturais (ou Histórico-Culturais)*, também chamadas de *Humanas*, e que estudam os objetos decorrentes das manifestações da cultura humana (como a Arte, a Moral, o Direito e a Política).

Dentro dessa simples divisão, podemos compreender as Ciências Ideais e Naturais como ligadas ao mundo natural e, assim, sujeitas às chamadas leis da natureza e, portanto, assume-se que estamos falando de questões que independem do homem. Já as Ciências Humanas, por trabalharem com a cultura, apreendem questões decorrentes do comportamento humano, afinal, é apenas o homem que produz cultura.

Assim, ao estudarmos questões naturais, estamos diante de leis fixas, permanentes e do típico determinismo físico-mecânico da natureza. Diante disso, assume-se que tais leis são as mesmas desde sempre até os dias de hoje e, portanto, apontamos as leis da natureza

---

7   MEYNAUD, Jean. **A ciência política:** sua natureza e seu alcance. Trad. Luiz Cláudio de Castro. Rio de Janeiro: Fundação Getulio Vargas, 1960, p. 21.

8   A análise que se segue parte de: REALE, Miguel. **Introdução à filosofia.** 4. ed. São Paulo: Saraiva, 2002, p. 215-230.

como imutáveis e, é claro, universais. Sem entrarmos em questões mais complexas, que nos fariam problematizar essa simples afirmação, vale dizer, portanto, que as ciências ligadas à natureza trabalham com objetos não sujeitos à interferência humana (ainda que seus postulados sejam descritos por humanos e que a escolha daquilo que é estudado resulte de uma decisão humana e, portanto, interessada).

Por outro lado, as Ciências Humanas lidam com os humanos e, portanto, com a mudança, a diversidade e a incerteza. Em resumo, tudo aquilo que decorre do comportamento humano, visto como ser livre. Assim, assumindo que a nossa conduta não se encontra determinada desde sempre, consideramos que o ser humano é livre e, portanto, nada podemos assegurar com relação ao seu comportamento futuro, de tal sorte que, nas Ciências Humanas, pouco podemos prever. Ora, essa diferença é substancial com relação às ciências ligadas ao mundo natural, vez que é tarefa simples prever como se comportarão objetos naturais nos próximos dias, semanas etc. (por exemplo: a lei da gravidade funcionará na semana que vem). Entretanto, é tarefa impossível fazer afirmações com alguma certeza com relação aos objetos decorrentes da cultura humana (por exemplo: tal projeto de lei será aprovado no Congresso na próxima semana). Ainda que tenhamos estudos e análises sobre o caso e uma alta probabilidade de ocorrência do evento, a contingência típica do comportamento humano impossibilita qualquer afirmação com pretensão de certeza do tipo científica.

Uma questão emerge aí: e os animais, onde se enquadram? Ora, os animais possuem apenas instinto e não a racionalidade, a qual possibilita que nós, humanos, possamos deliberar, ponderar e agir de formas diversas. Bem verdade, nós temos esse tal instinto – o que Kant chamará de desejo –, entretanto, temos também a capacidade de realizar deliberações racionais e, portanto, temos aquilo que Kant denomina vontade. Um exemplo acerca dessa substancial distinção entre animais e humanos é pensarmos sobre as formas de vida e comportamento dos cavalos e dos cachorros da Antiguidade e dos cavalos e dos cachorros de hoje. Ora, esses animais vivem da mesma forma desde então, enquanto os humanos alteraram significativamente sua forma de se organizar e de se comportar ao longo dos séculos.

Assim, podemos resumir esses dois mundos, da Natureza e da Cultura, a partir das seguintes características:

Natureza	Necessidade	Certeza	Leis imutáveis	Determinismo
Cultura	Liberdade	Incerteza	Leis mutáveis	Diversidade

Diante dessas considerações, temos que a Ciência Política, enquanto ciência que estuda uma manifestação da cultura humana, qual seja, a política, é ciência ligada ao mundo da cultura, pautado pela liberdade e pela incerteza que lhe são inerentes. Dessa forma, a Ciência Política não busca o grau de certeza pretendido pelas ciências naturais e ideais, especialmente em se tratando de prognósticos. Entretanto, isso não a coloca diante de um mero "achismo" ou opinião, vez que as conclusões dos cientistas políticos devem estar ligadas ao raciocínio coeso, às metodologias específicas desse campo de estudo, bem como devem partir de conceitos decorrentes da prática política, pois, como toda ciência, liga-se à realidade.

Entretanto, sendo uma ciência que busca compreender a política (manifestação cultural tipicamente humana), o cientista político deve ter o devido cuidado com relação às pretensões de assertividade de suas afirmações. Dessa forma, a Ciência Política distingue-se, conforme visto, das chamadas ciências da natureza. Afinal, enquanto elementos químicos e leis físicas se comportam da mesma forma no Brasil e na China, os fenômenos políticos, jurídicos e sociais aqui e lá ocorrem e se desenvolvem distintamente; isto, pois, toda e qualquer análise de natureza política deve levar em consideração aspectos histórico-culturais específicos da realidade que busca compreender. Assim sendo, a compreensão da Ciência Política como ciência humana (ligada ao contexto histórico-cultural e, ainda, à liberdade inerente ao comportamento humano) é imprescindível.

Adicionalmente, acentua-se, nas Ciências Humanas, a parcialidade do cientista que, enquanto ser humano, não pode figurar como alheio à sociedade que estuda, uma vez que inevitavelmente faz parte dela. Assim, em se tratando de Ciências Humanas, tal como a política, qualquer pretensão de neutralidade apresenta-se como *pseudoneutralidade*, isto é, uma postura teórica que pretende ser neutra, mas que parte de certas premissas, ideias e descrições linguísticas que são ideológicas desde o início, minando, assim, a possibilidade de o cientista apresentar qualquer conclusão acerca das relações sociais e políticas humanas que tenha alguma validade enquanto única, inequívoca ou certa.

1.4 ABORDAGENS POSSÍVEIS

A partir dos apontamentos feitos nos itens anteriores verificamos que o Estado representa o principal objeto de análise desta obra (quer sob o enfoque de uma teoria geral, quer sob o enfoque da Ciência Política). Nesse sentido, cumpre-nos apontar que esse objeto de estudo comporta diversas formas de abordagens (histórica, filosófica, econômica, jurídica etc.), o que significa dizer que podemos analisar um mesmo objeto a partir de vários pontos de vista.

Pensemos numa maçã. Pode-se realizar sobre ela análises distintas, a partir de diferentes critérios, partindo de perguntas diversas e, portanto, obtendo diferentes respostas. Pode-se questionar sobre seu sabor, concluindo que é mais ou menos doce. Pode-se também questionar sua estética, verificando se está vermelha, amarela, simétrica ou não. Podemos também questionar sua praticidade, verificando se é de um tal tamanho que nos permita carregar ou não em nossa bolsa e assim por diante. Essas diferentes análises nos permitem dizer que sobre um mesmo objeto várias conclusões podem ser feitas (doce, simétrica, prática etc.), desde que realizadas distintas perguntas. Destaca-se, com isso, que tais conclusões não são excludentes, mas complementares, de modo que, quanto mais análises fazemos sobre determinado objeto, melhor o compreendemos.

O Estado, é claro, consiste em objeto de análise muito mais complexo que uma fruta; afinal, ele comporta, pelo menos, os seguintes vieses: histórico, filosófico, econômico e jurídico. Essas são, em nossa visão, as abordagens mais importantes para compreendermos o fenômeno estatal, sem prejuízo de muitas outras que poderiam ser feitas (geográfica, diplomática, antropológica etc.). Vamos apresentar brevemente cada uma dessas abordagens, as quais guiarão as análises feitas ao longo dos próximos capítulos.

Sob o ponto de vista *histórico*, o Estado é compreendido como um produto da história, isto é, algo construído ao longo de séculos de desenvolvimento das ideias e das instituições políticas. Essa abordagem será por nós realizada de forma mais adequada no capítulo 3, em que trabalharemos o desenvolvimento histórico das formas de organização social e do poder. Essa análise representa grande utilidade, na medida em que visa compreender mais adequadamente as raízes de institutos ainda vigentes, bem como nos fornece ferramentas para pensarmos a organização estatal fora dos limites estabelecidos pelo presente, abrindo novas formas de pensar institutos que nem sempre representaram o que hoje representam. A análise da história, é claro, nos fornece bases sólidas para se pensar prognósticos mais ou menos prováveis dos caminhos futuros, ainda que em matéria de ciências culturais isso esteja sempre sujeito à contingência típica da ação humana, como vimos anteriormente.

Sob o prisma *filosófico*, o Estado aparece problematizado em seus fundamentos, ou seja, analisamos os motivos precípuos pelos quais o Estado é (ou não) justo como forma de organização social, levando-nos a discussões extremamente ricas para compreendermos o que faz com que os humanos concordem em serem submetidos a um poder com monopólio legítimo da força, tal como o poder estatal. Nesse tocante, iremos analisar com bastante cuidado as justificações filosóficas do Estado na Parte II desta obra, ponto em que trabalharemos alguns temas de filosofia política.

Do ponto de vista *econômico*, a análise se refere aos modelos econômicos verificados ao longo da história e os hoje existentes. Trata-se, é claro, de uma abordagem mais bem realizada por aqueles expertos em ciências econômicas (em especial, em economia política), os quais podem com maior precisão compreender a relação entre Estado, sociedade e economia, por exemplo, no contexto do feudalismo, e com isso investigar sua transição para o modelo capitalista e, ainda, as relações entre o Estado e o mercado no chamado capitalismo tardio. Essa análise ganha bastante relevância nos últimos duzentos anos, dada a necessidade de caixa do Estado para fazer frente às promessas incluídas em cartas constitucionais, questão que deve ser examinada diante das demandas liberais para a descentralização da economia. Atualmente, o modelo econômico chinês – em contraste com a economia liberal predominante no Ocidente – demanda grande atenção aos estudiosos desta área. Dada a especificidade do tema, a análise econômica do Estado não será detalhadamente estudada nesta obra, muito embora faremos algumas considerações dessa natureza com a finalidade de melhor compreender algum tema.

Por fim, do ponto de vista *jurídico*, o Estado é visto como um fenômeno normativo, isto é, como ente criado e regido por normas jurídicas. Trata-se, é claro, de uma abordagem que reduz a complexidade do fenômeno estatal para uma só esfera: a normativa. Assim, para saber o que é o Estado, a partir de uma perspectiva meramente jurídica, basta ler a Constituição e os demais atos normativos e deles extrair todas as informações necessárias.

Em suma, é possível realizarmos inúmeras análises sobre o Estado a partir de diferentes abordagens, isto é, diferentes pontos de vista. Tais análises, como dito, apresentam-se como complementares e, portanto, buscaremos sempre nos referir ao Estado como esse objeto complexo, para que nos seja possível uma melhor e mais vasta compreensão do tema.

Filmografia

2001: uma odisseia no espaço – EUA/Reino Unido, 1968

Os deuses devem estar loucos – África do Sul, 1980

O fantasma da liberdade – França/Itália, 1974

Pi – EUA, 1998

Questões Objetivas

1. As ciências humanas, dentre elas o Direito, lidam com as manifestações da cultura humana e, portanto, sujeitam-se:

    a) ao mundo natural, regido por regras imutáveis.

    b) ao mundo da cultura, sujeito à liberdade humana e sua decorrente incerteza.

    c) ao mundo natural, regido por regras que se alteram no tempo e no espaço.

    d) ao determinismo típico do mundo da cultura.

2. Aponte a alternativa que melhor define o objeto de estudo da Ciência Política.

    a) A Ciência Política procura compreender o Estado unicamente na sua acepção jurídica, isto é, normativa.

    b) A Ciência Política estuda as diferentes teorias que buscam justificar e criticar o Estado e as questões relacionadas ao exercício do poder e, para tanto, não precisa necessariamente partir da realidade, podendo realizar suas construções teóricas a partir de especulações filosóficas.

    c) A Ciência Política estuda instituições, modelos e formas políticas historicamente verificadas e ainda vigentes, ou seja, cuida dos aspectos práticos acerca do exercício do poder. Afinal, na qualidade de ciência, a Ciência Política não pode se furtar a partir da realidade e da experiência.

    d) O objeto central de análise da Ciência Política é o direito, tal como formalmente estabelecido nos mais diversos diplomas jurídicos.

3. Nas ciências humanas, o cientista busca apresentar análises sobre a sociedade da qual inevitavelmente faz parte. Assim, toda e qualquer postura teórica parte de intencionalidade e de premissas que inevitavelmente carrega. Diante disso, assinale o termo que melhor expressa a ideia de pretensão de neutralidade quando essa é falsa:

    a) pseudoneutralidade.

    b) neutralidade axiológica.

    c) imparcialidade.

    d) isenção.

 ## Questões Dissertativas

1. Disserte sobre a necessária correlação existente entre a Filosofia Política e a Ciência Política.

2. Apresente as principais distinções entre as ciências humanas e as ciências exatas e naturais.

3. Qual é a importância do estudo da Teoria Geral do Estado e da Ciência Política?

PARTE I
ASPECTOS SOCIOLÓGICOS E HISTÓRICOS

2

SOCIEDADE

Acesse o QR code e assista ao vídeo sobre o tema

> *uqr.to/eeq0*

A palavra sociedade é amplamente utilizada durante o estudo de qualquer ciência social, sendo por vezes ignorada uma melhor compreensão acerca do termo. De forma geral, acabamos por usar corriqueiramente a palavra sociedade para fazer referência a qualquer complexo de relações sociais entre seres humanos, desde concepções simples, como a "sociedade empresária" ou a "sociedade paulistana", até as mais amplas, como a "sociedade brasileira", e até mesmo para designar abstratamente toda humanidade, como nas expressões "a sociedade corrompe" e "sociedade moderna".

Como regra, entende-se que o Estado é uma espécie de sociedade, sendo uma forma de organização política de seres humanos com determinadas características (as quais serão analisadas detalhadamente no capítulo 6 desta obra). Diante disso, por ora cabe-nos realizar uma análise acerca da sociedade em termos amplos, apresentando o que um agrupamento humano qualquer precisa ter para podermos chamá-lo de sociedade, bem como quais são as teorias que explicam sua origem. Ao final deste item veremos também as teorias organicista e mecanicista que muito nos ajudam a interpretar e analisar as diferentes sociedades.

2.1 CARACTERIZAÇÃO E CONCEITO

Inicialmente, para que um agrupamento humano qualquer possa ser chamado de sociedade é necessária a existência de certos vínculos entre seus membros, sem os quais esse agrupamento não poderá ser chamado de sociedade; nesse sentido, vale destacar que o termo sociedade nos remete diretamente à ideia da existência de *sócios*, aqueles parceiros que de alguma maneira buscam alcançar uma mesma finalidade ou compartilham algo (um bem ou projeto).

Assim, apresentaremos a seguir uma breve exposição acerca dos elementos que, em nossa leitura, são caracterizadores de uma sociedade, quais sejam: *o elemento humano, o vínculo de natureza normativa, a finalidade* e o *poder*.

Inicialmente, cumpre dizer o óbvio, isto é: só existirá uma sociedade se houver a convivência (vivência em conjunto) de dois ou mais seres humanos. Não há sociedade, portanto, quando se considera um único indivíduo numa ilha, tampouco se ele se juntar apenas com animais.

Assume-se também a necessidade de haver algum *vínculo* entre os membros de uma sociedade: ético e normativo ou apenas normativo. Inicialmente, assumimos que é necessária a existência de um vínculo de alguma *natureza normativa*, pois verificamos em todo agrupamento humano a existência de regras, sejam elas simples (meramente proibitivas, orais ou ainda sumariamente impostas e aplicadas por um líder de uma pequena sociedade) ou complexas (regras escritas, códigos de leis, regimentos etc.). Assim, entendemos não ser necessário haver uma diferenciação de sistemas sociais, isto é, haver um poder específico para criar e aplicar as regras dentro da sociedade e que dela seja destacado. Dessa forma, basta a existência de um grupo de humanos que vivem conjuntamente para que haja alguma regra, ainda que implícita (geralmente proibitiva) que regule sua convivência. Diante disso, tratamos de assumir, portanto, a existência de regras como inerente a todas as sociedades humanas. Daí a necessidade de se falar em um *vínculo normativo* como elemento característico de sociedades humanas.

Adicionalmente, o vínculo existente entre os membros de um grupo pode ser também de *natureza ética*. Isso significa dizer que entre os membros desse grupo haverá o compartilhamento de ideias, valores, projetos ou metas, quaisquer que sejam, ao que podemos nos referir como sendo o objetivo da sociedade – o objetivo social –, seja ele sobreviver, compartilhar determinado território em paz, promover o bem de todos etc.

Sobre tal vínculo de ordem ética, podemos assumir que sua existência denota uma proximidade maior entre os membros da sociedade, a depender, é claro, da natureza dos objetivos visados pelo grupo. A existência de um vínculo ético se demonstra, portanto, pela existência de um objetivo social compartilhado entre seus membros ou pela existência de valores a serem seguidos na conduta dos membros do grupo, ainda que tais valores e objetivos sejam simples e vagos (sobreviver, sobreviver honestamente, respeito aos membros do grupo, compromisso de convivência dentro de determinados valores etc.).

Em nossa análise, portanto, é possível a existência do vínculo ético, mas é mandatória a existência do vínculo normativo. Nesse sentido, cumpre destacar que, em nossa atual sociedade, regida por códigos jurídicos e, é claro, costumes não positivados, pode-se alegar que não há necessariamente qualquer compartilhamento de valores e objetivos entre seus membros; entretanto, a aplicação do ordenamento jurídico brasileiro sobre todos é imperiosa (salvo se sairmos daqui e, aí, iríamos para outra sociedade e nos sujeitaríamos a outra ordem jurídica). Isso significa dizer que qualquer sociedade constituída hoje acaba por estar, queira ela ou não, dentro da jurisdição de algum Estado (considerado aqui como uma espécie de sociedade – a mais ampla e complexa) e, portanto, sujeita às normas estatais (im)postas. Note, entretanto, que essa é uma afirmação possível de ser feita neste atual momento histórico e não pode ser replicada a todos os períodos anteriores.

Repare, ainda, que dentro das normas aplicáveis a uma sociedade podem estar incluídas normas que estabeleçam, de forma clara ou não, quais são as finalidades dessa sociedade. Assim, seja pela existência de um vínculo ético entre os membros da sociedade, seja por determinação das normas a eles aplicáveis (por vezes arbitrariamente), a sociedade acaba por ter, necessariamente, uma *finalidade*, isto é, um objetivo social. Esse pode ser mais ou menos complexo (por exemplo, a mera sobrevivência de todos), mas é certo que existe, do contrário não haveria um motivo que faria esses seres humanos viverem conjuntamente. Em contraposição a esse argumento, o leitor encontrará a visão aristotélica, segundo a qual a vivência em sociedade é uma determinação natural e não decorre de qualquer tipo de escolha humana (questão analisada no item 5.1).

Além da existência de humanos, de vínculos normativos e da finalidade, toda sociedade acaba por ter, inevitavelmente, alguma forma de *poder*, o qual acaba por gerenciar a relação entre normas e membros sociais, sendo responsável pela instituição e aplicação das normas sociais (aspectos práticos do vínculo normativo), bem como por centralizar ou coordenar a comunicação da sociedade no plano interno e externo. Ainda, o elemento *poder* está relacionado à busca pelo cumprimento das regras rumo à finalidade social. Enfim, o elemento *poder* se refere à existência de um indivíduo ou um grupo de indivíduos com condições necessárias para impor e fazer cumprir regras e representar o grupo dentro e, por vezes, fora dos limites de atuação da sociedade (para fazer contato com outra sociedade, por exemplo). As discussões acerca da legitimidade, legalidade e justificação do poder serão desenvolvidas no capítulo 4 desta obra.

Consideramos que a existência do elemento humano, dos vínculos normativos, da finalidade e do poder sejam os requisitos necessários para podermos chamar um agrupamento humano de sociedade. Entretanto, existem *características emergentes* da constituição (criação) de uma sociedade qualquer, tal como a *existência de uma entidade nova e distinta de seus membros*, ou seja, a sociedade passa ela mesma a existir de forma autônoma com relação aos indivíduos que a compõem. Trata-se aí do surgimento de um ente abstrato, sem existência concreta, mas ao qual geralmente imputamos responsabilidade (jurídica ou não).

Exemplificativamente, temos que o Brasil, como Estado, não se confunde com seu povo ou com seus governantes e ele atua, no âmbito das relações internacionais como "a República Federativa do Brasil" ou "o Estado Brasileiro", ou seja, entidade distinta dos seus membros, algo com *existência própria*. Outro exemplo é a sociedade disciplinada pelo Código Civil Brasileiro (Lei nº 10.406/02), o qual, em seu art. 985, dispõe que "a sociedade adquire personalidade jurídica com a inscrição, no registro próprio e na forma da lei, dos seus atos constitutivos". Ou seja, a partir do registro, a sociedade passa a existir como algo novo, diferente de seus sócios. Maria e João abrem uma padaria, a JM Panificadora Ltda. Ora, a JM Panificadora Ltda., além de possuir um nome deferente, possui também CNPJ distinto do CPF de seus sócios, patrimônio distinto, conta-corrente em seu nome e, mais, participa de ações judiciais falando nos autos como JM Panificadora Ltda. Assim, trata-se de uma *ficção jurídica* com existência própria, não se confundindo com seus sócios, João e Maria.

Fora do contexto jurídico, uma sociedade qualquer aparece, perante terceiros, como um conjunto de pessoas e, portanto, perante terceiros, é comum que esses membros sejam analisados em conjunto – e de modo generalizado – como uma coisa só: a sociedade. É dessa maneira que nos referimos à "sociedade paulistana" ou à "sociedade brasileira" (por vezes usando apenas São Paulo ou Brasil). Vejam, nesse caso, quão múltipla e heterogênea é a sociedade brasileira e, inobstante isso, é comum nos referirmos a ela como esta entidade autônoma e existente independentemente da pluralidade de seus membros. Com isso, é claro, corremos sérios riscos de cometermos generalizações equivocadas acerca do uso de adjetivos não oponíveis à totalidade de seus membros, como "a sociedade brasileira é corrupta".

Diante dos apontamentos feitos neste item, é possível trabalharmos com uma definição de sociedade como *uma entidade criada pela convivência de dois ou mais indivíduos que buscam alguma finalidade, vinculados por normas e sujeitos a um poder comum, ocasionando a criação de uma entidade abstrata e distinta dos seus membros – a sociedade.*

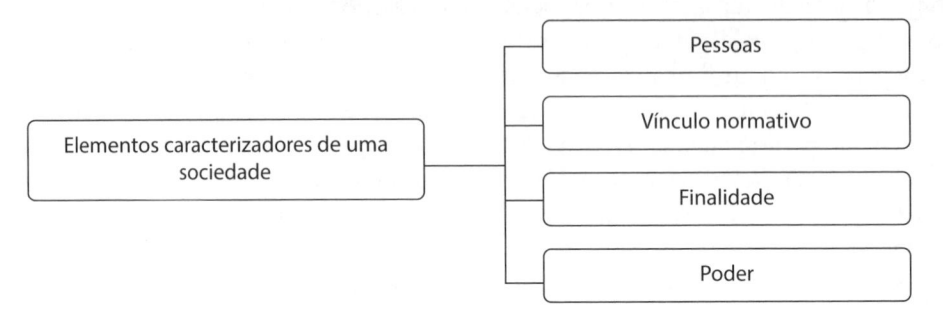

2.2 TEORIAS SOBRE A ORIGEM DA SOCIEDADE

Neste item procuraremos responder a uma pergunta fundamental e com grandes consequências para nosso estudo, as quais continuarão a ser discutidas na Parte II desta obra, uma vez que a forma pela qual se entende a origem da sociedade acaba por vezes por se transformar em seu fundamento justificador ou ao menos em elemento fundamental para sua análise.

Apresentaremos abaixo três teorias distintas que buscam responder à pergunta de como se originam as sociedades: *teoria da origem natural* (*naturalista*); *teoria da origem convencional* (*contratualista*) e *teoria da força*. Tais teorias buscam compreender a origem das *sociedades políticas organizadas*; esse termo, a depender da abordagem teórica adotada, pode ser compreendido como *Estado*, de modo que é possível apontar que as teorias expostas abaixo buscam explicar a origem do Estado.

2.2.1 Teoria da origem natural (naturalista)

A *teoria da origem natural*, também chamada de *naturalista*, remonta a uma linhagem filosófica cujo principal representante é Aristóteles. Em seu livro *A Política*, o pensador grego apresenta sua teoria de que a sociedade é decorrência natural da natureza gregária do ser humano.

Aristóteles[1] inicia a referida obra apontando a família como principal sociedade natural, sendo formada pela "dupla reunião do homem e da mulher, do senhor e do escravo". Em seguida, forma-se gradualmente a aldeia, composta de várias casas, e a reunião de

---

1   ARISTÓTELES. **A Política.** Trad. Roberto Leal Ferreira. São Paulo: Martins Fontes, 1991, p. 2-4.

várias aldeias forma a cidade; em suas palavras: "A sociedade que se formou da reunião de várias aldeias constitui a cidade, que tem a faculdade de se bastar a si mesma, sendo organizada não apenas para conservar a existência, mas também para buscar o bem-estar. Esta sociedade, portanto, também está nos desígnios da natureza, como todas as outras que são seus elementos". Repare, portanto, que Aristóteles aponta a cidade – no caso, a Cidade-Estado grega – como algo que está nos desígnios da natureza e, portanto, não compete ao homem deliberar pela sua criação, uma vez que se trata de algo natural e, portanto, de ocorrência necessária.

Uma visão similar dessa evolução de pequenos grupos até a cidade é apresentada por Fustel de Coulanges em seu clássico *A Cidade Antiga*. Lá temos a ideia de que "várias famílias formaram a fratria, várias fratrias a tribo, e muitas tribos a cidade"[2], sendo que, em matéria de religião, os pequenos cultos particulares vieram a ser substituídos por um culto comum e, do ponto de vista político, funcionava uma infinidade de pequenos governos, até que sobre eles surge um governo comum.

O entendimento da visão aristotélica é simples, visto que apresenta a sociedade política organizada a partir da evolução da família. Entretanto, ele engendra questões de suma importância para a estruturação e a compreensão da sociedade, afinal, para Aristóteles: "É para a mútua conservação que a natureza deu a um o comando e impôs a submissão ao outro"[3]. Fica clara aí a noção de autoridade natural existente na família, célula que evoluirá para formar a sociedade política organizada. Dessa forma, as demais formas sociais que se seguem a partir da evolução da família carregam consigo de forma implícita uma ideia de uma autoridade naturalmente estabelecida.

Encontra-se aí o esquema básico traçado por sua obra: a partir da natureza é que decorrem posições de comando e submissão necessárias à conservação da sociedade, já que as pessoas não podem viver umas sem as outras (natureza gregária do ser humano). Segundo o referido pensador, a principal sociedade natural, a família, forma-se pela união do homem e da mulher, do senhor e do escravo (num esquema claro de submissão natural voltada à conservação) e, a partir da reunião de famílias surge a aldeia. A próxima etapa é a cidade que, como dito, basta a si mesma – como meta-padrão de tudo o que está na natureza.

Assim, em resumo, podemos dizer que a cidade (para Aristóteles, a pólis grega) se funda na falta de autonomia do ser humano, apontado por Aristóteles como animal político *(politikòn zwon)* cuja natureza é associativa, surgindo, portanto, a partir de uma formação gradual (família – aldeia – cidade) e natural, sendo certo que a cidade basta a si mesma e, portanto, possui os elementos necessários para o perfazimento da essência humana (o bem viver).

Lembremos, nesse sentido, os apontamentos feitos no capítulo anterior de que ligar à natureza a origem e o desenvolvimento de algo – nesse caso, da sociedade – significa

---

2   COULANGES, Fustel de. **A cidade antiga:** estudos sobre o culto, o direito, as instituições da Grécia e de Roma. Trad. Jonas Camargo Leite e Eduardo Fonseca. 12ª ed. São Paulo: Hemus, 1975, p. 101.

3   ARISTÓTELES. **A Política.** Trad. Roberto Leal Ferreira. São Paulo: Martins Fontes, 1991, p. 2.

apresentá-lo como independente das deliberações humanas, algo *necessário*. Assim, numa concepção naturalista, nada podemos fazer sobre nossa natureza associativa.

Tal teoria repercute em diversas outras questões a respeito da forma de sociedade construída sobre essa fundamentação, sendo certo que tais questões extrapolam a mera origem da sociedade – objeto deste capítulo – e serão trabalhadas com mais detalhes na Parte II desta obra.

2.2.2 Teorias convencionalistas (contratualistas)

De forma oposta à teoria naturalista, as *teorias convencionalistas*, mais conhecidas como *contratualistas*, apontam a sociedade como decorrente de um pacto (um contrato social) que a cria. Trata-se, portanto, de apresentá-la como decorrente da vontade humana e não como necessidade natural, daí a considerarmos como sendo opostas à teoria naturalista. Assim, segundo as teorias contratualistas, os humanos não se associam pelo fato de serem compelidos por sua natureza, mas por opção decorrente de sua liberdade natural.

Essa teoria será amplamente exposta na Parte II desta obra, vez que consiste na forma mais bem-acabada de justificação do chamado Estado moderno. Entretanto, como forma de apresentar a origem de fato da sociedade, poucos são os teóricos contratualistas que a apresentam como possibilidade histórica (e não meramente hipotética). Dentre os mais conhecidos contratualistas, apenas John Locke apresenta a ideia do contrato social como possível realidade histórica ao mencionar a formação de Roma e Veneza por homens livres, a formação de Esparta por livre assentimento e, ainda, a ideia de que "os governos do mundo começados em paz tiveram o princípio estabelecido nessa base, tendo sido formados mediante o consentimento do povo"[4]. Em suma, as teorias contratualistas apresentam-se muito mais como justificações filosóficas do Estado do que explicações sobre sua origem histórica.

Inobstante a teoria contratualista não ter grande valia como origem histórica das sociedades, ela nos traz importantes recursos teóricos para análise de formas sociais complexas baseadas em convenções, tratados e, é claro, leis. Nesse sentido, ressaltamos novamente a importância de tais teorias como contraste à teoria naturalista vista acima, pelo fato de apontar a sociedade decorrente de um contrato social celebrado por homens que são naturalmente livres. Assim, enquanto na teoria naturalista há uma relação natural – da família surgirá *necessariamente* a cidade –, na teoria contratualista o homem é livre e, por opção, *escolhe* viver em sociedade.

2.2.3 Teoria da força

A *teoria da força* se apresenta talvez como a mais realista das teorias apresentadas neste capítulo. Trata-se de apontar a origem da sociedade como decorrente da dominação dos mais fortes sobre os mais fracos. Essa teoria tem alguns representantes notórios, tal como Nietzsche, que ao analisar a teoria contratualista nos diz sobre sua visão acerca da origem do Estado:

---

4   LOCKE, John. **Segundo Tratado do Governo**. Trad. E. Jacy Monteiro. São Paulo: Nova Cultural (Os Pensadores), 1991, p. 256.

Utilizei a palavra "Estado": está claro a que me refiro – algum bando de bestas louras, uma raça de conquistadores e senhores, que, organizada guerreiramente e com força para organizar, sem hesitação lança suas garras terríveis sobre uma população talvez imensamente superior em número, mas ainda informe e nômade. Deste modo começa a existir o "Estado" na terra: penso haver-se acabado aquele sentimentalismo que o fazia começar com um "contrato". Quem pode dar ordens, quem por natureza é "senhor", quem é violento em atos e gestos – que tem a ver com contratos![5]

Conforme dito, a teoria contratualista não é propriamente uma teoria que busca explicar a origem do Estado em termos fáticos (pois busca justificá-lo racionalmente). Já a teoria da força exposta no trecho acima apresenta-se como realista, no sentido de buscar uma explicação factível e facilmente imaginável acerca da forma como, de fato, deu-se a criação de uma sociedade politicamente organizada: a dominação de fortes sobre fracos[6].

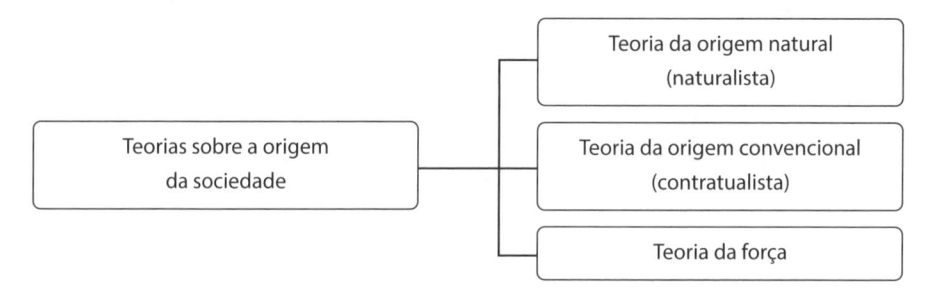

2.3 ESPÉCIES DE SOCIEDADES (COMUNIDADE, SOCIEDADE E ESTADO)

A partir da definição dada no início deste capítulo, o conceito de sociedade aparece como muito vasto, podendo ser utilizado para se referir a sociedades pequenas e pouco complexas, bem como a sociedades políticas organizadas, como o Estado constitucional moderno. Assim, temos que o termo sociedade é genérico em sua utilização e abarca diversas formas de organização mais ou menos complexas. Diante disso, analisaremos brevemente neste item os termos *comunidade*, *sociedade* e *Estado*.

Quando estamos diante de um agrupamento vinculado por questões irracionais (afeto ou amor, por exemplo) ou vínculos de natureza sociológica, étnica ou cultural (língua, origem, religião etc.), costumamos nos referir a esse grupo como *comunidade*, a qual seria a espécie de sociedade em que há um vínculo muito forte entre seus membros. Como regra, dizemos que há uma relação *orgânica* entre os membros de uma comunidade, de tal modo que o que afeta a um membro tende a afetar os demais, posto que todos estão interligados (tal como num organismo).

---

5   NIETZSCHE, Friedrich Wilhelm. **Genealogia da moral:** uma polêmica. Trad.: Paulo César de Souza. São Paulo: Companhia das Letras, 2009, p. 68.

6   Em *As origens da ordem política*, Fukuyama apresenta outras hipóteses acerca do surgimento do Estado, tais como a origem do Estado em razão de projeto de engenharia hidráulica, por densidade populacional, por outros fatores geográficos-ambientais e como produto de autoridade carismática. (FUKUYAMA, Francis. **As origens da ordem política:** dos tempos pré-humanos até a Revolução Francesa. Trad. Nivaldo Montingelli Jr. Rio de Janeiro: Rocco, 2013, p. 103-115).

Nesse caso, a família seria uma forma social ligada ao conceito de comunidade, já que seus membros se encontram fortemente conectados em razão do vínculo familiar. Podemos também nos lembrar de outros momentos em que é comum usarmos o termo comunidade para nos referirmos a agrupamentos humanos cujos vínculos são próximos e de natureza afetiva, ética, religiosa, cultural ou similar: a comunidade árabe, a comunidade judaica, a comunidade cristã etc. Ainda, podemos usar a palavra comunidade para dar maior ênfase à proximidade existente entre os membros de alguma organização, demonstrando coesão ou unidade: a comunidade científica, a comunidade universitária etc.

Por outro lado, temos *sociedades* propriamente ditas quando o vínculo entre os membros é meramente a ordem normativa que os engloba e não há qualquer outro tipo de afeto ou o compartilhamento de origem, religião, cultura etc. Trata-se aí de um agrupamento em que há relação organizada entre os membros em razão de vínculos normativos, porém não há necessariamente o compartilhamento de concepções éticas ou culturais. Dizemos, portanto, que o vínculo existente entre membros de uma sociedade é meramente racional; sendo, desse modo, uma mera organização.

Paulo Bonavides[7] ensina que a sociedade supõe ação conjunta e racional dos indivíduos no seio da ordem jurídica e econômica, enquanto a comunidade é dotada de caráter irracional, na qual opera uma solidariedade feita de vínculos psíquicos entre os membros do grupo. Assim, *enquanto a comunidade é um organismo, a sociedade é uma organização* (vide item 2.4 a seguir).

Por fim, cabe apresentar a ideia do *Estado* enquanto uma espécie de sociedade; no caso, uma sociedade política e juridicamente organizada (veremos os elementos constitutivos do Estado no capítulo 6 desta obra). Essa visão significa também que o conceito de sociedade é muito mais amplo que o de Estado.

Ressaltamos, nesse sentido, que não podemos imputar a todas as sociedades políticas organizadas do passado o nome Estado, afinal, elas não possuíam as características necessárias para tanto, conforme as veremos no capítulo 6. Diante disso, verificamos na história a existência de muitas formas de sociedade politicamente organizadas (hordas, tribos, a Cidade-Estado grega, impérios, modelos de organização feudal e outros), dentre elas o Estado, fenômeno que compreendemos ser tipicamente moderno (isto é, da Idade Moderna) – vale destacar que no capítulo 3, analisaremos as questões históricas pertinentes às diferentes formas de organização social. Há ainda nessa discussão algo extremamente relevante: seria o Estado mais uma forma de organização social ou "a" forma de organização social? Trata-se de discussão determinante entre os chamados hegelianos de direita (o Estado é o ápice do desenvolvimento da racionalidade e permanecerá existindo) e os hegelianos de esquerda (o Estado é somente mais uma forma histórica de organização do poder de uns sobre outros e tende a desaparecer). Essas discussões teóricas acerca do Estado serão mais bem desenvolvidas no capítulo 5.

---

7   BONAVIDES, Paulo. **Ciência Política.** 13ª ed. São Paulo: Malheiros, 2006, p. 62.

2.4   TEORIAS ORGANICISTA E MECANICISTA

Vejamos então a distinção entre sociedades humanas vistas como organismos (visão organicista) ou como organizações (visão mecanicista), para compreendermos melhor as diferentes espécies de sociedade. Em termos simples, as teorias organicistas e mecanicistas são formas de se interpretar uma sociedade qualquer.

A partir da *teoria organicista*, analisa-se a sociedade como um todo orgânico (um organismo), em que cada membro desempenha uma função para a manutenção do todo, estando organicamente vinculado aos demais membros. Já na *teoria mecanicista*, a sociedade é vista como mera organização e, portanto, seus membros agem com autonomia e liberdade, pouco ou nada conectados entre si e com o todo.

Assim, na *teoria organicista* a sociedade é fim, isto é, é para a manutenção dela (e não de seus membros) que o todo social existe. A sociedade é um fim em si mesma e, portanto, os membros desse corpo social tendem a dar a sua vida para que o todo permaneça vivo. Daí a referência à expressão organismo para nos referirmos a esse tipo de sociedade. Tal como um membro (braço) pode ser amputado para que o corpo permaneça vivo, um indivíduo que se perceba parte de uma sociedade com essas características tende a dar sua vida para manter a sociedade; isso pelo fato de ele ter sua individualidade suprimida e se entender como alguém inferior ao todo ao qual pertence (esse exemplo, é claro, parte de uma visão extremada da teoria para fins didáticos).

Dessa forma, aquela entidade nova que se cria pela união de indivíduos – a sociedade – aparece não só como independente dos indivíduos, mas como *superior* a eles. Trata-se aqui de um modelo de interpretação social típico da Antiguidade e de regimes autoritários em que o Estado aparece como fim e não como meio para proteção do indivíduo. Basta ver como é comum em guerras antigas os homens darem sua vida pela sociedade que fazem parte.

Entretanto, quando estamos diante de uma sociedade *mecanicista*, os indivíduos se veem vinculados apenas por vínculos de ordem racional, tais como as normas jurídicas que regulam sua convivência. Assim, a sociedade aparece como meio para garantir a liberdade dos indivíduos que, é claro, não tendem a dar sua vida pela manutenção do todo. Trata-se aí da forma típica de organização das democracias modernas, em que a sociedade é vista como decorrente de um pacto humano que cria a sociedade que, portanto, deve sua existência ao povo e funciona para protegê-lo. Nesse sentido:

> Se, ao contrário, o indivíduo é a unidade embriogênica, o centro irredutível a toda assimilação coletiva, o sujeito da ordem social, a unidade que não criou nem há de criar nenhuma realidade mais, que lhe seja superior, o ponto primário e básico que vale por si mesmo e do qual todos os ordenamentos sociais emanam como derivações secundárias, como variações que podem reconduzir-se sempre ao ponto de partida: a ele, o indivíduo, aqui estamos fora de toda a dúvida em presença de uma posição mecanicista[8].

---

8   BONAVIDES, Paulo. **Ciência Política**. 13ª ed. São Paulo: Malheiros, 2006, p. 58.

Com isso, verificamos na perspectiva mecanicista uma organização social fundada na razão, algo típico de nossa modernidade, em que há o alastramento da racionalidade para os diversos campos da vida social, incluindo para a formação e a organização da sociedade.

Evidente que acabamos por expor as teorias idealizadas dos modelos orgânicos e mecânicos (sociedades totalmente orgânicas ou totalmente mecânicas); entretanto, é possível verificar a existência de sociedades que podem ser interpretadas com características de ambas as teorias ou com o predomínio de uma ou de outra.

Assim, temos em democracias a clara ideia de que o Estado é *meio* para alcançar o bem comum e garantir os direitos individuais. Dessa forma, atos que violem direitos individuais de um só cidadão são inadmissíveis, posto ser o indivíduo o centro irredutível de direitos, os quais não podem ser violados para garantir a sobrevivência do Estado. A partir dessa análise, temos claro que os princípios democráticos, especialmente a noção de proteção a direitos e garantias individuais, apresentam-se como ligados à teoria mecanicista. Entretanto, alguns conceitos de nossa sociedade apresentam características que podem ser interpretadas como de natureza coletivista, remetendo-nos a noções típicas de modelos orgânicos, tais como a busca do bem comum ou o respeito a direitos que sejam afetos à coletividade (meio ambiente, por exemplo), sem que isso signifique qualquer extremismo da referida teoria.

De toda forma, vejamos agora algumas outras consequências dos extremos dessas teorias.

No extremo da teoria organicista temos o Estado como um fim em si mesmo, considerado como realidade nova e superior aos indivíduos. Nesse caso, estamos diante de um modelo autoritário e centralizador, em que se justificam atos que ferem direitos individuais para a manutenção do Estado. Age-se em nome do Estado, pensando-o como fim, aceitando eventuais danos a indivíduos que, é claro, são vistos como inferiores ao Estado. Enfatiza-se, assim, os deveres que os indivíduos têm, diminuindo a expressividade de seus direitos. Tal concepção foi utilizada inúmeras vezes na história para a justificação e manutenção de regimes autocráticos, sobretudo a partir da instrumentalização de indivíduos (somente possível pela supressão de sua subjetividade).

Já no extremo da teoria mecanicista temos o individualismo exacerbado, isto é, o indivíduo, centro de direitos intransponíveis, vê-se como isolado, ignorando a convivência com os demais e agindo com desprezo aos bens públicos e a tudo que se refere à coletividade. Assim, a busca pelo bem comum acaba por se transformar na busca pela satisfação de interesses pessoais, ignorando os possíveis efeitos que isso tenha sobre a coletividade. Enfatiza-se, assim, os direitos dos indivíduos, mitigando ou anulando seus deveres perante a coletividade.

Organicismo	Sociedade como organismo	Sociedade superior ao indivíduo	Ênfase em deveres
Mecanicismo	Sociedade como organização	Indivíduo superior à sociedade	Ênfase em direitos

Filmografia

A guerra do fogo – França/Canadá, 1981

A onda – EUA, 1981

A onda – Alemanha, 2008

The Walking Dead (série) – EUA, 2010

Questões Objetivas

1. **Quanto às teorias mecanicista e organicista, assinale a opção correta:**

   a) Se a sociedade é o valor primário ou fundamental, se a sua existência importa numa realidade nova e superior, subsistente por si mesma, temos o organicismo.

   b) Na sociedade orgânica, os indivíduos geralmente atuam com total liberdade e autonomia.

   c) Com o mecanicismo temos a sociedade como valor superior aos indivíduos que dela fazem parte.

   d) Na teoria organicista o indivíduo é considerado centro irredutível de direitos.

2. **Quanto à origem das sociedades políticas, assinale a opção <u>incorreta</u>:**

   a) A teoria da origem natural se coaduna com a afirmação de Aristóteles de que o homem é um animal político.

   b) A teoria contratualista nega o impulso natural humano de se associar aos demais.

   c) Segundo a teoria da origem natural, o homem é um ser político por natureza.

   d) Conforme a teoria naturalista, temos que os homens, seres livres por natureza, convencionam por mútuo acordo em fundar a sociedade política.

3. **"Em democracias, temos clara a ideia de que o Estado não é um fim em si mesmo, mas consiste em meio para alcançar o bem comum e garantir os direitos individuais dos cidadãos."**

   A frase anterior expressa uma concepção:

   a) organicista, na qual o Estado é um fim em si mesmo.

   b) mecanicista, na qual o Estado é um fim em si mesmo.

   c) organicista, na qual o Estado é meio para promover os direitos individuais e o bem comum.

   d) mecanicista, na qual o Estado é meio para promover os direitos individuais e o bem comum.

Questões Dissertativas

1. Aponte e descreva os elementos característicos de uma sociedade.
2. Quanto às diferentes explicações sobre a origem da sociedade, relacione as teorias naturalista e contratualista com os conceitos de necessidade e liberdade.
3. Apresente as principais diferenças entre sociedades organicistas e sociedades mecanicistas a partir da ótica do indivíduo e seus direitos.

DESENVOLVIMENTO HISTÓRICO DAS FORMAS DE ORGANIZAÇÃO SOCIAL E DO PODER

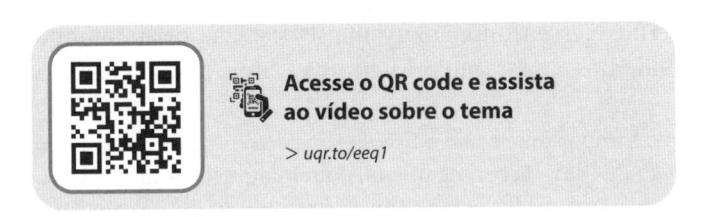

Acesse o QR code e assista ao vídeo sobre o tema

> *uqr.to/eeq1*

Buscaremos neste item apresentar uma análise histórica acerca do desenvolvimento das diferentes formas sociais e dos modos como nelas se organizava a questão do poder político; trata-se, portanto, de uma tentativa de se compreender como as instituições políticas, sociais e jurídicas se desenvolveram ao longo dos séculos. O foco de nossa análise será o Estado moderno, fenômeno que, como veremos, aparece tardiamente nesta nossa reconstrução histórica e que será uma espécie de ponto de chegada deste nosso esforço de se remontar as diferentes formas políticas verificadas desde os primórdios até o seu advento na Era Moderna, quando então poderemos, nos capítulos seguintes, compreender adequadamente o conceito de Estado, bem como seus elementos constitutivos e características estruturantes.

Diante desse objetivo, é importante desde já compreendermos que sociedade é o gênero, ao passo que o Estado é uma das espécies possíveis de sociedade. Assim, para nos valermos de termos técnicos próprios do estudo da Teoria Geral do Estado e da Ciência Política, optamos por não utilizar a expressão Estado antes do início de seu emprego por volta do século XVI; afinal, os gregos antigos utilizavam as expressões *pólis* e *politeia* para se referirem às sociedades políticas organizadas de seu tempo e os romanos se valiam das expressões latinas *res publica* e *civitas*; já no século XVI, será Maquiavel o responsável pela utilização do termo Estado de forma pioneira, quando logo na primeira frase de sua mais conhecida obra, *O Príncipe*, nos diz que: "Todos os Estados, todos os domínios que têm havido e que há sobre os homens, foram e são repúblicas ou principados"[1]. Até esse

---

1   MACHIAVELLI, Niccolò. **O príncipe.** Trad. Lívio Xavier. Rio de Janeiro: Ediouro, 2000, p. 95.

momento, as unidades políticas eram designadas pelas palavras "cidade", "república", "principado", "regum", "corona" ou "império"[2].

Em virtude dessa caracterização, bem como pelos eventos históricos do período que cuidaram de moldar o Estado moderno dando-lhe os traços característicos que justificam sua peculiaridade com relação às outras formas anteriores de organização social, não utilizaremos a expressão Estado antes do século XVI, dando preferência aos conceitos históricos mais adequados a cada período.

Destacamos, por oportuno, que essa leitura da história não é uníssona na doutrina, havendo aqueles que compreendem o Estado como toda organização política que possua povo, território e poder[3] ou que possua, em determinado território, o monopólio da violência física legítima[4] e, em razão disso, verificam a existência de Estados muito antes do período moderno. Nesse rumo, Fukuyama se destaca por apontar que o Estado – tal como o compreendemos – apareceu primeiro na China, ainda na antiguidade:

> Mas o mais importante é que o Estado surgido na China era muito mais moderno, na concepção de Max Weber, de que qualquer daqueles surgidos em outras regiões. Os chineses criaram uma burocracia administrativa uniforme e com muitos níveis; algo que nunca aconteceu na Grécia e em Roma. (...) O Estado chinês era centralizado, burocrático e enormemente despótico. Marx e Wittfogel reconhecem esta característica da política chinesa pelo uso das expressões "modo asiático de produção" e "despotismo oriental". O que afirmo nos capítulos seguintes é que o chamado despotismo oriental nada mais é que a emergência precoce de um Estado politicamente moderno[5].

De modo diverso, conforme já anotado, compreendemos que o Estado é um fenômeno típico da modernidade, o que se dá, em especial, em razão de apontarmos a soberania como um de seus elementos constitutivos. Ademais, ainda dentro da compreensão weberiana do conceito, entendemos que o monopólio da violência legítima aparece apenas na modernidade, posto que na Idade Média, bem como na Antiguidade, as relações se ajustavam pelo uso da força; havendo, nesses contextos, diversos poderes paralelos concorrentes; vide, por exemplo, a existência de exércitos organizados por membros de estamentos privilegiados. Repare, portanto, que, ao compreendermos o Estado como um fenômeno típico da modernidade, a expressão "Estado Moderno" pode ser considerada pleonástica.

---

2   RANIERI, Nina. **Teoria do Estado:** do Estado de Direito ao Estado Democrático de Direito. 2ª ed. Barueri-SP: Manole, 2019, p. 19.

3   Compreensão que decorre, em especial, da definição de Georg Jellinek, para o qual Estado é "a corporação formada por um povo, dotada de um poder de mando originário e assentada em um determinado território" (JELLINEK, Georg. **Teoría general del Estado.** Trad. y prólogo de Fernando de los Ríos. México: FCE, 2000, p. 196. Tradução livre).

4   Nesse caso, a referência clara é Max Weber, para o qual Estado é "aquela comunidade humana que, dentro de determinado território (...) reclama para si (com êxito) o monopólio da coação física legítima" (WEBER, Max. **Economia e sociedade:** fundamentos da sociologia compreensiva. Trad. Regis Barbosa e Karen Elsabe Barbosa. Brasília: UnB; São Paulo: Imprensa Oficial do Estado de São Paulo, 1999, vol. I. p. 525-526). Analisaremos os conceitos e elementos constitutivos do Estado no Capítulo 6.

5   FUKUYAMA, Francis. **As origens da ordem política:** dos tempos pré-humanos até a Revolução Francesa. Trad. Nivaldo Montingelli Jr. Rio de Janeiro: Rocco, 2013, p. 114.

De todo modo, o propósito deste tópico é o de apresentar ao leitor um panorama histórico acerca das diferentes formas de organização social e do exercício do poder verificadas historicamente, de modo a compreender que o Estado, tal como se apresenta para nós hoje, não foi algo sempre existente. A partir disso, é possível assumir que ele poderá se transformar, tal como todas as demais formas políticas anteriores. Assim, por meio da análise das raízes mais profundas de um fenômeno atual, poderemos compreendê-lo mais adequadamente e, eventualmente, vislumbrar os possíveis rumos que ele poderá tomar no futuro. Vale ressalvar, por fim, que as análises históricas compreendidas neste capítulo, como todas as demais que o leitor encontrará, apresentam apenas uma visão possível acerca do desenvolvimento das sociedades políticas, a partir da seleção de alguns conceitos e eventos que, em nossa leitura, foram importantes para moldar o Estado moderno; o que significa dizer que muitas outras abordagens e leituras podem ser feitas sobre o mesmo assunto.

3.1 PRIMEIROS AGRUPAMENTOS HUMANOS

Os estudos sobre as possíveis origens das primeiras organizações sociais humanas são típicos da antropologia social, a qual pode nos acrescentar muito no que tange às formações sociais não estatais, auxiliando-nos, portanto, nesta compreensão de um olhar mais amplo acerca do fenômeno político.

Dando início, temos que a caracterização da existência ou não de uma organização política nos primeiros agrupamentos humanos gera divergências. Há aqueles que veem costumes como leis e, portanto, não veem diferenças qualitativas entre a organização política das sociedades mais simples de caçadores e coletores de alimentos com relação às sociedades com agricultura intensiva, indústrias e urbanização e aqueles que, de modo diverso, negam a existência do fenômeno político entre os chamados "primitivos", ante a inexistência de diferenciação interna dos subsistemas sociais; em outras palavras, pelo fato de não haver órgãos específicos na sociedade voltados ao exercício do poder.

Trata-se aí de importante distinção, relativa ao critério pelo qual temos ou não uma sociedade política, ou seja: basta haver regras entre membros de um grupo e temos, portanto, algum direito ou é necessário que haja algum nível de diferenciação interna entre os subsistemas sociais e, portanto, alguma espécie de órgão responsável pela criação e/ou aplicação de regras?

No sentido de se argumentar a favor da ideia de que não é necessário um governo (organização política interna separada) para a configuração de uma sociedade, pode-se dizer que o princípio do parentesco, fortemente relevante nos primeiros agrupamentos humanos, substitui a organização política "e a organização política, se existisse, estaria subordinada ao parentesco ou dele dependeria"[6]; assim, a existência de relações de parentesco, com esferas decisórias (ainda que nebulosas), configura a existência de relações políticas internas e também externas, considerando a necessidade de se relacionar com outros grupos a partir de uma organização política interna própria.

---

6   WILLEMS, Emílio. **Antropologia social.** Trad. Yolanda Leite. São Paulo: Difusão Europeia do Livro, 1962, p. 104.

De toda forma, se se assume a tradicional frase de Ulpiano como correta, e que, portanto, *"Ubi homo, ibi societas; ubi societas, ibi jus"* (onde há homem, há sociedade; onde há sociedade, há direito), temos que a convivência de homens gera regras (que podemos, ainda que sob discussões[7], chamar de direito).

Assim, diante da existência de humanos (ainda que poucos) vivendo sob condições de caçadores e coletores (mesmo que nômades), já temos algum nível de sociabilidade e, portanto, algumas poucas regras de convivência, ainda que sejam meramente proibitivas e sumariamente impostas pelo membro mais forte do grupo ou por aquele detentor de algum atributo tradicional daquela sociedade (religioso, por exemplo). Desse modo, a sociedade pressupõe a existência de regras que, obviamente, precisam ser impostas e aplicadas por alguma esfera de poder, ainda que precária. Essa afirmação nos permite complementar Ulpiano e concluir que: *onde há regras, há poder.*

Essa última afirmação significa dizer que a existência de regras, no contexto desses primeiros agrupamentos humanos, dava-se por criação e aplicação de um ou alguns membros e eram impostas aos demais. Nesse cenário, vale lembrar que a ideia de autoridade representa um poder socialmente reconhecido, enquanto o poder aparece como fenômeno mais amplo, não necessariamente apoiado na autoridade; portanto, no caso de imposição de normas por determinados membros, há, ainda que sob o nome da força bruta, um poder sendo exercido sobre os demais membros desse agrupamento, seja ele reconhecido como legítimo ou não. Adota-se, para fins dessa análise, a tradicional definição de dominação de Max Weber, sendo essa "a probabilidade de encontrar obediência para ordens específicas (ou todas) dentro de determinado grupo de pessoas"[8].

É evidente que, em se tratando dos primeiros agrupamentos humanos, há um necessário *sincretismo normativo*, isto é, há a confluência de diferentes normas (morais, jurídicas e religiosas); entretanto, é certo que a convivência (vida em conjunto) entre humanos ocasiona o surgimento de regras e, portanto, de alguém que precariamente ou não as imponha e aplique. Nesse contexto, é de se supor que a origem das regras e do poder seja proveniente de líderes religiosos, membros respeitados por questões de tradição (parentesco ou idade) ou, é claro, pela força bruta, que também gera a possibilidade de imposição de vontade.

---

7   Nesse sentido, Radcliffe-Brown nos diz que: "As obrigações impostas aos indivíduos em sociedades em que não há sanções legais serão consideradas questões de costume e convenção, mas não de direito; neste sentido, algumas sociedades simples não têm direito, embora todas tenham costumes apoiados por sanções". (RADCLIFFE-BROWN, Alfred Reginald. **Estrutura e função na sociedade primitiva.** Trad. Nathanael C. Caixeiro. Petrópolis, Vozes: 1973, p. 260).

8   WEBER, Max. **Economia e sociedade:** fundamentos da sociologia compreensiva. Trad. Regis Barbosa e Karen Elsabe Barbosa. Brasília: UnB; São Paulo: Imprensa Oficial do Estado de São Paulo, 1999, vol. I. p. 139. E ainda: "Por 'dominação' compreendemos, então, aqui, uma situação de fato, em que uma vontade manifesta ('mandado') do 'dominador' ou dos 'dominadores' quer influenciar as ações de outras pessoas (do 'dominado' ou dos 'dominadores'), e de fato as influencia de tal modo que estas ações, num grau socialmente relevante, se realizam como se os dominados tivessem feito do próprio conteúdo do mandado a máxima de suas ações ('obediência')." (WEBER, Max. **Economia e sociedade:** fundamentos da sociologia compreensiva. Trad. Regis Barbosa e Karen Elsabe Barbosa. Brasília: UnB; São Paulo: Imprensa Oficial do Estado de São Paulo, 1999, vol. II. p. 191).

3.2 ANTIGUIDADE

A organização política mais relevante no contexto da Antiguidade é a Cidade. Ela é o que no contexto da época representa mais aproximadamente aquilo que hoje entendemos por Estado. Com efeito, aparecem durante o longo período da Antiguidade (de aproximadamente 4 mil anos a.C. até 476 d.C.) terminologias como Império Persa, Civilização Egeia, Reino Hitita, povo hebreu e a Cidade-Estado grega, como Atenas e Esparta, tendo cada uma dessas organizações um poder que lhe é próprio. Trata-se – essas cidades – do centro do poder no contexto da Antiguidade. Destaque-se, ainda, que o mais relevante numa Cidade-Estado não era o território (tal como nós tendemos a compreender o conceito no contexto da modernidade associando-o ao limite geográfico da jurisdição), mas as pessoas, posto que a Cidade-Estado se liga fortemente ao conceito de comunidade, conforme visto no capítulo anterior.

Para efeitos didáticos, a Antiguidade é separada em Oriental e Ocidental (Clássica). No plano Oriental, podemos mencionar, por exemplo, o Egito, a Pérsia, a China e a Assíria; enquanto no Ocidente a análise tende a ficar restrita às Cidades-Estado gregas e a Roma, civilizações que tiveram sobre nós uma influência muito mais clara do ponto de vista político e jurídico, respectivamente.

3.2.1 Antiguidade oriental

O que caracteriza as formas de organização social da Antiguidade Oriental é a predominância de um poder tirânico ligado à natureza sagrada ou religiosa do governante, o qual é apresentado como deus ou semideus, ou ainda enviado, escolhido ou filho de deus.

O faraó do Egito, por exemplo, era apresentado como o "filho de Osíris" e a classe dos sacerdotes gozava de privilégios e isenções tributárias, além de possuir um terço das terras, sendo outro terço do faraó e outro terço dos guerreiros. Abaixo dessas classes há ainda escribas, artesãos, camponeses e, como marca comum na Antiguidade, a existência de pessoas escravizadas.

De toda forma, é possível dizer que o regime político vigente era uma espécie de Monarquia com aristocracia[9], posto que o poder real era de alguma forma limitado pelos sacerdotes, embora possa-se dizer, em outra interpretação, que o modelo se assemelhava mais a uma teocracia, vez que o faraó exercia seu poder não em seu nome, mas como vigário de deus; afinal, já aí predomina a ideia de que o governo cabe a deus e é exercido por intermédio de reis, faraós, imperadores etc. Vale mencionar, ainda, que o título de faraó é hereditário; logo, o "príncipe herdeiro" já era desde cedo preparado para assumir o poder.

A partir do exemplo egípcio, temos que as formas de poder organizadas com as características mencionadas anteriormente – que são muito similares nos demais impérios orientais – apresentam uma espécie de legitimidade bastante forte, vez que ligada diretamente à crença dos súditos na divindade que fundamenta o poder político. Assim,

---

9 DE CICCO, Cláudio. **História do pensamento jurídico e da filosofia do direito.** 5ª ed. São Paulo: Saraiva, 2010, p. 31-32.

as ordens emanadas dos representantes dessa forma de exercício do poder tendem a ser cumpridas sem questionamentos; afinal, se se acredita no deus e que esse enviou à terra o governante, não é razoável questionar suas ordens.

No caso da China antiga, ainda que Fukuyama[10] aponte a existência de elementos típicos de uma organização burocrática, o referido autor aponta que não havia ali restrições ao poder do soberano, quer seja pela lei, quer seja por quaisquer instituições.

Por essa breve análise, é possível reunirmos, para fins didáticos, algumas características típicas das organizações políticas da Antiguidade Oriental: (1) o fundamento do poder político era proveniente de uma divindade; (2) há a junção do poder político com o religioso; (3) a transferência do poder se dá por critério de sangue, isto é, por hereditariedade; e (4) não há instituições que efetivamente limitem o poder do soberano.

Vale ressalvar, entretanto, que a redução dos impérios orientais a tais características não pode ignorar o fato de que tais traços são característicos da maioria expressiva das sociedades antigas, medievais e até mesmo do início da modernidade, conforme analisaremos ao longo desta exposição.

3.2.2 Antiguidade clássica: Grécia e Roma

3.2.2.1 Antiguidade grega

No contexto da Antiguidade grega, destaca-se a chamada Cidade-Estado ou pólis (πόλις), tais como Esparta, Atenas e Tebas, sendo de maior relevo para estudos políticos o regime político de Atenas implementado por Clístenes por volta do ano de 510 a.C., a chamada *democracia ateniense*, que estendeu o conceito de cidadão aos homens livres, os quais exerciam seu papel político na Ágora (assembleia) e estabeleceu um Conselho (Bulé) composto por quinhentos homens como principal órgão de governo, notadamente do ponto de vista administrativo e executivo.

Vale destacar que a existência de pessoas escravizadas permitia ao homem livre ateniense se dedicar plenamente aos assuntos públicos, o que viabilizava esse modelo político em que boa parte da população vive dedicada à discussão dos rumos da pólis.

Sem entrar em maiores minúcias acerca da organização da democracia ateniense, cabe-nos apresentar as bases desse modelo: a *isonomia*, ou seja, igualdade de todos perante a lei; a *isotimia*, que dava livre acesso aos cargos públicos a todos os cidadãos, abolindo funções hereditárias; e a *isagoria*, o direito de palavra, em igualdade, para que todos os cidadãos pudessem debater os temas relevantes da pólis[11].

Destaque-se, no que tange à democracia ateniense, que, embora aplicasse um modelo restrito de cidadão (homem livre, filho de pai e mãe atenienses livres), diferenciava-se substancialmente das demais sociedades de sua época, as quais possuíam uma concentração de poder muito maior, geralmente atribuindo-o a um homem ou a um seleto grupo de homens.

---

10 FUKUYAMA, Francis. **As origens da ordem política:** dos tempos pré-humanos até a Revolução Francesa. Trad. Nivaldo Montingelli Jr. Rio de Janeiro: Rocco, 2013, p. 114.

11 BONAVIDES, Paulo. **Ciência Política.** 13ª ed. São Paulo: Malheiros, 2006, p. 291.

Ademais, é apenas em virtude dessa forma de organização que foi possível o surgimento da filosofia política. Por isso, costuma-se apontar que filosofia e democracia possuem origens similares e, também, que há uma dependência mútua entre elas; afinal, para haver filosofia é necessária a proteção institucional da liberdade de expressão e de pensamento e, para manter a democracia, é necessário o suporte filosófico.

Assim, é apenas no contexto da Atenas antiga que é possível a Platão escrever *A República* e nela apresentar sua visão acerca de um modelo ideal de organização social que é distinto do praticado. Ora, em impérios antigos do Oriente, por exemplo, é impensável tal feito; inicialmente, pelo fato de o governo ser exercido por um enviado de algum deus e, portanto, já se apresentar como o modelo ideal; ainda, mesmo que algum cidadão se atrevesse a escrever uma obra sobre a forma ideal de organização social, ele seria sumariamente condenado (possivelmente à morte) por criticar a forma do poder existente. Afinal, toda obra que se escreve para apresentar uma espécie de organização social ideal, ou o modelo de Estado ideal, o que se faz, nas entrelinhas, é criticar a sociedade na qual se vive, vez que ela não se apresenta tal como a conjectura elaborada.

A Cidade-Estado de Atenas, portanto, conheceu uma forma de exercício de poder que era bastante descentralizada quando comparada às demais sociedades de sua época. Esse regime político mais brando tornou possível o desenvolvimento da filosofia política (ressaltando a dimensão social do justo), tão relevante para nossa história política e, também, serviu de inspiração para a moderna construção do regime democrático.

Entretanto, cabe destacar que a chamada democracia ateniense, embora fosse considerada um modelo de exercício de poder bastante descentralizado para a época, não pode ser equiparada à ideia de democracia que adotamos hoje, vez que o conceito de cidadão utilizado pelos gregos era bastante restrito, excluindo parte significativa dos indivíduos que ali viviam. Diante disso, a partir da forma como classificamos os regimes políticos atualmente, o modelo ateniense consistia numa aristocracia, em que apenas uma parcela minoritária de indivíduos possuía determinados privilégios, incluindo aquele referente à participação política.

3.2.2.2   Antiguidade romana

Sem dúvidas, a grande herança da Roma antiga para os modernos foi o direito. Ao se tratar do Direito Romano, nos referimos ao conjunto de normas jurídicas que regeram o povo romano desde a fundação de Roma (aproximadamente 754 a.C.) até a morte do imperador Justiniano em 565 d.C. Vale lembrar que Roma passou por diversas fases durante todo seu período de existência, próximo a dez séculos, de modo que seu ordenamento jurídico foi sendo produzido e modificado durante esse longo período, conforme a organização social, política e econômica da sociedade romana se alterava; assim sendo, traremos aqui apenas alguns conceitos e elementos do Direito Romano que nos ajudam a compreender o desenvolvimento histórico das sociedades políticas.

Nesse sentido, podemos mencionar dois momentos marcantes do Direito Romano: a Lei das XII Tábuas (450 a.C.) e o *Corpus Iuris Civilis* de Justiniano, que remonta aos anos de 528 a 534 d.C.

A Lei das XII Tábuas, como se sabe, tratou-se de relativa conquista plebeia frente aos patrícios, buscando uma espécie de igualdade civil, certamente não alcançada, pois evidente que a aplicação do Direito Romano nesse contexto remanescia com o patriciado, inobstante alguns plebeus se sujeitarem ao patrocínio (*patrocinium*) de patrícios, tornando-se clientes e, então, aptos para acessar cargos públicos. De toda sorte, a Lei das XII Tábuas aparece como direito escrito e tornado público e, portanto, além de alterar a configuração da estratificação social da época, ainda trouxe paradigmas jurídicos de ordem formal e material relevantes para o restante do Direito Romano que se seguiria.

Séculos depois, após uma diminuição dos juristas no chamado período pós-clássico, ante a prevalência de práticos, ressurgem os estudos jurídicos a partir do século V, sendo que, em Roma e Constantinopla, foram criadas duas escolas de direito no ano de 425[12]. Verifica-se, a partir desta época, um processo de desromanização do direito, posto que não reflete mais as ideias ou os costumes de Roma e da Itália, sendo desenvolvido por outras influências. Nesse contexto, apenas por oposição ao direito dos bárbaros que o direito permanece sendo designado como romano. Assume-se que ao menos três fatores contribuíram para essa desromanização: primeiramente, Roma não é mais a sede do governo, transferida para Milão em 293 e depois para Bizâncio em 330; em segundo lugar, com o governo nas mãos dos gregos, orientais ou bárbaros, o Direito Romano deixou-se invadir por elementos dessas culturas; por fim, como terceiro fator, temos a influência desempenhada pelo cristianismo, que foi responsável por introduzir noções de humanidade e caridade no direito[13].

Em seguida, o Império Romano Oriental ou Bizantino elevava Justiniano ao trono em 527, momento em que as Constituições Imperiais tinham se sobreposto, de modo que do Ocidente ao Oriente pairava uma confusão legislativa – sobretudo diante das invasões bárbaras que trouxeram a desfragmentação do poder e da unidade do Império. Foi então que Justiniano organizou uma comissão de juristas para reunir as regras até então em vigor num documento denominado *Codex* (Código). Em seguida, atribuiu a Triboniano a tarefa de realizar uma seleção de obras dos juriscultos clássicos, dando origem ao Digesto. Em 534, Justiniano prepara uma nova versão do *Codex*, agora contemplando recentes alterações legislativas, publicando naquele ano o *Codex repetitae praelectionis*. Adicionalmente, Triboniano, Teófilo e Doroteu elaboraram, também por ordem de Justiniano, um manual de direito intitulado *Institutiones* (Institutas). Terminado o trabalho, Justiniano reservou-se a faculdade de baixar novas leis, resultando nas *novellae constitutiones*. O *Codex*, o Digesto, as Institutas e as *Novellae* formam o chamado *Corpus Iuris Civilis*[14].

Revisitado por diversas vezes durante o decorrer da história e sendo estudado por Mommsen, Savigny e Contardo Ferrini, o *Corpus* serviu de base para os Códigos Civil e Penal da maioria dos países do Ocidente, de modo que, juntamente com o Direito canônico, formou as bases para o direito medieval e moderno[15].

---

12 PEIXOTO, José Carlos de Matos. **Curso de Direito Romano.** 4ª ed. Rio de Janeiro: Haddad, 1960, p. 22.
13 PEIXOTO, José Carlos de Matos. **Curso de Direito Romano.** 4ª ed. Rio de Janeiro: Haddad, 1960, p. 24.
14 MARKY, Thomas. **Curso elementar de direito romano.** 3ª ed. São Paulo: Saraiva, 1987, p. 9-10.
15 DE CICCO, Cláudio. **História do Pensamento Jurídico e da Filosofia do Direito.** 5ª ed. São Paulo: Saraiva, 2010, p. 66.

Vale destacar, por fim, que o Direito Romano era caracterizado por conceitos considerados evoluídos para sua época, tais como a propriedade privada e o respeito a contratos bilaterais, bem como pela prática da jurisprudência; já do ponto de vista sociopolítico, caracterizava-se pelas ideias de estratificação social e centralização do poder, na linha das demais civilizações antigas. Por esses e outros motivos, o Direito Romano foi estudado no contexto da Idade Média e na transição para a Idade Moderna, tendo exercido também grande influência nas codificações dos oitocentos.

* * *

Em uma síntese acerca das características das formas de organização social e do exercício do poder típicos da Antiguidade Clássica (Grécia e Roma), temos a existência de divisões entre grupos sociais (estamentos), que se estabeleciam a partir de critérios rígidos que determinam quem eram os cidadãos com poderes políticos (de mandar, votar, opinar etc.) e quais eram os que, em virtude de sua condição (estrangeiro, escravizado, plebeu, servo, súdito, mulher etc.) deveriam seguir as diretrizes de um poder exercido por outrem. Isso configura, com efeito, um modelo de organização social voltado à conservação do *status quo*; ou seja, modela-se a sociedade para que as decisões políticas não venham a alterar a estrutura de funcionamento geral dessa sociedade, perpetuando, assim, a forma de organização do poder vigente. Ressaltamos que até mesmo Atenas, sob seu regime "democrático", embora tivesse a forma mais participativa de poder para a época, era estruturada de tal forma que os bem-nascidos cidadãos atenienses se mantivessem no poder, sujeitando os demais a seus desígnios.

3.3 IDADE MÉDIA E FEUDALISMO[16]

A Idade Média (ou medievo) é o período compreendido, para fins didáticos, entre a queda do Império Romano do Ocidente (em 476 d.C.) e o ano de 1453, que marca a queda de Constantinopla. A expressão aparece com os humanistas do século XVII, que encaravam seu tempo como o Renascimento e chamavam o intervalo entre sua época e o período clássico de Idade Média (*medium aevum)*. Destacamos, de início, que o estudo desse período é de suma importância para a compreensão das relações de poder que constituiriam, na aurora da modernidade, o Estado. Dessa feita, é imperioso que façamos aqui uma análise mais cautelosa do que aquela realizada nos demais períodos, ante a relevância das intrincadas relações de poder que se inserem no contexto medieval.

Dando início à análise do período, temos que após a queda do Império Romano do Ocidente (476 d.C.) houve uma forte fragmentação do poder político na Europa ocidental em virtude das chamadas invasões bárbaras. O Mediterrâneo, que consistia na ligação entre o Ocidente e o Oriente, transformou-se em barreira, sobretudo após as invasões muçulmanas. O comércio que era então dependente das navegações entra em forte declínio entre os séculos VII e VIII, permanecendo apenas o fraco comércio. Na visão de Henri

---

16 A análise que se segue é extraída, com ajustes e alterações, de: GAMBA, João Roberto Gorini. **Direito de Propriedade:** fundamentos históricos e filosóficos. 3ª ed. Rio de Janeiro: Lumen Juris, 2021, p. 95-132.

Pirenne[17], subsistiram apenas as cidades romanas que, por serem centro de administração diocesana, os bispos reuniam em torno de si um clero numeroso, entretanto verifica-se um empobrecimento geral, tendo o numerário de ouro desaparecido e substituído pela moeda de prata colocada pelos carolíngios. Afirma, ainda, que a tarefa de realizar um progresso econômico não era possível a Carlos Magno, posto que não teria conseguido anular as consequências do desaparecimento do tráfico marítimo e do fechamento do Mediterrâneo, conforme descrito anteriormente.

Nesse cenário, por volta do século VIII a Europa Ocidental regride ao estado de região predominantemente agrícola, sendo a terra a única fonte de subsistência e condição de riqueza.

Quando os bárbaros se estabeleceram, os homens livres sentiram-se na dificuldade de encontrar proteção em sua comuna de origem, agora já desorganizada. Os reis dos Estados bárbaros recém-formados eram inacessíveis ante a vasta distância de seu território e as péssimas condições de transporte. Assim, o poder político se fragmenta e, como consequência, torna-se impossível a configuração de um tipo pleno de propriedade:

> Na realidade, o estado decadente da agricultura e das cidades, da autoridade pública e das vias de transporte e comunicação, leva a uma fragmentação do poder político e do controle econômico cada vez mais acentuada, se bem que dissimulada por uma complicada trama de interdependências jurídicas, tendentes a negar, abaixo da autoridade imperial, qualquer forma de poder político soberano e de plena e exclusiva Propriedade[18].

Mediante tal instabilidade, o pequeno produtor era obrigado a procurar proteção com os homens poderosos de sua região, normalmente homens com poder armado e que conquistavam ou compravam novas terras para aumentar a abrangência de sua influência: os senhores feudais.

3.3.1 Considerações sobre o regime feudal

No cenário até aqui descrito, não tardou para que houvesse uma classe possuidora de grandes parcelas de terra, ocasionando, do outro lado, uma massa de pequenos lavradores que nelas se fixariam para produzir seu sustento e, em última análise, o de toda estrutura feudal. Do ponto de vista administrativo, Carlos Magno organiza o poder dominial ao renunciar a busca por uma centralização e institui a vassalagem, em que o vassalo jurava fidelidade e apoio militar ao suserano e cuidava de seu feudo, estabelecendo assim uma cadeia hierárquica voltada à manutenção do sistema.

Nessa sociedade, a nobreza e o clero viviam às custas dos servos produtivos e estavam isentos de todo trabalho. Uma vez trabalhando nas terras do senhor, os servos

---

17 PIRENNE, Henri. **História econômica e social da Idade Média.** Trad. Lycurgo Gomes da Motta. São Paulo: Mestre Jou, 1968, p. 11.

18 BOBBIO, Norberto; MATTEUCCI, Nicola; PASQUINO, Gianfranco. **Dicionário de política.** 13ª ed. Coord. trad. João Ferreira. Brasília: UNB, 2010, vol. 2. p. 133.

eram obrigados a pagar-lhes uma parte de sua produção. Alguns camponeses que possuíam sua própria terra, suficiente para que levassem uma vida tranquila, acabavam por entrar "voluntariamente" no esquema feudal, sujeitando-se aos senhores para obtenção da necessária proteção – o que de fato ocorria, já que é do interesse do senhor proteger aqueles que garantem seu sustento. Desistiam, portanto, de seus direitos à terra, ainda que precários, e entregavam-na aos senhores, recebendo-a de volta com a obrigação de pagar a renda pela contrapartida da proteção.

Consolidava-se também a Igreja como grande proprietária, especialmente pelas terras que lhes eram deixadas por ocasião da morte de fiéis. Ademais, a Igreja convalidava a sociedade feudal, ensinando que a situação terrena era obra de Deus, disseminando uma forma de conformismo. A terra, conforme esse modelo, foi dada por Deus aos homens para que pudessem viver neste mundo com vistas à salvação. Dentro dessa ótica, a finalidade do trabalho não era o enriquecimento, mas a conservação da condição em que cada um nasceu até que desta vida se passe para a eterna[19].

De volta à estrutura feudal, cumpre ressaltar que o senhor do feudo não detinha a propriedade da terra, sendo, na verdade, apenas um arrendatário de outro senhor, numa longa cadeia hierárquica. Leo Huberman nos esclarece esse ponto:

> O senhor do feudo, como o servo, não *possuía* a terra, mas era, ele próprio, arrendatário de outro senhor, mais acima na escala. O servo, aldeão ou cidadão "arrendava" sua terra do senhor do feudo que, por sua vez, "arrendava" a terra de um conde, que já a "arrendara" de um duque, que, por seu lado, "arrendara" do rei. E, às vezes, ia mais além, e um rei "arrendava" a terra a um outro rei![20]

A situação se consolidou e no século XI o processo de feudalização havia se estabelecido por boa parte da Europa, de tal maneira que todas as terras, com raríssimas exceções, pertenciam a essa nova classe dominante dos senhores feudais, fazendo jus ao lema: *nulle terre sans seigneur* (nenhuma terra sem senhor). Naturalmente, as terras eram divididas, havendo a parte destinada ao senhor, onde ficava a casa senhorial, e as terras pertencentes aos servos, onde esses cultivavam o suficiente para sua subsistência e da sua família, bem como para o pagamento daquilo que era devido ao senhor.

Para definir de forma simples, "o feudo é uma terra concedida em troca de fidelidade, vassalagem e serviços nobres (serviço militar e de conselho) prestados ao doador"[21]. A relação de vassalagem consiste no nexo pessoal estabelecido entre o vassalado e o suserano e é a base de toda estrutura feudal, em que a condição dos homens se dá conforme sua relação com a terra[22].

---

19 PIRENNE, Henri. **História econômica e social da Idade Média.** Trad. Lycurgo Gomes da Motta. São Paulo: Mestre Jou, 1968, p. 19.

20 HUBERMAN, Leo. **História da Riqueza do Homem.** Trad. Waltensir Dutra. 12. ed. Rio de Janeiro, Zahar: 1976, p. 19.

21 LÉVY, Jean-Philippe. **História da Propriedade.** Trad. Fernando Guerreiro. Lisboa: Estampa, 1973, p. 52.

22 "Quem possui terra, possui, ao mesmo tempo, liberdade e poder; por isso, o proprietário é simultaneamente senhor; quem dela está privado, fica reduzido à servidão: por isso a palavra vilão designa do mesmo modo, o camponês de um domínio e o servo." (PIRENNE, Henri. **História econômica e social da Idade Média.** Trad. Lycurgo Gomes da Motta. São Paulo: Mestre Jou, 1968, p. 18).

Cumpre destacar que a produção na Idade Média era feita com instrumentos agrícolas pequenos e simples, de tal forma que toda produção era em pequena quantidade e de maneira pouco organizada e racional, afinal toda a base econômica era composta de pequenos produtores. Nesse sentido, cumpre destacar que todas as classes, dos reis e nobres aos mais humildes servos, viviam direta ou indiretamente de produtos agropecuários – isto, pois conforme já anotado, a instabilidade política gerada pela queda da sede ocidental do Império Romano impactou fortemente a prática comercial típica dos centros urbanos.

O poder de influência feudal aumentava conforme o número de servos que cada um tinha. Dessa forma, os senhores feudais buscavam os territórios vizinhos, com intenção de anexar novos servos à sua propriedade, sendo constantes as guerras travadas entre senhores feudais em busca de maior influência.

Em conjunto, os senhores detinham quase toda população sobre sua área de influência, de sorte que os grandes proprietários tomaram para si o poder de Justiça, já que o acesso ao poder real por um servo era quase impossível, sobretudo por conta da péssima condição das estradas e dos perigos que enfrentaria no caminho.

Tornando-se gradualmente detentores da Justiça, o passo seguinte foi o domínio administrativo dentro de suas propriedades. Para consolidar essas conquistas, os senhores feudais procuravam obter títulos, as chamadas cartas de imunidade, sendo aos seus detentores atribuído o poder da imunidade, que isentava suas terras do controle real.

Não é preciso dizer que com a consolidada estrutura feudal não era sequer necessária a existência de um direito que regulasse trocas e relações comerciais. O comércio era extremamente reduzido, baseado em poucos artigos de luxo, sendo um dos motivos para tanto a autossuficiência dos feudos. Com efeito, cada latifúndio era de certa forma fechado, ou seja, na estrutura econômica feudal não havia mercados externos relevantes, mas apenas ocasionais relações de compra e venda conforme a necessidade de adquirir itens.

Em resumo, podemos concluir que com o desmoronamento do Império Romano do Ocidente em 476 estabelece-se na Europa entre os séculos V e VIII um período de forte recessão, reduzindo-a a uma região exclusivamente agrícola, sem comércio de grande expressão, sobretudo por conta da expansão muçulmana ter fechado o Mediterrâneo em meados do século VII. Nesse contexto, os homens reúnem-se sobre a proteção dos senhores feudais para garantir sua segurança. Em troca, garantem o sustento do senhor e sua família e, em última análise, de toda estrutura feudal.

Sobre as principais características dos feudos e do sistema feudal, vale realizar uma síntese conclusiva acerca dos seus aspectos *sociais*, *econômicos* e *jurídicos*:

No que tange aos *aspectos sociais*, a sociedade feudal era estratificada, isto é, havia estamentos distintos – clero, nobreza e servos, além da realeza, que pode ser compreendida como uma parcela privilegiada dentro da própria nobreza – sendo praticamente nula a possibilidade de ascensão social. *Economicamente*, toda a produção era centrada em produtos agropecuários produzidos pelos servos, sendo os feudos autossuficientes; ademais, toda a produção é destinada exclusivamente ao consumo, não havendo sentido qualquer produção de excedentes, vez que não há comércio para tanto. Quanto aos *aspectos jurídicos*, verificava-se uma notória insegurança, já que não havia um código legal dominante, mas apenas normas romanas, costumeiras e outros fragmentos advindos dos povos que ali ficaram. Assim, os tribunais feudais aplicavam as leis de forma não padronizada, sempre prevalecendo os interesses para a manutenção do modelo feudal.

3.3.2 A ascensão das cidades

Trabalharemos neste item a ascensão das cidades dentro da sociedade ainda feudal, passando por sua origem, seu desenvolvimento em paralelo com as estruturas feudais e, por fim, a consolidação das pretensões políticas e jurídicas provenientes da burguesia citadina. Na sequência, dedicaremos um tópico para tratar exclusivamente da transição do modo de produção feudal ao modo de produção capitalista, processo que ocorreu simultaneamente com os fatos narrados neste item, na medida em que o sistema produtivo alterava a sociedade e por ela era alterado. O estudo que se segue, portanto, deve ser analisado em conjunto com os apontamentos feitos sobre a estrutura feudal, pois as cidades e a burguesia em formação com ela conviveram e lutaram até que seus interesses predominassem sobre as demais ordens jurídicas que lhes eram hostis.

Retornando aos aspectos históricos já mencionados, temos que após a consolidação do feudalismo o comércio era bastante reduzido, limitado a itens de luxo transportados por mercadores que corriam enormes riscos[23]. Sua caravana era equipada para o combate; afinal, guerras, banditismo dos cavaleiros e assaltantes de estrada eram comuns e colocavam em risco sua mercadoria. Tais assaltos eram justificados por considerarem os mercadores agiotas e açambarcadores.

De fato, comprar algo a um preço e vendê-lo por um valor maior do que pagou, auferindo, portanto, lucro – objeto da atividade dos mercadores – era considerado desonroso numa sociedade em que era valorizada a atitude de viver graças ao suor dos camponeses e servos. Essa atividade equivaleria, na época, à usura, considerada pecado. Conforme veremos adiante, a Igreja, que ditava tal regra, mudaria de ideia conforme o poder da classe mercantil viesse a prevalecer. Já a nobreza, responsável por julgar o lucro desonroso, descobriria posteriormente que seu estilo de vida dependia de dinheiro para ser mantido.

Além desses fatores, o mau estado das estradas e a cobrança de pedágios pelos senhores locais consistiam em outros fardos que deveriam ser suportados pelos mercadores que, ante a tais adversidades, eram bons combatentes. Diante desse cenário, foi necessária aos mercadores uma organização para combater os inimigos em comum, de tal forma que grupos se uniram para pôr fim à cobrança ilegal de pedágios e aos roubos e guerras feudais, tão prejudiciais à atividade mercantil.

Vale lembrar que as estradas abertas pelos romanos cruzavam toda a Europa, mas por volta do ano 1000 estavam em péssimas condições e, portanto, eram praticamente intransitáveis. Por conta desse fator, as pesadas carruagens não tinham como levar as mercadorias, que acabavam por ser levadas em pequenas carroças. Esse transporte em

---

23 No mesmo sentido: "A existência errante dos mercadores e os riscos de toda espécie a que estavam expostos, em uma época em que o saque constituía um dos meios de existência da pequena nobreza, impeliam-nos a procurar desde logo proteção no interior das muralhas que se escalonavam ao longo dos rios ou dos caminhos naturais que percorriam." (PIRENNE, Henri. **História econômica e social da Idade Média.** Trad. Lycurgo Gomes da Motta. São Paulo: Mestre Jou, 1968, p. 47).

pequena quantidade somado às adversidades encontradas pelos mercadores no caminho fazia com que os produtos ganhassem um custo adicional de grande proporção. Havia, consequentemente, uma demanda pela reparação das estradas e sua manutenção pelo poder real.

A gradual pacificação do continente ocasionou um certo aumento da segurança das estradas. Com isso, são organizados grupos que percorrem rotas entre os domínios e compartilham os riscos, o capital e os lucros. São os mercadores (comerciantes); um grupo distinto dos demais por não ser pertencente a um estamento privilegiado, não se submeter ao regime servil e, também, não produzir os bens necessários à sua subsistência, sendo caracterizado pela prática do comércio, a qual visa o lucro e, portanto, pressupõe a troca de moeda. Tais mercadores residiam próximos às estradas por longos períodos, sobretudo no inverno, dando origem aos chamados *burgos*, de onde surgiria sua denominação de *burgensis* (portanto, o termo *burguês*, no contexto deste capítulo, equivale ao de *mercador* ou *comerciante*). Junto a esse fato, temos que a partir do século XI os camponeses que até então se dedicavam exclusivamente à agricultura passaram a se dedicar a outros ofícios além de seu trabalho principal, estabelecendo-se como ferreiros, tecelões, alfaiates e sapateiros, ofícios nos quais passavam cada vez mais tempo, visando as trocas a serem feitas nos burgos.

Além das adversidades relatadas pelo fato de não estarem sujeitos ao regime feudal, os mercadores encontravam resistência espiritual diante da aversão ao comércio explicitada pela Igreja. É dentro desse cenário de adversidades que a classe mercantil dá os primeiros passos para ganhar o reconhecimento dentro de uma sociedade que lhe é duplamente hostil; afinal, "estavam em luta com o conjunto de interesses e ideias de uma classe dominada, do ponto de vista material, pelos possuidores dos latifúndios e, do ponto de vista espiritual, pela Igreja, cuja aversão pelo comércio era invencível"[24].

Não obstante essa oposição, a Igreja abrigava uma vasta diversidade de interesses, de modo que havia também grupos empenhados no desenvolvimento do comércio. Nesse aspecto, uma das grandes contribuições da Igreja foi a sistematização, a legitimação e o estudo organizado do Direito Romano, que serviu de base aos interesses da classe mercantil em ascensão, conforme veremos no tópico seguinte.

Contudo, o ponto central na relação da Igreja com os mercadores era certamente a questão da usura, já que o tempo a Deus pertence. Como se sabe, a Igreja era uma potência econômica no período do medievo, de modo que não raro exercia a função de emprestadora. Nas operações realizadas, não poderia, naturalmente, emergir do dinheiro emprestado nenhum juro; tratando-se de empréstimos feitos por conta da necessidade vital dos beneficiários. A Igreja, diante de fiéis que enfrentavam um estado de empobrecimento, emprestava-lhes o suficiente para que saíssem dessa situação, sem com isso ganhar qualquer juro. Ademais, ao proibir a usura por conta de fatores religiosos, a Igreja

---

24 PIRENNE, Henri. **História econômica e social da Idade Média.** Trad. Lycurgo Gomes da Motta. São Paulo: Mestre Jou, 1968, p. 56.

acabou por realizar um serviço de grande valia à sociedade agrícola da alta Idade Média, protegendo-a das dívidas alimentícias[25].

A compreensão da questão da usura na Idade Média consiste em um ponto de suma importância para o entendimento das forças que atuavam no período. No entanto, a Igreja protegeu sua ideologia até que tal posição se tornasse insustentável diante da disseminação do pensamento e das práticas burguesas. Até esse ponto, entretanto, exerceu importante papel:

> A reprovação da usura, do comércio, do lucro sem outro objetivo senão o de lucrar, é muito natural e, naqueles séculos em que cada latifúndio se bastava a si mesmo e constituía normalmente um pequeno mundo fechado, nada podia ser mais benéfico, se pensarmos que somente a fome obrigava a pedir emprestado e, portanto, tivesse tornado possível todos os abusos da especulação, da usura, do açambarcamento, em suma, da tentadora exploração da necessidade, se a religião não os tivesse explicitamente condenado[26].

Não obstante, a censura eclesiástica sobre a cobrança de juros continuava a ameaçar aqueles que viviam do crédito e frequentemente os devedores conseguiam que a Igreja os eximisse da obrigação do pagamento dos juros de suas dívidas. Assim, eram feitas operações com intento de burlar a censura, como, por exemplo, deduzir antecipadamente a quantia emprestada, ocultar os juros sob a forma de penalidades e, em outras ocasiões, o devedor assumia que havia recebido uma soma muito maior do que a que realmente recebeu[27].

Além da proibição da usura, a Igreja, por conta de sua doutrina, não considerava ético acumular mais riqueza do que o necessário, afinal "é mais fácil um camelo passar pelo fundo de uma agulha do que entrar um rico no reino de Deus" (Mateus, XIX, 24). Entretanto, pouco a pouco essas teorias foram sendo reinterpretadas de forma a contemplar novos interesses, vez que, ao fim, saiu vitoriosa a burguesia com o gradual enfraquecimento da Igreja, então defensora da ordem feudal, sobretudo com a Reforma Protestante, evento que se deu séculos após o momento em análise. Os protestantes radicais reinaram e desenvolveram a ideia de uma ordem axiomática do universo, determinando a liberdade de contrato e a propriedade[28].

De volta à formação dos burgos, é importante mencionar as demandas de autonomia e de luta pelo fim do sistema feudal travadas pelos burgueses e camponeses que, aos poucos, migravam para os burgos que, nesse contexto, já podemos chamar de cidades. O juramento de lutar pelo fim dos laços feudais era chamado de "comunal", de modo que o termo "comuna" descrevia simultaneamente o juramento, os conjurados e a área onde se

---

25   PIRENNE, Henri. **História econômica e social da Idade Média.** Trad. Lycurgo Gomes da Motta. São Paulo: Mestre Jou, 1968, p. 126.

26   PIRENNE, Henri. **História econômica e social da Idade Média.** Trad. Lycurgo Gomes da Motta. São Paulo: Mestre Jou, 1968, p. 20.

27   PIRENNE, Henri. **História econômica e social da Idade Média.** Trad. Lycurgo Gomes da Motta. São Paulo: Mestre Jou, 1968, p. 146.

28   TIGAR, Michael E.; LEVY, Madeleine R. **O direito e a ascensão do capitalismo.** Trad. Ruy Jungmann. Rio de Janeiro: Zahar, 1978, p. 62.

reclamava o direito de trabalhar e comerciar. Dentro das exigências desse grupo formado por dezenas a centenas de pessoas estavam os direitos de criar leis e administrar a cidade sem a interferência dos nobres e do poder real. Desejava-se que os servos que ficassem por lá por certo período se tornassem livres. Em suma, essa condição significava o rompimento das obrigações feudais em favor dos que trabalhavam na cidade[29]. Inicia-se, já aí, a demanda pela liberdade, tão característica das teorias burguesas.

Ante a pressão exercida, nos séculos XI e XII foram emitidas cartas garantindo certa liberdade para a condução da vida dentro das cidades, mas deixando claro, de início, a submissão da cidade aos senhores feudais.

Entretanto, seja por conflito direto, seja por compra de vários direitos, muitas cidades tornaram-se comunas que se autogovernaram quase completamente independentes dos senhores feudais. Aos poucos, as cidades conquistaram direitos, dentre eles o direito de ter sua própria câmara, de eleger funcionários, de comprar isenção de impostos e de garantir a liberdade de seus habitantes. Daí a conhecida frase proferida naqueles tempos: "O ar da cidade faz um homem livre".

É necessário pontuar que a restauração do comércio realizada pela burguesia em formação implicou o entendimento de que o processo de produção poderia ser arrancado da estrutura feudal e transformado em atividade separada e livre, a ser desenvolvida nas cidades. Nos séculos XI e XII, o movimento urbano intensificou-se e a proliferação de ideias contra o sistema feudal disseminava-se, encorajando novos fugitivos que buscavam a liberdade das cidades. Com efeito, verifica-se, nesse momento, um enfraquecimento do sistema feudal e uma gradual ascensão das cidades, num movimento que apenas se intensificaria nos séculos seguintes e que produziria, dentre outros efeitos, um fluxo de pessoas e de recursos dos campos (feudos) para as cidades.

Não devemos olvidar a importância das Cruzadas como busca por rotas de comércio e disseminação da cultura mercantil, sendo um acontecimento essencial para que tal ideologia se difundisse pela Europa. Com efeito, Pirenne[30] conclui que o resultado duradouro e essencial das Cruzadas foi ter dado às cidades italianas, e em menor grau às da Provença e Catalunha, o domínio do Mediterrâneo. Em 1095, o Papa Urbano começou a pregar a Primeira Cruzada e, já em 1098, iniciou-se a intervenção direta dos mercadores italianos na Palestina – nesse período os cruzados já haviam conquistado terras na Palestina e na Síria. As cidades de Pisa e Gênova foram essenciais na conexão comercial com o Oriente, sobretudo pelo fato de o comércio se dar por via marítima. Ademais, uma das principais consequências da Quarta Cruzada (1202-1204) foi o controle do comércio marítimo pelo Mediterrâneo. O contato com a cultura oriental exerceu intensa influência sobre o Ocidente. Foi nesse período que tivemos contato com a ciência, a medicina e, principalmente, com a matemática árabe, fazendo com que fossem trazidos ao Ocidente o sistema de lançamentos contábeis por partidas dobradas e o sistema numérico árabe

---

29   TIGAR, Michael E.; LEVY, Madeleine R. **O direito e a ascensão do capitalismo.** Trad. Ruy Jungmann. Rio de Janeiro: Zahar, 1978, p. 94.

30   PIRENNE, Henri. **História econômica e social da Idade Média.** Trad. Lycurgo Gomes da Motta. São Paulo: Mestre Jou, 1968, p. 13.

composto de nove números e o zero, superior ao modelo romano. As Cruzadas, lançadas contra os "infiéis", trouxeram mais deles do que se supõe.

Com as rotas para o Oriente abertas, a organização comercial intensificou-se com vistas a realizar o comércio de maior vulto. Nesse período, os principais mercadores de Gênova já formavam organizações, algo semelhante a nossas sociedades anônimas, para reunir capital suficiente para realizar transações comerciais. Dessa forma, altera-se de maneira determinante a economia medieval, até então centrada nos isolados latifúndios, com pouco intercâmbio de produtos e moeda em razão da inexistência de um mercado consumidor externo. Isto, pois o aumento das cidades e o crescente comércio geram um mercado externo aos latifúndios que precisa ser abastecido com produtos da terra, voltados à alimentação dos mercadores que, como dito, vivem da troca e, portanto, não produzem o necessário para seu próprio sustento, tendo que se utilizar do resultado – lucro – de sua atividade para adquirir alimentos dos camponeses. Como consequência, o camponês passa a produzir, além do necessário para o pagamento dos pesados tributos feudais e para sua subsistência, um excedente de produção voltado à troca. Em resumo, o camponês torna-se, também, um mercador. Com isso, a produção agrícola feudal passou a ser intensificada, enquanto na cidade progredia lentamente a manufatura. Os camponeses iam então à cidade vender sua pequena produção e junto com os mercadores foram responsáveis pela restauração do comércio, sobretudo por conta da mobilidade que os mercadores ganharam em razão da relativa pacificação do continente e, dela se utilizando, passaram a comercializar os produtos feitos pelos camponeses em outras praças, de forma a espalhar a sua mercadoria para além das suas regiões. De início, tais cidades eram aldeias onde os poucos habitantes se dedicavam ao comércio e à agricultura, entretanto o comércio viria a se intensificar, carecendo cada vez mais do tempo e do esforço dos trabalhares dessas cidades.

Com o desenvolvimento gradual do comércio, as técnicas, bem como as ferramentas e os utensílios utilizados no campo evoluíram, ocasionando um significativo avanço no modo produtivo feudal, sobretudo com a diminuição do preço do ferro, por conta de sua maior produção. O arado, as enxadas, as foices e os demais utensílios utilizados no campo passaram a ser produzidos com ferro. Em suma, a produção, nesse momento, começa a se alterar de maneira determinante tanto no campo, quanto na cidade.

Como visto, uma das características do sistema feudal era a autossuficiência dos feudos e a ausência da produção de excedentes por conta da inexistência de mercados consumidores. Com o desenvolvimento das cidades e a introdução do camponês na estrutura mercantil, não tardou para que os próprios senhores feudais se envolvessem no comércio, que passa a se tornar presente na vida de quase toda estrutura feudal; afinal, para manter seu luxo era necessário adquirir os novos produtos disponíveis no mercado e, para tanto, há que se gerar uma receita em espécie.

Com o mercado intensificado, a presença de advogados passou a ser essencial na elaboração de instrumentos jurídicos que garantissem negócios comerciais. O uso crescente de frases padronizadas na redação dos contratos nos indica a existência de uma ordem jurídica disposta a dar efeito legal a certos tipos de promessas contratuais[31]. Nesse aspecto,

---

31 TIGAR, Michael E.; LEVY, Madeleine R. **O direito e a ascensão do capitalismo.** Trad. Ruy Jungmann. Rio de Janeiro: Zahar, 1978, p. 75.

a falta de segurança jurídica característica da época feudal caminhava na contramão dos interesses dos mercadores, posto que a atividade comercial exigia um ordenamento previsível e capaz de solucionar eventuais demandas. Já quanto à propriedade, era necessário um modelo que a tornasse disponível.

Surgido em Gênova por conta das Cruzadas e espalhando-se pelo litoral do Mediterrâneo em direção ao Norte, ao longo das rotas comerciais, entrava em vigor um novo direito, especialmente adaptado aos interesses dos mercadores. Esse direito ocasionou a infusão de novas ideias jurídicas, conforme a realidade que buscava regular, refletindo, desse modo, o poder da crescente classe mercantil. Tratava-se de uma releitura do conhecido e evoluído – em relação ao direito consuetudinário feudal – Direito Romano.

3.3.3 O Direito Romano medieval

Conforme exposto anteriormente, em meados do século XI a sociedade até então predominantemente feudal passa a ser drasticamente alterada por conta do ressurgimento e da intensificação do comércio. Com a alteração das relações existentes dentro da sociedade, passou-se a exigir um conjunto de leis que fornecesse segurança jurídica e que fosse suficiente para atender às novas necessidades. Nesse contexto, o direito consuetudinário feudal deixou de responder às exigências da sociedade, tornando-se cada vez mais latente a necessidade de uma modernização no cenário jurídico, isto é, de um direito mais sofisticado e capaz de responder às demandas de uma nova sociedade em construção.

É nesse cenário que, por volta de 1100, o Ocidente redescobriu o *Corpus Iuris Civilis* de Justiniano, voltando a estudar, analisar e ensinar o Direito Romano nas universidades, constituindo gradualmente um direito neorromano ou romano-medieval. Foi principalmente em Bolonha que Irnério reiniciou os estudos sistemáticos dos códigos de Justiniano, no início do século XII, onde a então escola dos Glosadores reconstruiu e classificou de maneira metódica o legado dos juristas romanos. Sem entrar nas minúcias do tema, cumpre mencionar os glosadores dos séculos XII e XIII, os comentadores dos séculos XIV e XV e os humanistas do século XVI como as três grandes escolas que reestudaram o Direito Romano.

Entre os motivos que se encontram por trás do êxito obtido pelo Direito Romano na Idade Média e no começo da época moderna encontram-se as qualidades intrínsecas do *Corpus Iuris Civilis*, produto de uma civilização altamente desenvolvida e com longa experiência jurídica. Ademais, era notável o fato de seu conteúdo se adequar aos interesses dominantes no referido momento histórico, sendo fundamental, portanto, compreender a relação entre poder e direito:

> A ascensão e queda dos sistemas jurídicos e dos grandes projetos legislativos são determinadas, na prática, pelo desejo de grupos dominantes e de instituições numa determinada sociedade. A história do direito não pode ser compreendida fora do contexto da história política, e o efeito do direito sobre a sociedade é, em si, um fenômeno político no sentido amplo[32].

---

32 CAENEGEM, R.C. van. **Uma Introdução Histórica ao Direito Privado**. Trad. Carlos Eduardo Machado. São Paulo: Martins Fontes, 1995, p. 74.

Sobre isso, cumpre destacar o papel da Igreja e dos mercadores no apoio ao resgate do Direito Romano. Entre os atributos que agradavam a Igreja podemos apontar a centralização, a hierarquia, a burocracia, a racionalização imposta de cima e a importância do direito e da administração. Com efeito, a Igreja consistia em força onipresente no desenvolvimento econômico e jurídico da Europa durante a Idade Média[33]. Na qualidade de maior latifundiária do medievo, comprometia-se na defesa da estrutura feudal, reprimindo revoltas camponesas e os interesses da classe mercantil em ascensão.

Também era conveniente aos reis e imperadores o uso do Direito Romano. O *Corpus* possuía diversos argumentos para sustentar suas posições. Nada diz sobre direitos do povo ou sobre os limites do poder do Estado, entretanto nele encontram-se princípios que sustentam a manutenção do imperador. As máximas *princeps legibus solutus* (o imperador não está preso a leis) e *quod principi placuit legis habet vigorem* (o que agrada ao imperador tem força de lei) eram favoráveis aos soberanos interessados no fim das estruturas feudais e no estabelecimento de novas políticas[34]. Sobre esse ponto, Perry Anderson[35] nos ensina que o movimento social escrito nas estruturas do absolutismo ocidental encontrou sua harmonia jurídica na reintrodução do Direito Romano.

Adicionalmente, para a classe mercantil, o Direito Romano mostrava-se muito mais hábil a lidar com a nova situação mercadológica. A certeza jurídica lhes agradava e particularmente o direito de obrigações era favorável às relações comerciais em franca ascensão. De fato, a crise da economia agrária e feudal ocasionou uma consequente crise nas estruturas jurídicas e nas concepções dessa sociedade. A complexidade das novas estruturas econômicas, adquirindo uma expressiva dimensão comercial, requeria um sistema de justiça mais adequado a essa nova realidade. Nesse ponto, tornou-se essencial uma maior liberdade contratual, um sistema de crédito e o desenvolvimento de institutos aptos a lidar com relações jurídicas mais complexas; demandando, inclusive, um sistema previsível e único que proporcionasse certeza, sobretudo quanto à propriedade, seu uso irrestrito e, principalmente, sua disponibilidade.

Com efeito, a posse e a força consistiam em fatores determinantes no sincretismo verificado durante o período feudal, onde não havia um sistema jurídico único que garantisse direitos, predominava, portanto, o poder de fato. Nesse contexto, o poder feudal, exercido de maneira pessoal, perde espaço e introduz-se uma nova maneira de realizar transações comerciais, agora sujeita a um novo princípio: o respeito à vontade das partes, representado no contrato, que pressupõe a consciência de ambos acerca da existência de uma ordem que garanta o cumprimento das obrigações recíprocas e que seja pautado na boa-fé. Aqui estamos diante de um ponto central na formação da sociedade moderna, progressivamente estruturada pela via jurídica para a atomização do comércio ainda no contexto da sociedade feudal que, diante desses avanços, encontrava-se em declínio.

---

33 No contexto medieval, o sincretismo não era exclusividade da área jurídica. Em todos os campos da vida social havia um complexo de interesses que intentavam predominar em detrimento de outros. Nesse jogo, é evidente que a Igreja Católica desempenhava um papel de notável importância, sobretudo pelo fato de possuir duas habilidades indispensáveis: a leitura e a escrita.

34 CAENEGEM, R.C. van. **Uma Introdução Histórica ao Direito Privado.** Trad. Carlos Eduardo Machado. São Paulo: Martins Fontes, 1995, p. 75.

35 ANDERSON, Perry. **Linhagens do estado absolutista.** Trad. Telma Costa. Porto: Afrontamento, 1984, p. 27.

Ademais, diante da ordem feudal imposta, a classe mercantil vivia em constante irritação com leis e costumes que privilegiavam a aristocracia feudal. Apesar da classe dos mercadores e dos artesãos procurar estender o âmbito de aplicação de suas regras aos demais indivíduos, o direito civil e o direito comercial tinham fontes, objeto e tribunais apartados da estrutura feudal. Tal autonomia judicial acabava por representar sua independência também em aspectos administrativos, ou seja, na organização da área urbana. Afinal, a estrutura feudal não servia para seus propósitos. Em síntese:

> O fato de terem as burguesias conseguido estabelecer, por sua única iniciativa, a organização municipal, cujos delineamentos aparecem pela primeira vez no século XI, e que no século XII possui os seus órgãos essenciais, mostra claramente sua energia e seu espírito inovador. A obra que levaram a termo é tanto mais admirável porque constitui uma criação original. Nada podia servir-lhe de modelo no estado de cousas anterior, posto que todas as necessidades que haviam de satisfazer eram novas[36].

Entre essas novas necessidades estava a de se proteger, daí a criação dos muros característicos dos burgos medievais. Para garantir sua construção, bem como a manutenção das demais estruturas, era necessária a cobrança de uma contribuição, a qual se dava de forma relativa conforme as possibilidades dos contribuintes e em proveito do bem geral. Tais características se diferenciam sobremaneira das cobranças feudais que, além de arbitrárias, davam-se em proveito exclusivo do senhor. Nessa nova estrutura, tal contribuição reveste-se de caráter público, já que em benefício de todos.

Em síntese, temos que o evoluído Direito Romano se mostrava muito mais adequado às características dessa nova sociedade, modificada por conta da iminente alteração do sistema produtivo, sobretudo em contraposição ao direito consuetudinário feudal e sua incerteza, tão prejudicial ao comércio. Entre os motivos da melhor adequação podemos apontar como central o tratamento dado à propriedade no Direito Romano: *jus utendi et abutendi* (o direito de usar e abusar), o que torna a propriedade um bem disponível nas mãos de seu proprietário, seja para vendê-la, seja para dá-la em garantia, questões de suma importância para o comércio e demais formas de relações sociais que passam a ser relevantes nessa sociedade em transformação.

3.3.4 A transição de sistemas econômicos: feudalismo, mercantilismo e capitalismo

Dentro do cenário descrito nos itens anteriores operou-se gradualmente a transição do modo de produção feudal ao modelo mercantilista[37], o qual já engendrava características que conduziriam ao estabelecimento do capitalismo. Isto, pois o ressurgimento do comércio e seu gradual desenvolvimento dentro da sociedade feudal fizeram com que a produção de bens se tornasse cada vez mais aprimorada. A qualidade do produto, por

---

36 PIRENNE, Henri. **História econômica e social da Idade Média.** Trad. Lycurgo Gomes da Motta. São Paulo: Mestre Jou, 1968, p. 59.

37 Ainda que este não se enquadre propriamente como modo de produção, tal como ocorre com o feudalismo e o capitalismo.

conta dos concorrentes, bem como a velocidade da produção, passaram a ser relevantes e, por conta disso, houve a necessidade de se introduzir no sistema produtivo inovações técnicas e mão de obra de melhor qualidade, posto que havia a necessidade de aprimorar o produto, tornando-o mais competitivo. A sociedade, dessa forma, transforma-se por conta de sua nova organização, em que os processos de produção passam a ser aperfeiçoados visando a melhoria do produto e a competitividade, gerando impactos nas relações de trabalho diante de uma sociedade cada vez mais transformada em razão da expansão das atividades comerciais.

A separação do trabalho em diferentes guildas foi resultado dessa nova demanda. Grandes mercadores compravam enormes quantidades de mercadorias de guildas para vendê-las em outros mercados. Subsequentemente, tais mercadores passam a adquirir a matéria-prima utilizada por essas guildas, vendendo-as às próprias guildas para, depois, comprarem o produto acabado, agora valorizado por conta do trabalho humano empregado à matéria-prima. Não é preciso dizer que, nesse cenário, os empreendedores pagavam aos artesãos apenas uma pequena parte do lucro obtido com o trabalho empregado na matéria-prima, guardando o excedente para si. Essa forma de raciocinar é típica do modo de produção capitalista que seria implementado nos séculos seguintes a partir da descentralização econômica e da industrialização que proporcionaria escala à lógica do lucro gerado pelo trabalho remunerado.

Com efeito, a partir desse ponto a tarefa do mercador consiste em tentar pagar cada vez menos pelo trabalho para, por evidente, tentar extrair desse a maior produção possível com o menor custo. Para aumentar a produção foi realizada a divisão do trabalho, de modo que cada trabalhador realizasse apenas uma operação, aumentando gradativamente sua habilidade numa tarefa específica. Como consequência, passariam a executar sua função com mais rapidez e, portanto, a realizar um maior número de operações num dado tempo.

Esse modo de produção, como parece ser evidente, fomenta o desenvolvimento das técnicas produtivas e, portanto, não tardaria para que, nos séculos seguintes, houvesse a substituição da mão de obra humana pela maquinaria, cumprindo cada vez mais as duas necessidades: a de pagar menos pelo trabalho e de, com isso, produzir mais em menos tempo.

Destaca-se aí o papel dos mercadores – ou, se se quiser, da burguesia – como aqueles responsáveis pela contratação de trabalhadores, que consistem naqueles que vieram às cidades em busca de condições melhores que as do campo e, como dito, muitas vezes buscando a saída do sistema feudal ao qual se sujeitavam como servos. Ao sair dos feudos em busca de melhores condições nas cidades, muitos servos encontraram não só a liberdade dos muros da cidade, mas também a necessidade de vender sua força de trabalho – que na cidade é tida como mercadoria. Dessa maneira, o servo – agora trabalhador urbano –, que outrora se sustentava dos produtos da terra que ele mesmo plantava, agora compra produtos com os recursos obtidos por seu trabalho, movimentando assim a economia da cidade numa lógica, portanto, totalmente distinta daquela feudal, já que sua subsistência passa a ser agora intermediada pelo mercado – com as consequências decorrentes desse modelo.

Quanto a esse assunto, aponta-se que tal se deu simultaneamente ao rápido crescimento das cidades no período. Como se sabe, as cidades ofereciam liberdade de emprego e melhoria das condições de vida para aquela classe rural oprimida. Os próprios burgueses, nesse contexto, facilitavam a vinda dos servos para as cidades, vez que também precisavam de mais força de trabalho para o desenvolvimento de seus negócios e de soldados para a formação de seu poderio militar, ocasionando, portanto, a saída de servos dos feudos.

A partir daí a situação se altera e passam a existir dois sistemas, o feudal – para subsistência – e o comercial – com a produção voltada ao mercado – que passam, consequentemente, a se influenciarem mutuamente ante ao convívio compartilhado. No embate entre os dois sistemas, a organização e a especialização do trabalho características do sistema de produção para a troca se sobressaem em relação ao sistema produtivo feudal, vez que os produtos manufaturados podiam ser comprados mais baratos do que se fossem feitos em casa, levando a uma consequente pressão para a realização de vendas. A isso se somou a possibilidade de acumular riquezas em moeda, em contraste à acumulação de bens perecíveis.

A classe feudal, nesse cenário, deveria manter seu luxo e sua posição, o que passou a fazer mediante aquisições no mercado agora já vultuoso. Para tanto, foi necessária a geração de maiores receitas, vez que a produção feudal se encontrava em declínio.

Ademais, a crise demográfica ocasionada pela peste negra em meados do século XIV introduziu um processo irreversível de dissolução do sistema feudal – baseado nas prestações em trabalho – a partir do gradual abandono das corveias em favor de prestações em produtos e, posteriormente, em dinheiro. Esse processo ocasionado pela carência estrutural de mão de obra aumenta a independência do camponês e gera um sistema de produção de modo parcelar, que rompe com a unidade e a coesão internas do modo de produção feudal.

No fim da Idade Média a taxa de juros, que se mantivera em torno de 12 a 14%, a partir do século XV gira em torno de 10 e 5%, num mercado em que o funcionamento do crédito se aperfeiçoa por conta de novidades, tais como a aceitação de letras e do protesto, sendo de notável importância os ensinamentos trazidos pelas companhias italianas quanto ao manejo de capitais, à escrituração de livros e aos processos de crédito. Quanto às corporações de ofício, essas exerciam importante função em relação a questões regulatórias. Visavam, sobretudo, ao exclusivismo e ao protecionismo. Internamente, regulavam o aspecto qualitativo dos produtos, bem como as horas trabalhadas e o valor dos salários. Já quanto à organização das cidades, alinhavam-se cada vez mais os príncipes e os capitalistas, pois, sem a intervenção dos financistas, os príncipes não poderiam cobrir os gastos públicos e, por outro lado, os grandes mercadores e banqueiros contavam com os príncipes para protegê-los contra abusos e também para garantir a circulação do seu dinheiro e das suas mercadorias[38].

Do controle das corporações e atividades mercantis para o controle do governo municipal bastava um passo, o qual foi dado pelos membros mais ricos e poderosos dessas

---

38 PIRENNE, Henri. **História econômica e social da Idade Média.** Trad. Lycurgo Gomes da Motta. São Paulo: Mestre Jou, 1968, p. 222.

organizações, tornando-se administradores das cidades. Assim, aos poucos aquela administração municipal preocupada com interferências externas em seu mercado e baseada em um particularismo urbano ultrapassa os limites das cidades e se torna a política de um conglomerado maior, havendo então a mercantilização do poder central, movimento que passa a delinear a formação do Estado, que concentraria a produção legislativa (inclusive em matéria comercial) e buscaria o acúmulo de riqueza:

> Com a entrada do Estado no rol dos mercadores, a fonte do direito civil passou a coincidir com a fonte do direito comercial: esse é o reflexo da derrocada da economia corporativa. A matéria comercial é agora regulamentada por aquele mesmo Estado que já regulamentava a matéria civil. Por ora, contudo, trata-se de uma aproximação, mas não de uma identificação: *o direito civil e o comercial compartilham a mesma fonte, mas continuam a ter objeto e tribunais diferentes.* De fato, em matéria comercial conservam sua competência os tribunais especiais de comércio, cujos juízes provêm da classe mercantil. Também no caso dos tribunais eclesiásticos, é difícil eliminar o privilégio do foro autônomo: na Itália, essa evolução iniciada por volta do século XVI só se completará em 1888, com a supressão dos tribunais comerciais[39].

Diante disso, é possível compreendermos o processo aqui relatado como uma gradual mercantilização dos estamentos, alcançando até mesmo o poder real que, uma vez mercantilizado, buscará o acúmulo de metal (metalismo), traço característico do modelo mercantilista e que deve ser analisado em conjunto com os pactos coloniais comuns à época e que visavam, em especial, extrair o máximo de riqueza possível das colônias – quer seja por extração direta, quer seja por meio de tributos.

Ademais, o protecionismo típico das cidades passaria a ser traço característico do Estado mercantilista, o qual buscava exercer certo controle sobre a atividade econômica. Entretanto, não tardou para que esse protecionismo viesse a ser questionado e, posteriormente, derrubado à luz de teorias liberais que cuidariam de apontar o mercado como responsável por tudo aquilo que até esse momento era imputado ao Estado então nascente, colocando em debate as questões que formulariam o sistema capitalista – sobretudo a oposição ao intervencionismo estatal e a defesa da liberdade em suas várias formas, sobretudo de empresa e contratual.

Além do intervencionismo, é preciso pontuar a incompatibilidade da estrutura político-jurídica do chamado Antigo Regime diante das pretensões liberais; afinal, a insegurança jurídica verificada pela inexistência de efetivos limites políticos e jurídicos à autoridade real não se coaduna com um sistema baseado no comércio. Tais questões serão centrais nos embates entre as aristocracias que apoiavam o *status quo* e aqueles que defendiam as ideias liberais propagadas no contexto do chamado Iluminismo[40].

---

39 LOSANO, Mario G. **Os grandes sistemas jurídicos:** introdução aos sistemas jurídicos europeus e extra-europeus. Trad. Marcela Varejão. São Paulo: Martins Fontes, 2007, p. 62.

40 Uma melhor tradução para o *Aufklärung* seria Esclarecimento. Entretanto, utilizaremos a expressão mais conhecida – Iluminismo – ignorando eventuais discussões acerca da distinção teórica entre as duas expressões.

Adicionalmente, a busca por maior lucro buscou na ciência moderna então nascente os meios para otimizar a produção, ocasionando o desenvolvimento das técnicas produtivas que caracterizariam a Revolução Industrial – isso já no final do século XVIII. Some-se a isso a emergência das teorias liberais típicas do Iluminismo, as quais embalaram as revoluções dos séculos XVII e XVIII e que adentraram ao século XIX com pretensões de estabelecer limites ao poder central, reformulando-o de acordo com as pretensões das novas elites dominantes.

3.4 MODERNIDADE

3.4.1 Características do Estado constitucional moderno

A partir dos eventos históricos narrados, verificamos uma série de disputas, especialmente a partir dos séculos XVI e XVII, entre grupos sociais com interesses distintos, numa sociedade em que já se verifica o declínio do modo de produção feudal e a importância do comércio em grande escala, bem como a diminuição da importância social do *status* (títulos) em detrimento da riqueza acumulada. Não tardou para que membros do chamado terceiro estado (*tiers état*), estamento sem privilégios, buscassem importância no âmbito político. Nesse contexto é que verificaremos, durante os séculos XVII e XVIII, as chamadas Revoluções Liberais (também chamadas de Burguesas), as quais buscaram, em linhas gerais, colocar fim ao modelo absolutista e às estruturas sociais típicas do chamado Antigo Regime, buscando uma ampla reconfiguração das relações de poder.

Do ponto de vista social, o Antigo Regime se caracterizava pela estratificação social rígida, havendo estamentos privilegiados (nobreza e clero) e não privilegiados (alta e baixa burguesia, além de servos e camponeses); do ponto de vista político, o modelo adotado era o absolutismo monárquico, no qual o poder político era concentrado e exercido de forma ilimitada pelo monarca, inexistindo efetivos limites jurídicos e políticos ao seu poder; isto é, não havia uma Constituição que declarasse os direitos dos súditos (e, portanto, limitasse o poder real), tão pouco havia um Poder Legislativo funcionante que tivesse efetivo poder; por fim, do ponto de vista econômico, o absolutismo deve ser compreendido dentro do modelo mercantilista exposto anteriormente, cujo principal traço característico era o intervencionismo estatal. Diante dessas características centralizadoras de poder, é comum associar a primeira forma do Estado moderno ao absolutismo.

No que tange aos principais eventos e documentos que simbolizam esse movimento histórico de oposição às estruturas medievais, podemos apontar as Revoluções Inglesas (1642-1689) e, em especial, a Revolução Gloriosa (1688-1689) em que há a aprovação da Declaração de Direitos (*Bill of Rights*) de 1689. Dentre outras disposições, este documento aponta como ilegais atos reais que suspendam ou deixem de cumprir leis, determina que a criação de tributos deve contar com a aprovação do Parlamento e, ainda, dispõe acerca de direitos dos súditos. Assim sendo, representa a formalização de limites à autoridade real e a concessão de poderes efetivos ao Parlamento. Em outros termos, estabelece a monarquia parlamentarista constitucional e, com isso, coloca fim ao absolutismo monárquico na Inglaterra, ante a importância adquirida pelo Parlamento e a necessidade de se cumprir a referida Declaração. Nesse sentido, o avanço promovido pelos ingleses no século XVII foi essencial para a transformação das estruturas jurídicas herdadas do período medieval em um sistema parlamentar limitador do poder real.

Já no contexto do século XVIII, a imposição de tributos pela coroa inglesa à colônia americana resultou em movimentos de resistência na América. Destacamos, nesse sentido, a Lei do Selo (*Stamp Act*), aprovada pelo Parlamento inglês em 1765, que gerou movimentos na colônia representados pelas bandeiras: *"no taxation without representation"* (nenhuma taxação sem representação) e *"taxation without representation is tyranny"* (taxação sem representação é tirania). Tais movimentos apontaram como ilegítimos os tributos cobrados pela Inglaterra, ante a inexistência de consentimento por parte dos americanos.

Trata-se, com clareza, de noções inspiradas em escritos iluministas, em especial aqueles de John Locke, o qual enfatizava a importância do consentimento para formação do governo justo (em contraposição ao direito divino de governar adotado até então). Iniciava-se aí a luta pela independência, declarada pelos americanos em 1776 e obtida, com reconhecimento inglês, em 1783. Em seguida, os americanos discutiram e aprovaram, na Convenção Constitucional da Filadélfia, sua Constituição de 1787, cuja relevância para a edificação do Estado constitucional moderno é substancial, pois trouxe consigo a importância da constituição escrita, código sistemático de organização do Estado e de proteção de direitos, viabilizando, em especial, o governo "popular" em contraposição à injusta tradição monárquica. Ademais, outros avanços podem ser imputados à referida Constituição, como o federalismo e o sistema de governo presidencialista, esse modelado com uma separação mais rígida das funções executiva, legislativa e judiciária em contraposição ao modelo parlamentarista, em que a relação executivo-legislativo se caracteriza por uma independência mais tênue (analisaremos os diferentes sistemas de governo no capítulo 11).

Por fim, a consolidação dos reclamos da modernidade ocorreu na Revolução Francesa de 1789 que, com maior pretensão de universalidade, influenciou movimentos revolucionários e de independência por todo globo. Após o início da Revolução, a Assembleia Nacional aprovou a Declaração dos Direitos do Homem e do Cidadão de 1789. Esse diploma consolida em 17 artigos os ideais libertários da Revolução, estabelecendo, ainda, os chamados direitos naturais. Destaque-se, ainda nesse contexto, a Constituição francesa de 1791, primeiro diploma constitucional escrito da Europa continental e, por fim, a regulação das relações privadas realizada pelo Código Civil Francês de 1804 (conhecido como Código Napoleônico).

Diante dos apontamentos feitos neste item, verificamos os conceitos estruturantes daquilo que denominamos Estado constitucional moderno. Trata-se de um Estado criado e regido por uma Constituição que regula e limita o poder estatal, além de apresentar o rol de direitos e garantias dos cidadãos, na linha da Declaração dos Direitos do Homem e do Cidadão promulgada pela Assembleia Nacional francesa em 1789, a qual apontou, de maneira expressa, que a finalidade de toda associação política é a conservação dos direitos naturais e imprescritíveis do homem. Destacamos, ainda, o Código Civil Napoleônico de 1804, o qual norteou os aspectos centrais do direito civil moderno. Tais documentos, em conjunto com a Constituição Americana de 1787 e outros diplomas jurídicos do período foram responsáveis pela racionalização em termos jurídicos das relações sociais típicas da modernidade: relações de troca e de propriedade, transmissão de bens, relações de trabalho e o conceito de cidadão e civilidade, com seus respectivos conteúdos jurídicos de natureza protetiva. Repare, nesse contexto, que os diplomas jurídicos serão os motores das transformações sociais, indicando os rumos dos novos tempos.

Nessa perspectiva, o Estado moderno deixa de ser o Estado absoluto do Antigo Regime e passa a ser o Estado constitucional, sob a égide da lei, conforme o constitucionalismo nascente na transição do século XVIII para o século XIX. Trata-se aí de uma guinada histórica relevante: a transição do poder das pessoas para o poder das leis.

Evidente que tais avanços não foram concretizados de modo imediato, havendo os naturais fluxos e contrafluxos da história, de modo que a efetiva limitação dos poderes do Estado e a concretização de direitos e garantias aos cidadãos foram sendo gradualmente implementados ao longo dos séculos seguintes.

A história das sociedades políticas, por evidente, não termina por aí. Entretanto, a exposição das características dos Estados constitucionais modernos dos séculos XIX, XX e XXI será feita ao longo desta obra, sendo objeto de análises mais detalhadas, conforme os tópicos trabalhados em cada capítulo.

 ## Filmografia

300 – EUA, 2007

A queda da Bastilha – EUA, 1935

A queda do Império Romano – EUA, 1964

Ben-Hur – EUA, 1959

Casanova e a Revolução – França/Itália, 1982

Cromwell, o homem de ferro – EUA, 1970

Lutero – Alemanha, 2003

O mercador de Veneza – EUA, 2004

O nome da rosa – Itália/França/Alemanha, 1986

O sétimo selo – Suécia, 1957

Os 300 de Esparta – EUA, 1962

Os miseráveis – EUA, 1998

Os miseráveis – Reino Unido/EUA, 2012

Sócrates – Espanha/Itália/França, 1971

 ## Questões Objetivas

1. **No que se refere aos diferentes períodos históricos, assinale a opção <u>incorreta</u>:**
   a) O Estado na Antiguidade é a cidade, condensação de todos os poderes, pois é da cidade que irradiam as dominações, as formas expansivas de poder e força.

b) Com a queda do Império Romano do Ocidente (476 d.C.), há um longo período de descentralização política na Europa que viabiliza a posterior consolidação do regime feudal.

c) O Direito Romano possuía noções jurídicas evoluídas para a época, o que o fez ser reestudado séculos após a queda do Império Romano do Ocidente.

d) A estrutura social durante o período medieval era bastante dinâmica, sendo possível a ascensão social.

2. **No que tange à democracia ateniense, assinale a alternativa correta:**

a) Era semelhante à democracia moderna, estendendo a todos, sem distinção de qualquer natureza, o direito a participar da vida política da pólis.

b) Tratava-se de um regime tirânico, tanto quanto os demais existentes em sua época.

c) Embora o conceito de cidadão fosse reduzido, a democracia ateniense se destacava no contexto político de sua época por ser uma forma de governo mais descentralizada do que as demais de seu tempo.

d) A Cidade-Estado grega de Atenas não era um centro autônomo de poder, estando sujeita ao Estado da Grécia.

3. **"Entre os séculos V e VIII há um período de forte recessão na Europa, reduzindo-a a uma região exclusivamente agrícola, sem comércio de grande expressão, sobretudo por conta da expansão muçulmana ter fechado o Mediterrâneo em meados do século VII."**

O trecho acima descreve os precedentes da consolidação:

a) das pólis gregas.

b) do regime feudal.

c) da Guerra Fria.

d) da Revolução Francesa.

 ## Questões Dissertativas

1. Aponte a importância histórica e as principais características da democracia ateniense.

2. Disserte sobre o funcionamento do sistema feudal considerando seus aspectos sociais, jurídicos e econômicos.

3. Relacione o desenvolvimento da atividade comercial na Idade Média com a retomada dos estudos do Direito Romano a partir do século XII.

 **Caso Prático**

Analise os dispositivos legais abaixo e responda à questão formulada ao final:

"Art. 17.º Como a propriedade é um direito inviolável e sagrado, ninguém dela pode ser privado, a não ser quando a necessidade pública legalmente comprovada o exigir e sob condição de justa e prévia indenização." (Declaração dos Direitos do Homem e do Cidadão de 1789).

"Art. 179. A inviolabilidade dos Direitos Civis, e Politicos dos Cidadãos Brazileiros, que tem por base a liberdade, a segurança individual, e a propriedade, é garantida pela Constituição do Imperio, pela maneira seguinte. (...) XXII. E'garantido o Direito de Propriedade em toda a sua plenitude. Se o bem publico legalmente verificado exigir o uso, e emprego da Propriedade do Cidadão, será elle préviamente indemnisado do valor della. A Lei marcará os casos, em que terá logar esta unica excepção, e dará as regras para se determinar a indemnisação." (Constituição Política do Império do Brazil de 1824 – redação original).

"Art. 170. A ordem econômica, fundada na valorização do trabalho humano e na livre iniciativa, tem por fim assegurar a todos existência digna, conforme os ditames da justiça social, observados os seguintes princípios: (...) II - propriedade privada; III - função social da propriedade;" (Constituição Federal de 1988).

Com base nos dispositivos acima e nos contextos históricos em que se deram, disserte sobre a importância do direito de propriedade.

PARTE II
O PROBLEMA DAS JUSTIFICAÇÕES DO ESTADO

AS JUSTIFICAÇÕES DO ESTADO

Acesse o QR code e assista ao vídeo sobre o tema

> uqr.to/eeq2

Após termos analisado em perspectiva histórica a formação do Estado a partir das diversas formas de organização social, resta-nos estudá-las do ponto de vista teórico-filosófico, isto é, por meio das teorias e doutrinas que buscaram ao longo da história compreender e justificar o poder político.

Nesse sentido, vale dizer que as sociedades políticas podem se justificar de diversas formas diante dos anseios particulares de cada povo e de cada geração. Trata-se, em verdade, de apresentar o poder político como sendo natural, legal, legítimo e/ou justo, valendo-se de diversas fundamentações possíveis. Didaticamente, podemos dividir em três diferentes perspectivas as justificações possíveis do Estado: aspecto jurídico (*legalidade*), aspecto sociológico (*legitimidade*) e aspecto ético-filosófico (*justificação*).

Vale destacar que o Estado, seus aparatos, suas instituições e seu modo de atuar na sociedade precisam ser justificados em uma ou mais dessas perspectivas para subsistirem. Trata-se de uma prática argumentativa que visa sustentar determinado modelo político como sendo legal de acordo com o ordenamento jurídico vigente, legítimo do ponto de vista social e/ou justo a partir de determinado ponto de vista ético-filosófico.

É importante destacar que as três perspectivas mencionadas não se confundem com os fundamentos históricos que explicam a origem fática e concreta de sociedades e do Estado, tal como apresentadas no capítulo anterior. Nesse sentido, não se trata de explicar o Estado ou sua origem histórica, mas de justificá-lo (apresentá-lo como justo). Com efeito, as explicações referem-se ao passado, enquanto as justificações, sob qualquer prisma (jurídico, sociológico ou filosófico), referem-se ao presente e ao futuro. Como dito, o Estado precisa se justificar em relação a cada povo para se manter. Assim sendo, é possível verificarmos na história modelos políticos que se justificaram precariamente e, portanto, duraram pouco quando comparados a modelos cuja justificação se assentava sob bases sólidas. Adicionalmente, também é possível compreendermos o fim de determinados modelos políticos (o fim do Antigo Regime, por exemplo) como sendo decorrente de uma crise dos elementos jurídicos, sociológicos ou até mesmo filosóficos que o fundamentavam.

Posto isso, vamos analisar a seguir de forma mais detalhada os três diferentes modos de justificação do Estado: aspecto jurídico (*legalidade*), aspecto sociológico (*legitimidade*) e aspecto ético-filosófico (*justificação*).

4.1 LEGALIDADE, LEGITIMIDADE E JUSTIFICAÇÃO DO ESTADO

A análise desse tema nos coloca inevitavelmente diante de abordagens sociológicas, tais como as tradicionais análises acerca da *legitimidade*, feitas por Max Weber, bem como, por outro lado, diante de noções de claro teor positivista, que tendem a reduzir o fenômeno da justificação à ideia de *legalidade* e de obediência às normas jurídicas, notoriamente em virtude da coercibilidade, ou, ainda, de perspectivas procedimentalistas baseadas na obediência ao procedimento formado – supostamente – em bases consensuais juridicamente estruturadas.

Diante disso, é importante distinguir e compreender as diferentes formas de se justificar o Estado da seguinte maneira: (1) a *legalidade* (aspecto jurídico), que consiste na aceitação do poder do Estado como decorrente de uma ordem jurídica, o que denota um dever de obediência às estruturas jurídicas postas, nos conduzindo à ideia da simples legalidade do poder, ou, ainda, à legitimação normativa do Estado. Essa perspectiva refere-se a uma visão formalista acerca do problema da justificação do Estado; (2) a *legitimidade* (aspecto sociológico), referente à aceitação fática – possibilidade de obediência efetiva – de um poder específico, relacionada, portanto, ao aspecto empírico do problema da justificação; e, por fim, (3) a *justificação* (aspecto ético-filosófico), noção de teor abstrato, referente a teorias e doutrinas que buscam apontar o Estado como justo. Essa última dimensão alinha-se ao estudo da filosofia política.

Tal distinção é especialmente necessária diante da forte influência que o positivismo jurídico teve e tem em nossa cultura política, o que, por vezes, acaba por realizar uma substancial redução da questão da justificação à obediência ao direito posto, apresentando o aspecto normativo como suficiente para justificar o Estado. Entretanto, como sabemos, a perspectiva formalista típica do positivismo jurídico não se justifica por si mesma e, portanto, prescinde de noções filosóficas para se manter. Nesse ponto, são necessários alguns apontamentos adicionais no sentido de aproximar e diferenciar os distintos modos de justificação mencionados acima.

4.1.1 Legalidade (aspecto jurídico)

A *legalidade*, por evidente, alinha-se com uma teoria jurídica da justificação do Estado, na medida em que considera este como produto do Direito. Aqui estamos diante da justificação jurídico-positiva kelseneana, que pretendeu consolidar os anseios científicos modernos na seara jurídica. Quanto a ela, é sabido que a norma fundamental kelseneana acata variações de conteúdo normativo e nos remete ao arbítrio do primeiro constituinte histórico, restando por identificar força e direito.

Embora a legalidade tenha nos últimos dois séculos exercido importante papel na tarefa de justificar a existência e a atuação do Estado, ela se refere a uma forma de justificação bastante reduzida, na medida em que sua análise é estritamente formal (previsão legal e obediência a procedimentos estabelecidos), sem necessária conexão com a realidade concreta e com a complexidade social de cada povo. A legalidade liga-se obviamente ao aspecto coercitivo da lei, isto é, à possibilidade implícita de uso da força estatal para gerar seu efetivo cumprimento. Entretanto, é sabido que inobstante o efeito coercitivo do Direito, há inúmeros casos de leis sem qualquer eficácia social, isto é, sem o efetivo acatamento por parte de seus destinatários, colocando a legalidade em xeque enquanto modo de justificar o Estado e suas políticas.

A legalidade, portanto, é a análise dos aspectos formais da atuação do Estado, conforme pautada em leis vigentes, isto é, de acordo com o ordenamento jurídico posto. Dada a natureza estritamente formal dessa abordagem, podemos apontar sua possível desvinculação com a realidade de cada povo, bem como um grave problema filosófico e lógico de *autorreferência*, na medida em que a justificação do Estado – em termos de legalidade – está sendo sustentada pelas normas jurídicas de seu próprio ordenamento jurídico.

4.1.2 Legitimidade (aspecto sociológico)

Já a questão da *legitimidade* (aspecto sociológico) nos conduz inevitavelmente aos estudos de Max Weber, pensador que possui uma reconhecida exposição acerca dos principais motivos para o acatamento de ordens.

Nesse rumo, é essencial iniciar pelo que Weber entende por "dominação", sendo essa "a probabilidade de encontrar obediência para ordens específicas (ou todas) dentro de determinado grupo de pessoas"[1]. Acrescente-se a isso que:

> Todas as áreas da ação social, sem exceção, mostram-se profundamente influenciadas por complexos de dominação. Num número extraordinariamente grande de casos, a dominação e a forma como ela é exercida são o que faz nascer, de uma ação social amorfa, uma relação associativa racional, e noutros casos, em que não ocorre isto, são, não obstante, a estrutura da dominação e seu desenvolvimento que moldam a ação social e, sobretudo, constituem o primeiro impulso, a determinar, inequivocamente, sua orientação para um "objetivo"[2].

---

1   WEBER, Max. **Economia e sociedade:** fundamentos da sociologia compreensiva. Trad. Regis Barbosa e Karen Elsabe Barbosa. Brasília: UnB; São Paulo: Imprensa Oficial do Estado de São Paulo, 1999, vol. I, p. 139. E ainda: "Por 'dominação' compreendemos, então, aqui, uma situação de fato, em que uma vontade manifesta ('mandado') do 'dominador' ou dos 'dominadores' quer influenciar as ações de outras pessoas (do 'dominado' ou dos 'dominadores'), e de fato as influencia de tal modo que estas ações, num grau socialmente relevante, se realizam como se os dominados tivessem feito do próprio conteúdo do mandado a máxima de suas ações ('obediência')." (WEBER, Max. **Economia e sociedade:** fundamentos da sociologia compreensiva. Trad. Regis Barbosa e Karen Elsabe Barbosa. Brasília: UnB; São Paulo: Imprensa Oficial do Estado de São Paulo, 1999, vol. II, p. 191).

2   WEBER, Max. **Economia e sociedade:** fundamentos da sociologia compreensiva. Trad. Regis Barbosa e Karen Elsabe Barbosa. Brasília: UnB; São Paulo: Imprensa Oficial do Estado de São Paulo, 1999, vol. II, p. 187.

Referido conceito inclui hábitos racionais, bem como inconscientes, sendo evidente que a natureza do motivo pelo qual se obedece determina em larga medida o grau de dominação exercido. A tais fatores se junta a crença na legitimidade, sendo essa de diversas naturezas, ensejando assim tipos de obediência, bem como quadros administrativos distintos para cada modelo de dominação.

Ingressa-se aí na tradicional divisão da legitimidade em três tipos distintos de vigência, quais sejam, a de caráter racional (dominação *legal*); a de caráter tradicional (dominação *tradicional*); e a de caráter carismático (dominação *carismática*). Transcrevemos abaixo um breve resumo feito pelo próprio Weber:

> No caso da dominação baseada em estatutos, obedece-se à ordem impessoal, objetiva e legalmente estatuída e aos superiores por ela determinados, em virtude da legalidade formal de suas disposições e dentro do âmbito de vigência destas. No caso da dominação tradicional, obedece-se à pessoa do senhor nomeada pela tradição e vinculada a esta (dentro do âmbito de vigência desta), em virtude de devoção aos hábitos costumeiros. No caso da dominação carismática, obedece-se ao líder carismaticamente qualificado como tal, em virtude de confiança pessoal em revelação, heroísmo ou exemplaridade dentro do âmbito da crença nesse seu carisma[3].

A dominação de tipo *legal-racional* (dominação baseada em estatutos) é tipicamente a forma moderna de dominação e se baseia na ideia de regras jurídicas – do direito – como forma de determinar o superior a quem se deve obediência, de tal sorte que a obediência aparece como mero cumprimento da lei, sendo, portanto, dotada de manifesta impessoalidade. Trata-se da chamada *autoridade institucional*, exercida conforme regras, com sua manifestação mais evidente e pura no quadro administrativo burocrático (compreenderemos melhor o conceito de burocracia no capítulo 15). É claro que nos referimos aqui a todas as organizações típicas da modernidade (ou que alteraram sua forma de organização – dominação – com o advento da racionalidade moderna), quais sejam, a Igreja, o exército, a empresa capitalista, as associações em geral e, é claro, o próprio Estado. Cumpre destacar que a dominação do tipo legal-racional se confunde com a perspectiva jurídico-formal da legalidade comentada anteriormente.

A dominação *tradicional*, por sua vez, consiste naquela em que a legitimidade se sustenta na santidade de ordens e poderes senhoriais tradicionais, vistos como existentes desde sempre. Nesse modelo não se obedece a estatutos, mas à pessoa indicada pela tradição, ou melhor, à dignidade pessoal do senhor atribuída conforme a tradição. Ademais, é relevante apontar que as ordens são legítimas pela crença na tradição e pela liberdade concedida por essa ao senhor. A dominação aqui será tão mais efetiva quanto for a crença na tradição que sustenta o poder.

---

3   WEBER, Max. **Economia e sociedade:** fundamentos da sociologia compreensiva. Trad. Regis Barbosa e Karen Elsabe Barbosa. Brasília: UnB; São Paulo: Imprensa Oficial do Estado de São Paulo, 1999, vol. I, p. 141.

Por fim, a dominação *carismática* é aquela decorrente do carisma pessoal do líder (profetas, sábios, curandeiros, heróis de guerra etc.). Trata-se, por evidente, de dominação personalíssima e de grande valia em momentos de miséria ou entusiasmo. Uma das questões problemáticas desse modo de dominação recai sobre a transferência do poder (transição de líderes), uma vez que o fundamento da dominação se baseia em aspectos personalíssimos.

A partir desta breve exposição, verificamos a questão da legitimidade a partir das diferentes maneiras pelas quais diferentes povos obedecem a ordens de determinados poderes. O tema, portanto, nos leva a compreender melhor a aceitação do poder, bem como seu grau de aceitação e estabilidade social.

Assim, implicitamente se afirma que há algo além da mera possibilidade de coerção ou violência; há, portanto, elementos subjetivos que vinculam à efetiva obediência. Nesse sentido, destaca-se que a questão da legitimidade se funda sempre em uma crença que os dominados têm na figura do dominador ou dos dominadores, por quaisquer dos motivos aqui expostos; entretanto, não se trata de verificar historicamente manifestações puras desses modelos, já que raramente a crença será inequívoca em um único sentido; pelo contrário, o próprio Weber[4] afirma que a dominação legal, por exemplo, nunca é puramente legal, tratando-se de um hábito (o de observar leis) e que repousa, portanto, numa dada tradição, cujo rompimento é capaz de aniquilar a obediência devida às leis.

Aí consta, talvez, o ponto de conexão entre a teoria da legitimidade – sociológica – e a nossa próxima análise, referente ao aspecto ético-filosófico do problema da justificação do Estado.

4.1.3 Justificação (aspecto ético-filosófico)

Por fim, a questão da *justificação* do Estado em sentido ético-filosófico estuda as teorias que buscam apontar o Estado como justo. Essa análise liga-se, portanto, a alguma noção de justiça, ainda que essa varie no tempo e no espaço.

Em continuidade à exposição sobre a teoria weberiana da legitimidade, temos que com a solidificação da dominação do tipo racional-legal nos Estados ocidentais modernos (processo conhecido, em termos weberianos, como desencantamento), a questão da legitimidade se reduz à *legalidade* (especialmente com a ascensão do positivismo jurídico), e, recentemente, ao chamado *procedimentalismo*. Nesse contexto, reafirmamos, na linha defendida por Weber, que a mera crença nos estatutos – ou seja, nas leis – repousa, mesmo ela, numa tradição, ainda que seja o hábito consolidado de respeito à lei ou, do ponto de vista kantiano, ao entendimento de que o direito é a forma possível de compatibilizar as liberdades.

---

4   WEBER, Max. **Economia e sociedade:** fundamentos da sociologia compreensiva. Trad. Regis Barbosa e Karen Elsabe Barbosa. Brasília: UnB; São Paulo: Imprensa Oficial do Estado de São Paulo, 1999, vol. I, p. 173.

De toda sorte, ao afirmar que além do respeito à comunicação via norma escrita – obedecida de acordo com a weberiana legitimidade racional ou, em termos positivistas, pela coerção – há algo a mais que num plano supralegal gera vinculação e obediência. Estamos aqui diante de um fenômeno de suma importância para a compreensão conglobante do tema da justificação do Estado e dos motivos precípuos pelos quais suas ordens são obedecidas.

Nesse sentido, parece-nos que a ideia de legitimidade, por estar atrelada à observância dos comandos do poder – incluindo do direito –, estaria ligada ao fator social de obediência a um governo específico ou, ainda, a determinada forma historicamente verificada de se apontar o(s) responsável(is) pelo exercício do poder em uma sociedade. Assim, a ideia de legitimidade, longe de representar o fundamento justo da ideia de Estado *latu sensu*, apresenta-se como fundamento da obediência a regras, governos ou formas de governo específicas, com localidade e temporalidade limitados, sobretudo quando comparados à ideia de justificação ético-filosófica que aqui buscamos apresentar, a qual alinha-se a uma perspectiva de justificação do Estado em sentido amplo.

Vale destacar, ainda, que a obediência fática aos comandos do poder consistirá em consequência última (posto que de verificabilidade palpável) das formas de justificação do Estado. Afinal, caso haja uma dada justificação ético-filosófica do Estado atuante e, no plano fático, não houver a efetiva obediência, estaremos diante de um abalo (de diferentes graus possíveis) da estrutura de dominação dessa sociedade, cujo diagnóstico pode apontar uma fragilidade em diferentes pontos da complexa estrutura de dominação.

Feitos os delineamentos gerais sobre a questão da legalidade (aspecto normativo) e da legitimidade (aspecto sociológico), cumpre-nos destacar que, para além de tais aspectos, ou seja, para além do aspecto fático-social e do fator coercitivo das normas jurídicas, a discussão acerca da obediência levanta também questionamentos filosóficos, reconhecendo que a justificação do Estado se encontra para além do direito posto e da efetividade das leis, havendo, portanto, um enlace supralegal de toda estrutura de dominação. Se assim se assume, o poder político não se justifica apenas no poder de fato ou nas leis postas.

Com efeito, as classes dominantes sempre buscaram dar ao poder político uma base moral ou filosófica, fazendo-o derivar como consequência necessária (natural) e justa de doutrinas ou crenças inquestionáveis. Assim, os motivos da obediência remontam às justificações filosóficas do Estado, sem as quais este não se mantém.

Diante disso, cumpre-nos apontar algumas noções estruturantes, especialmente quanto à intrincada relação existente entre as diferentes frentes de análise do problema da justificação do Estado e dos motivos precípuos pelos quais se verifica o acatamento das ordens contidas nos dispositivos normativos. Há a justificação que fundamenta em bases ético-filosóficas a existência de uma ordem normativa que, por sua vez, se justifica a partir dos preceitos típicos do positivismo jurídico e, ao fim, temos o aspecto empírico, qual seja, a legitimidade ou, em termos weberianos, os motivos pelos quais as ordens de determinado poder são de fato acatadas.

Esquematicamente, temos a seguinte visão acerca da relação escalonada de tais aspectos:

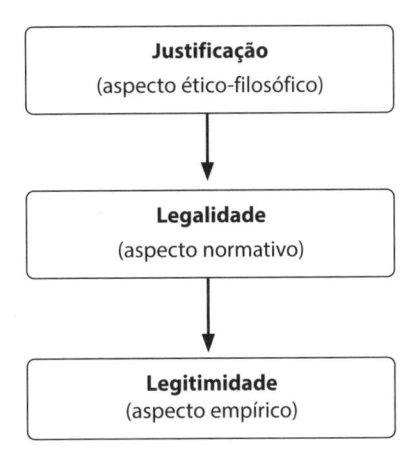

```
┌─────────────────────────────────┐
│         Justificação            │
│   (aspecto ético-filosófico)    │
└─────────────────────────────────┘
                 │
                 ▼
┌─────────────────────────────────┐
│          Legalidade             │
│      (aspecto normativo)        │
└─────────────────────────────────┘
                 │
                 ▼
┌─────────────────────────────────┐
│         Legitimidade            │
│       (aspecto empírico)        │
└─────────────────────────────────┘
```

Há, inevitavelmente, uma necessária vinculação entre os três níveis apontados na imagem acima, bem como uma necessária confusão de tais níveis, a depender da visão e das teorias que são possíveis de serem utilizadas para a análise do tema. Via de regra, as questões éticas e filosóficas tratam de justificar o aspecto normativo (a forma como é posto o ordenamento jurídico) e esse, por sua vez, vincula a obediência fática, ou seja, justifica legal e racionalmente o poder, legitimando-o em bases sociológicas para que haja o efetivo cumprimento das regras. No caso do Estado moderno, a obediência fática (aspecto empírico) será decorrente da dominação racional-legal trabalhada por Weber, relacionando-se umbilicalmente com a legalidade em sentido positivista e que, no plano filosófico, ancorou-se no contratualismo dos setecentos e, contemporaneamente, no procedimentalismo.

* * *

Feitos os apontamentos iniciais necessários para compreendermos os conceitos de legalidade, legitimidade e justificação do Estado, verificaremos no capítulo seguinte as principais teorias adotadas historicamente para cumprir com a função justificadora do Estado, isto é, quais teorias sustentaram, do ponto de vista filosófico, a existência de modelos políticos, apresentando-os como justos.

 # Filmografia

A 13ª emenda – EUA, 2016

A vila – EUA, 2004

Alexandre, o Grande – EUA/Espanha, 1956

As loucuras do Rei George – Reino Unido, 1994

Julgamento em Nuremberg – EUA, 1961

O discurso do rei – Reino Unido, 2010

O grande ditador – EUA, 1940

 **Questões Objetivas**

1. "Esta é a forma moderna de dominação e se baseia na ideia de regras jurídicas – o direito – como forma de determinar o superior a quem se deve obediência, de tal sorte que a obediência aparece como mero cumprimento da lei, sendo, portanto, dotada de manifesta impessoalidade."

   O texto acima faz referência à:

   a) dominação legal-racional.

   b) dominação carismática.

   c) dominação tradicional.

   d) dominação religiosa.

2. **No que tange aos conceitos de legalidade, legitimidade e justificação, assinale a alternativa correta:**

   a) A legalidade se refere ao efetivo cumprimento da lei, consistindo numa análise fática (da realidade concreta).

   b) A legitimidade se refere à análise formal do poder, conforme seja decorrente de uma ordem jurídica vigente.

   c) A justificação ético-filosófica se refere ao dever de obediência às estruturas jurídicas postas, nos conduzindo à ideia da simples legalidade do poder (aspecto normativo).

   d) A legitimidade (aspecto sociológico) se refere à aceitação fática – possibilidade de obediência efetiva – de um poder específico, relativa ao aspecto empírico do problema da justificação.

3. "Trata-se de realizar uma análise jurídica da questão e, portanto, atentar-se apenas para questões de ordem formal, ignorando seus reflexos sociais, quaisquer que sejam".

   Essa frase trata do conceito de:

   a) legitimidade.

   b) legalidade.

   c) dominação.

   d) efetividade.

 **Questões Dissertativas**

1. Qual é a relação existente entre os aspectos filosóficos, jurídicos e sociológicos da estrutura de justificação do Estado?

2. Aponte a diferença entre legalidade, legitimidade e justificação ético-filosófica do poder.

3.   Apresente as diferentes formas de dominação previstas por Max Weber e relacione uma delas com a forma de poder exercida no Estado moderno.

 **Caso Prático**

"Em seu discurso, o Presidente ressaltou que foi eleito democraticamente de acordo com o procedimento previsto na Constituição e na legislação eleitoral aplicável e que, portanto, a oposição deve aguardar as próximas eleições previstas pela legislação vigente caso queira assumir a Presidência; afinal, num Estado de Direito é apenas a lei que determina quem deve assumir o cargo de Presidente. Ao ser perguntado sobre a baixa aprovação popular e a crise de legitimidade de seu governo, o Presidente respondeu que em um Estado de Direito não se deve obediência às pessoas, mas às leis."

No caso hipotético acima, o argumento sustentado pelo Presidente se alinha às teorias de Max Weber sobre legitimidade? Discorra sobre o caso, relacionando as teorias de Weber com a forma jurídica do Estado de Direito.

AS JUSTIFICAÇÕES DO ESTADO EM PERSPECTIVA HISTÓRICA

Acesse o QR code e assista ao vídeo sobre o tema

> uqr.to/eeq3

5.1 A JUSTIFICAÇÃO ARISTOTÉLICA DO ESTADO NA ANTIGUIDADE CLÁSSICA

De início, vale já deixar devidamente ressalvado que a exposição acerca do histórico das justificações do Estado se inicia na Grécia antiga, não em razão de ali ter se iniciado a convivência humana em sociedade, mas pelo fato de o pensamento sistematizado sobre o fenômeno político decorrer da filosofia grega, notadamente a partir de Platão e Aristóteles. Assim, a filosofia política começa com a reflexão sobre a convivência como uma questão não relacionada diretamente com o destino ou desejo dos deuses, mas com ações de humanos que vivem em conjunto. Dessa forma, este capítulo, cujo propósito é verificar a posição histórica acerca do problema do fundamento do poder das sociedades políticas, deve iniciar na Grécia antiga, local e momento em que verificamos a primeira sistematização acerca da origem e organização da pólis como objetos de estudo. Naquilo que nos afeta – os fundamentos teóricos do Estado –, será Aristóteles o primeiro a apresentar de modo sistematizado uma justificativa à sociedade política organizada.

O estagirita Aristóteles é, sem dúvida, o pensador mais relevante da Antiguidade, seja no campo da física, seja nos temas de ética ou política. Isso pelo fato de seu pensamento ter sido aplicado e reestudado inúmeras vezes na história, mantendo sua relevância até os dias atuais. Com efeito, a justificação aristotélica do Estado apresenta-se como especialmente relevante por ter sido reproduzida – ainda que com adaptações – durante aproximadamente dois mil anos, isto é, desde sua formulação no séc. IV a.C. até o advento da era moderna.

A referida justificação aristotélica do Estado se coloca como uma consequência de sua visão acerca do instinto social dos humanos e da sociedade como natural, tal como vimos no capítulo 2 desta obra. Assim, ao ver o instinto de sociabilidade e a necessidade da pólis, Aristóteles nos apresenta uma visão acerca da justificação das sociedades políticas que será questionada pelos pressupostos da filosofia moderna – de norte racional –, especialmente pelos pensadores contratualistas.

Note-se, ainda em tom introdutório, que a vida política do homem, na perspectiva que vamos apresentar neste capítulo, não consiste em um meio para a realização de qualquer concepção de bem, mas a própria finalidade do homem enquanto tal, uma vez que a ideia de bem, ela mesma, é social, concluindo-se pela excelência da comunidade para a realização da essência humana.

Passemos, então, a realizar uma breve análise da obra aristotélica de notória importância para esta exposição, qual seja, *A Política*, na qual Aristóteles[1] inicia dizendo: "É para a mútua conservação que a natureza deu a um o comando e impôs a submissão ao outro". Diante dessa visão natural acerca da submissão, o pensador irá pontar a família como a principal sociedade natural, sendo formada pela "dupla reunião do homem e da mulher, do senhor e do escravo".

A partir dessas ideias, Aristóteles apontará que a família é a primeira forma de sociedade, sendo que, em seguida a ela se forma a aldeia, composta por várias famílias dispersas e vivendo conjuntamente sob o governo do mais velho. A partir da reunião de várias aldeias, forma-se a cidade, a qual basta a si mesma e é organizada não só para conservar a existência humana, mas para proporcionar o bem-estar.

A cidade mencionada por Aristóteles é a Cidade-Estado grega (também chamada de pólis) e é o que, no contexto da época, mais se aproxima à concepção de Estado que nós temos, já que as Cidades-Estado gregas eram centros de poder político de forma autônoma. São exemplos de Cidades-Estado Atenas, Esparta e Tebas; repare, portanto, que não havia um Estado grego soberano que mantivesse qualquer forma de poder sobre essas cidades.

Encontra-se aí o esquema básico traçado por sua obra: a sociedade política organizada decorre de uma *evolução natural* da própria família e é a partir da própria natureza que decorrem posições de comando e submissão necessárias à sua conservação, já que as pessoas não podem viver umas sem as outras (diante da natureza gregária do ser humano). A principal sociedade natural, a família, forma-se pela união do homem e da mulher, do senhor e do escravo (num esquema claro de submissão natural voltada à conservação) e, a partir da reunião de famílias surge a aldeia. A próxima etapa é a cidade que, como dito, basta a si mesma – como meta-padrão de tudo o que está na natureza.

Diante do exposto, é possível concluir que a pólis se funda na não autonomia do ser humano, cuja natureza é associativa, e a partir de uma formação gradual (família – aldeia – cidade), sendo que a cidade basta a si mesma e, portanto, possui os elementos necessários para o perfazimento da essência humana (o bem viver). Nesse sentido, é importante analisarmos as palavras do próprio Aristóteles: "Bastar-se a si mesma é uma meta a que tende toda a produção da natureza e é também o mais perfeito estado. E, portanto, é evidente que toda cidade está na natureza e que o homem é naturalmente feito para a sociedade política"[2].

---

1   ARISTÓTELES. **A Política.** Trad. Roberto Leal Ferreira. São Paulo: Martins Fontes, 1991, p. 2.
2   ARISTÓTELES. **A Política.** Trad. Roberto Leal Ferreira. São Paulo: Martins Fontes, 1991, p. 4.

Aí consta sua mais relevante contribuição para o pensamento político, qual seja, a noção de que o ser humano é naturalmente político, um animal político (*politikòn zwon*). Essa ideia difere-se substancialmente do pensamento moderno, especialmente dos pensadores contratualistas que veremos adiante, para os quais a formação social não se dá por uma necessidade natural, mas por uma opção do ser humano, que é compreendido por tais teorias como naturalmente livre.

Já em Aristóteles, não é por escolha que os homens se unem e compartilham tarefas (prover alimentos, proteger contra-ataques, construir habitações etc.), mas pelo fato de que os humanos possuem uma natureza gregária, a qual os compele a agir em grupo visando satisfazer as finalidades próprias de sua natureza.

Em síntese, buscando alcançar a *eudanimonia*[3], fim maior para a humanidade (do ponto de vista da moral) e das cidades (do ponto de vista político), os homens se reúnem em sociedades políticas, as quais aparecem, portanto, como decorrência da própria natureza – e não como opção humana.

Assim, destacamos que a discussão sobre a naturalidade da formação da pólis – conforme preconizam as filosofias antigas, sobretudo Aristóteles – em contraposição à convencionalidade das formações políticas – conforme predominante nas teorias modernas – é o ponto central para compreender, em perspectiva histórica, a justificação do Estado Moderno.

A teoria aristotélica, nesse sentido, possui consequências mais importantes do que sua simples colocação pode sugerir; afinal, apontar o Estado e a autoridade de uns sobre os outros (notadamente do senhor sobre o escravo e do homem sobre a mulher e os filhos) como decorrentes de uma ordem natural – ou seja, ver tais relações como uma necessidade natural –, é indicá-las como inevitáveis, assim como qualquer lei da natureza, vista em termos deterministas. Dessa maneira, a sociedade política com autoridade de uns sobre outros aparece como resultado inevitável de uma ordem natural, cuidando de justificar os poderes constituídos, por mais tirânicos que sejam.

Importante anotar, ainda, que essa linha de pensamento aponta para um *organicismo* típico do pensamento aristotélico, o qual é distinto do *mecanicismo* característico da filosofia moderna (conceitos já analisados no capítulo 2). Afinal, enquanto a noção grega de pólis envolve o indivíduo num contexto orgânico de desenvolvimento para o bem viver, a noção moderna e mecanicista aponta-o como um átomo social, com direitos e garantias que devem ser fornecidos por um Estado, grande sistema, cujos subsistemas a ele integrados (jurídico, econômico etc.) são responsáveis por conduzir a fruição desses direitos, conforme convencionalmente estabelecidos em diplomas jurídicos.

Assim, o organicismo aristotélico é decorrente da noção de que há predominância e antecedência do todo sobre as partes, noção obviamente atrelada aos estudos de biologia realizados pelo pensador. Dessa maneira, o todo (a sociedade) vem antes das partes (seus indivíduos) que, portanto, estão subordinados ao corpo (social) de que fazem parte. Logo, o indivíduo existe em função do Estado e não este em função daquele, tal como veio a

---

3   O termo costuma ser aproximado ao de "felicidade", embora sempre seja pontuada a dificuldade de sua tradução.

prevalecer, posteriormente, no pensamento moderno eminentemente mecanicista e com ênfase no indivíduo.

Em síntese, temos que Aristóteles inaugura uma linhagem filosófica que verá o instinto de sociabilidade como inato aos seres humanos e a sociedade política como necessária, apontando, portanto, que a vida política do homem não consiste em um meio para a realização de qualquer concepção de bem, mas a própria finalidade do homem, uma vez que a concepção de bem é, ela mesma, social e, dessa forma, a vida em comunidade é o lugar por excelência para a realização da essência natural humana.

5.2 AS JUSTIFICAÇÕES TEOLÓGICO-RELIGIOSAS DO ESTADO NA IDADE MÉDIA

Como visto, a visão de Aristóteles sintetizou o pensamento político grego apontando o Estado como anterior e superior às partes (indivíduos) que o compõe; noção essa que, como sabemos – e veremos adiante – será rechaçada pelos pensadores modernos, que enxergarão no Estado uma criação humana – e não decorrente de causa natural – cujo propósito é instrumental: proteger.

Com isso, Aristóteles influenciou de maneira significativa o pensamento político medieval, especialmente após suas obras serem traduzidas no século XIII e, ainda atualmente, possui indiscutível importância, vez que o pensamento político contemporâneo continua a se alimentar de sua obra que, não raro, fundamenta teorias contrárias às perspectivas individualistas e consequencialistas da filosofia moderna.

No que tange ao pensamento político medieval, cumpre inicialmente colocar algumas palavras acerca da noção de justificação teológico-religiosa do Estado[4], as quais tornam-se necessárias para a compreensão das perspectivas medievais acerca do assunto aqui em discussão.

De início, destacamos que, nos tempos primitivos, a consciência político-jurídica não se estendia além da própria comunidade, estando sancionada pela divindade do grupo, de modo que o escopo do grupo e de seu "direito" coincidem e residem nessa divindade que o justifica. Na Índia e na Pérsia, por exemplo, os soberanos eram delegados de Deus, vez que se acreditava que haviam recebido o poder diretamente por manifestação de uma vontade divina. No Egito, os faraós eram tidos como descendentes das divindades. Já o imperador da China possuía um mandato *do céu*[5]. Em suma, cada grupo apresentava justificações que legitimavam a autoridade soberana por meio de um desígnio divino qualquer.

Tais pretensões não foram abraçadas nos primeiros séculos do cristianismo. Afinal, a doutrina cristã tendia a apontar como herética a postura de considerar um humano a

---

4   "Tanto quanto posso ver, Marsílio de Pádua foi um dos primeiros, senão o primeiro, que em seu escrito *Defensor pacis* (1341) criticou, seguindo Aristóteles, a teoria da *translatio imperii* e, com isso, toda justificação teológica. Essa controvérsia seguiu até o século XIX, quando teóricos como de Bonal e de Maistre tentaram fundamentar religiosamente mais uma vez os poderes tradicionais da igreja, da monarquia e da sociedade estamental." (HABERMAS, Jürgen. **Para a reconstrução do materialismo histórico.** Trad. Rúrion Melo. São Paulo: Unesp, 2016, p. 401).

5   MALUF, Sahid. **Teoria geral do Estado.** 26ª ed. Atual. Miguel Alfredo Malufe Neto. São Paulo: Saraiva, 2003, p. 60.

personificação de Deus ou algo que a isso valha. Para os cristãos, todo o poder vem de Deus de maneira providencial, ou seja, por meio dos homens[6]. O clássico ensinamento cristão "dai a César o que é de César e a Deus o que é de Deus" traça a divisa do poder terreno, que governa as coisas da terra, e do poder espiritual, que cuida da alma.

Vale destacar ainda o poder superior do papa no contexto medieval, apontado como fonte de toda autoridade, incluindo a dos imperadores e reis. Pode-se, é claro, relacionar essa questão com o entendimento de São Paulo, notoriamente em Epístola aos Romanos, XIII, 1 (*Non est potestas nisi a Deo*), segundo o qual todo poder emana de Deus, passando-o, em contextos terrenos, pelo papa.

Também Walter Ullmann[7], ao tratar das realezas teocráticas medievais, nos lembra de que a ideia da *Dei Gratia* como justificação do poder aparece no oriente desde o século V e é utilizada posteriormente tanto para justificar o poder religioso, como também o poder secular. Tal princípio parece fundar-se em São Paulo, ao expor o *Gratia Dei sum id quod sum* (pela graça de Deus sou o que sou)[8], dando a ideia de que aquilo que somos não depende de nossos méritos, mas da graça de Deus.

De tal conceito deriva o princípio da concessão, segundo o qual Deus concedia o poder ao Rei e este, por sua vez, concedia direitos ao povo. Esse princípio, embora de fácil compreensão, possui fatores intrínsecos de suma importância; em especial, vale ressaltar que "a noção de concessão excluía a ideia de direito à coisa concedida"[9]. Assim, o poder provinha de cima, num exemplo clássico de forma descendente de justificação do poder político, mediante concessão divina. O Rei, por sua vez, fazia um novo ato de concessão ao conceder direitos ao povo que, de acordo com a noção aqui apresentada, não detinha direta e efetivamente tais direitos.

Destaque-se, ainda, a recepção das teorias aristotélicas dentro do contexto político-ideológico medieval, notadamente influenciado pelo cristianismo. Isso se nota mais claramente na obra de São Tomás de Aquino, que cuidou de conciliar os ensinamentos aristotélicos com os postulados cristãos. Tal fez com que fosse possível qualificar o tomismo de aristotelismo cristão, sendo os entendimentos aristotélicos acerca da natureza e, no que nos afeta, da política, incorporados à filosofia política predominante no medievo a partir do século XIII, exercendo forte influência em virtude do aparente enquadramento dos ensinamentos aristotélicos à cosmologia cristã. Afinal, o conceito de natureza, de expressiva importância na obra de Aristóteles, foi em larga medida utilizado por São

---

6   Ressalta-se, ainda, a teoria do direito divino providencial como uma das espécies de justificação teológico-religiosa: "Deus dirige providencialmente o mundo, guiando a vida dos povos e determinando os acontecimentos históricos. Dessa direção suprema resulta a formação do Estado; o poder vem de Deus, mas não por manifestação visível e concreta da sua vontade. O poder vem de Deus através do povo – *per populum* –, como doutrinou Santo Tomás de Aquino. Em outras palavras: todo poder vem de Deus, *in abstracto*, não *in concreto*." (MALUF, Sahid. **Teoria geral do Estado.** 26ª ed. Atual. Miguel Alfredo Malufe Neto. São Paulo: Saraiva, 2003, p. 62).

7   ULLMANN, Walter. **Principios de gobierno y politica en la Edad Media.** Trad. Graciela Soriano. Madrid: Revista de Occidente, 1971, p. 121.

8   Coríntios, XV, 10.

9   ULLMANN, Walter. **Principios de gobierno y politica en la Edad Media.** Trad. Graciela Soriano. Madrid: Revista de Occidente, 1971, p. 124. Tradução livre.

Tomás, fazendo com que fosse possível distinguir entre *secundum, contra, praeter* e *supra naturam* (respectivamente: segundo a natureza, contra a natureza, além da natureza e acima da natureza).

Naquilo que nos afeta, Tomás absorve o entendimento aristotélico quanto à natureza gregária do ser humano, o que pode ser evidenciado em diversas passagens da Suma Teológica[10] e, nesse sentido, apresenta uma continuação do pensamento de Aristóteles, conciliando-o com uma visão teocêntrica de mundo e apontando o Estado como corpo político e moral, que não foi fundado ou criado artificialmente, mas surge a partir do instinto gregário natural dos seres humanos (animais políticos).

Destaque-se, quanto ao pensamento político do medievo no que tange à questão em análise, que a visão tomista acerca da natureza e do Estado, que trata de conciliar o pensamento aristotélico com uma visão teocêntrica, faz emergir no final da Idade Média um entendimento adequado ao seu tempo, delineando o surgimento do Estado como nação, bem como evidencia o distanciamento dessa instituição com a Igreja. Nesse sentido, cumpre-nos apontar a seguinte síntese feita por Ullmann:

> Portanto, não pode nos surpreender que o conceito de nação seja também um instrumento de trabalho dentro do sistema tomista: existem *nationes hominum* e o direito eclesiástico dos ritos "per diversas *nationes* diffunditur". *Natio*, igual de natureza, sustenta Tomás, é derivado etimologicamente de *nasci*, e é a partir desse momento em que o conceito começa a adquirir um significado preciso. Se trata de um conceito que, ao longo do tempo, expressará a identidade natural de um povo que, com base em sua ascendência comum, língua, instituições, etc., constitui ou aspira a constituir uma unidade natural[11].

Além de evidenciar o pensamento tomista como umbilicalmente ligado ao de Aristóteles, referido excerto é bastante adequado ao tema que aqui nos propomos a trabalhar, na medida em que trata de apontar o Estado visto por Tomás como distinto daquele que o sobreviria – o Estado constitucional moderno –, afastando-o da ideia de um ente artificial (como o colocará Hobbes). Ademais, perfaz um distanciando do Estado e do papado, bem como de quaisquer organizações eclesiásticas, iniciando um caminho de secularização do Estado, ponto que será de suma importância no âmbito da filosofia iluminista, bem como é essencial para começar a delinear os traços característicos do Estado moderno. Nesse sentido, referido dualismo aponta o Estado como natural e a Igreja como sobrenatural, de modo que tal divisão cuida de indicar ambos como esferas distintas, sujeitas a leis próprias. Ainda, trata de ventilar o conceito de nação como derivado do termo *nasci*, mostrando seu significado como atrelado à cultura dos povos, ou melhor, à identidade nacional por origem, traço marcante dos Estados nacionais mercantilistas, politicamente

---

10   Como na I Seção da II Parte, questão 61, art. 5: "E como o homem é, por natureza, animal político, as virtudes cardeais, enquanto nele existentes segundo as condições próprias da sua natureza, se chamam políticas, ou seja, praticando-as o homem procede corretamente na gestão das coisas humanas. E é nesse sentido que temos tratado delas até aqui." (AQUINO, Tomás de. **Suma Teológica**. Vol. 4. I Seção da II Parte. Questões 49-114. São Paulo: Loyola, 2005, p. 170).

11   ULLMANN, Walter. **Principios de gobierno y política en la Edad Media**. Trad. Graciela Soriano. Madrid: Revista de Occidente, 1971, p. 250. Tradução livre.

baseados no chamado absolutismo monárquico, modelo que destacava o suporte religioso/divino do poder político.

De fato, as justificações de natureza teológico-religiosas voltam com todo vigor durante o Absolutismo, em especial na figura de Luiz XIV, ao afirmar que "a autoridade em que os reis são investidos é uma delegação de Deus. Está em Deus e não no povo a fonte de todo poder e somente a Deus é que os reis têm de dar contas do poder que lhes foi confiado"[12]. Essa visão ganhou relevo na era absolutista após *O Patriarca ou o poder natural dos reis* de Robert Filmer, obra que defende a ideia de que Adão seria o rei do gênero humano e que todos os monarcas seriam seus sucessores, exercendo sobre os súditos uma espécie de poder paterno. Essa doutrina, portanto, não chega a justificar o Estado, mas apenas uma forma específica de dominação política, a saber, a monarquia absolutista[13]. Conforme veremos, John Locke vai dedicar seu *Primeiro Tratado sobre o Governo* para rebater essa ideia e, em seguida, dedicar seu *Segundo Tratado* à apresentação de sua teoria sobre o fundamento do poder político, na linha contratualista.

Com efeito, as justificações de ordem teológico-religiosas, de elevada pretensão e recorrente posição histórica, minguariam à luz das teorias propagadas durante o movimento Iluminista, mas teriam sua pretensão universal apropriada, ou melhor, secularizada na Idade Moderna, o que se depreende pela necessidade dos modernos de assegurar um direito natural suprapositivo, ainda que fundamentado em bases racionais e não mais teológicas.

De toda sorte, as justificações teológico-religiosas fundamentaram a existência do Estado no medievo e no início da era moderna – não ignorando que ainda hoje fundamentem o poder político em algumas remanescentes monarquias absolutistas –, revestindo os governos com a respectiva divindade. Dentro desse diapasão, o motivo do cumprimento das ordens emanadas do poder decorre, em última análise, da crença em referidas divindades, seus mandamentos, códigos e leis, mostrando-se, em virtude da rigidez desse vínculo, uma justificação extremamente sólida e dificilmente questionável. Contudo, tais justificações perderiam força no ambiente sociopolítico ocidental a partir da solidificação dos paradigmas iluministas propagados ao longo dos séculos XVII e XVIII.

5.3 CONTEXTO DE RUPTURA E O SURGIMENTO DA NECESSIDADE DE UMA NOVA JUSTIFICAÇÃO DO ESTADO NA MODERNIDADE

Para que seja possível compreender o surgimento de novas teorias tendentes a justificar o Estado e o Direito no contexto da modernidade, é importante ter em conta os principais fatores de ordem política, econômica e social que foram sendo alterados num processo – no mínimo centenário – de germinação da cultura moderna. Já realizamos parte dessa tarefa no capítulo 3 desta obra, em que apresentamos o contexto de surgimento e consolidação do modelo feudal a partir da queda do Império Romano ocidental, bem como

---

12 MALUF, Sahid. **Teoria geral do Estado.** 26ª ed. Atual. Miguel Alfredo Malufe Neto. São Paulo: Saraiva, 2003, p. 60-61.

13 JELLINEK, Georg. **Teoría General del Estado.** Trad.: Fernando de los Ríos. México: FCE, 2000, p. 207 e ss.

o processo de formação e ascensão das cidades e da burguesia dentro da sociedade feudal. Ao longo desse processo, a racionalidade do modo produtivo das cidades prevaleceu sobre o modelo feudal e deu escala a excedentes de produção, essenciais para a consolidação da lógica mercante típica das cidades, a qual se expandiu de modo a ocasionar a mercantilização dos estamentos privilegiados, alcançando inclusive o poder central, resultando no modelo econômico mercantilista, que já engendrava as bases para o surgimento do capitalismo, isto é, a busca pelo lucro por meio da ação racional e a questão da liberdade econômica, essa última ponto central das discussões do Parlamento e da burguesia em ascensão diante dos monarcas absolutistas já em declínio.

Considerando todo esse contexto mencionado, bem como o ambiente filosófico que se formou desde a Antiguidade sobre o fundamento do poder político e da própria existência e atuação do Estado, emerge na chamada Modernidade[14] a necessidade de prover outra justificação teórica para a realidade recém-criada denominada Estado, tendo em vista a nova configuração político-social em formação a partir do desgaste da forma estamental de organização social e da descrença nos modelos de justificação do Antigo Regime.

Assim, temos que, a partir da quebra do paradigma teocêntrico, o Antigo Regime via-se em clara decomposição. Dentre outros fatores, como aqueles de ordem econômica e social que levaram a tal desfecho, as justificações de ordem teológico-religiosas para a aquisição e manutenção do poder político utilizadas pelo modelo (direito divino de governar) já não mais lograriam êxito em conquistar os modernos, cujo ceticismo foi exacerbado em virtude da desconstrução da representação aristotélico-medieval do mundo, ocasionada, em especial, pelo fim do geocentrismo, pela ruptura com a evidência sensível e pela afirmação da infinidade do universo.

Com efeito, as teorias teológico-religiosas justificaram – e, em menor escala, ainda justificam – a existência do Estado, revestindo os governos com o atributo da sacralidade. Tratou-se de uma espécie de justificação de amplo relevo histórico e base sólida, ante a natureza do vínculo que propõe. Entretanto, com a solidificação dos paradigmas iluministas no ambiente sociopolítico ocidental, essa justificação entrou em declínio.

Nesse contexto, coube à filosofia política moderna a formulação de uma nova justificação teórica para a realidade política e social nascente e substancialmente diferente daquela que sustentou o modelo feudal-medieval; justificando o poder político em novas bases, diversas daquela do Antigo Regime em iminente desconstrução.

O modelo contratualista é o que, nesse cenário, sugeriu uma alteração do entendimento anterior segundo o qual a sociedade política era vista como uma decorrência da natureza ou de doutrinas religiosas e exaltou a participação do indivíduo como centro do ordenamento e, por consequência, como fonte do poder político. Dentro desse diapasão,

---

14 "A modernidade começa quando os homens desenvolvem o sentimento de sua própria competência, quando começam a pensar primeiro que podem compreender a natureza e a sociedade e depois que podem controlar a natureza e a sociedade para atingir seus próprios objetivos. Acima de tudo, a modernização implica a crença na capacidade do homem de, através de uma ação racional, mudar seu meio ambiente físico e social. Significa a rejeição dos obstáculos externos aos homens, sua libertação de Prometeu dos deuses, da fatalidade e do destino." (HUNTINGTON, Samuel P. **A ordem política nas sociedades em mudança.** Trad. Pinheiro de Lemos. Rio de Janeiro: Forense-Universitária; São Paulo: Ed. USP, 1975, p. 112).

abriu perspectivas e estabeleceu com base na razão típica dos modernos uma justificação teórica às instituições que se mostravam mais interessantes à nova realidade, essa mesma em fase de aguda transformação em virtude, em especial, do modelo produtivo em transição (declínio do feudalismo e ascensão do capitalismo).

Conforme iremos demonstrar, os propagadores dessa teoria consideraram o indivíduo como anterior ao corpo social do qual faz parte, o que perfaz uma visão substancialmente distinta daquela aristotélica vista anteriormente, ocasionando efeitos teóricos e práticos que cuidaram de alterar significativamente a forma de organização política das sociedades ocidentais modernas.

Assim, tendo feito nos capítulos anteriores uma breve exposição acerca das construções teóricas que justificaram as sociedades políticas nos períodos prévios à modernidade, passaremos agora a analisar os principais representantes do contratualismo moderno, para podermos compreender as minúcias de suas construções teóricas, bem como os pontos comuns e divergentes entre tais pensadores, podendo assim verificar quais teorias foram incorporadas às formas de vida e aos diplomas jurídicos do período moderno, sendo-nos possível ainda observar aqueles institutos que, inobstante o ambiente que circunscrevia seu surgimento ser outro, persistem sólidos e operantes até o presente, norteando a construção de conceitos jurídico-políticos contemporâneos, enfatizando assim a relevância e perenidade dessas teorias.

5.4   AS JUSTIFICAÇÕES CONTRATUALISTAS DO ESTADO NA MODERNIDADE

5.4.1   Thomas Hobbes e as bases do contratualismo moderno

Buscaremos neste item expor o contratualismo de Thomas Hobbes (1588-1679), o qual tratou de apresentar os paradigmas para a abordagem do fenômeno político na modernidade, inobstante o fato da associação voluntária como formadora do corpo social já aparecer na tradição medieval tardia, notadamente em Hugo Grotius, bem como com pensadores sofistas, ainda na Antiguidade. Entretanto, será Hobbes o primeiro sistematizador do contratualismo no período moderno.

Já mesmo no Prefácio de *De Cive*, Hobbes vai expor de forma simples e resumida a estrutura básica para a compreensão de seu sistema filosófico:

> Tendo assim deitado esses alicerces, demonstro em primeiro lugar que a condição dos homens fora da sociedade civil (condição esta que podemos adequadamente chamar de estado de natureza) nada mais é que uma simples guerra de todos contra todos, na qual todos os homens têm igual direito a todas as coisas; e, a seguir, que todos os homens, tão cedo chegam a compreender essa odiosa condição, desejam (até porque a natureza a tanto os compele) libertar-se de tal miséria. Mas isso não se pode conseguir a não ser que, mediante um pacto, eles abdiquem daquele direito que têm a todas as coisas. Ademais, declaro que confirmo em que consiste a natureza dos pactos, como e por que meios o direito de um pode ser transferido a outro a fim de validar os pactos; e que direitos, e a quem devem necessariamente ser concedidos para se estabelecer a paz[15].

---

15   HOBBES, Thomas. **Do cidadão.** Trad. Renato Janine Ribeiro. São Paulo: Martins Fontes, 1992, p. 18.

Aí consta a estrutura básica de compreensão do contratualismo hobbesiano, o qual vê a natureza humana como belicosa (guerra de todos contra todos); a igualdade de direitos entre os indivíduos no chamado estado de natureza; e a superveniência de um pacto abdicatório de sua condição natural para o estabelecimento da paz.

Em *Leviatã*, afirma que "a natureza fez os homens tão iguais, quanto às faculdades do corpo e do espírito"[16]; indicando, com isso, a igualdade natural dos seres humanos como pressuposto de sua construção teórica. Nesse sentido, estabelece com clareza sua crítica ferrenha aos escritos políticos de Aristóteles que, como vimos, fixam-se sobre uma ideia da desigualdade natural (apontando que uns nascem para mandar e outros para servir).

Solidifica, assim, a igualdade como condição natural dos humanos; isto é, verificada já no estado de natureza e, portanto, independentemente da existência da sociedade civil, já que o estado de natureza é aquele em que "os homens vivem sem um poder comum capaz de os manter a todos em respeito" e, durante este período, "eles se encontram naquela condição a que se chama guerra; e uma guerra que é de todos os homens contra todos os homens"[17]. O impulso do egoísmo produziria o do temor e esse, por sua vez, faria nascer o desejo pela paz. Essa paz, como se sabe, somente poderia ser alcançada mediante uma união via contrato, cujo conteúdo seria a submissão de todos à vontade de um homem ou de uma assembleia de homens.

O estado de natureza mencionado é aquele que se caracteriza pela ausência do Estado e, segundo a concepção hobbesiana, também da justiça; afinal "onde não há Estado nada pode ser injusto. De modo que a natureza da justiça consiste no cumprimento de pactos válidos, mas a validade dos pactos só começa com a instituição de um poder civil suficiente para obrigar os homens a cumpri-los"[18]. Nesse ponto, Hobbes estabelece não só os fundamentos para a teoria contratualista moderna, mas também delineia o modelo liberal dela decorrente, uma vez que reduz a função do Estado ao poder coercitivo voltado ao cumprimento dos pactos válidos.

No que concerne à relação das teorias hobbesianas com aquela de Aristóteles já apresentada, podemos concluir que há substancial diferença, em especial naquilo que nos afeta, ou seja, no problema do fundamento da sociabilidade humana. Para Aristóteles, o homem só pode alcançar aquilo que possui em potencial e ser verdadeiramente humano na *pólis* que, conforme sua teoria, é um *fim* em si mesma. Para Hobbes, a sociedade política aparece como mero *meio* para viabilizar a autoconservação. Assim, para Hobbes, o indivíduo é anterior e formador da sociedade política que resulta de um pacto associativo, de modo que o ser humano aparece como tal antes e independentemente da sociedade política, o que Aristóteles não pode aceitar.

---

16 HOBBES, Thomas. **Leviatã ou Matéria, forma e poder de um estado eclesiástico e civil.** Trad.: João Paulo Monteiro e Maria Beatriz da Silva. 2ª ed. São Paulo: Abril Cultural (Os Pensadores), 1979, p. 74.

17 HOBBES, Thomas. **Leviatã ou Matéria, forma e poder de um estado eclesiástico e civil.** Trad.: João Paulo Monteiro e Maria Beatriz da Silva. 2ª ed. São Paulo: Abril Cultural (Os Pensadores), 1979, p. 75.

18 HOBBES, Thomas. **Leviatã ou Matéria, forma e poder de um estado eclesiástico e civil.** Trad.: João Paulo Monteiro e Maria Beatriz da Silva. 2ª ed. São Paulo: Abril Cultural (Os Pensadores), 1979, p. 86.

Assim, é o princípio do benefício próprio e as dadas circunstâncias que determinam se haverá a sociedade civil ou não; sendo ela, portanto, resultante de um acaso[19] e não de um mandamento da natureza. Dessa forma, Hobbes acaba por constatar que a sociedade política é um meio para a autopreservação e não um fim em si mesma, como via Aristóteles.

Ademais, resta claro que a abordagem do problema da sociabilidade humana feita por Hobbes coloca a sociedade civil como uma consequência de um pacto firmado pelos homens em virtude da fragilidade e da ameaça permanente do estado de natureza e, portanto, coloca-a como produto humano, pressupondo assim a anterioridade do indivíduo com relação ao corpo social do qual faz parte. Trata-se, então, de uma inversão da lógica aristotélica, para a qual a cidade é anterior ao homem.

Conforme a perspectiva teleológica de Aristóteles, tudo o que se move o faz naturalmente rumo ao seu fim, sua essência natural. Assim, os corpos quando caem perfazem um movimento naturalmente necessário, tal como os homens a se unirem em sociedade. Em Hobbes, a ideia é essencialmente outra, já que não há qualquer fim predeterminado e inexiste qualquer essência em potencial. O movimento, portanto, é ao acaso e determinado conforme os interesses dos homens se deem em cada momento e circunstância. Mecanicamente, o movimento ocorre a partir de um movimento de outro corpo, sem buscar, contudo, qualquer finalidade essencial. Não há, então, a "causa final" aristotélica, mas tão somente causas (iniciais) eficientes que fazem o movimento do corpo. A transição de uma lógica teleológica para uma lógica mecânica extingue a ideia de uma causa final e esvazia axiologicamente a concepção da natureza humana, do que resulta uma das mais importantes mudanças do ponto de vista da filosofia moral e política, posto que introduz a incerteza gerada pelo movimento.

De toda sorte, cumpre-nos apontar que o princípio hobbesiano de que o ser humano é guiado pela ideia do benefício próprio decorre, curiosamente, de um impulso natural, "pois todo homem é desejoso do que é bom para ele, e foge do que é mau, mas acima de tudo do maior dentre os males naturais, que é a morte; e isso ele faz por um certo impulso da natureza, com tanta certeza como uma pedra cai"[20]. Dessa forma, embora evidentes as distinções entre Hobbes e Aristóteles, é relevante compreender que Hobbes extrai de um impulso natural o princípio da autopreservação, determinante para a celebração do pacto fundador da sociedade política.

Assim, em razão do princípio do benefício próprio, o objetivo humano primário não é se associar aos demais, mas garantir sua sobrevivência e realizar seus desejos; ao perquiri-los, poderá se associar ou não aos demais seres humanos, de modo a constituir uma sociedade política, a qual, na visão hobbesiana, apresenta-se como um meio artificialmente erigido para a satisfação daquilo que é realmente natural no ser humano, ou seja, a busca por sobrevivência.

Em síntese, a teoria hobbesiana coloca que (1) o direito de natureza estabelece como regra fundamental que cada um preserve a sua vida; (2) no estado de natureza todos os homens têm direito a todas as coisas; (3) o homem deve se esforçar pela paz e por sua busca;

---

19   HOBBES, Thomas. **Do cidadão.** Trad. Renato Janine Ribeiro. São Paulo: Martins Fontes, 1992, p. 29.

20   HOBBES, Thomas. **Do cidadão.** Trad. Renato Janine Ribeiro. São Paulo: Martins Fontes, 1992, p. 35.

(4) para alcançar o objetivo estabelecido no item 3, os homens devem renunciar a seu direito a todas as coisas (conforme item 2); e (5) o contrato social é o meio para operacionalizar a transferência mútua de direitos e, portanto, efetivar a renúncia prevista no item 4 acima.

Diante disso, Hobbes vai apresentar a constituição da sociedade política como sendo "uma multidão de homens reunida em uma só pessoa por meio de um poder comum, para sua paz, defesa e benefício comuns"[21], sendo o homem ou o conselho a quem os membros particulares deram o poder comum chamado de *soberano* e cada membro do corpo político é chamado por sua vez de *súdito*. Nesse contexto, também estabelece as linhas mestras daquilo que viria a ser o positivismo jurídico séculos depois, ao apontar o soberano como aquele que estabelece as leis para traçar a medida comum a partir da qual o homem possa guiar suas ações com relação aos demais[22].

Nesse sentido, concluirá que incumbe a quem detém o poder da espada estabelecer as regras e aos súditos observá-las, embora o poder soberano seja atribuído mediante o consentimento do povo reunido – no pacto. Uma síntese dos direitos do soberano (capítulo XVIII do *Leviatã*) é a seguinte: (1) os que pactuam pela formação do Estado não estão vinculados por pacto anterior; (2) o pacto é celebrado entre os indivíduos e não entre indivíduo e soberano, de modo que o soberano não pode descumprir o pacto e nenhum súdito pode se liberar da sujeição; (3) se por consentimento a maioria escolher um soberano, os que discordaram devem passar a consentir juntamente com o restante; (4) considerando que todo súdito é por instituição autor de todos os atos e decisões do soberano, nada do que este faça pode ser considerado injúria com os súditos e esses não podem acusá-lo de injustiça; (5) não se pode castigar o soberano, pois isso equivaleria a castigar a si mesmo; (6) compete ao soberano ser juiz de opiniões e doutrinas contrárias à paz; (7) compete ao soberano estabelecer as relações de propriedade; (8) compete ao soberano a autoridade judicial; (9) pertence ao soberano o direito de fazer a guerra e a paz com outras nações e Estados; (10) cabe ao soberano a escolha de conselheiros, ministros, magistrados e funcionários, tanto na paz como na guerra; (11) é direito do soberano compensar com riquezas e honras, bem como punir com castigos os seus súditos, com base em leis previamente estabelecidas; e (12) compete ao soberano conceder títulos de honra.

Sendo essas as características do poder soberano na obra de Hobbes, destacamos, para aquilo que nos afeta, especialmente os itens de número 1 a 5, que tratam da questão do pacto propriamente dito, bem como das relações que se seguem a ele, sendo certo que a minoria não anuente com o pacto deverá a ele se sujeitar e, ainda, juntamente com os demais súditos, deverá obedecer às regras estabelecidas pelo soberano, bem como às ordens emanadas de seu poder, sem que seja possível atribuir-lhes qualquer aspecto de injustiça, vez que a formação contratual originária se trata de decorrência, em tese, de sua própria deliberação. Destaca-se também o item 2, que aponta ser o pacto celebrado entre os súditos e não entre estes e o soberano, ponto de grande divergência com relação ao pensamento de Pufendorf. Este, por sua vez, insistia em seu *Direito de natureza e dos*

---

21 HOBBES, Thomas. **Os elementos da lei natural e política.** Trad. Bruno Simões. São Paulo: WMF Martins Fontes, 2010, p. 100.

22 HOBBES, Thomas. **Os elementos da lei natural e política.** Trad. Bruno Simões. São Paulo: WMF Martins Fontes, 2010, p. 109.

povos, que o pacto constitutivo da sociedade política é um pacto de submissão, o qual liga os súditos ao soberano, já que, nessa reciprocidade, nos direitos e deveres de cada um segundo o pacto é que reside a legitimidade da autoridade do soberano[23].

Em resumo, Hobbes é visto como o primeiro sistematizador do contratualismo moderno, teoria que se apresenta oposta aos entendimentos aristotélicos, até então amplamente utilizados por séculos para justificar o Estado e suas instituições. Hobbes é, portanto, um dos responsáveis por delinear os rumos da filosofia política moderna.

Inobstante essa significativa constatação, uma visão retrospectiva da história nos faz ver que as ideias políticas de Hobbes, embora postas em termos racionais típicos da modernidade, direcionavam-se à manutenção do modelo absolutista e eram, portanto, inadequadas aos interesses em ascensão naquele momento histórico, o que vai diferenciá-lo substancialmente com relação aos demais contratualistas que veremos a seguir, todos opostos ao Antigo Regime.

Nesse ponto, muito bem leciona Bobbio ao dizer que Hobbes não está preocupado com o excesso de poder, mas com sua escassez e com a possibilidade de anarquia ou, em termos teóricos, da volta do homem ao estado de natureza, em que se verifica uma perigosa igualdade e não há a unidade do poder que defina o justo e o injusto. Nas palavras de Bobbio:

> O pensamento político de todos os tempos é dominado por duas grandes antíteses: opressão-liberdade e anarquia-unidade. Hobbes pertence, decisivamente, às fileiras dos que tiveram o pensamento político estimulado pela segunda antítese. O ideal que defende não é a liberdade contra a opressão, mas a unidade contra a anarquia. Hobbes é obcecado pela ideia da dissolução da autoridade, pela desordem que resulta da liberdade de discordar sobre o justo e o injusto, pela desagregação da unidade do poder, destinada a ocorrer quando se começa a defender a ideia de que o poder deve ser limitado, ou, numa palavra, obcecado pela anarquia que é o retorno do homem ao estado de natureza. O mal que ele mais teme – e contra o qual se sente chamado a erigir o supremo e insuperável dique de seu sistema filosófico – não é a opressão que deriva do excesso de poder, mas a insegurança que resulta, ao contrário, da escassez de poder. Insegurança, antes de mais nada, da vida, que é o *primum bonum*, depois dos bens materiais e, finalmente, também daquela pouca ou muita liberdade que a um homem vivendo em sociedade é consentido desfrutar[24].

Assim, se absorvermos a visão de Bobbio que aponta Hobbes como partidário da segunda antítese (anarquia-unidade), concluiremos que Hobbes preocupava-se com a unidade do poder e sua possível dissolução – e, nesse caso, com a eventual volta ao belicoso estado de natureza. Distingue-se, portanto, dos pensadores iluministas que deram seguimento à tradição contratualista e que analisaremos a seguir. Esse é certamente um dos fatores que fez com que as revoluções dos séculos XVII e XVIII não utilizassem a doutrina hobbesiana. Como se sabe, os interesses sociopolíticos em discussão nesses

---

23 DERATHÉ, Robert. **Jean-Jacques Rousseau e a ciência política de seu tempo.** Trad. Natalia Maruyama. São Paulo: Barcarolla, 2009, p. 314.

24 BOBBIO, Norberto. **Thomas Hobbes.** Trad.: Carlos Nelson Coutinho. Rio de Janeiro: Campus, 1991, p. 26.

eventos pautavam-se muito mais na limitação do poder real e na desconstrução das relações rígidas de poder.

Adicionalmente, no capítulo XXIX de *Leviatã*, Hobbes nos fala sobre as coisas que levam à dissolução de um Estado, incluindo: "A quinta doutrina que tende para a dissolução do Estado é que todo indivíduo particular tem propriedade absoluta de seus bens, a ponto de excluir o direito do soberano"[25]. Ou seja, a ideia de uma propriedade particular absoluta consistia, para Hobbes, em uma causa possível de dissolução de um Estado. Esse ponto deixa nítido o que pretendemos demonstrar na conclusão deste item: a inadequação do modelo hobbesiano para os interesses liberais em ascensão naquele momento. Seu modelo de sociedade exigiria total dependência em relação à vontade do soberano e não recebeu, por tal motivo, a aderência naquele momento histórico, sobretudo da burguesia em ascensão. Nesse contexto, o modelo político capaz de servir aos interesses predominantes da época e à consolidação da lógica capitalista em germinação foi – não só, mas principalmente – o modelo antiabsolutista lockeano.

5.4.2 O contratualismo de John Locke e os fundamentos do Estado liberal

Para compreendermos a influência das teorias lockeanas para o direito e a política, temos de centrar nossa análise nos *Dois Tratados sobre o Governo*, especialmente sobre o *Segundo Tratado*, sua obra de maior relevo, notadamente pela importância concedida ao consentimento e ao direito de propriedade, conceitos basilares de seu contratualismo, o qual obedece à mesma estrutura do contratualismo hobbesiano; isto é, grosso modo: apresenta as relações entre indivíduos num contexto de ausência de poder (estado de natureza); apresenta um pacto como formador da sociedade política; e, por fim, delineia as características dessa sociedade.

Locke nos parece descrever o estado de natureza como desprovido de autoridade civil e norteado pela liberdade e igualdade, no que se diferencia de Hobbes, que vê uma amoralidade nessa condição; Locke, por sua vez, enxerga uma espécie de lei moral nos guiando no estado natural, estando a execução das leis da natureza nas mãos de todos os homens:

> E para impedir a todos os homens que invadam os direitos dos outros e que mutuamente se molestem, e para que se observe a lei da natureza, que importa na paz e na preservação de toda a Humanidade, põe-se, naquele estado, a execução da lei da natureza nas mãos de todos os homens, mediante a qual qualquer um tem o direito de castigar os transgressores dessa lei em tal grau que lhe impeça a violação, pois a lei da natureza seria vã, como quaisquer outras leis que digam respeito ao homem neste mundo, se não houvesse alguém nesse estado de natureza que não tivesse poder para pôr em execução aquela lei e, por esse modo, preservasse o inocente e restringisse os ofensores[26].

---

25 HOBBES, Thomas. **Leviatã ou Matéria, forma e poder de um estado eclesiástico e civil.** Trad. João Paulo Monteiro e Maria Beatriz Nizza da Silva. 2ª ed. São Paulo: Abril Cultural (Os Pensadores), 1979, p. 194.

26 LOCKE, John. **Segundo Tratado do Governo.** Trad. E. Jacy Monteiro. São Paulo: Nova Cultural (Os Pensadores), 1991, p. 218. Sendo notável ainda a passagem: "a pessoa prejudicada tem o poder de apropriar-se dos bens ou serviços do ofensor pelo direito de autopreservação, como qualquer um tem o poder

Assim, para o referido pensador, a lei natural é vista num sentido forte, provida de eficácia, vez que em nome da humanidade qualquer indivíduo ameaçado pode julgar o transgressor da lei natural e fazer-se executor da sentença. Dessa afirmação também é possível extrair a condição de igualdade existente no estado de natureza, conforme a jurisdição e os poderes recíprocos dos indivíduos, bem como podemos extrair uma associação entre lei e sanção, lembrando a lição de Leo Strauss no sentido de que, para ser lei, a lei da natureza deve ter sanções[27]. Nesse aspecto, Locke parece apresentar um jusnaturalismo que preenche tal requisito, na medida em que deixa claro o poder de jurisdição de cada indivíduo no que tange ao efetivo cumprimento das leis naturais.

Diante disso é que, para sair de tal estado, os homens concordam mutuamente em formar uma comunidade, fundando o corpo político. Contudo, se para Locke os homens são livres no estado de natureza, qual a razão de se unirem em comunidade para se sujeitarem ao domínio e ao controle de um poder? Os motivos são evidenciados ao longo de diversos trechos[28] do *Segundo Tratado*, inobstante sejam centrados numa só ideia: a preservação daquilo que Locke denomina *propriedade*:

> Ao que é óbvio responder que, embora no estado de natureza tenha tal direito [liberdade], a fruição do mesmo é muito incerta e está constantemente exposta à invasão de terceiros porque, sendo todos reis tanto quanto ele, todo homem igual a ele, e na maior parte pouco observadores da equidade e da justiça, a fruição da propriedade que possui nesse estado é muito insegura, muito arriscada. Estas circunstâncias obrigam-no a abandonar uma condição que, embora livre, está cheia de temores e perigos constantes; e não é sem razão que procura de boa vontade juntar-se em sociedade com outros que estão já unidos, ou pretendem unir-se, para a mútua conservação da vida, da liberdade e dos bens a que chamo "propriedade"[29].

Trata-se de mais uma passagem em que Locke exalta o objetivo de unirem-se os homens em sociedade, sendo tal objetivo a proteção da propriedade e sua fruição certa e segura. Por conta disso, o quinto capítulo do *Segundo Tratado*, intitulado *Da Propriedade*, consiste sem sombra de dúvida no cerne da referida obra. Assim sendo, passamos agora

---

de castigar o crime para impedir-lhe a repetição, pelo direito que tem de preservar toda a Humanidade e de executar tudo quanto seja razoável a favor desse objetivo." (Idem, p. 219)

27 STRAUSS, Leo. **Direito Natural e História.** Trad. Bruno Costa Simões. São Paulo: WMF Martins Fontes, 2014, p. 269.

28 Vide em especial parágrafos 94; 124; 134; 136; 138 e 222.

29 LOCKE, John. **Segundo Tratado do Governo**. Trad. E. Jacy Monteiro. São Paulo: Nova Cultural (Os Pensadores), 1991, p. 264. Adicionalmente: "A fim de evitar esses inconvenientes que perturbam as propriedades dos homens no estado de natureza, estes se unem em sociedade para que disponham da força reunida da sociedade inteira para garantir-lhes e assegurar-lhes a propriedade, e para que gozem de leis fixas que a limitem, por meio das quais todos saibam o que lhes pertence. É para esse fim que os homens transferem todo poder natural que possuem à sociedade para a qual entram, e a comunidade põe o poder legislativo nas mãos que julga mais convenientes para esse encargo, a fim de que sejam governados por leis declaradas, senão ainda ficarão na mesma incerteza a paz, a propriedade e a tranquilidade, como se encontravam no estado de natureza." (Idem, p. 270).

a uma breve análise do conceito lockeano de propriedade[30], sem o qual não é possível compreender seu contratualismo.

Cabe desde já ressalvar que Locke define o termo propriedade em termos amplos durante seu *Segundo Tratado*. No parágrafo 87 temos: "[...] preservar a propriedade – isto é, a vida, a liberdade e os bens", já no 123: "[...] para a mútua conservação da vida, da liberdade e dos bens a que chamo de 'propriedade'", por fim no 173 temos: "Por propriedade devo entender, aqui como em outros lugares, a que os homens têm tanto na própria pessoa como nos bens". Diante disso, o termo possui ao menos dois sentidos na obra de Locke: o primeiro aproxima-se do conceito moderno de propriedade, no sentido de deter materialmente algum bem móvel ou imóvel, já no segundo sentido, o termo abrange a vida, a liberdade e os bens.

Nesse sentido, Bobbio[31] também apresenta seu entendimento acerca da multiplicidade conceitual que o termo propriedade possui na obra de Locke, enxergando nele a consolidação de todos os outros direitos naturais (vida, liberdade e bens). Assim, a propriedade não é o único direito natural, mas é revelador, para Bobbio, que Locke a utilize para resumir nela todos os outros direitos naturais.

De toda forma, o apontamento da propriedade como direito natural é a grande inovação teórica de Locke; afinal, ele se lança no desafio de provar como podem os homens estabelecer propriedade sobre aquilo que Deus deu em comum à humanidade e isso independentemente de qualquer pacto expresso entre os membros da comunidade[32]. Locke intenta, portanto, demonstrar como foi possível ao homem estabelecer propriedade individual sobre o que até então era comum, independentemente de qualquer convenção humana ou organização política que formalize a relação. Em outras palavras, pretende demonstrar a existência do direito de propriedade num estado pré-político e, portanto, apresentando-o como natural.

Nessa linha, temos que Locke vê em cada homem um potencial proprietário, pois, por meio do trabalho – que a ele pertence –, aqueles frutos da terra que até então eram comuns se tornam propriedade individual. A partir daí, podemos concluir que o consumo dos frutos disponíveis se converte em apropriação legítima, pois Deus deu a terra aos homens para seu sustento, de modo que a ideia de pertencimento fica associada à condição natural de sobrevivência; e tal direito, evidentemente, não pode depender do consentimento dos demais, sendo a propriedade, portanto, não uma condição política, mas natural.

Assim, embora todos os frutos pertençam a todos, é necessário um meio de apropriação para que tal fruto possa ser utilizado para seu propósito (alimentação e sustento), de modo que nenhum outro indivíduo possa alegar qualquer direito a tal alimento. Diante dessa argumentação, Locke nos apresenta já no estado de natureza – e, portanto, antes

---

30 Sobre esse assunto, já fizemos uma minuciosa análise em: GAMBA, João Roberto Gorini. **Direito de propriedade:** fundamentos históricos e filosóficos. 3ª ed. Rio de Janeiro: Lumen Juris, 2021.

31 BOBBIO, Norberto. **Locke e o direito natural.** Trad. Sérgio Bath. Brasília: UNB, 1997, p. 188-189.

32 LOCKE, John. **Segundo Tratado do Governo**. Trad. E. Jacy Monteiro. São Paulo: Nova Cultural (Os Pensadores), 1991, p. 227.

do advento da sociedade política – a existência de direitos naturais, incluindo aí o direito de propriedade.

Assim, o fundamento do pacto social permanece sendo a criação de um Estado protetor dos direitos naturais, mas agora, dentro desse rol, encontramos também o direito de propriedade, o qual aparece associado à própria sobrevivência humana.

Além dele, Locke também concede especial importância à ideia de consentimento. Nesse sentido, nos parece que Locke enxerga a possibilidade de uma vinculação contratual de ordem "privada" estabelecida nesse estado pré-político (estado de natureza)[33]. Dessa forma, além da propriedade como direito natural, há também a ideia de contrato (autonomia da vontade) como sendo natural. Afinal, a própria ideia contratualista, isto é, a da formação do corpo político como decorrente de um pacto associativo, cuja validade apenas se dá em virtude do mútuo consentimento entre seus signatários, ressalta a noção de liberdade contratual como pré-política, bem como evidencia um fundamento sólido para a obediência do poder constituído no momento posterior ao da celebração do pacto.

Em resumo, na visão lockeana, a função do Estado, ou melhor, das leis políticas, é a de proteger as leis naturais, manifestas no estado de natureza humano; em especial, aparece o Estado como construção humana necessária para a proteção da vida, da liberdade e da propriedade. Sua teoria se afasta, portanto, de qualquer visão paternalista ou absolutista de governo e centra-se em conceitos que viriam a ser pontos essenciais das codificações de viés liberal: a propriedade privada e a liberdade contratual.

Adicionalmente, a visão de Locke acerca do momento posterior do pacto, isto é, da efetiva estruturação da forma de poder na sociedade política, coaduna-se com sua visão liberal e vinculada aos interesses sociopolíticos do período histórico em que escreveu suas obras[34], notadamente quanto ao poder do Parlamento em detrimento do poder absoluto, discussão fundamental para compreender as disputas políticas da Inglaterra do século XVII. Inobstante sua opção pelo Parlamento, sua concepção de Poder Legislativo[35] inclui limitações ao poder constituído no sentido de resguardar os direitos naturais do indivíduo. Tais limitações podem ser sintetizadas da seguinte forma: (1) o poder transmitido não pode exceder ao poder detido antes do pacto e, portanto, o legislativo não poderá arbitrariamente ser exercido contra a vida e os bens dos indivíduos, manifestando, assim, a tônica central de seu jusnaturalismo; (2) as leis não podem se dar de forma extemporânea e arbitrária. Trata-se aqui de uma manifestação acerca do princípio da legalidade, preocupado com a incerteza daquele estado de natureza, em que a fruição da propriedade e da vida não se dava de forma segura; (3) a terceira limitação é de ordem econômica, já que "o poder supremo não pode tirar de qualquer homem parte da sua propriedade

---

33 LOCKE, John. **Segundo Tratado do Governo**. Trad. E. Jacy Monteiro. São Paulo: Nova Cultural (Os Pensadores), 1991, p. 221.

34 Destacamos, nesse assunto, a *Petition of Rights* de 1628 e a *Bill of Rights* de 1689.

35 Destaque-se que, para Locke: "O grande objetivo da entrada do homem em sociedade consistindo na fruição da propriedade em paz e segurança, e sendo o grande instrumento e meio disto as leis estabelecidas em paz e segurança, a primeira lei positiva e fundamental de todas as comunidades consiste em estabelecer o poder legislativo." (LOCKE, John. **Segundo Tratado do Governo**. Trad. E. Jacy Monteiro. São Paulo: Nova Cultural (Os Pensadores), 1991, p. 268).

sem consentimento dele"[36], questão que, como veremos, foi incluída na maioria expressiva dos diplomas constitucionais fundantes da modernidade jurídica, notadamente na Declaração dos Direitos do Homem e do Cidadão de 1789[37] e na Constituição Americana de 1787. Importante apontar, ainda, a referência expressa a impostos feita por Locke ao expor tal limitação: "Se alguém pretender possuir o poder de lançar impostos sobre o povo, pela autoridade própria sem estar por ele autorizado, invadirá a lei fundamental da propriedade e subverterá o objetivo do governo"[38]; por fim (4) a quarta e última limitação estabelecida por Locke refere-se à indelegabilidade do poder atribuído, no sentido de que a formação do poder legislativo se dá por instituição positiva e voluntária do povo para a função de fazer leis.

Destaque-se, por derradeiro, que Locke difere dos demais contratualistas por não ver o argumento do contrato social como mera hipótese teórica para o alcance dos direitos naturais humanos e como fundamento do poder político, mas como possível realidade histórica, o que transparece especialmente a partir de passagens do capítulo VIII do *Segundo Tratado*, destacando-se o parágrafo 102, em que menciona a formação de Roma e Veneza por homens livres; também o parágrafo 103, no que tange à formação de Esparta por livre assentimento; e, por fim, o parágrafo 104, que manifesta o entendimento segundo o qual "os governos do mundo começados em paz tiveram o princípio estabelecido nessa base, tendo sido formados mediante o consentimento do povo".

Em resumo, a partir de uma leitura atenta do *Segundo Tratado*, observamos que Locke aponta a preservação da propriedade como o objetivo de se unirem os homens, ou seja, como motivo essencial para a celebração do pacto social constitutivo da sociedade civil, ainda que por vezes inclua nesse conceito a vida e a liberdade. De toda forma, Mario Losano afirma que "Locke é talvez o único a dizer claramente que, para a sociedade na qual ele vive, o bem comum consiste na garantia da propriedade privada"[39]. Como vimos, na referida obra, John Locke pretende demonstrar a existência do direito de propriedade num estado pré-político e, portanto, como direito natural (ainda que alcançado racionalmente, na linha do jusnaturalismo moderno); e para a proteção desse e dos demais direitos naturais, Locke apresenta a sociedade civil. As condições que faltam no estado de natureza e que devem manifestar-se no estado civil são, em resumo, uma lei estabelecida e aceita por consentimento, um juiz imparcial e um suporte à sentença quando justa[40]. A partir desses conceitos, Locke nos apresentará um Estado civil protetor dos direitos

---

36 LOCKE, John. **Segundo Tratado do Governo**. Trad. E. Jacy Monteiro. São Paulo: Nova Cultural (Os Pensadores), 1991, p. 270.

37 Destacam-se os arts. 2 e 17 do referido diploma: "Art. 2º. A finalidade de toda associação política é a conservação dos direitos naturais e imprescritíveis do homem. Esses direitos são a liberdade, a propriedade a segurança e a resistência à opressão". "Art. 17. Como a propriedade é um direito inviolável e sagrado, ninguém dela pode ser privado, a não ser quando a necessidade pública legalmente comprovada o exigir e sob condição de justa e prévia indenização."

38 LOCKE, John. **Segundo Tratado do Governo**. Trad. E. Jacy Monteiro. São Paulo: Nova Cultural (Os Pensadores), 1991, p. 270.

39 LOSANO, Mario G. **Os grandes sistemas jurídicos:** introdução aos sistemas jurídicos europeus e extra-europeus. Trad. Marcela Varejão. São Paulo: Martins Fontes, 2007, p. 555.

40 LOCKE, John. **Segundo Tratado do Governo**. Trad. E. Jacy Monteiro. São Paulo: Nova Cultural (Os Pensadores), 1991, p. 264.

naturais e fundado no conceito de consentimento, remetendo-nos, portanto, à ideia de uma democracia representativa. Torna-se evidente, portanto, que o modelo lockeano exerceu importante função na justificação teórica do Estado constitucional moderno.

5.4.3   Jean-Jacques Rousseau: o contrato social e a vontade geral

Para compreendermos a justificação do Estado na visão de Rousseau é necessário analisar duas de suas principais obras: *Origem e fundamento da desigualdade entre os homens* (conhecido como *Segundo Discurso*) e *O contrato social*. Em tais obras, Rousseau utiliza-se do mesmo esquema teórico de Hobbes e Locke (qual seja, aquele contratualista), embora com entendimentos diversos a respeito da natureza humana, das características do pacto e da espécie de sociedade dele decorrente.

Em seu *Segundo Discurso*, nos diz claramente que o mal não reside na natureza humana, mas nas estruturas sociais, sobretudo na legitimação da propriedade. Com efeito, na obra em comento, Rousseau inicia por conjecturar acerca da condição humana num estado pré-político, antes, portanto, do advento da sociedade civil e da consequente formalização das relações de propriedade. Vale destacar que a ideia de natureza é um conceito central para compreender Rousseau, já que a crítica à sociedade civil já corrompida – posto que fundada na desigualdade – só pode ser realizada a partir do retorno à natureza como ponto de comparação.

É importante destacar que, nessa tentativa de reconstruir a condição humana natural, Rousseau tinha em mente não confundir o homem selvagem com os homens de sua época, já corrompidos pelo processo civilizatório, crítica imputada certeiramente a Hobbes[41].

Ademais, para compreender o contratualismo de Rousseau é importante atentarmos a um conceito essencial que fará com que a liberdade natural humana seja desvirtuada, ensejando a propositura do pacto: a propriedade. Rousseau trabalha na primeira parte de seu *Segundo Discurso* os aspectos físicos e psicológicos do homem em seu estado natural e, na segunda parte, vai nos apresentar o *limite* do estado de natureza, em que este se transforma em estado de guerra. Tal se deve, conforme veremos, em razão do advento da propriedade. Como vimos, Locke apontava a propriedade como um direito natural humano, de modo a existir independentemente de uma sociedade civil que o estabeleça. Locke foi, dentre os contratualistas aqui analisados, o único a sustentar tal posição, muito embora tenha sido esse o entendimento adotado pelos diplomas jurídicos fundantes do modernismo jurídico. Como vimos, Hobbes entende ser o estado de natureza um estado beligerante exatamente pela ausência de direitos e de autoridade para instituí-los, dando destaque ao conceito de propriedade. Rousseau, nesse tema, seguirá a linha hobbesiana e, como veremos, vai apontar o direito de propriedade como surgido apenas a partir do pacto. Com isso em mente, já na primeira parte de seu *Segundo Discurso*, pontua a ausência da ideia de propriedade no homem natural (por vezes chamado de selvagem).

---

41   Neste sentido: "Enfim, todos, falando incessantemente de necessidade, de avidez, de opressão, de desejos e de orgulho, transportaram para o estado de natureza ideias que haviam tirado da sociedade: falavam do homem selvagem e descreviam o homem civil." (ROUSSEAU, Jean-Jacques. **Discurso sobre a origem e os fundamentos da desigualdade entre os homens:** precedido de discurso sobre as ciências e as artes. Trad. Maria Ernantina de Almeida Prado Galvão. 3ª ed. São Paulo: Martins Fontes, 2005, p. 161).

Para ele, o homem selvagem, não tendo ainda "inventado" a propriedade, não poderia, por conseguinte, entender qualquer relação de pertencimento com exclusão dos demais; não tinha, portanto, a ideia de algo *seu* em contraposição a algo *não seu*, do outro. Tal pensamento leva o pensador a estabelecer uma correlação entre a condição de homens que nada possuem e a possibilidade de dependência e sociabilidade entre eles.

Entende Rousseau, portanto, que no estado de natureza em que não há ainda no espírito humano qualquer noção de propriedade, não pode haver qualquer relação de dependência entre os homens; afinal, se não há qualquer relação de propriedade firmada entre os frutos da terra e os humanos que dele usufruem, tudo pertence igualmente a todos e há alimentos suficientes para que todos possam saciar sua fome, de modo que qualquer briga por território ou alimento perde seu sentido, visto que, no estado de natureza, não há uma desigualdade que conceda ao mais forte qualquer autoridade sobre o mais fraco. Como consequência, o homem selvagem situado nesse estado preza apenas por suas reais necessidades e pode saciá-las com os produtos da natureza, existentes em quantidade suficiente para ele e seus semelhantes (conforme o pressuposto da abundância também encontrado na obra de Locke).

Entretanto, referida situação da humanidade no estado de natureza altera-se drasticamente em seu limite, com o surgimento da noção de propriedade. Logo no início da segunda parte de seu *Segundo Discurso*, Rousseau assim nos diz:

> O primeiro que, tendo cercado um terreno, atreveu-se a dizer: *Isto é meu*, e encontrou pessoas simples o suficiente para acreditar nele, foi o verdadeiro fundador da sociedade civil. Quantos crimes, guerras, assassínios, quantas misérias e horrores não teria poupado ao gênero humano aquele que, arrancando as estacas ou enchendo o fosso, houvesse gritado aos seus semelhantes: "Evitai ouvir esse impostor. Estareis perdidos se esquecerdes que os frutos são de todos e que a terra não é de ninguém". Porém, ao que tudo indica, então as coisas já haviam chegado ao ponto de não mais poder permanecer como eram, pois essa ideia de propriedade, dependente de muitas ideias anteriores que só puderam nascer sucessivamente, não se formou de uma só vez no espírito humano. Foi necessário fazer-se muitos progressos, adquirir-se muito engenho e luzes, transmiti-los e aumentá-los de século em século, antes de se chegar a esse derradeiro limite do estado de natureza[42].

Nesse trecho, Rousseau busca apontar a origem convencional da propriedade, bem como as consequências nefastas do instituto (crimes, guerras, assassínios, misérias e horrores), iniciando, com o advento da propriedade, um estado de guerra situado no extremo limite do estado de natureza. A partir dessa ideia, temos que a apropriação de terras se encontra na raiz dos problemas da sociabilidade humana, na medida em que circunscreve o domínio de um homem sobre um pedaço da natureza. Nesse espaço, os demais ficam sujeitos à tirania do proprietário. Diante disso, temos que a apropriação de terras – até então comuns a todos os homens – por um proprietário mais forte sujeitará

---

42 ROUSSEAU, Jean-Jacques. **Discurso sobre a origem e os fundamentos da desigualdade entre os homens:** precedido de discurso sobre as ciências e as artes. Trad. Maria Ernantina de Almeida Prado Galvão. 3ª ed. São Paulo: Martins Fontes, 2005, p. 203.

os demais homens à tirania das relações sociais e seus consequentes efeitos coercitivos, e, ainda, introduz a ideia de *meu*, em contraposição ao seu.

Adicionalmente, temos que para possuir algo é necessário proteger, de modo que, quanto às terras, é necessário delimitar e defender; como consequência disso, os menos hábeis ou menos violentos tornar-se-ão pobres. Conforme tal situação é consolidada mediante a apropriação de todas as terras, aos não proprietários não é mais possível o exercício da liberdade que desfrutavam no estado natural. Como consequência, o homem se sujeita a novas paixões que não aquelas inerentes à sua natureza e de possível exercício no estado natural, o qual se transforma então em estado de guerra.

Nesse ponto, a dependência humana, então inexistente no estado de natureza, torna-se relevante e atinge as relações de trabalho, fazendo com que esse perca sua integralidade e se fragmente. Adicionalmente, para Rousseau[43], o domínio e o desenvolvimento da metalurgia (ferro) e da agricultura (trigo) constituíram grande revolução e, se por um lado civilizaram o homem, por outro ocasionaram a divisão do trabalho que, ao se desenvolver, tornou a atividade humana cada vez mais parcializada, perdendo o trabalho sua integridade. Na medida em que alguns passaram a se dedicar exclusivamente ao ferro, foi necessário que os outros homens trabalhassem para suprir aqueles. Com o desiquilíbrio entre o emprego do ferro e o consumo de alimentos, e com a situação instaurada na qual ninguém mais podia viver sem a dependência dos outros, aumenta-se a dificuldade de viver e, progressivamente, aumentam-se as desigualdades.

Destarte, a divisão do trabalho alinha-se com a partilha das terras cultivadas, visto que a posse contínua pelo trabalho passa a dar *direito* sobre a gleba. Não obstante esse *direito* não deva ser visto no sentido proposto por Locke, tal como um direito natural de propriedade fundado pelo trabalho, mas como um direito precário, que se torna legítimo apenas com a proteção concedida pela formação da sociedade civil:

> Tal foi ou deve ter sido a origem da sociedade e das leis, que criaram novos entraves para o fraco e novas forças para o rico, destruíram em definitivo a liberdade natural, fixaram para sempre a lei da propriedade e da desigualdade, de uma hábil usurpação fizeram um direito irrevogável e, para o lucro de alguns ambiciosos, sujeitaram daí para a frente todo o gênero humano ao trabalho, à servidão e à miséria[44].

Reside aí uma substancial diferença entre o pensamento de Rousseau e aquele de Locke, já analisado. Como tivemos oportunidade de estudar, Locke constrói seus argumentos no intuito de provar a existência do direito de propriedade independentemente de qualquer pacto entre os membros da comunidade, ou seja, num estado pré-político, dotando-o, portanto, de caráter natural, vez que ligado diretamente à condição de sobrevivência humana. Já aqui, Rousseau deixa claro que é apenas a instituição da sociedade

---

43 ROUSSEAU, Jean-Jacques. **Discurso sobre a origem e os fundamentos da desigualdade entre os homens:** precedido de discurso sobre as ciências e as artes. Trad. Maria Ernantina de Almeida Prado Galvão. 3ª ed. São Paulo: Martins Fontes, 2005, p. 213.

44 ROUSSEAU, Jean-Jacques. **Discurso sobre a origem e os fundamentos da desigualdade entre os homens:** precedido de discurso sobre as ciências e as artes. Trad. Maria Ernantina de Almeida Prado Galvão. 3ª ed. São Paulo: Martins Fontes, 2005, p. 222.

civil que torna o que até então era usurpação um direito legítimo[45] e, em suas palavras, irrevogável. O mesmo entendimento aparece no *Contrato Social*: "O direito do primeiro ocupante, embora mais real do que o do mais forte, só se torna um verdadeiro direito depois de estabelecido o de propriedade"[46].

A partir dessa situação instaurada, Rousseau vê uma constante guerra, de todos contra todos, não havendo mais segurança, nem na pobreza, nem na riqueza, inventando o humano motivo para união: *assegurar a cada qual a posse do que lhe pertence*. O direito civil passa a ser, como consequência, a regra comum dos povos, esvaindo-se o direito natural.

De maneira hialina, Rousseau sintetiza o teor de seu *Segundo Discurso* apontando a propriedade e as leis como responsáveis por tornar estável e legítima a desigualdade:

> Conclui-se desta exposição que a desigualdade, sendo quase nula no estado de natureza, extrai sua força e seu crescimento do desenvolvimento de nossas faculdades e dos progressos do espírito humano e torna-se enfim estável e legítima pelo estabelecimento da propriedade e das leis[47].

Sob esse diapasão, o estabelecimento da propriedade e das leis não se presta a garantir a liberdade e a igualdade, mas a legitimar a desigualdade, reforçando a relação de dominação dos proprietários sob forma jurídica. A desigualdade, portanto, não é condição natural, mas uma criação das estruturas sociais, especialmente pela lei e pelo direito de propriedade.

Em seguida, com o intuito de pôr fim à guerra generalizada que se estabelece com o advento da propriedade no limite do estado de natureza é que os homens têm a ideia de um acordo, um *pacto social* que estabeleça regras que obriguem a todos igualmente. O direito civil passará a ser a regra comum dos povos, restando ao homem libertar-se dos prejuízos trazidos pela sociabilidade historicamente inaugurada a partir da criação da propriedade mediante o pacto social, cuja função torna-se reparadora. Na realidade, a instituição dessa ordem legal, na mesma medida em que promove a paz, legitima a propriedade, dando respaldo às desigualdades.

"Encontrar uma forma de associação que defenda e proteja a pessoa e os bens de cada associado com toda a força comum, e pela qual cada um, unindo-se a todos, só obedece, contudo, a si mesmo, permanecendo assim tão livre quanto antes"[48]. É esse, segundo Rousseau, o problema fundamental a ser resolvido pelo contrato social, sendo certo que a alienação total de cada associado exprime a integralidade do pacto, de tal sorte a constituir uma união perfeitamente organizada.

---

45   Em sua obra *Do Contrato Social*, aparece a expressão: "cambiando a usurpação por um direito verdadeiro" (ROUSSEAU, Jean-Jacques. **Do Contrato Social ou Princípios do Direito Público.** Trad. Lourdes Santos Machado. São Paulo: Nova Cultural (Os pensadores), 1999, p. 81).

46   ROUSSEAU, Jean-Jacques. **Do Contrato Social ou Princípios do Direito Público.** Trad. Lourdes Santos Machado. São Paulo: Nova Cultural (Os pensadores), 1999, p. 80.

47   ROUSSEAU, Jean-Jacques. **Discurso sobre a origem e os fundamentos da desigualdade entre os homens:** precedido de discurso sobre as ciências e as artes. Trad. Maria Ernantina de Almeida Prado Galvão. 3ª ed. São Paulo: Martins Fontes, 2005, p. 243.

48   ROUSSEAU, Jean-Jacques. **Do Contrato Social ou Princípios do Direito Público.** Trad. Lourdes Santos Machado. São Paulo: Nova Cultural (Os pensadores), 1999, p. 70.

Rousseau deixa clara a troca efetuada quando da celebração do pacto: o homem perde a liberdade natural e o direito ilimitado a tudo quanto possa alcançar (a mera posse), mas ganha a liberdade civil (limitada pela vontade geral) e a propriedade (com título) de tudo que possui.

Ademais, temos que a síntese da ideia do contrato reduz-se nas seguintes palavras: "Cada um de nós põe em comum sua pessoa e todo o seu poder sob a direção suprema da vontade geral, e recebemos, enquanto corpo, cada membro como parte indivisível do todo"[49]. Diante disso, verificamos em Rousseau a ideia de que, enquanto social (pós-pacto), cada membro – isto é, indivíduo –, só existe enquanto partícipe de uma sociedade, sendo, portanto, parte indivisível do todo. Esse todo verifica-se como um corpo moral e coletivo, resultante do pacto, sobre o qual Rousseau imputa a ideia de *pessoa pública*, apresentando-nos, ainda, sua verificação histórico-política como *cidade*, *república* ou *corpo político*, "o qual é chamado de *Estado* quando passivo, *soberano* quando ativo e *potência* quando comparado a seus semelhantes"[50].

A partir daí, cria-se o corpo coletivo, cujo princípio de regência é a *vontade geral*, voltada ao bem comum. Essa não se confunde com a mera maioria numérica, mas apresenta-se como a expressão comum das vontades particulares, o que Rousseau chama de liame social, sem o qual não existiriam sociedades.

Nesse sentido, a vontade particular tenderia às predileções, enquanto a vontade geral tenderia à igualdade. A ideia de soberania, nesse cenário, alinha-se ao mero exercício da referida vontade geral, sendo essa inalienável e também indivisível, posto que sempre geral e não particular ou fracionada. O ato de soberania, para Rousseau, apresenta-se como uma convenção do corpo com suas partes, sendo "convenção legítima por ter como base o contrato social, equitativa por ser comum a todos, útil por não poder ter outro objetivo que não o bem geral e sólida por ter como garantia a força pública e o poder supremo"[51].

Nesse ponto, Rousseau nos introduz ao que talvez seja o grande motivo pelo qual se torna legítima a vontade geral decorrente do contrato social: a ideia da *autolegislação*:

> Enquanto os súditos só estiverem submetidos a tais convenções, não obedecem a ninguém, mas somente à própria vontade, e perguntar até onde se estende os direitos respectivos do soberano e dos cidadãos é perguntar até que ponto estes podem comprometer-se consigo mesmos, cada um perante todos e todos perante cada um[52].

Assim, Rousseau passa a analisar não mais o indivíduo isolado no estado de natureza, mas o corpo social gerado pelo contrato, cuja atribuição passa a ser traduzir a vontade geral num sistema político.

---

49   ROUSSEAU, Jean-Jacques. **Do Contrato Social ou Princípios do Direito Público.** Trad. Lourdes Santos Machado. São Paulo: Nova Cultural (Os pensadores), 1999, p. 71.

50   ROUSSEAU, Jean-Jacques. **Do Contrato Social ou Princípios do Direito Público.** Trad. Lourdes Santos Machado. São Paulo: Nova Cultural (Os pensadores), 1999, p. 71.

51   ROUSSEAU, Jean-Jacques. **Do Contrato Social ou Princípios do Direito Público.** Trad. Lourdes Santos Machado. São Paulo: Nova Cultural (Os pensadores), 1999, p. 98.

52   ROUSSEAU, Jean-Jacques. **Do Contrato Social ou Princípios do Direito Público.** Trad. Lourdes Santos Machado. São Paulo: Nova Cultural (Os pensadores), 1999, p. 98.

Diante disso, temos que o ato de alienação em Rousseau refere-se a toda coletividade (e não a um homem ou a uma assembleia de homens, como quer Hobbes), sendo esse um requisito para a passagem do estado de natureza ao estado civil. O resultado é evidente: no modelo hobbesiano há um dever de obediência do qual decorre um cidadão passivo; já em Rousseau, o cidadão possui um papel participativo (ativo) na sociedade civil, posta, portanto, na forma de República, de tal sorte a rejeitar os modelos aristocráticos e monárquicos comuns à época.

O fundamento da sociedade política para Rousseau é, portanto, o contrato social, que não só constitui a sociedade política, mas a torna justa, já que todo direito, na visão rousseaniana, decorre de convenções dos governados. Nesse sentido vai a afirmação feita no início do capítulo IV de seu *Contrato Social*: "Visto que homem algum tem autoridade natural sobre seus semelhantes e que a força não produz nenhum direito, só restam as convenções como base de toda a autoridade legítima existente entre os homens"[53].

Para Rousseau, portanto, não há um contrato de governo, nos termos hobbesianos, mas um pacto associativo, no qual consta um engajamento recíproco com relação ao corpo político do qual farão parte os cidadãos. Ademais, Rousseau vai se diferenciar dos contratualistas de até então, na medida em que, na sua visão, a simples ideia do consentimento não basta para vincular. Estabelece, então, a possível nulidade do pacto se ele violar a equidade e as leis naturais, especialmente no sentido da alienação da liberdade natural. Trata-se aí de situação similar à nulidade do contrato de escravidão, no sentido de proibir, ainda que com consentimento, a alienação da liberdade. É assim que Rousseau apresenta o contrato social como vinculado à conveniência humana e em linha com as leis naturais.

Diante de tais apontamentos, é importante destacar que a sociedade civil prevista por Rousseau é um modelo de *democracia direta*, dada a participação ativa do cidadão na condução do corpo social, perfazendo assim de forma mais adequada o conceito de autolegislação. Ainda que de difícil concretização, esse modelo de poder político exercido de forma direta (e, portanto, sem representantes) serviu – e ainda serve – de inspiração para democracias que se pretendam mais participativas.

5.4.4 Immanuel Kant e a síntese do contratualismo moderno

Há, como não poderia deixar de ser, uma absorção parcial de aspectos relacionados às teorias contratualistas pelos filósofos modernos posteriores a Hobbes, sendo tal acúmulo de conhecimento inevitável no progresso das ciências e da filosofia. Assim, ao avançarmos na história da justificação filosófica do Estado no contexto da modernidade, diminui-se progressivamente a necessidade de maiores exposições. Isto, pois os filósofos aqui sob análise recusaram parte dos entendimentos contratualistas anteriores, mas, em larga medida, absorveram e aceitaram parte significativa das premissas de seus antecessores[54]. É o que ocorre com Kant, o qual sintetiza as demandas modernas sob diversas

---

53 ROUSSEAU, Jean-Jacques. **Do Contrato Social ou Princípios do Direito Público.** Trad. Lourdes Santos Machado. São Paulo: Nova Cultural (Os pensadores), 1999, p. 61.

54 "De Hobbes, ele [Kant] recebe o estado natural como fundamento racional para a necessidade de um Estado, de Locke, a ideia dos direitos humanos inalienáveis, de Locke e Montesquieu, a ideia da divisão dos poderes, e de Rousseau, a tese de que somente a vontade geral (*volonté générale*) constitui o princípio

perspectivas, notadamente no campo da gnosiologia, mas também sob o aspecto da fundamentação do Estado e do direito como formas de compatibilizar a coexistência das liberdades. Em sua perspectiva, o contrato social aparece como aquele sobre o qual se assenta uma constituição civil legítima, apresentando, portanto, o direito como forma de harmonizar as liberdades em relação.

Kant irá apontar o Estado como uma instituição de segunda ordem, cujo propósito é dar efetividade às instituições de primeira ordem, ou seja, à propriedade, aos contratos, ao matrimônio e à família, sendo certo que é a *segurança jurídica* o fundamento racional do Estado, vez que ele viabiliza a convivência de indivíduos livres.

Em sua obra *Rumo à paz perpétua*, Kant reflete sobre a ideia de paz dentro dos paradigmas característicos da doutrina contratualista moderna, notadamente da dicotomia entre estado de natureza e estado civil. Apontando o estado de natureza como guerra, Kant vai verificar a paz como algo que precisa ser instaurado para ocorrer, de modo que não basta a abstenção de hostilidades, é necessário implementar a paz e "só pelo fato de ter ingressado no estado civil, cada um dá aos demais as necessárias garantias; e é a autoridade soberana a que, tendo poder sobre todos, serve de instrumento eficaz àquelas garantias"[55]. Assim, é o estado civil, detentor da autoridade soberana, que torna eficaz as garantias reciprocamente concedidas para a constituição do próprio estado civil, as quais não são concedidas no estado de natureza, sendo esse de constante ameaça. Em oposição, aparece na sociedade civil o direito, "único fundamento possível da paz perpétua"[56], assinalando sua já conhecida concepção jurídica do Estado, cuja função é a manutenção de um ordenamento jurídico necessário à coexistência de liberdades. O estado civil aparece delineado em sua *Doutrina do Direito* da seguinte forma:

> O conjunto de leis, as quais exigem uma promulgação geral para produzir um estado jurídico, constitui o direito público. O direito público, portanto, é um sistema de leis para um povo, isto é, para uma multidão de homens, ou para uma multidão de povos que, constituídos de maneira tal a exercerem uns sobre os outros uma mútua influência, têm a necessidade de um estado jurídico que os reúna sob uma influência única; isto é, de uma constituição, a fim de serem partícipes no direito. Este estado de relação mútua dos participantes reunidos num povo chama-se estado civil (*status civilis*)[57].

A constituição teórica do Estado advém de um contrato primitivo, segundo o qual todos se desprendem da liberdade natural para adquirir a liberdade civil, controlada pela lei estatal. Ademais, Kant absorve a ideia de autolegislação – especialmente a de Rousseau, embora adaptada – ao apontar que a submissão à liberdade controlada pela lei decorre da própria vontade legislativa do indivíduo; nesse sentido, é na obediência a uma lei determinada por si mesmo que reside a ideia de liberdade.

---

crítico-normativo supremo de toda legislação positiva." (HÖFFE, Otifried. **Immanuel Kant.** Trad. Christian Viktor Hamm e Valeio Rohden. São Paulo: Martins Fontes, 2005, p. 252-253).

55   KANT, Immanuel. **Rumo à paz perpétua.** Trad. Heloísa Sarzana Pugliesi. São Paulo: Ícone, 2010, p. 39.

56   KANT, Immanuel. **Rumo à paz perpétua.** Trad. Heloísa Sarzana Pugliesi. São Paulo: Ícone, 2010, p. 107.

57   KANT, Immanuel. **Doutrina do Direito.** Trad. Edson Bini. 4ª ed. São Paulo: Ícone, 2013, p. 153.

A obediência ao Direito, portanto, impõe-se como vinculante, especialmente pelo fato de que sua inobservância viola critérios de reciprocidade relativos à coexistência das liberdades. Dessa forma, a observância das balizas kantianas à ação com a consequente verificação da universalização da conduta como parâmetro moral transforma a razão prática em contratual.

Tal movimento é realizado, ainda que gradativamente, pela influência da ideia da autoridade legal e da legislação de si mesmo viabilizada pelo direito no estado civil pensado por Kant. As associações persistem e ampliam-se à comunidade internacional, sendo necessária uma constituição interna de um Estado, mas também um estatuto, ou tratado, que englobe nações para resolução de conflitos internacionais, sendo a paz, portanto, decorrente dessa consciência moral humana, cujo resultado seria o chamado direito das gentes[58]. Aí consta o que podemos denominar de uma versão do *projeto moderno*, isto é, um projeto arquitetado na modernidade – notadamente na filosofia iluminista – e que visa, em última análise, à instituição de Estados de Direito e à convivência pacífica entre eles numa comunidade internacional.

* * *

Analisamos aqui as construções teóricas contratualistas (de Hobbes até Kant, passando por Locke e Rousseau), as quais apresentaram a justificação do Estado como decorrente de um contrato social hipotético livremente firmado por indivíduos abstratamente livres e iguais, sendo o indivíduo empírico e histórico, portanto, ignorado, tal como as relações desiguais entre eles no plano fático. Nesse tocante, o confronto entre a natureza *a priori* do pacto e a submissão decorrente da liberdade natural humana centram-se no conceito de sujeito abstrato, pressuposto dos ordenamentos jurídicos modernos e pedra angular do modelo político arquitetado.

A vontade geral, supostamente uma síntese da vontade de todos, é vista como expressão da razão universal e colocada como espécie de novo absoluto, ainda que na realidade seja caracterizada pela transformação da vontade particular – de grupos – para uma vontade com pretensão universal. Ressalta-se que se trata de um pacto fictício que cria regras reais, de modo que a construção de um Estado real com fundamento num modelo eminentemente racional figura como problema congênito do Estado moderno, demonstrando um possível limite das teorias contratualistas na sua tentativa de justificar o Estado moderno então nascente. Destaque-se aí nossa crítica ao modelo à luz da suposta autolegislação decorrente do contratualismo moderno. Ademais, a natureza pressuposta e abstrata do pacto e uma construção daquilo que supostamente é natural ao humano ocasionam um reflexo nos preceitos normativos que, meramente formais, confrontam-se com uma latente realidade social que as luzes da razão insistem em ignorar.

---

58 "O sentido da História encontra-se na instituição de estados de direito e de uma convivência legal (justa) dos Estados entre si, em constante progresso do direito de toda a humanidade, até que finalmente se tenha formado nos limites de uma federação de povos, uma comunidade de paz que abarque o mundo todo. (…) A fundação de estados de direito e a sua conveniência em uma comunidade mundial de paz é a suma tarefa, o fim terminal da humanidade." (HÖFFE, Otifried. **Immanuel Kant.** Trad. Christian Viktor Hamm e Valeio Rohden. São Paulo: Martins Fontes, 2005, p. 274-275).

5.5 HEGEL E O ESTADO COMO REALIDADE DA LIBERDADE CONCRETA

Georg Wilhelm Friedrich Hegel (1770-1831) apresenta um sistema de pensamento que, tal como aquele kantiano exposto anteriormente, exerceu e continua a exercer enorme influência na filosofia. Dentre os pensadores que foram influenciados pela filosofia hegeliana destaca-se Karl Marx, o qual analisaremos no tópico a seguir.

Como ressalva inicial, cumpre destacar que o pensamento de Hegel é reconhecidamente complexo, sobretudo se analisarmos sua estética, sua filosofia da religião e sua ciência da lógica. Uma leitura atenta de sua Fenomenologia do Espírito também conduzirá o leitor à mesma conclusão. Assim sendo, para estarmos alinhados às pretensões desta obra, iremos nos valer das lições de Hegel apenas com o propósito de apresentar sua compreensão do Estado moderno, objeto central de nossa análise. Diante disso, utilizamos aqui uma abordagem similar àquela utilizada por Peter Singer e buscaremos centrar nossa exposição na filosofia da história de Hegel.

Porém, antes de apresentarmos a visão de Hegel sobre a história e o Estado moderno, é fundamental entendermos que o pensamento hegeliano é idealista; isso significa dizer que a realidade para Hegel é o racional e somente pode ser conhecida por meio do pensamento.

Nesse sentido, a ideia de verdade aparece, em seu pensamento, como imanente e pode ser alcançada pelo desenvolvimento da razão humana. A verdade, portanto, existe desde sempre, porém como potência. Seu alcance depende do desenvolvimento da racionalidade, o que ocorre por meio de um processo histórico-dialético.

A dialética hegeliana deve ser compreendida pela noção de superação dos opostos. Nesse sentido, quando se afirma algo (tese), o contrário desta afirmação está pressuposto (antítese) e da contraposição entre tese e antítese surge a síntese. A síntese, portanto, é um resultado do momento dialético (embate entre tese e antítese) e representa a superação dos dois conceitos em contradição. Essa síntese, por sua vez, serve de tese para um novo movimento dialético e assim sucessivamente. Diante disso, temos de compreender a dialética hegeliana como um processo dinâmico de contraposição de ideias ao longo da história. Nosso pensamento, portanto, move-se dialeticamente e figura como transcendental, isto é, metafísico.

Se a verdade para Hegel é imanente; isto é, existe ainda que em potência mesmo que não alcançada; seu alcance, entretanto, é possível ao longo de um processo dialético de natureza evolutiva rumo ao que Hegel chama de Absoluto. Assim, a verdade existe, enquanto potência, no Absoluto, sendo esse o norte para o qual o desenvolvimento das ideias é orientado. Essa afirmação nos leva a uma conclusão importante: em Hegel, o desenvolvimento das ideias não é aleatório, mas busca determinado fim – o Absoluto.

Este Absoluto, em Hegel, compreende o processo e sua finalidade, a qual, já destacamos, é imanente. Nesse sentido, "o código que governa tanto o pensamento humano quanto a natureza sem consciência é a razão (*Vernunft*), e o fim para o qual tudo tende é a razão autoconsciente"[59]. Assim, há uma síntese final dos movimentos dialéticos, que

---

59   PUGLIESI, Márcio. Prefácio do Tradutor. In: HEGEL, Georg Wilhelm Friedrich. **Princípios da filosofia do direito**. Trad. Norberto de Paula Lima, adaptação e notas Márcio Pugliesi. São Paulo: Ícone: 1997, p. 11-23.

é a autoconsciência da razão, a qual se materializa numa sociedade composta por indivíduos livres.

Feitos os apontamentos introdutórios, cabe-nos agora apresentar as noções de filosofia da história de Hegel, para entendermos melhor sua visão sobre o Estado, ponto central deste capítulo.

Conforme mencionado anteriormente, a história para Hegel não é compreendida como um emaranhado de acontecimentos aleatórios e sem sentido. O movimento histórico-dialético possui determinado norte, isto é, caminha para determinado sentido, o que é caracterizado pela consciência da liberdade. Em síntese, é por meio de movimentos dialéticos que a história caminha rumo à consciência da liberdade. Conforme Hegel:

> Não se pense, porém, que a História universal é o simples juízo da força, isto é, da necessidade abstrata e irracional de um destino cego; antes, sendo em si e para si razão, e como o seu ser para si é no espírito um saber, a História é, segundo o conceito de sua liberdade, o desenvolvimento necessário dos momentos da razão, da consciência de si e da liberdade do espírito, a interpretação e a realização do espírito universal[60].

Assim sendo, a análise da filosofia da história de Hegel deve ser realizada à luz da liberdade inerente em cada momento histórico. Diante disso, analisaremos a seguir algumas leituras de Hegel sobre a História.

Nos chamados impérios orientais (China, Índia e Pérsia, por exemplo), Hegel vê o predomínio de governos teocráticos, em que o chefe é um sacerdote supremo ou Deus e a constituição e a legislação são a religião – em linha com nossas anotações feitas no capítulo 3 desta obra. Destaca Hegel[61] que há nesse contexto indivíduos sem direitos, havendo o desaparecimento da personalidade individual. Reside aí a ideia de que, nos impérios orientais, apenas uma pessoa – o soberano – é um indivíduo livre, sendo a liberdade ausente para os demais – os súditos. Não se trata aqui de dizer que há a punição dos súditos pelo soberano, o que implicaria em reconhecer uma vontade própria nos súditos. A questão é mais profunda, anotando Hegel que a vontade dos súditos vem de fora, são fatos da vida (como as montanhas e os mares), e não objeto de questionamento[62].

Lembremos que, para Hegel, a liberdade existia no contexto desses impérios orientais, porém apenas em potência; não havendo, é claro, possibilidade de sua manifestação em razão da estrutura interna de cada regime. Entretanto, é sabido que o Império Persa, por exemplo, chocou-se com o mundo grego, cujas concepções eram distintas, notadamente pela ideia de "liberdade individual" manifestada pelos gregos. Repare que temos aqui uma clara aplicação da dialética hegeliana, em que tese e antítese se chocam e ocasionam uma transformação do pensamento – e tudo a partir de um fio condutor: a liberdade. Entretanto, cabe destacar, a liberdade desfrutada pelos gregos era limitada e, portanto, estava longe do seu pleno desenvolvimento. Afinal, conforme anotamos aqui também no

---

60 HEGEL, Georg Wilhelm Friedrich. **Princípios da filosofia do direito**. Trad. Norberto de Paula Lima, adaptação e notas Márcio Pugliesi. São Paulo: Ícone: 1997, p. 272.

61 HEGEL, Georg Wilhelm Friedrich. **Princípios da filosofia do direito**. Trad. Norberto de Paula Lima, adaptação e notas Márcio Pugliesi. São Paulo: Ícone: 1997, p. 276.

62 SINGER, Peter. **Hegel**. Trad. Luciana Pudenzi. São Paulo: Loyola, 2012, p. 25.

capítulo 3, Atenas – cidade em que os cidadãos desfrutam de uma maior liberdade dentro do contexto da época – convivia com indivíduos sem direitos e com escravizados. De toda forma, nos impérios orientais, apenas um indivíduo era livre; já no mundo grego, essa liberdade era desfrutada por alguns.

Ao analisar o mundo romano, Hegel vê certa semelhança com os impérios orientais – notadamente a Pérsia –, o que demonstra a existência de avanços e retrocessos na história – não sendo esta, portanto, linear. Entretanto, a concepção de liberdade herdada dos gregos não desaparece. Anota Hegel que a liberdade dos romanos era meramente formal, isto é, abstrata, sendo a liberdade real ainda inexistente aos súditos no contexto da Roma antiga, posto que arbitrariamente limitada[63].

A Idade Média, por sua vez, é compreendida por Hegel como "uma longa, agitada e terrível noite", vez que a Igreja se colocava entre os homens e o verdadeiro espírito religioso, limitando a liberdade individual. A Reforma é então tomada por Hegel como o grande evento que rompe com o contexto medieval, resolvendo a principal problemática da Igreja medieval, qual seja, a de tratar a divindade não como algo espiritual, mas incorporado ao mundo material. É a Reforma, portanto, que irá retomar a divindade à sua concepção espiritual, trazendo a liberdade individual[64]. Repare, novamente, a evolução do Espírito rumo ao Absoluto da liberdade.

Por fim, Hegel faz anotações sobre o que denomina "mundo germânico", termo que é empregado como forma de representar boa parte dos impérios europeus. Em linha com o que foi dito anteriormente, a Reforma (1517) aparece como evento mais relevante, trazendo efeitos para muito além da esfera religiosa e, conforme já anotado, traz a ideia de liberdade, já que não é mais necessário qualquer intermediário no processo de salvação. Nesse sentido, a Reforma é, para Hegel, "a bandeira do Espírito Livre" e, nela, "o ser humano, em sua própria natureza, destina-se a ser livre"[65]. Inicia-se aí, portanto, a transformação do mundo rumo a uma organização racional. Para tanto, as demais instituições sociais (lei, propriedade, autoridade moral, governo etc.) devem ajustar-se à razão. Nesse ponto, é fundamental compreendermos o papel do Iluminismo e, obviamente, da Revolução Francesa[66], como movimentos históricos que caminham rumo à efetiva liberdade, sendo compreendidos por Hegel como "um glorioso amanhecer intelectual". Anote-se, entretanto, que o Terror revolucionário imposto arbitrariamente figura aqui como nítido retrocesso no contexto dos fluxos e contrafluxos da História[67].

---

63 "Todos os indivíduos se reduzem ao limite de pessoas privadas, de iguais que possuem direitos formais, direitos que são assegurados por uma arbitrariedade abstrata levada até à monstruosidade" (HEGEL, Georg Wilhelm Friedrich. **Princípios da filosofia do direito**. Trad. Norberto de Paula Lima, adaptação e notas Márcio Pugliesi. São Paulo: Ícone: 1997, p. 278).

64 SINGER, Peter. **Hegel**. Trad. Luciana Pudenzi. São Paulo: Loyola, 2012, p. 33.

65 SINGER, Peter. **Hegel**. Trad. Luciana Pudenzi. São Paulo: Loyola, 2012, p. 34-35.

66 Ainda que essa seja criticada por Hegel: "Desastroso como foi o fracasso da Revolução Francesa para os que a viveram, extrai-se dela uma lição fundamental: para construir um Estado com bases racionais, não devemos deitar tudo ao chão para depois tentar recomeçar do zero; devemos procurar descobrir o que há de racional no mundo existente e permitir que esse elemento racional se desenvolva plenamente" (SINGER, Peter. **Hegel**. Trad. Luciana Pudenzi. São Paulo: Loyola, 2012, p. 54).

67 SINGER, Peter. **Hegel**. Trad. Luciana Pudenzi. São Paulo: Loyola, 2012, p. 36.

Chegamos, por fim, ao Estado moderno, no qual a ideia de liberdade irá, finalmente, se manifestar. E se, para Hegel, a História universal é o desenvolvimento da ideia de liberdade, temos, portanto, o fim da História. Duas coisas eram necessárias para tanto:

> (...) que os indivíduos governassem a si mesmos de acordo com suas próprias consciências e convicções, e também que o mundo objetivo, que é o mundo real com todas as suas instituições sociais e políticas, fosse racionalmente organizado. Não seria suficiente apenas que os indivíduos se governassem de acordo com suas próprias consciências e concepções; isso seria somente a "liberdade subjetiva". Não sendo o mundo objetivo organizado racionalmente, os indivíduos que agissem segundo suas próprias consciências entrariam em conflito com sua lei e com sua moralidade. A lei e a moralidade existentes seriam, portanto, opostas a eles, constituindo-se num limite a sua liberdade. Por outro lado, uma vez o mundo objetivo organizado racionalmente, os indivíduos que seguem suas consciências estariam escolhendo livremente agir de acordo com a lei e a moralidade do mundo objetivo. Então a liberdade existiria tanto no âmbito subjetivo como no objetivo. Não haveria restrições à liberdade, pois existiria uma harmonia perfeita entre as livres escolhas dos indivíduos e as necessidades da sociedade como um todo. A ideia de liberdade teria se tornado uma realidade e a história universal atingido sua meta[68].

Diante disso, temos que a manifestação do Absoluto aparece, para Hegel, na figura do Estado moderno, posto que esse concretiza a liberdade individual numa sociedade organizada racionalmente; isto é, trata-se – o Estado – da forma alcançada racionalmente pelo homem para organizar a sociedade de indivíduos livres que veem na lei que os rege a manifestação de sua própria liberdade. Nesse sentido vai a famosa frase de Hegel: "É o Estado a realidade da liberdade concreta"[69].

Nesses termos, a filosofia hegeliana cuida de articular a mais densa justificação do Estado moderno – tema central deste longo capítulo.

5.6   A JUSTIFICAÇÃO NEOCONTRATUALISTA DE JOHN RAWLS

John Rawls é um dos mais notáveis e influentes pensadores do século XX no que tange à justificação do Estado, na medida em que apresenta uma forma de convalidar a organização e os princípios basilares das democracias liberais, dando-lhes, portanto, a necessária justificação no contexto filosófico de sua época. Assim, verificaremos neste item seu método, que podemos denominar de *neocontratualista*, vez que se utiliza de uma reformulação do contratualismo moderno, analisado anteriormente.

Rawls inicia sua mais relevante obra dizendo que "a justiça é a virtude primeira das instituições sociais, assim como a verdade é dos sistemas de pensamento"[70]. Referida frase aponta para a direção de seu pensamento, centrado nas instituições sociais, as quais são apresentadas como adequadas para implementar justiça, posto que elas são o meio

---

68   SINGER, Peter. **Hegel**. Trad. Luciana Pudenzi. São Paulo: Loyola, 2012, p. 37.

69   HEGEL, Georg Wilhelm Friedrich. **Princípios da filosofia do direito**. Trad. Norberto de Paula Lima, adaptação e notas Márcio Pugliesi. São Paulo: Ícone: 1997, p. 211.

70   RAWLS, John. **Uma teoria da justiça**. Trad. Jussara Simões. 4ª ed. rev. São Paulo: Martins Fontes, 2016, p. 4.

socialmente construído para melhor distribuir direitos e deveres aos cidadãos que convivem numa dada sociedade. Nesse sentido, Rawls sugere que os princípios de justiça voltados à estruturação das instituições sociais sejam obtidos por meio de um recurso denominado *acordo original*, em expressa referência à tradição contratualista aqui já analisada.

Tais princípios seriam aqueles que "pessoas livres e racionais, interessadas em promover seus próprios interesses, aceitariam em uma situação inicial de igualdade como definidores das condições fundamentais de sua associação"[71]. Vislumbra, então, uma situação hipotética para a celebração do chamado acordo original, caracterizada a partir de uma *posição original* em que os membros de uma sociedade definirão os princípios de justiça que regerão tal sociedade sob um *véu de ignorância*, isto é, sem o conhecimento de seu lugar na sociedade, sua classe, *status* social, sorte na distribuição de recursos, habilidades, inteligência, força etc.

A estrutura do modelo teórico apresentado fica desde já sujeita a algumas críticas; dentre elas, podemos anotar uma crença na pureza da racionalidade humana, ou seja, na capacidade intrínseca dos seres humanos de tomarem decisões rigorosamente racionais, sem interferências externas e internas, de tal sorte a obter respostas verdadeiras, ou justas, como melhor aplicável no caso; afinal, Rawls intenta com esse recurso metodológico estabelecer a ideia segundo a qual o acordo celebrado na posição original e sob o véu de ignorância alcança o *status* de pacto justo.

Em linha com essa crítica, o próprio autor assume sua presunção de um senso de justiça, do qual, inclusive, emergiriam os dois princípios sobre os quais as pessoas racionais, na situação descrita, chegariam a um consenso (Rawls[72] chega a falar inclusive em unanimidade). Em breve síntese, concluiriam pela igualdade na atribuição dos direitos e dos deveres fundamentais (especialmente da liberdade) e que as desigualdades sociais e econômicas só serão justas se resultarem em vantagem para todos (em especial para os menos favorecidos). Os princípios teriam o seguinte teor:

Primeiro princípio
Cada pessoa deve ter um direito igual ao mais abrangente sistema total de liberdades básicas iguais que seja compatível com um sistema similar de liberdade para todos.

Segundo princípio
As desigualdades econômicas e sociais devem ser dispostas de modo a que tanto:
(a) se estabeleçam para o máximo benefício possível dos menos favorecidos que seja compatível com as restrições do princípio de poupança justa, como
(b) estejam vinculadas a cargos e posições abertos a todos em condições de igualdade equitativa de oportunidades[73].

---

71 RAWLS, John. **Uma teoria da justiça.** Trad. Jussara Simões. 4ª ed. rev. São Paulo: Martins Fontes, 2016, p. 14.
72 RAWLS, John. **Uma teoria da justiça.** Trad. Jussara Simões. 4ª ed. rev. São Paulo: Martins Fontes, 2016, p. 327.
73 RAWLS, John. **Uma teoria da justiça.** Trad. Jussara Simões. 4ª ed. rev. São Paulo: Martins Fontes, 2016, p. 376.

Assumidamente baseado em Kant, o primeiro princípio apresenta-se como uma interpretação procedimental da concepção kantiana de autonomia e do imperativo categórico. Verifica-se, entretanto, que a construção dos princípios da justiça, diferentemente das perspectivas de Kant, é feita aqui de modo intersubjetivo, na medida em que intenta chegar a princípios de justiça a partir de um consenso – o chamado acordo original. Considerando sujeitos abstratos em situação de posição original, conforme posta por Rawls, não haveria problemas no consentimento coletivo, dada inclusive a universalidade da razão e o pressuposto básico de seu procedimento, qual seja, o de eliminar fatores contingentes para chegar à razão pura de todos, a qual, em tese, converge aos dois princípios apresentados.

A ideia aqui é a do *consenso sobreposto*, tema desenvolvido também em sua obra *O liberalismo político*, e cujo significado é basicamente a concordância, em termos gerais, com aquela "concepção de justiça como uma concepção que determina o conteúdo de seus julgamentos políticos sobre as instituições básicas"[74], sendo certo que as doutrinas não razoáveis que coexistem nessa sociedade não contenham aceitação suficiente para solapar a justiça essencial dessa dada sociedade.

Ressalte-se que o primeiro princípio tem prioridade sobre o segundo, na medida em que as exigências da liberdade devem ser atendidas antes daquelas questões referentes às desigualdades tratadas no segundo princípio. A partir daí, Rawls intenta demonstrar que a liberdade somente pode ser restringida em nome da própria liberdade. Vale frisar:

> Os princípios de justiça devem ser classificados em ordem lexical e, portanto, a liberdade só pode ser restringida em nome da liberdade. Existem dois casos: (a) uma liberdade menos extensa deve reforçar o sistema total de liberdades partilhado por todos, e (b) uma liberdade menor deve ser considerada aceitável por aqueles cidadãos com a liberdade menor[75].

Constam aí as hipóteses em que Rawls verifica a limitação da liberdade, sendo importante notar, na primeira delas, a necessidade de vincular a liberdade menos extensa ao sistema legal partilhado por todos e, portanto, buscar conceder ao sistema legal um fundamento de aceitação compartilhada. Já no segundo caso, a ideia de aceitação é mais evidente ao dizer que a liberdade menos extensa deve ser condição aceita por aqueles que dela suportam, de modo que a estabilidade do sistema decorre do conformismo dos indivíduos acerca do sistema legal e da forma como a sociedade é organizada[76]. Trata-se, portanto, de aceitar que o maior nível de liberdade para uns funcione como boa

---

74 RAWLS, John. **O liberalismo político.** Trad. Dinah de Abreu Azevedo. 2ª Ed. São Paulo Ática Lisboa: 2000, p. 82.

75 RAWLS, John. **Uma teoria da justiça.** Trad. Jussara Simões. 4ª ed. rev. São Paulo: Martins Fontes, 2016, p. 376.

76 "A estabilidade envolve duas questões: a primeira é saber se as pessoas que crescem em meio a instituições justas (como a concepção política as define) adquirem um senso de justiça suficiente, de modo a geralmente agirem de acordo com essas instituições. A segunda é saber se, em vista dos fatos gerais que caracterizam a cultura política e pública de uma democracia – e, em particular, o fato do pluralismo razoável –, a concepção política pode ser o foco de um consenso sobreposto. Pressuponho que esse consenso consista em doutrinas abrangentes e razoáveis que, em uma estrutura básica justa (como a concepção política a define), provavelmente persistirão e conquistarão adeptos no decorrer do tempo."

estruturação do sistema. Assim sendo, a aceitação decorreria do fato de que aqueles que suportam menor nível de liberdade reconhecem sua situação como legítima apenas porque há a possiblidade formalmente garantida – prevista no sistema social vigente – de aumentarem seu nível de liberdade.

Nessa mesma linha vai o segundo princípio, no qual verificamos a possibilidade da existência de desigualdades econômicas e sociais, desde que sua disposição se dê de tal forma que todos se beneficiem. Nesse ponto, Rawls nos introduz uma questão de suma importância para nossa discussão ao verificar a estabilidade de uma concepção de justiça a partir do reconhecimento público de sua concretização por meio do sistema social.

> Assim, o sistema só será estável se aqueles que devem fazer sacrifícios tiverem uma forte identificação com interesses mais amplos que os seus próprios. (...) Mesmo quando somos menos afortunados, temos de aceitar as vantagens maiores dos outros como uma razão suficiente para nossas expectativas mais baixas ao longo de toda nossa vida[77].

Essa seria a forma de se verificar se a concepção de justiça implementada é adequada. Sua estabilidade decorre, nessa leitura, do conformismo de indivíduos acerca da forma de organização social em que se vive, ainda que tais indivíduos se encontrem em situação social menos favorecida que a de outros, posto que, no contexto analisado, reconheceriam que a desigualdade verificada é justa, pois dela decorrem vantagens mútuas.

Assim é que Rawls nos apresenta a ideia de uma sociedade bem ordenada, ou seja, moldada para promover o bem de seus membros e regulada por uma concepção de justiça amplamente aceita. Uma das ideias centrais para a noção de justificação do Estado que estamos aqui analisando é, certamente, a estabilidade e o equilíbrio alcançados pelo estabelecimento dos princípios de justiça descritos, sobre os quais deve haver o já mencionado *consenso sobreposto*. Assim, haveria uma vinculação moral para o cumprimento dos preceitos decorrentes das instituições sociais permeadas pelos princípios de justiça, que envolvem fatores de ordem psicológica. A motivação, para Rawls, parece até decorrer da necessidade dos indivíduos de aprovação por outros indivíduos[78] e pela sociedade em geral, partindo-se da aceitação dos princípios como justos, isto é, de um senso de justiça que naturalmente nos inclina a agir de modo a promover instituições justas e a dar-lhes suporte, dada a concordância acerca de sua justiça inerente e – supostamente – publicamente aceita.

Aí consta uma ideia central para a compreensão da justificação do Estado no âmbito das sociedades complexas do século XX, em que há a coexistência de doutrinas conflitantes, cuja harmonização depende, na visão de Rawls, de um consenso acerca daquilo que é essencial na concepção de justiça publicamente adotada, bem como da pouca aceitação das perspectivas drasticamente contrárias a ela; ocasionando, a partir do método

---

(RAWLS, John. **O liberalismo político.** Trad. Dinah de Abreu Azevedo. 2ª Ed. São Paulo Ática Lisboa: 2000, p. 187).

77 RAWLS, John. **Uma teoria da justiça.** Trad. Jussara Simões. 4ª ed. rev. São Paulo: Martins Fontes, 2016, p. 218.

78 RAWLS, John. **Uma teoria da justiça.** Trad. Jussara Simões. 4ª ed. rev. São Paulo: Martins Fontes, 2016, p. 583.

neocontratualista visto aqui (cuja estrutura básica consiste em posição original, véu de ignorância e estabelecimento dos princípios de justiça), um consenso suficiente sobre os fundamentos e as instituições básicas da sociedade.

Dessa forma, Rawls aponta que a legitimidade decorre da justificação lastreada em conceitos comuns (não controversos), que sejam "verdades claras" e de ampla aceitação, fornecendo assim uma concepção política que possui uma base pública de justificação.

Diante do que foi exposto, fica claro que o contrato, enquanto instrumento metodológico utilizado por Rawls, nos permite chegar a um critério – de viés liberal – para a avaliação da ordem política vigente e não, é claro, viabilizar qualquer realização fática de um contrato original. Com efeito, o que pretende o pensador em comento é apresentar sua ideia de sociedade como sistema equitativo de cooperação no decorrer do tempo, de uma geração à outra, o que denota seu caráter associativo e uma visão da ordem social como ajustável e possível de aprimoramento para a convivência harmônica das diferentes visões de mundo coexistentes. Essa cooperação se caracteriza pela existência de procedimentos publicamente reconhecidos, em termos equitativos, que requerem aceitação racional dos membros, conforme trabalhamos aqui.

Diferentemente dos pensadores contratualistas modernos, Rawls possui mais condições de compreender a pluralidade de eticidades na sociedade como fator essencial para realização de análises sociais. Em verdade, podemos analisar sua teoria a partir desse ponto de partida; afinal, a ideia de se buscar um método para a obtenção de princípios de justiças para reger as instituições sociais decorre da necessidade de se viabilizar a convivência de diferentes eticidades e concepções acerca da existência humana que naturalmente se ampliam diante das possibilidades de liberdades concedidas desde o advento da modernidade. Com efeito, é o que parece apresentar logo no início de seu *Liberalismo Político*, cujo problema central é o "de compreender como é possível existir, ao longo do tempo, uma sociedade estável e justa de cidadãos livres e iguais profundamente divididos por doutrinas religiosas, filosóficas e morais razoáveis, embora incompatíveis"[79].

Tal seria a construção de um fundamento comum, uma concepção política sobre a qual recaia o que denomina *consenso sobreposto*. Sabe-se, conforme já exposto, que os princípios de justiça sobre os quais devem recair tal consenso possuem conteúdo e, portanto, o terreno comum das doutrinas a que se refere Rawls não torna seu procedimento como neutro; há, portanto, conteúdos liberais e relativos às questões sociais (ainda que aqueles tenham prioridade sobre estas) decorrentes do acordo original que, em última análise, consistem no fundamento das instituições sociais que passam pelo superveniente crivo social, visando uma justificação a partir de uma convalidação, na medida em que refletem o que é essencial nas doutrinas razoáveis que naturalmente convivem numa sociedade democrática sob uma ordem constitucional.

Diante disso, verificamos uma semelhança entre Rawls e os contratualistas clássicos naquilo que tange à apresentação de uma justificação para o Estado (no caso de Rawls, das instituições já existentes e consolidadas pelas democracias liberais) buscando imputar

---

79 RAWLS, John. **O liberalismo político.** Trad. Dinah de Abreu Azevedo. 2ª Ed. São Paulo Ática Lisboa: 2000, p. 25.

legitimidade – e, portanto, obediência – às instituições sociais decorrentes de um poder central que unifica e instrumentaliza a concepção social do justo.

Destaque-se que a pretensão dos contratualistas adequava-se, evidentemente, à necessidade da época, ou seja, justificar a própria ideia de Estado, ainda em formação conceitual, bem como dar o devido respaldo filosófico às instituições que deveriam moldá-lo. Nesse tocante, verificamos nos séculos formadores da democracia liberal a implementação de diversas instituições visando à satisfação das demandas filosóficas originadas nos escritos contratualistas.

No caso de Rawls, trata-se de um modelo que possibilita (re)avaliar as instituições existentes e funcionantes, para que seja possível verificar se estão ou não, em menor ou maior medida, alinhadas aos princípios de justiça que, conforme verificamos, seriam aceitos pela racionalidade humana pura numa hipotética situação de acordo originário ou, conforme Rawls aponta, pela "racionalidade mutuamente desinteressada". Além das críticas já feitas à impossibilidade de se obter tal racionalidade e, portanto, tal acordo, insta frisar que os resultados da avaliação podem ser frustrados pela dificuldade prática de se mobilizar e exercer ações de resistência a eventual opressão ou injustiça, caso se verifique a inadequação das instituições.

De toda sorte, em última análise, Rawls revalida princípios importantes da modernidade política, atualizando-os ao século XX e, consequentemente, dando-lhes um fôlego adicional no caminhar da construção e consolidação da modernidade verificada como projeto em execução. Trata-se, com efeito, de foco distinto dos contratualistas do início da modernidade – analisados acima –, na medida em que não trabalha propriamente a justificação do Estado, mas a justificação dos princípios básicos que norteiam como suas instituições implementam direitos e deveres numa sociedade plural[80]. Acrescenta-lhes, então, a problemática central da política econômica de seu tempo: a questão da desigualdade social e dos meios para saná-la. Nesse tema, Rawls não só realiza importante contribuição pelo simples fato de trazê-lo ao debate, mas também por colocar a desigualdade como responsabilidade das instituições sociais, visando, inclusive, minimizar desigualdades decorrentes de fatores sociais e naturais contingentes, questão normalmente ignorada pelas perspectivas liberais demasiadamente meritocráticas.

5.7 A CONTINUIDADE DO PROJETO MODERNO A PARTIR DA TEORIA DA DEMOCRACIA DE JÜRGEN HABERMAS

O projeto moderno se funda na racionalidade e será por meio dela que Habermas vai propor sua revisão, ainda que modificando-a. Nesse sentido, utilizando-se do conceito de *racionalidade comunicativa* Habermas intentará reanimar as propostas iluministas de emancipação humana. Ciente da necessidade de superação da metafísica kantiana e

---

80 Em *O Direito dos povos*, Rawls estende sua lógica contratualista do nível nacional para o internacional. Trata-se de uma obra assumidamente lastreada na *Paz perpétua* de Kant, já mencionada por nós anteriormente, cujo propósito é apresentar a possibilidade de uma sociedade mundial de povos liberais lastreada em princípios selecionados num procedimento similar – mas em outro nível – ao previsto em suas demais obras. (RAWLS, John. **O direito dos povos.** Trad. Luís Carlos Borges. São Paulo: Martins Fontes, 2001, *passim*).

do paradigma do sujeito, ele escreve, em 1981, a *Teoria do Agir Comunicativo*, obra de monumental importância no âmbito do chamado *giro linguístico*[81]. Cuida-se, em apertada síntese, de substituir a consciência pela linguagem como forma de expressão da racionalidade; afinal, só é possível conhecer a razão por meio da expressividade possibilitada pela linguagem. Assim, a autoconsciência do sujeito, considerada suficiente pela filosofia da consciência típica do início da modernidade, é aqui considerada insatisfatória por não perceber a linguagem como o instrumento da razão que possibilita a compreensão e a comunicação dos pensamentos.

Nessa linha, vai propor a substituição da razão prática kantiana, voltada à orientação do indivíduo na sociedade, pela *razão comunicativa*, apoiada em procedimentos de linguagem e discurso e voltada ao *entendimento*, isto é, à *formação intersubjetiva de consensos*. Essa substituição nos força a repensar as bases da razão moderna e a reinterpretar (e talvez reconfigurar) a ordem política e jurídica existente. Abandona-se a tradicional estrutura da metafísica focada na relação sujeito-objeto e implementa-se a noção de *intersubjetividade*, conforme interações argumentativas e discursos.

Sem ingressar nos pormenores das teorias da linguagem, temos que a ação comunicativa em sentido puro e a situação linguística também pura são pressupostos mútuos que se apresentam como finalidade utópica da comunicação, posto que pressupõem uma situação ideal que, se e quando alcançada, possibilita o discurso perfeito sem influências e, como consequência, a obtenção do consenso válido. Diante disso, abrem-se críticas às formas de interação e discurso conforme se apresentam no plano fático, havendo incongruências entre o pensado e o falado e entre as idealizações e as expressões, minando o consenso idealizado.

Em contraposição às teorias da correspondência, que pressupunham uma existência ontológica como lastro da concepção da verdade e, por conseguinte, do justo, a teoria consensualista cuida de examinar as condições sob as quais as proposições relativas a tais objetivos podem ter validade – a racionalidade comunicativa baseia-se num sistema de pretensões de validade. Nesse rumo, verdadeira não é uma afirmação que corresponde a um objeto ou a uma relação real, mas uma afirmação considerada válida num processo de argumentação discursiva isento de coação e enganos. Assim, a verdade não tem relação com conteúdos, mas com procedimentos: aqueles que permitem estabelecer um consenso fundado. A verdade, num certo sentido, confunde-se com as condições formais para alcançá-la, destacando-se aí a ideia de procedimento.

As regras e condições para a produção desse consenso alinham-se à situação ideal de fala, que eliminaria influências internas e externas que tenderiam a distorcer o entendimento formado. Em Habermas, essa situação ideal de fala consiste basicamente em

---

[81] "Giro linguístico foi a mudança de paradigma que ocorreu no pensamento filosófico ao longo do século XX. Aqui, a linguagem deixa de ser um objeto de estudo, entre outros, e passa a ter uma referência inevitável e fundamental na qual se abordam todos os problemas filosóficos. Razão e linguagem se tornam idênticos de tal modo que a linguagem se torna a única forma racional de se conhecer a realidade. Nessa relação com o mundo, passa a ter um caráter simbolicamente mediado, visto que a linguagem desempenha um papel fundamental. A linguagem não é mais um meio de conhecimento, ela passa a ser a condição de possibilidade de conhecimento." (VELASCO ARROYO, Juan Carlos. **Para ler a Habermas.** Madrid: Alianza Editorial, 2003. Tradução livre).

igualdade comunicativa, igualdade de fala, veracidade, sinceridade e correção de normas. Tais postulados são de suma relevância para o patamar da crítica que se fará aos consensos faticamente obtidos. Esses, por sua vez, se dão não só a partir de condições de fala possíveis (e não ideais), mas dentro de um horizonte que limita a própria comunicação, o chamado mundo da vida *(lebenswelt)*[82], o qual é dado e abrange a consciência e o contexto social da comunicação, condicionando as possibilidades de consenso.

Tal teoria relaciona a linguagem a uma finalidade de obter entendimento, isto é, consenso. Assim, trata-se de se apresentar um modelo de ação distinto daquele weberiano – a ação racional com respeito a fins –, o que intentará fazer pela ação comunicativa que, conforme dito, visa ao entendimento. A finalidade do agir comunicativo volta-se à formação de consensos, a princípio criticáveis a partir dos postulados descritos anteriormente e considerando-se os limites impostos pelo contexto no qual se dão (o mundo da vida).

A partir daí, instaura-se a seguinte questão: como compatibilizar os discursos e se chegar a consensos válidos no âmbito de uma sociedade tão plural, em que pessoas possuem diferentes concepções de vida? Afinal, se as pessoas têm concepções de vida distintas, há maior dificuldade em obter consenso.

Nesse contexto, e em especial na esfera política democrática, os consensos formados a partir do agir comunicativo devem, como veremos, ser traduzidos em linguagem própria, juridicamente permeada, sendo o sistema de direitos o responsável pela aludida integração.

Assim, feita a devida introdução acerca da comunicação e do consenso no pensamento habermasiano, voltamo-nos agora à relação desses conceitos com o Direito que, na teoria em comento, consiste no meio adequado para a possibilidade de reprodução da sociedade complexa em que diferentes eticidades coabitam, bem como meio de realização efetiva da *autolegislação*, que já foi aqui discutida em algumas perspectivas. Nesse ponto é que a teoria em análise se alinha com a questão da justificação do Estado, objeto de estudo deste capítulo.

Em perspectiva comparativa, temos que, na sociedade tradicional (antes do advento do capitalismo e da democracia liberal), todos os domínios da vida social encontravam-se legitimados a partir de um conjunto de valores religiosos ou míticos que davam sentido às ações individuais e coletivas, determinando a maneira da sociedade se organizar de forma legítima a partir de um referencial inquestionável para a ação, uma mesma *eticidade*. Essa eticidade provém da tradição, a qual determina que a forma de organização deriva da natureza das coisas, não sendo, portanto, a melhor dentre tantas outras, mas a única possível. Nesse contexto, qualquer questionamento ou falta de consenso a respeito das formas de organização da sociedade leva à exclusão daquele que discorda, com a manutenção do estado de coisas. Entretanto, com o aumento dos dissensos, essa eticidade única se abala.

A partir daí, a passagem da forma de organização social tradicional para a forma liberal capitalista representa a possibilidade de convívio mútuo entre eticidades distintas

---

82 "Ora, podemos representar as componentes do mundo da vida, nomeadamente os padrões culturais, as ordens legítimas e as estruturas de personalidade, como adensamentos e sedimentações destes processos de *entendimento*, de *coordenação de acções* e de *socialização* que perpassam o agir comunicativo." (HABERMAS, Jürgen. **Pensamento pós-metafísico:** ensaios filosóficos. Trad. Lumir Nahodil. Lisboa: Almedina, 2004, p. 106-107).

e, por vezes, divergentes, dentro de um mesmo espaço que, portanto, torna-se palco de um convívio conflituoso sob uma ordem política que carece de unidade para manter-se, vez que não mais lastreada em valores míticos ou religiosos inquestionáveis.

Diante disso, mesmo carecendo do respaldo de valores universalmente aceitos, como nas formações sociais anteriores, o Estado precisa se sustentar do ponto de vista de sua justificação, isto é, precisa apresentar fundamentos racionais que justifiquem sua ordem jurídica e política.

A resposta para essa importante questão será fornecida pelo fortalecimento da democracia formal organizada pelo direito. Afinal, a partir do desencantamento característico do início da modernidade, o direito entrará no lugar do sagrado que fornecia a unidade necessária às sociedades pré-modernas.

Destaque-se que Habermas intentará demonstrar a possibilidade de se justificar as pretensões de validade normativa apresentando fundamentos racionais para seu reconhecimento, posto que a crença na legalidade, por si só, não concede a base de legitimação necessária, carecendo de justificação, a qual seguirá o caminho de práticas de argumentação pública entre cidadãos livres. Nesse contexto, diminui-se a importância do mero voto como refletor da vontade geral e destaca-se o papel das construções decorrentes de discussões, conforme realizadas no âmbito argumentativo da esfera pública.

Nesse tocante, Habermas apresentará sua crença no reconhecimento racionalmente motivado e questionável das normas, de modo a direcionar sua argumentação para uma lógica fundada no consenso obtivo por meio da referida prática argumentativa. O direito, nesse cenário, desempenhará o papel de transformar o poder comunicativo, alcançado dessa maneira, em poder administrativo, devendo, para tanto, traduzir os anseios comunicativos periféricos nos termos técnicos reconhecidos pela ciência jurídica. Nesse sentido, exalta o poder do direito positivo como única forma possível dos cidadãos exercerem a prática da autolegislação, isto é, participarem da produção de leis.

O direito consiste, assim, no *medium* para a possibilidade de reprodução de sociedades complexas em que diferentes eticidades coabitam. Ademais, o direito deve ser compreendido a partir de uma busca realizada de forma intersubjetiva e cooperativa. Desse modo, o sistema jurídico extrai sua legitimidade a partir da ideia de autolegislação, ou melhor, na autodeterminação pública e, em última instância, funda-se em processos comunicativos. Em síntese:

> Na linha da teoria do discurso, o princípio da soberania do povo significa que todo o poder político é deduzido do poder comunicativo dos cidadãos. O exercício do poder político orienta-se e se legitima pelas leis que os cidadãos criam para si mesmos numa formação de opinião e da vontade estruturada discursivamente[83].

Habermas nos apresenta, portanto, uma teoria da democracia sob o ponto de vista de sua legitimação a partir de um paradigma *procedimentalista* do direito como meio de possibilitar a convivência harmônica numa sociedade complexa, na qual convivem

---

83   HABERMAS, Jürgen. **Direito e democracia:** entre facticidade e validade, volume I. 2ª ed. Trad. Flávio Beno Siebeneichler. Rio de Janeiro: Tempo Brasileiro, 2012, p. 213.

diferentes eticidades, sendo certo que a canalização da competência legislativa do povo transfere-se ao poder legislativo.

Assim, a legitimidade somente pode ser obtida por meio de processos comunicativos isentos de violência, de modo que sua expansão para além do mundo da vida ocorre pela institucionalização de procedimentos de deliberação democrática. Dessa forma, o direito acaba, num certo sentido, extraindo sua legitimidade a partir da legalidade que ele mesmo produziu.

Na chamada esfera pública[84], também reproduzida pelo agir comunicativo, ocorre a interação comunicativa tendente a canalizar interesses por meio de entendimentos aptos a serem transformados em poder administrativo. A sociedade civil (grupos e movimentos sociais) transfere reações à esfera pública, numa tentativa de institucionalizar discursos por meio de canais institucionalizados de deliberação democrática, com vistas a, no final, conceder a devida legitimidade às decisões políticas.

Em apertada síntese, poderíamos dizer que a legitimidade vista por Habermas se funda no princípio do discurso "D", que assim dispõe: "são válidas as normas de ação às quais todos os possíveis atingidos poderiam dar o seu assentimento, na qualidade de participantes de discursos racionais"[85]. Esse princípio assume, pela via da institucionalização jurídica, a figura de um princípio da democracia, legitimando o processo de normatização.

Em nossa leitura, tal argumentação, ainda que articulada a partir de uma teoria comunicativa que enfatiza o princípio "D", ancora-se sobre o conceito de autolegislação – mesmo que Habermas prefira falar de autonomia política[86] – assemelhando-se às investidas contratualistas dos setecentos – ainda que aprimoradas. Isso para não ingressarmos nas críticas à idealidade do modelo, bem como na suposta igualdade de forças no âmbito do discurso, cujas realidades socioeconômicas distintas minam absolutamente, inviabilizando qualquer possibilidade de consenso validamente formulado, quando não o próprio processo comunicativo.

Essa crítica às limitações comunicativas e, por conseguinte, à formação de consensos válidos assumirá grandes proporções quando direcionada à teoria habermasiana, já que a diferenciação do sistema de suas circunstâncias ocorre por intermédio da produção e socialização realizadas por meio de expressão e normas que necessitam de justificação por via de pretensões discursivas de validade. Assim, o processo de socialização operado

---

84 "A esfera pública pode ser descrita como uma rede adequada para a comunicação de conteúdos, tomadas de posição e *opiniões*; nela os fluxos comunicacionais são filtrados e sintetizados, a ponto de se condensarem em opiniões *públicas* enfeixadas em temas específicos." (HABERMAS, Jürgen. **Direito e democracia:** entre facticidade e validade, volume II. 1ª ed. Trad. Flávio Beno Siebeneichler. Rio de Janeiro: Tempo Brasileiro, 2011, p. 93).

85 HABERMAS, Jürgen. **Direito e democracia:** entre facticidade e validade, volume I. 2ª ed. Trad. Flávio Beno Siebeneichler. Rio de Janeiro: Tempo Brasileiro, 2012, p. 142.

86 "A ideia da autolegislação, que significa autonomia moral para a vontade particular, adquire para a formação coletiva da vontade o significado da autonomia política, porque o princípio do discurso encontra aplicação a outros tipos de normas de ação, assumindo ele próprio uma figura jurídica ao lado do sistema de direitos." (HABERMAS, Jürgen. **Direito e democracia:** entre facticidade e validade, volume I. 2ª ed. Trad. Flávio Beno Siebeneichler. Rio de Janeiro: Tempo Brasileiro, 2012, p. 197).

por tais normas carece de justificação, a qual somente poderá ocorrer discursivamente, a partir de ações comunicativas.

Ora, se decorrem de ações comunicativas, sujeitam-se à crítica apresentada aqui, bem como ao império da força argumentativa empregada e que, em última instância, decorre de conhecimentos técnicos, linguísticos e estruturais específicos daqueles indivíduos que participam do processo comunicativo como podem. Como resultado, temos normas de conteúdo enviesado, particular, muito embora possuam pretensão de generalidade e estruturem o sistema jurídico, cuja própria estabilidade depende da aceitação de tais normas ou, melhor, da inexistência de um descontentamento tal que inviabilize sua eficácia ou até mesmo existência.

Posto isso, temos que o direito, em sua teoria, apresenta-se como o meio pelo qual o poder comunicativo é transformado em poder administrativo. Assim, torna-se mais clara a ideia de legitimidade que perpassa a obra habermasiana, especialmente considerando a origem precípua do direito como decorrente de entendimentos intersubjetivamente realizados no horizonte de comunicação possível dos mundos da vida em relação.

Assim, a compreensão integral do fenômeno jurídico, portanto, transcende seu próprio campo e alcança o cotidiano, de onde deve extrair legitimidade a partir das relações sociais comunicativas que, na visão habermasiana, devem ser articuladas num modelo de democracia radical, em que direito e política são vistos a partir de um paradigma procedimental.

A partir disso, verifica-se, no plano interno, que a dominação política deve ser entendida, primeiramente, como decorrente de um poder juridicamente organizado e, portanto, dotado de legalidade. Essa, por sua vez, apresenta-se como fundamento inicial de qualquer perspectiva de legitimidade, a qual deve estar vinculada à ideia de justiça, conforme expressão de uma comunidade de pessoas organizadas que agem comunicativamente visando a entendimentos que dão o necessário suporte racional e deliberativo às decisões que fundam o direito do qual emana a legalidade do poder.

O sistema de direitos – ou o ordenamento jurídico moderno – será, portanto, o responsável por operacionalizar a integração das diferentes eticidades manifestadas via ação comunicativa no contexto social supostamente democrático, vez que promove a garantia de direitos e se impõe pelo poder coercitivo do Estado. Ademais, o direito não só garantiria sua facticidade pela coerção, mas também acoplaria a validade, pois a concessão dos aludidos direitos supõe-se decorrente de pretensão racional e, portanto, a ele concederia a necessária legitimidade. É dessa forma que Habermas articula, à luz de ideias kantianas, a coerção e a liberdade inerentes ao direito moderno como componentes de sua validade. Nesse sentido, a legitimidade depende do surgimento a partir de um "processo legislativo racional" e curiosamente não está ligada à aceitação fática de uma norma específica. Isso se justificaria, pois "em geral, o sistema jurídico global possui um grau maior de legitimidade do que normas jurídicas singulares"[87], já que aquele decorre

---

87 HABERMAS, Jürgen. **Direito e democracia:** entre facticidade e validade, volume I. 2ª ed. Trad. Flávio Beno Siebeneichler. Rio de Janeiro: Tempo Brasileiro, 2012, p. 51.

da ideia de autolegislação proveniente da suposta autonomia política dos cidadãos livres e associados.

Diante desses apontamentos, temos que Habermas não está apenas preocupado com a questão da aprovação popular, a qual restou enfraquecida após os eventos totalitários do século XX, mas com a formação política decorrente de deliberações racionais abertas e voltadas ao consenso.

A legitimidade do direito, portanto, não pode se fundar no próprio direito, mas deve estar fundada em normas decorrentes de entendimentos comunicativos de cidadãos que interagem num mundo da vida dotado de racionalidade comunicativa e não contaminado pela ação intencional típica dos sistemas, em especial do econômico.

Em uma síntese conclusiva, temos que a justificação das normas jurídicas se dá como resultado de um processo comunicativo no qual aquelas obtêm seu fundamento conforme decorrente de um reconhecimento intersubjetivo, de tal sorte que as normas apresentam-se aos seus destinatários não só com a pretensão de legalidade, decorrente da coercibilidade – que alude ao cumprimento orientado estrategicamente –, mas também com pretensão de legitimidade – que alude ao reconhecimento racional de uma ordem política, conforme fundada em consensos válidos e racionalmente gerados conforme os procedimentos jurídicos típicos de um Estado democrático de direito. Trata-se aqui da teoria mais bem acabada para justificar o modelo político das democracias liberais tais como as conhecemos nesse momento histórico.

Sobre o processo político acima referido, fundamento último que justificaria não só, num primeiro momento, a composição do governo, mas o arcabouço simbólico do Estado, Slavoj Žižek apresenta curiosa comparação:

> É fato notório que o botão de "fechar" da maioria dos elevadores é um placebo sem nenhuma função, colocado ali apenas para nos dar a impressão de que podemos participar de alguma maneira do processo, aumentando a velocidade – mas quando apertamos o botão, a porta se fecha exatamente no mesmo momento que fecharia se tivéssemos apertado apenas o botão do andar que desejamos, ou seja, sem que o processo seja "acelerado" por apertarmos o botão de "fechar". Esse caso extremo de falsa participação é uma metáfora apropriada para a participação dos indivíduos no processo político "pós-moderno"[88].

Com efeito, o processo de formação de consensos nas sociedades complexas atuais parece não derivar de práticas argumentativas intersubjetivas construídas em ambientes de diálogo isentos de falhas, mas de acertos, *trade-offs*, negociatas e, quando muito, de lutas entre grupos que brigam pela imposição de pautas e concretização de projetos. A democracia deliberativa da qual resultam leis derivadas de processos comunicativos que expressam os diferentes interesses de uma sociedade plural aparece, ainda, como ideal utópico.

---

88   ŽIŽEK, Slavoj. **Alguém disse totalitarismo?** – Cinco intervenções no (mau) uso de uma noção. Trad. Rogério Bettoni. 1ª ed. São Paulo: Boitempo, 2013, p. 166.

Finalizadas as exposições necessárias sobre as diferentes teorias justificadoras do Estado, veja abaixo um esquema que ajuda a compreender a prevalência dos modelos de justificação ao longo da história do pensamento político ocidental:

5.8 TEORIAS CRÍTICAS DO ESTADO

Após termos analisado algumas teorias justificadoras do Estado, cabe-nos agora apresentar os principais aspectos das teorias que se colocam como críticas ao Estado moderno. Em linhas gerais, tais teorias problematizam a estrutura, os objetivos e a própria existência do Estado, apresentando-se, de certa forma, como contrárias às teorias justificadoras analisadas anteriormente. Essas últimas, como vimos, buscam apresentar o Estado como necessidade natural (sobretudo em Aristóteles), como um mecanismo necessário para o convívio social (em especial, aquelas contratualistas e similares) ou de qualquer outra forma buscam justificar a existência do Estado moderno e de suas instituições. Neste tópico, diante de teorias críticas, a tônica central – em simplória generalização – é demonstrar como o Estado moderno se apresenta como mais um instrumento de poder criado e conduzido em razão de propósitos escusos.

5.8.1 Karl Marx e o Estado como instrumento de dominação de classes

A análise do pensamento marxista em várias perspectivas – ao menos histórica, política e econômica – não pode ser objeto de curta exposição sem que sejam feitas ressalvas pertinentes à necessidade de adequação para os propósitos do tema central deste capítulo. Assim sendo, analisaremos aqui apenas parte da intrincada obra de Karl Marx e Friedrich Engels, buscando centrar nossos esforços na compreensão do Estado e do Direito como superestruturas (e, como tais, ideológicas) voltadas à conservação de uma sociedade de classes.

Mesmo diante desse recorte, é possível identificarmos uma série de correntes – dentro dos pensadores marxistas – que trabalham o tema do Estado. Possuem destaque, nesse tocante, a *teoria do Estado-instrumento*, a *teoria revisionista* e a *teoria derivacionista*. A análise a seguir está centrada na teoria do Estado-instrumento, que reputamos ser aquela de maior relevo histórico, sendo certo que ao longo do capítulo iremos apresentar brevemente as demais teorias anteriormente mencionadas, para que seja possível compreender as diferentes perspectivas marxistas acerca do papel do Estado.

Feitas as ressalvas necessárias, é fundamental iniciar esta análise a partir da perspectiva hegeliana apresentada anteriormente. Para recapitular, temos que a filosofia hegeliana fundamenta-se na ideia da razão, apresentando-a como dialética. Diante disso, há em cada pensamento uma necessária abertura à crítica e à contradição que, em resumo, conduz tal pensamento à transformação diante de um processo histórico-dialético da razão em movimento. Isto é, supera-se um pensamento, chegando-se a uma síntese, a partir da contradição entre tese e antítese. A síntese, obtida neste processo, funciona como tese e gera um novo movimento histórico-dialético. Diferente de muitos pensadores modernos que apresentam a evolução social como determinada pelo acaso e sem rumo determinado, para Hegel, esse processo caminha rumo à ideia de liberdade. Assim sendo, a síntese final do movimento histórico-dialético da razão encontra-se na liberdade civil alcançada pelo Estado moderno. O Estado, portanto, aparece na teoria hegeliana como o ápice da razão, *i.e.*, a organização racionalmente estruturada e que preserva a liberdade.

Essa visão acerca do Estado dá origem a uma série de teóricos que podemos chamar de hegelianos de direita – de perspectiva conservadora, posto que endossam essa visão positiva acerca da existência do Estado. De outro lado, apresentam-se aqueles que, mesmo valendo-se de um pensamento histórico-dialético, não concordam com a afirmação de que o Estado é um instrumento que implementa a liberdade e coloca o ponto final na história. Esses últimos são chamados de jovens hegelianos ou hegelianos de esquerda. Seu mais notório representante foi Karl Marx. Vale ainda destacar que o pensamento marxista aqui analisado inclui não só os escritos de Marx, mas também as obras escritas em conjunto com Friedrich Engels.

Marx teve contato muito cedo com a obra de Hegel e, nesse sentido, cabe apresentar algumas proximidades e distinções entre o pensamento desses dois filósofos. Do ponto de vista da influência, é importante destacar que ambos buscam compreender seus objetos de estudo partindo de uma visão histórica e a partir de transformações determinadas por processos dialéticos (tese, antítese e síntese).

A diferença fundamental encontrada aqui centra-se na *abordagem materialista* de Marx, em contraponto ao idealismo hegeliano. Ou seja, enquanto Hegel busca compreender a evolução histórico-dialética do pensamento, Marx centra-se numa perspectiva materialista, compreendendo que as transformações da histórica não são derivadas do embate de ideias, mas dos conflitos existentes na realidade concreta. O motor da história, na perspectiva marxista, é a *luta de classes*. Essa diferença entre o idealismo hegeliano e o materialismo marxista é possível de ser sintetizada na famosa tese 11: "Os filósofos apenas *interpretaram* o mundo de diferentes maneiras; o que importa é transformá-lo"[89]. Essa tese demonstra a natureza materialista do pensamento marxista, bem como seu foco na prática (ação), ponto que analisaremos a seguir.

A história, para Marx e Engels, apresentava-se, portanto, como um movimento dialético, cuja força motora é a luta de classes:

> Homem livre e escravo, patrício e plebeu, barão e servo, mestres e companheiros, numa palavra, opressores e oprimidos, sempre estiveram em constante oposição uns aos outros, envolvidos numa luta ininterrupta, ora disfarçada, ora aberta, que terminou sempre

---

89 MARX, Karl; ENGELS, Friedrich. **A ideologia alemã**: crítica da mais recente filosofia alemã e seus representantes Feuerbach, B. Bauer e Stiner, e do socialismo alemão em seus diferentes profetas. Trad. Rubens Enderle, Nélio Schneider e Luciano Cavini Martorano. São Paulo: Boitempo, 2007, p. 535.

com uma transformação (*Umgestaltung*) revolucionária de toda a sociedade, ou com o declínio comum das classes em luta[90].

Tal concepção histórica é decorrente de uma visão dialética de movimento dos contrários, porém não de ideias – como em Hegel – mas de grupos (classes) que, em razão da configuração econômica da sociedade, colocam-se em posições de opressores e oprimidos. Em todas essas sociedades – antigas, medievais e também na moderna – há uma organização político-econômica da sociedade com características exploratórias, em que as classes dominantes controlam as estruturas políticas para que seus privilégios sejam mantidos em razão do esforço realizado pelas classes dominadas.

No mesmo sentido vai Engels, ao apresentar sua crítica à visão hegeliana e sintetizar a visão crítica do Estado, característica do pensamento marxista:

> O Estado não é pois, de modo algum, um poder que se impôs à sociedade de fora para dentro; tampouco é "a realidade da ideia moral", nem "a imagem e a realidade da razão", como afirma Hegel. É antes um produto da sociedade, quando esta chega a um determinado grau de desenvolvimento; é a confissão de que essa sociedade se enredou numa irremediável contradição com ela própria e está dividida por antagonismos irreconciliáveis que não consegue conjurar. Mas para que esses antagonismos, essas classes com interesses econômicos colidentes não se devorem e não consumam a sociedade numa luta estéril, faz-se necessário um poder colocado aparentemente por cima da sociedade, chamado a amortecer o choque e a mantê-lo dentro dos limites da "ordem". Este poder, nascido da sociedade, mas posto acima dela se distanciando cada vez mais, é o Estado[91].

Assim sendo, a compreensão da sociedade moderna na teoria marxista distingue-se substancialmente daquela de Hegel. Enquanto Hegel se vale da metodologia histórico-dialética para defender o Estado moderno, apresentando-o como criação racional que implementa a liberdade, Marx e Engels utilizam-se da concepção histórico-dialética, acrescentando-lhe a abordagem materialista, precisamente para criticar a sociedade de seu tempo, valendo-se do entendimento de que o Estado decorre de uma estrutura socioeconômica desigual e tem como objetivo a manutenção de privilégios de uma elite (classe dominante). Tal crítica pode também ser sintetizada nos seguintes termos: "A moderna sociedade burguesa, surgida das ruínas da sociedade feudal, não eliminou os antagonismos entre as classes. Apenas estabeleceu novas classes, novas condições de opressão, novas formas de luta em lugar das antigas"[92].

Assim sendo, metodologicamente, tal como as sociedades anteriores (aquelas da Antiguidade ou da Idade Média), a sociedade moderna capitalista surgiu a partir de um movimento histórico-dialético e, também, estrutura-se de um modo exploratório. Nesse

---

90   MARX, Karl; ENGELS, Friedrich. **O Manifesto do Partido Comunista**. Trad. Marcos Aurélio e Leandro Konder. Petrópolis: Vozes, 2011, p. 40.

91   ENGELS, Friedrich. **A origem da família, da propriedade privada e do Estado**: trabalho relacionado com as investigações de L. H. Morgan. 8ª ed. Trad. Leandro Konder. Rio de Janeiro: Civilização Brasileira, 1982, p. 191.

92   MARX, Karl; ENGELS, Friedrich. **O Manifesto do Partido Comunista**. Trad. Marcos Aurélio e Leandro Konder. Petrópolis: Vozes, 2011, p. 40.

ponto, Marx apresenta a burguesia como classe revolucionária que, uma vez situando-se dentro de um processo dialético de embate com as estruturas feudais e monárquicas, implementou movimentos revolucionários que, ao cabo, transformaram a sociedade moderna em seu benefício. Diante disso, é fundamental compreender que as revoluções liberais (aqui apresentadas, dentro de chaves marxistas, como revoluções burguesas) são movimentos fundamentais para entender a lógica marxista em sua tentativa de compreensão e análise da sociedade moderna; funcionando, sobretudo, como uma espécie de confirmação do seu materialismo histórico-dialético – metodologia que, tal como outras do século XIX, apresentava-se com uma notável pretensão de cientificidade. Afinal, as revoluções burguesas – em especial a francesa de 1789 – mostraram-se, talvez mais claramente que as demais, como um embate entre estamentos privilegiados (opressores) e marginalizados (o Terceiro Estado, oprimido), confirmando a tese marxista de que o motor da história é a luta de classes.

A partir deste ponto, cabe-nos analisar como se dá, para Marx, a compreensão da sociedade em que vive (século XIX). Nesse ponto, é fundamental lembrar que estamos aqui analisando uma teoria formulada no século XIX, sendo erro comum – tanto de marxistas, quanto de seus críticos – analisá-la tal como se seus escritos datassem do século XXI.

Nesse sentido, o Estado, enquanto instituição, é visto por Marx como uma estrutura de dominação (da classe burguesa sobre a classe operária). Com efeito, é o que Marx e Engels dizem em sua obra *O Manifesto do Partido Comunista*: "o poder político do Estado moderno nada mais é do que um comitê para administrar os negócios comuns de toda a classe burguesa"[93].

Diferente de Hegel, que via no Estado a forma racionalmente alcançada pelo homem para a efetivação da liberdade, o Estado aqui aparece apenas como mais uma forma de dominação, tal como tantas outras já implementadas na história.

Obviamente, há diferenças estruturais entre o Estado moderno e as formas políticas pré-capitalistas. Entretanto, a tônica geral (organização exploratória que garante a manutenção do domínio da classe dominante) permanece. A dominação burguesa, neste caso, se faz por meio da estrutura econômica da sociedade moderna, centrada na extração de mais-valia sobre a mão de obra operária. Essa situação é garantida pelo direito (leis) e pelo Estado (valendo-se do seu poder efetivo – monopólio da violência legítima – de implementar as leis). Assim, a sociedade moderna se organiza de tal modo a permitir a reprodução deste modelo exploratório de sociedade, encabeçado pela burguesia na qualidade de classe detentora dos meios de produção (fábricas, imóveis, terras, capital, bem como de tudo quanto é essencial para produzir os bens necessários à reprodução da sociedade). De outro lado, a classe trabalhadora – desprovida dos meios de produção – participa desta sociedade vendendo sua força de trabalho (único bem que possui), sendo certo que parte substancial do valor gerado por esse trabalho é apropriado pela burguesia.

Repare que, nesta visão, há um papel central do direito de propriedade. Afinal, a dominação burguesa se dá, precisamente, em razão da propriedade dos meios de produção.

---

93   MARX, Karl; ENGELS, Friedrich. **O Manifesto do Partido Comunista**. Trad. Marcos Aurélio e Leandro Konder. Petrópolis: Vozes, 2011, p. 42.

Sua proteção, conferida pelas leis e pelo aparato estatal (especialmente polícia e tribunais), garante a reprodução desta sociedade e inviabiliza alterações sistêmicas não violentas.

Tem-se aí, em breves palavras, a estrutura de dominação implementada pela burguesia, a qual somente é possível em razão de sua manutenção como proprietária dos meios de produção. Anote-se que a propriedade feudal – tal como aquela da Antiguidade – ajustava-se pela força, isto é, posse e propriedade se confundiam. Já na propriedade burguesa – da sociedade moderna – há toda uma estrutura estatal que a protege. A propriedade torna-se, na sociedade moderna, um direito absoluto, estável e que é protegido pelas leis, pela política e pelos tribunais[94].

Diante de tais apontamos, cabe-nos agora apresentar os conceitos de infraestruturas e superestruturas no pensamento marxista.

Infraestruturas compreendem as forças, os meios e as relações econômicas, ou seja, tudo aquilo que condiciona diretamente a produção de bens, tratando-se das estruturas materiais. Já as *superestruturas*, ou estruturas intelectuais, compreendem as produções simbólicas e coletivas, e são sempre ideológicas, tais como a política, a religião, os costumes, a educação e o próprio Direito. Em resumo, a infraestrutura consiste na realidade econômica, enquanto a superestrutura é produto da cultura. Para Marx, a realidade é o material, o concreto – a infraestrutura – e não o pensamento (o oposto, portanto, do que pensava Hegel). Marx conclui, com isso, que é a economia que modela o pensamento, e não o contrário. Daí a compreensão, decorrente dessa lógica, que é em razão da detenção dos meios de produção que a burguesia se apresenta como classe dominante. Assim sendo, a estrutura econômica capitalista – infraestrutura – é que modela o Estado e o Direito, e não o contrário.

O Direito, portanto, consiste numa superestrutura e, como tal, é ideológico. Afinal, o Direito codificado é produto do legislador e não guarda qualquer relação com a realidade concreta. A título de exemplo, podemos dizer que o ordenamento jurídico, visto, portanto, como uma superestrutura jurídica, aponta para uma relação idealizada de igualdade perante a lei (todos são iguais perante a lei), entretanto, na realidade concreta (infraestrutura), sabemos que essa igualdade não se verifica. A propósito, a suposição – meramente formal – de que todos são iguais é precisamente o que viabiliza a celebração de contratos e a implementação da teórica concepção meritocrática típica da sociedade moderna.

Em suma, o Direito, sob esta ótica, não se presta à realização da justiça, nem decorre da vontade do povo ou de visões jusnaturalistas, mas consiste em uma superestrutura ideológica que procura conservar a dominação burguesa. Assim, diferente da dominação antiga e feudal – implementada pela força – a dominação burguesa se faz de forma acobertada.

Em uma síntese conclusiva provisória acerca da teoria marxista sobre o Estado e o Direito, temos que esses se apresentam como instrumentos típicos da sociedade moderna

---

94 PASUKANIS, Eugeny Bronislanovich. **A teoria geral do direito e o marxismo**. Trad. Paulo Bessa. Renovar, Rio de Janeiro, 1989, p. 88.

e que se prestam a implementar e manter estáveis as relações econômicas que garantem a dominação burguesa[95].

Feitas as devidas considerações acerca da metodologia marxista (materialismo histórico-dialético) e do seu diagnóstico da sociedade moderna, cabe-nos agora compreender sua visão prognóstica acerca do Estado.

Nesse sentido, há, de início, mais uma similaridade com relação ao pensamento hegeliano, qual seja, a noção de que há uma síntese final dos processos histórico-dialéticos. Entretanto, a perspectiva hegeliana apresentava esse fim como sendo o Estado moderno. Já na leitura marxista da história, o Estado é apenas mais um instrumento de dominação de classes e, tal como as demais estruturas criadas para tanto, tende a desaparecer (ser superado dialeticamente).

A explicação para essa visão está em linha com os pressupostos da teoria marxista. Afinal, toda sociedade exploratória já existente foi superada dialeticamente em razão dos conflitos que ela mesma engendrava. A burguesia, portanto, cometeu um erro no contexto do seu processo revolucionário contra as estruturas feudais e monárquicas: implementou uma sociedade – a capitalista – baseada na exploração, isto é, na luta de classes. Ora, se todas as sociedades fundadas na contradição de classes (exploradores e explorados) foram superadas dialeticamente, a sociedade moderna capitalista fatalmente também será.

Antes de avançarmos sobre os próximos passos, cabe-nos apresentar mais um traço característico da filosofia marxista, qual seja, sua natureza prática, voltada para a ação (filosofia da *práxis*). Esta perspectiva pode ser extraída da já mencionada tese 11, bem como de excertos do *Manifesto do Partido Comunista*, de 1848, sobretudo em sua frase final: "Proletários de todos os países, uni-vos!"[96].

Para Marx, portanto, não são as ideias que movem o mundo, mas as ações concretas. Com efeito, o que difere o homem do animal é o trabalho, e é através dele que o homem muda o mundo, fazendo a história. Dessa forma, é a partir da ação humana no mundo concreto que a história é feita. Diferentemente das escolas filosóficas anteriores, idealistas e meramente contemplativas, a filosofia de Marx é orientada para a ação e para a transformação do mundo concreto, fazendo agir aqueles que a aceitam.

Vale destacar que a teoria marxista se baseia numa certa visão determinista da história, isto é, uma vez aceitos seus pressupostos teóricos, a superação da sociedade capitalista é dada como certa, posto que todas as sociedades exploratórias foram superadas e, portanto, a sociedade moderna capitalista também será. O fim da história (outra noção, de certa forma, extraída da influência hegeliana), portanto, apenas acontecerá quando a sociedade for estruturada de modo não exploratório.

Assim sendo, a ideia central do *Manifesto* consiste em estimular a tomada de consciência de classe para acelerar o processo histórico de superação do capitalismo. Para tanto, seria necessário romper violentamente com o modo de produção capitalista, realizando

---

95 Para uma análise mais completa sobre o tema, ver: CALDAS, Camilo Onoda. **A teoria da derivação do Estado e do direito**. 2ª ed. São Paulo: Contracorrente, 2021, p. 43 e ss.

96 MARX, Karl; ENGELS, Friedrich. **O Manifesto do Partido Comunista**. Trad. Marcos Aurélio e Leandro Konder. Petrópolis: Vozes, 2011, p. 83.

intervenções despóticas no direito de propriedade, retirando os meios de produção da burguesia e transferindo-os ao Estado. Formar-se-ia, neste momento, a chamada *ditadura do proletário*. Trata-se aqui de uma fase intermediária no processo histórico rumo à sociedade sem classes (a comunista).

Nessa fase intermediária, também chamada de socialista, haveria a socialização da produção e o controle da distribuição pelo Estado – então controlado pela classe operária. Note que o Estado e o Direito, embora sejam vistos pela teoria como estruturas burguesas, permanecem provisoriamente neste momento.

A ideia aqui é que de tal controle resulte a superação do antagonismo entre classes e, portanto, seja possível construir uma sociedade sem classes, aquela comunista, em que os instrumentos tipicamente burgueses, como o Estado, o Direito, a propriedade privada e o trabalho assalariado seriam abolidos, de tal modo que o homem possa experimentar sua própria natureza, pelo seu livre desenvolvimento.

Neste ponto, é fundamental compreendermos que há uma série de correntes marxistas que possuem entre si importantes divergências com relação ao papel do Estado e ao modo de solucionar as mazelas geradas pela sociedade capitalista.

Inicialmente, se destaca a *teoria do Estado-instrumento*. Tal teoria baseia-se numa certa autonomia relativa entre Estado e economia, de tal modo a ser possível usar o Estado como instrumento de mudanças econômicas. Essa teoria irá se valer de passagens do *Manifesto* em que Marx propõe o estágio intermediário (a ditadura do proletário) rumo ao comunismo como forma de superar os antagonismos da sociedade capitalista. Seu principal propagador foi Joseph Stalin (1878-1953):

> O Estado é uma máquina nas mãos da classe dominante para afastar a resistência dos seus adversários de classe. *Neste sentido*, a ditadura do proletariado não se distingue essencialmente em nada da ditadura de qualquer outra natureza ou classe, dado que o Estado proletário é uma máquina para afastar a burguesia. Mas existe aqui uma diferença *essencial*. Essa diferença consiste em que todos os Estados de classe existentes até agora eram a ditadura de uma minoria exploradora sobre uma maioria explorada, enquanto a ditadura do proletariado é uma ditadura da maioria explorada sobre a minoria exploradora[97].

Como resultado deste entendimento "seria necessário apenas que a classe trabalhadora assumisse o comando do Estado e, instalando a 'ditadura do proletariado', mudasse as leis, passando a conduzir a atividade estatal conforme seu interesse"[98]. Ou seja, na qualidade de instrumento, o Estado aparece aqui com uma espécie de neutralidade ideológica, não figurando como instituição essencialmente burguesa e ligada umbilicalmente ao capitalismo. Como resultado, aparece a possibilidade de transformá-lo

---

97 STALIN, Joseph. Fundamentos do Leninismo. Vol. 33. São Paulo: Global, p. 51 apud CALDAS, Camilo Onoda. **A teoria da derivação do Estado e do direito**. 2ª ed. São Paulo: Contracorrente, 2021, p. 46.

98 CALDAS, Camilo Onoda. **A teoria da derivação do Estado e do direito**. 2ª ed. São Paulo: Contracorrente, 2021, p. 46.

num *Estado proletário*, o qual implementaria uma dominação da maioria explorada sobre a minoria exploradora.

Entretanto, a teoria do Estado-instrumento não é aceita de forma uníssona dentro os pensadores marxistas. Como dito anteriormente, há diversas teorias marxistas que buscam analisar o papel do Estado. Nesse ponto, destacamos as teorias revisionista e derivacionista (teoria da derivação do Estado).

Na *teoria revisionista*, há, tal como naquela do Estado-instrumento, a compreensão de uma relativa autonomia do Estado em relação à economia. Assim sendo, Direito e Estado aparecem como ferramentas de possível transformação social. Entretanto, diferentemente da teoria do Estado-instrumento, que pressupõe uma luta revolucionária, na teoria revisionista prevalece a ideia de uma luta não violenta de transformação das estruturas de dominação. Diante disso, não seria necessário abolir o Estado ou a propriedade privada, mas apenas realizar transformações – revisões – em sua estrutura, possibilitando a criação do socialismo "por meio de reformas jurídicas obtidas por meio da tomada gradual do poder estatal pelas classes trabalhadoras"[99].

Já na *teoria da derivação do Estado* há, em contraponto, uma rejeição da alegada autonomia do Estado com relação à economia, de tal modo que ela se apresenta como crítica à teoria do Estado-instrumento, bem como à revisionista. Há aqui a rejeição da neutralidade ideológica do Estado, não sendo esse mero instrumento de dominação de classes, mas antes um produto resultante de um modo de produção específico, qual seja, do capitalismo. Verifica-se, portanto, uma conexão indissociável entre Estado e capitalismo. Assim sendo, essa teoria rejeita as hipóteses anteriores que acreditam que o Estado pode ser utilizado como forma de superar os problemas da sociedade (quer seja pela implementação de um Estado proletário, quer seja pela construção gradual de um socialismo por mudanças legislativas), posto que tais problemas se dão precisamente em razão do modo de produção (capitalismo), do qual o Estado é mero produto. Em síntese, a teoria "não vislumbra nem no Estado, nem no Direito, os caminhos para uma transformação social apta a resolver os problemas agudos inerentes às formas de relações sociais existentes no modo de produção capitalista"[100].

Em suma, temos que as teorias marxistas apresentam-se como críticas ao Estado, contrapondo-se, portanto, às teorias justificadoras do Estado em suas mais variadas vertentes. Nelas, o Estado não pode ser visto como uma instituição determinada pela natureza (como em Aristóteles), instrumento racional que equaliza as liberdades em relação (como em Kant e Hegel), tampouco como instituição organizada para fins de proteção dos direitos naturais (como nos contratualistas, sobretudo Locke). Antes, o Estado é uma instituição organizada e controlada por uma classe dominante e que se presta a manter a reprodução de uma sociedade organizada a partir de um modo de produção exploratório.

---

99   CALDAS, Camilo Onoda. **A teoria da derivação do Estado e do direito**. 2ª ed. São Paulo: Contracorrente, 2021, p. 52.

100   CALDAS, Camilo Onoda. **A teoria da derivação do Estado e do direito**. 2ª ed. São Paulo: Contracorrente, 2021, p. 17.

5.8.2   Teorias anarquistas

O Anarquismo (do grego *anarkhos*, que significa sem governantes) consiste em uma filosofia política crítica ao Estado, relacionada à abolição de todas as formas de governo compulsório e que defende um modo de organização social libertário baseado na cooperação. Como é sabido, a palavra ganhou conotação pejorativa, sendo a expressão anarquia relacionada à falta de organização; entretanto, essa leitura é rechaçada pelos escritos anarquistas, nos quais encontramos a defesa de formas de organização social baseadas num princípio libertário que se opõe à organização política da sociedade do seu tempo e, essencialmente, apresentam uma visão que nega o Estado no futuro[101]. Embora tenhamos diversos pensadores anarquistas que nos apresentam visões distintas dentro da corrente – criando diferentes tipos de anarquismo –, é possível dizer que "os anarquistas tendem a concordar que o Estado, por ser coercivo, é indesejável e, portanto, deve – e ademais, pode – ser *inteiramente* substituído por associações voluntárias baseadas no consentimento contínuo"[102]. Assim, o ponto de convergência dos pensadores anarquista é "a substituição do Estado autoritário por alguma forma de cooperação não-governamental entre indivíduos livres"[103].

A negativa do Estado, nesse caso, deve ser lida de forma ampla, englobando o conjunto de instituições políticas, legislativas, militares, financeiras etc., as quais, na leitura anarquista, retiram do povo a gestão dos seus próprios negócios, bem como de sua conduta e segurança, confiando tais tarefas a indivíduos que se encontram investidos no direito de fazer leis e coagir em nome de todos[104]. A ideia, portanto, aparece como muito mais ampla que apenas a abolição do Estado, e se coloca, na verdade, como defensora da abolição de toda forma política baseada no princípio da autoridade. Segundo Kelsen[105], o anarquismo apresenta um ressentimento contra a heteronomia.

Repare, portanto, que a negativa do Estado aponta para uma visão anarquista contrária ao Estado burguês de sua época, bem como às perspectivas marxistas ligadas à teoria do Estado-instrumento (analisada anteriormente). Assim sendo, é importante destacar que embora críticos do Estado burguês, os pensadores anarquistas opunham-se também à visão marxista.

Historicamente, os anarquistas fizeram frente às correntes marxistas no âmbito da Associação Internacional dos Trabalhadores, fundada em 1864. Em meados de 1872, uma cisão no âmbito da Primeira Internacional levará à criação da *Internacional Antiautoritária*, associação que reuniu boa parte dos anarquistas europeus que, como o nome da associação

---

101 "Os ensinamentos anarquistas têm em comum apenas uma coisa: eles negam o Estado no futuro" (ELTZ-BACHER, Paul. **The great anarchists**: ideas and teachings of seven major thinkers. New York: Dover, 2004, p. 292. Tradução livre).

102 DAHL, Robert A. **A democracia e seus críticos**. Trad. Patrícia de Freitas Ribeiro. São Paulo: Martins Fontes, 2012, p. 55.

103 WOODCOCK, George. **História das idéias e movimentos anarquistas**. Vol. I. Porto Alegre: L&PM, 2002, p. 7.

104 MALATESTA, Errico. **A anarquia**. Trad. Plínio Augusto Coêlho. São Paulo: Nu-sol, Imaginário e Soma, 2001, p. 15.

105 KELSEN, Hans. **Teoría general del Estado**. Trad. Luiz Legaz Lacambra. Editora Nacional: México, 1970, p. 37.

denota, consideravam autoritárias as demais perspectivas de esquerda, sobretudo a marxista, para a qual o anarquismo estava relacionado a uma visão idealista e individualista.

Note que no contexto histórico da segunda metade do século XIX havia – sobretudo por parte de marxistas e anarquistas – um importante questionamento do Estado moderno de feições burguesas instaurado a partir das revoluções liberais da segunda metade do século XVIII e da primeira metade do século XIX, sendo uma forma social marcada por instituições organizadas para garantir a manutenção do domínio burguês. Diante disso, os representantes das teorias críticas ao Estado que aqui estamos apresentando – marxistas e anarquistas – embora divergissem sobre o futuro do Estado, faziam um diagnóstico similar do Estado moderno e das demais formas de organização social que o antecederam. Nessa linha vai a visão anarquista, para a qual "em todos os tempos e lugares, qualquer que seja o nome que o governo assuma, quaisquer que sejam sua origem e sua organização, sua função essencial é sempre a de oprimir e explorar as massas, defender os opressores e os açambarcadores"[106].

Até agora compreendemos que o anarquismo busca, em linhas gerais, a abolição do Estado, nisso incluso todas suas instituições baseadas no princípio da autoridade e na hierarquia. Diante disso, à teoria cabe uma relevante e difícil tarefa, qual seja, aquela de apresentar as bases de uma sociedade anárquica, isto é, sem autoridade.

Note que tal questionamento figura como fundamental reflexão dentro da Teoria do Estado, sendo comum a visão de que, uma vez abolido o Estado, esse se reconstruiria inevitavelmente, por inúmeros fatores, dentre os quais alguns já apresentados anteriormente (vide as teorias justificadoras do Estado apresentadas acima)[107]. Ademais, é possível argumentar que a ausência de um Estado viabilizaria o surgimento de outras formas de coerção e opressão ainda mais indesejáveis, conforme aponta Dahl[108]. Há ainda aqueles que apontam a autoridade como fundamental na organização de uma sociedade e colocam a teoria anarquista como utópica, considerando que seria impossível qualquer forma de organização social sem relações de autoridade e hierarquia. Os anarquistas, por evidente, rejeitam o rótulo de utopistas e apresentam, então, os fundamentos de uma sociedade anárquica como sendo ligados aos conceitos de instinto social, cooperação, voluntarismo e liberdade. Nesse sentido:

> Da livre participação de todos – graças ao agrupamento espontâneo dos homens segundo suas necessidades e simpatias, de baixo para cima, do simples ao complexo, partindo dos interesses mais imediatos para chegar aos mais gerais – surgirá uma

---

106 MALATESTA, Errico. **A anarquia**. Trad. Plínio Augusto Coêlho. São Paulo: Nu-sol, Imaginário e Soma, 2001, p. 28.

107 Sobre esse assunto em específico, é fundamental a leitura de: NOZICK, Robert. **Anarquia, Estado e utopia**. Trad. Ruy Jungman. Rio de Janeiro: Jorge Zahar, 1991.

108 Dahl sintetiza quatro argumentos contrários ao pensamento anarquista: "1. Na ausência do Estado, algumas formas altamente indesejáveis de coerção provavelmente persistiriam. 2. Numa sociedade sem Estado, alguns membros poderiam, ainda sim, adquirir recursos suficientes para criar um Estado altamente opressivo. 3. Um certo grau de controle social, suficiente para evitar a criação de um Estado, aparentemente exige que uma associação seja altamente autônoma, muito pequena e unida por múltiplos laços. 4. Criar associações desse tipo numa escala significativa no mundo de hoje parece ser impossível ou altamente indesejável." (DAHL, Robert A. **A democracia e seus críticos**. Trad. Patrícia de Freitas Ribeiro. São Paulo: Martins Fontes, 2012, p. 70).

organização social que terá por objetivo o maior bem-estar e a maior liberdade de todos, que envolverá toda a humanidade numa fraternal comunidade; ela se modificará e melhorará à medida que as circunstâncias se modificarem e a experiência trouxer seus ensinamentos.

Esta sociedade de homens livres, esta sociedade de amigos, é a *Anarquia*[109].

Repare que, amiúde, a narrativa anarquista se vale de expressões como "comunidade consciente", "instinto social natural" e, como no excerto anterior, "fraternal comunidade". Tais expressões decorrem de uma visão positiva acerca da natureza humana que torna possível associar a ideia anarquista àquela de ordem natural, oposta a uma ordem artificialmente imposta de cima para baixo[110], que seria aquela do Estado.

Dentre os vários pensadores anarquistas, destacamos Mikhail Bakunin (1814-1876) e Pierre-Joseph Proudhon (1809-1865).

Bakunin se apresentava como defensor da liberdade, porém "não esta liberdade formal, outorgada e regulamentada pelo Estado, mentira eterna que, em realidade, representa apenas o privilégio de alguns, apoiada na escravidão de todos"[111]. Apresentava, então, a ideia de que o Estado opera uma forma de dominação injusta e que viola a ideia de liberdade natural dos indivíduos. Adicionalmente, compreende Bakunin que o Estado nasce historicamente a partir da violência, notadamente da guerra e da conquista; assim sendo, o Estado figura como aquele que consagra a força bruta[112].

Proudhon, por sua vez, irá dizer que "o governo do homem pelo homem, sob qualquer nome que se disfarce, é opressão; a mais alta perfeição da sociedade se encontra na união da ordem e da anarquia"[113]. De forma mais clara, dirá: "Nem monarquia, nem aristocracia, nem mesmo democracia, pois que este terceiro termo implicaria um governo qualquer, agindo em nome do povo, e dizendo-se povo. Nada de autoridade, nada de governo, mesmo popular: eis a revolução"[114].

Aí consta, conforme já apontado, a essência do pensamento anarquista, o qual se opõe não apenas à forma do Estado moderno, mas a toda e qualquer espécie de organização política baseada na autoridade e na hierarquia.

Ainda nas ideias de Proudhon, é conhecida sua crítica à propriedade. Em seu mais conhecido trabalho, *Qu'est-ce que la Propriété?* (O que é a propriedade?) de 1840, afirma categoricamente que "a propriedade é um roubo!"[115]. Conforme exposto anteriormente,

---

109 MALATESTA, Errico. **A anarquia**. Trad. Plínio Augusto Coêlho. São Paulo: Nu-sol, Imaginário e Soma, 2001, p. 48.

110 GUÉRIN, Daniel. **O anarquismo**: da doutrina à ação. Rio de Janeiro: Germinal, 1968, p. 50.

111 BAKUNIN, Michael Alexandrovich. Quem sou? In: GUÉRIN, Daniel. **Bakunin**. Trad. Zilá Bernd. Porto Alegre: L&PM, 1983, p. 27.

112 BAKUNIN, Michael Alexandrovich. Deus e o Estado. In: GUÉRIN, Daniel. **Bakunin**. Trad. Zilá Bernd. Porto Alegre: L&PM, 1983, p. 33.

113 PROUDHON, Pierre-Joseph. **A propriedade é um roubo**. Trad. Suely Bastos. Porto Alegre: L&PM, 2011, p. 30.

114 PROUDHON, Pierre-Joseph. Do princípio da autoridade. In: PROUDHON, Pierre-Joseph. **A propriedade é um roubo**. Trad. Suely Bastos. Porto Alegre: L&PM, 2011, p. 79.

115 PROUDHON, Pierre-Joseph. **O que é a propriedade?** Trad. Marília Caeiro. Lisboa: Estampa, 1971, p. 11.

o direito de propriedade se apresenta como o principal instituto que estrutura e garante a manutenção da sociedade burguesa – o que pode ser evidenciado pelo papel de destaque que a propriedade possui nas declarações de direitos do final do século XVIII. Nesse tocante, as ideias de Proudhon atacam diretamente esse elementar instituto do direito privado moderno, apontando que toda propriedade, em sua origem, é uma usurpação.

Curiosamente, é possível traçar um paralelo entre essa visão de Proudhon e aquela de Rousseau, aqui já trabalhada (item 5.4.3), vez que, para Rousseau, o estabelecimento da sociedade civil – decorrente do contrato social – torna a usurpação um verdadeiro direito, apagando o vício de sua origem[116]. Lembremos que o surgimento da propriedade, para Rousseau, é o que leva à instauração dos conflitos no âmbito do chamado estado de natureza.

Em síntese, as teorias anarquistas se apresentam como críticas ao Estado moderno, bem como a qualquer forma de organização social baseada na autoridade e na hierarquia; criticam, sobretudo, o fundamento de legitimidade do Estado e se voltam contra as instituições estatais que se impõem sobre os indivíduos. Propõem, por sua vez, uma sociedade descentralizada, autorregulada e livre, baseada nas ideias de autogestão, cooperação, liberdade e igualdade.

 ## Filmografia

A mulher faz o homem – EUA, 1939

Antígona – Grécia, 1961

Descartes – Itália, 1973

Giordano Bruno – França/Itália, 1973

O Encouraçado Potemkin – URSS, 1925

O Jovem Karl Marx – França/Bélgica/Alemanha, 2017

O poço – Espanha, 2019

Os Edukadores – Alemanha/Áustria, 2004

Persépolis – França, 2007

Santo Agostinho – Itália, 1972

Terra em transe – Brasil, 1967

V de Vingança – Reino Unido/Alemanha/EUA, 2005

---

116 VIEIRA, Luiz Vicente. **A democracia em Rousseau**: a recusa dos pressupostos liberais. Porto Alegre: EDIPUCRS, 1997, p. 81.

 **Questões Objetivas**

1. Quanto à relação entre a teoria naturalista aristotélica e as teorias contratualistas da modernidade, assinale a opção correta:

    a) As teorias contratualistas modernas representaram uma continuidade com relação ao pensamento naturalista aristotélico, segundo o qual o todo é anterior às partes e, portanto, a sociedade é anterior ao homem.

    b) A teoria naturalista de Aristóteles parte de uma concepção mecanicista acerca da sociedade, enquanto as teorias contratualistas partem de concepções organicistas.

    c) A teoria hobbesiana representa uma ruptura com relação ao pensamento de Aristóteles, vez que apresenta a sociedade como decorrente de um pacto social firmado por homens livres e não como decorrência de um mandamento natural.

    d) As teorias contratualistas modernas apresentam o homem como um animal social.

2. No que tange às teorias contratualistas modernas, assinale a alternativa correta:

    a) Para Hobbes, não há no estado de natureza qualquer noção de propriedade e, portanto, não há relações de dependências entre os humanos. Diante disso, no estado de natureza não há uma desigualdade que conceda ao mais forte qualquer autoridade sobre o mais fraco e, portanto, não há conflitos verificados no estado de natureza.

    b) Rousseau verifica a ausência de um poder comum no estado de natureza, condição que estabelece um permanente conflito entre os homens neste estado, a conhecida guerra de todos contra todos.

    c) Na concepção de estado de natureza de John Locke, é mencionado o poder de jurisdição de cada indivíduo para que possa executar as leis naturais.

    d) Thomas Hobbes, John Locke e Jean-Jacques Rousseau apontavam o direito de propriedade como sendo um direito natural, ou seja, já existente no estado de natureza.

3. No que tange ao contratualismo como teoria justificadora do Estado moderno, assinale a opção correta:

    a) O contratualismo moderno apresentava a sociedade como decorrente da natureza humana, apresentando o homem como um animal social.

    b) Para os teóricos contratualistas, o ser humano é um ser gregário por natureza.

    c) As teorias contratualistas modernas apresentaram o Estado como decorrente de um pacto social e foram extremamente relevantes para fundamentar o poder político do Estado moderno.

    d) A teoria contratualista moderna apresenta o poder político do Estado de forma descendente, alinhando-se com as concepções teológicas.

 ## Questões Dissertativas

1. Aponte os efeitos políticos causados pela utilização do modelo contratualista em detrimento do modelo aristotélico.

2. Qual é a concepção de estado de natureza para Jean-Jacques Rousseau e no que ela se diferencia da concepção hobbesiana?

3. Aponte a relação entre as teorias contratualistas e os conceitos de soberania popular e democracia.

4. Estabeleça conexões entre as teorias contratualistas modernas e a teoria neocontratualista de John Rawls.

Acesse o QR code e assista
ao vídeo sobre o tema

> uqr.to/eeq8

Após termos visto o desenvolvimento histórico das formas de organização social, bem como os argumentos teóricos que sustentaram cada uma dessas formas ao longo da história, verificamos na modernidade o surgimento do fenômeno estatal, apresentando-se o chamado Estado moderno com características distintas das sociedades políticas que lhe antecederam. Diante disso, trata-se, neste capítulo, de caracterizar o Estado, apontando e analisando seus elementos constitutivos.

Vale destacar que a definição do que é Estado e de quais são seus elementos constitutivos consiste em ponto central dos manuais de Teoria Geral do Estado e Ciência Política, havendo na doutrina algumas variações a respeito de quais elementos constituem um Estado. Tal variedade de conceitos decorre das diferentes abordagens sobre o mesmo fenômeno, bem como de diferentes formas de se compreender seus elementos constitutivos. Em cada conceito possível de Estado subjaz uma doutrina que o apoia ou um debate acadêmico do qual emerge.

Antes de entrarmos no conceito político-jurídico de Estado e buscar compreendê-lo por meio da reunião de determinados elementos constitutivos, vamos iniciar esta análise com alguns conceitos ligados a perspectivas sociológicas.

Diante de uma *abordagem sociológica* do Estado, podemos mencionar o conceito de Franz Oppenheimer, segundo o qual o Estado consiste na "instituição social, que um grupo vitorioso impôs a um grupo vencido, com o único fim de organizar o domínio do primeiro sobre o segundo e resguardar-se contra rebeliões intestinas e agressões estrangeiras"[1]. Trata-se aqui, obviamente, de uma definição que se preocupa com a função dominadora do Estado e que, do ponto de vista da origem das sociedades políticas, se enquadra na chamada teoria da força, vista no capítulo 2 anteriormente.

---

1   OPPENHEIRMER, Franz. Der Staat. 4ª ed. Stuttgart, 1954 apud BONAVIDES, Paulo. **Ciência Política.** 13ª ed. São Paulo: Malheiros, 2006, p. 68.

Já Marx e Engels irão ressaltar a instrumentalidade do Estado moderno enquanto meio de operacionalizar e dar legitimidade à dominação de classes. Em suas palavras: "O poder político do Estado moderno nada mais é do que um comitê para administrar os negócios comuns de toda a classe burguesa"[2]. Vale destacar que no contexto em que essa definição é feita – aquele do século XIX – o poder político era formalmente organizado de modo aristocrático, sobretudo em razão do sufrágio censitário comum à época.

Ainda em sentido sociológico, Max Weber aponta que não é possível definir o Estado moderno por aquilo que ele faz, mas pelo *meio* específico que lhe é próprio: a coação física legítima. Nesse sentido, aponta:

> Hoje, Estado é aquela comunidade humana que, dentro de determinado território (...) reclama para si (com êxito) o monopólio da coação física legítima, pois o específico da atualidade é que todas as demais associações ou pessoas individuais somente se atribui o direito de exercer coação física na medida em que o Estado o permita. Esse é considerado a única fonte do "direito" de exercer coação[3].

Assim, o Estado moderno, diferente das outras formas de organização social anteriores, racionalizou o emprego da violência física, tornando-a legítima. Dessa forma, o uso da violência com legitimidade é restrito ao Estado ou a quem seja autorizado por ele.

Numa outra abordagem, Pierre Bourdieu aponta que:

> O Estado é essa ilusão bem fundamentada, esse lugar que existe essencialmente porque se acredita que ele existe. Essa realidade ilusória, mas coletivamente validada pelo consenso, é o lugar para o qual somos remetidos quando regredimos a partir de certo número de fenômenos – diplomas escolares, títulos profissionais ou calendário. De regressão em regressão, chegamos a um lugar que é fundador de tudo isso. Essa realidade misteriosa existe por seus efeitos e pela crença coletiva em sua existência, que é o princípio desses efeitos[4].

Diante dessa leitura, o Estado nada mais é do que um *local comum retórico*, isto é, uma entidade cuja existência decorre exclusivamente da crença em sua existência, cujos efeitos podem ser percebidos, via de regra, pelos atos executados em nome do Estado – e, obviamente, respeitados enquanto tal, consolidando a crença.

Já a partir de uma *abordagem político-jurídica* do problema (ponto focal deste capítulo), podemos compreender o Estado a partir da reunião de determinadas características, as quais a doutrina denomina *elementos constitutivos do Estado*. Aqui, a definição de Estado aparece baseada na configuração de determinados elementos que se apresentam como necessários e suficientes para que uma organização política possa ter o *status* de

---

2   MARX, Karl; ENGELS, Friedrich. **O Manifesto do Partido Comunista.** Trad. Marcos Aurélio Nogueira e Leandro Konder. Petrópolis: Vozes, 2011. p. 42.

3   WEBER, Max. **Economia e sociedade:** fundamentos da sociologia compreensiva. Trad. Regis Barbosa e Karen Elsabe Barbosa. Brasília: UnB; São Paulo: Imprensa Oficial do Estado de São Paulo, 1999, vol. I. p. 525-526.

4   BOURDIEU, Pierre. **Sobre o Estado**: cursos no Collège de France (1989-92). Trad. Rosa Freire d'Aguiar. 1ª ed. São Paulo: Companhia das Letras, 2014, p. 39.

Estado. Repare que a tentativa de definir o Estado de modo objetivo e menos filosófico ou sociológico – tal como nos conceitos anteriormente trabalhados – consiste, em especial, de empreita a que se destinam os juristas, sendo recorrente que apareça como *definição jurídica do Estado* ou algo similar. Inobstante tal tentativa, é certo que a caracterização do fenômeno estatal está inevitavelmente sujeita à complexidade das relações político-diplo-máticas e, portanto, não pode se revestir de extrema objetividade – crítica que será desen-volvida a seguir. Posto isto, passamos agora a analisar tais conceitos que, conforme dito, centram-se na caracterização do Estado a partir da reunião de determinados elementos.

É essencial, de início, reproduzir o consagrado conceito de Georg Jellinek[5], para o qual o Estado é "a corporação formada por um povo, dotada de um poder de mando originário e assentada em um determinado território". Trata-se de uma definição sucinta e que contém os três elementos que a maior parte da doutrina entende ser necessários para a formação de um Estado: *povo, território* e *poder*.

Antes de tentarmos compreender melhor cada um desses elementos, cumpre destacar algumas discussões possíveis que emergem do aludido conceito, que em nossa leitura é insuficiente pelos motivos que serão expostos ao longo deste capítulo.

Inicialmente, com relação ao primeiro elemento – *povo* –, é importante anotar as diferenças entre os conceitos de população, povo e nação, na medida em que popula-ção consiste num conceito demográfico, povo num conceito jurídico e nação, por fim, relaciona-se com questões culturais (conceito que será desenvolvido adiante). A partir daí, alguns autores vão apontar povo e outros população como elemento constitutivo do Estado. Independentemente do conceito utilizado, a expressiva maioria dos estudiosos de Ciência Política e Teoria Geral do Estado indica um elemento humano (população ou povo) como essencial ao Estado, quando esse elemento não aparece explicitamente no conceito é pelo fato de ser pressuposto. Afinal, o Estado é um fenômeno humano e, portanto, sua existência pressupõe seres humanos que convivem.

Quanto ao segundo elemento – *território* –, verificamos poucas divergências na dou-trina, sendo o único elemento que parece ter uma aceitação ampla e uníssona na doutrina, isto é, os autores apontam a existência de um *determinado território* como essencial para a configuração de um Estado. Há, obviamente, aqueles que irão destacar os impactos da globalização e das novas tecnologias para problematizar a rigidez com que a doutrina clássica apresenta a definição de território, entretanto, este nunca deixa de figurar como elemento imprescindível para a caraterização de um Estado.

Por fim, quanto ao terceiro elemento – o *poder* –, é possível verificarmos na doutrina relevantes divergências, as quais giram em torno dos conceitos de poder, autoridade, governo e soberania. Veja que o próprio conceito de Jellinek apresentado aqui não inclui a soberania dentre os elementos constitutivos do Estado, pois, para o referido autor, é possível encontrarmos Estados soberanos e não soberanos, contanto que haja uma capa-cidade para organizar-se por si mesmo e autonomia[6].

---

5   JELLINEK, Georg. **Teoría general del Estado.** Trad. y prólogo de Fernando de los Ríos. México: FCE, 2000, p. 196. Tradução livre.

6   JELLINEK, Georg. **Teoría general del Estado.** Trad. y prólogo de Fernando de los Ríos. México: FCE, 2000, p. 444.

Adentrando na posição da doutrina pátria acerca do tema, Paulo Bonavides[7] endossa o conceito de Jellinek, apontando-o como irrepreensível. Para o referido autor, a questão do poder se apresenta como ampla e envolve fatores como sua imperatividade e natureza integrativa, a capacidade de auto-organização, a unidade e indivisibilidade do poder, o princípio da legalidade e da legitimidade e, por fim, a soberania. De fato, diferentemente do elemento humano (povo) e do território, a questão do poder encontra-se envolta em discussões de extrema complexidade, conforme veremos.

Sahid Maluf[8] aponta como elementos constitutivos do Estado população, território e governo. Desse modo, o referido autor traduz o poder do conceito clássico de Jellinek por governo, esclarecendo ainda que deve este ser independente. Com isso, o autor esclarece que a independência do governo pressupõe a soberania – tanto interna quanto externa. Assim sendo, ainda que o referido autor não aponte a soberania como elemento constitutivo do Estado, ele a pressupõe como parte de um dos elementos então apontados, qual seja, o governo.

Cláudio de Cicco e Alvaro de Azevedo Gonzaga[9] entendem que os elementos constitutivos do Estado são população, território e governo. Para os referidos autores, a soberania, a nacionalidade e a finalidade aparecem como meras características do Estado e, portanto, um Estado não deixa de sê-lo caso não tenha alguma delas, apenas se torna imperfeito.

Já Dalmo de Abreu Dallari[10] verifica a existência de quatro elementos constitutivos do Estado: soberania, território, povo e finalidade; sendo o Estado, para o referido autor, "a ordem jurídica soberana que tem por fim o bem comum de um povo situado em determinado território"[11].

José Geraldo Brito Filomeno[12], por sua vez, define Estado como "a sociedade política necessária, dotada de um *governo soberano*, a exercer seu poder sobre uma *população*, dentro de um *território* bem definido, onde cria, executa e aplica seu *ordenamento jurídico*, visando ao *bem comum*". A partir desse conceito, os elementos constitutivos do Estado são população, território, governo soberano (poder), ordenamento jurídico e bem comum.

Por fim, a Convenção de Montevidéu sobre os Direitos e Deveres dos Estados (1933) aponta em seu art. 1º que o Estado como pessoa de Direito Internacional deve reunir os seguintes requisitos: população permanente, território determinado, governo e capacidade de entrar em relações com os demais Estados.

A partir dessa variedade de entendimentos, é importante mencionarmos que não há, em matéria de Ciência Política e Teoria Geral do Estado, a pretensão de se apontar

7   BONAVIDES, Paulo. **Ciência política**. 13ª ed. São Paulo: Malheiros, 2006, p. 71.

8   MALUF, Sahid. **Teoria geral do Estado**. 35ª ed. São Paulo: Saraiva, 2019, p. 41.

9   DE CICCO, Cláudio. GONZAGA, Alvaro de Azevedo. **Teoria geral do Estado e ciência política**. 7ª ed. São Paulo: RT, 2016, p. 60.

10 DALLARI, Dalmo de Abreu. **Elementos de Teoria Geral do Estado**. 33ª ed. São Paulo: Saraiva, 2016, p. 78.

11 DALLARI, Dalmo de Abreu. **Elementos de Teoria Geral do Estado**. 33ª ed. São Paulo: Saraiva, 2016, p. 121.

12 FILOMENO, José Geraldo. **Manual de teoria geral do Estado e ciência política**. 7ª ed. Rio de Janeiro: Forense Universitária, 2009, p. 65.

conceitos de forma inequívoca, especialmente o conceito de Estado. Assim, as posições apresentadas aqui, bem como as outras que o estudante do tema eventualmente encontre durante seus estudos, devem ser entendidas em seus fundamentos e, em conjunto, certamente possibilitam uma compreensão mais ampla do tema.

De nossa parte, compreendemos que a existência de um *povo* – isto é, de pessoas com vínculos jurídicos e políticos perante o Estado – é elemento característico do Estado e não população, que se refere ao total de pessoas que vive – permanentemente ou não – dentro do território. Em nosso entendimento, pode-se ter Estado apenas com povo, que se apresenta como conceito mais restrito e, para fins de caracterização do Estado, suficiente; ou seja, a existência de pessoas com vínculo jurídico e político é que caracteriza um Estado do ponto de vista do elemento humano.

No que tange ao *território*, não temos qualquer consideração relevante a ser feita, assumindo o entendimento amplamente aceito pela doutrina de que se trata de um elemento constitutivo do Estado, não havendo a possiblidade de caracterização de um Estado sem que haja um espaço físico determinado no qual ele se situe e onde exerça de forma soberana seu poder.

Por fim, sobre o *poder*, questão de maior controvérsia, entendemos que consiste em conceito amplo e engloba, ao menos, a existência de um *governo*, de uma *ordem jurídica* própria e, também, de uma *soberania* que possua um reconhecimento externo suficiente no plano internacional.

Assim, quanto ao elemento poder, a nosso ver, a *soberania* é um traço fundamental de configuração de um Estado. Afinal, caso compreendêssemos os elementos constitutivos do Estado como sendo apenas povo, território e governo, teríamos dificuldade em negar a qualificação de Estado a grupos terroristas e milícias que controlam territórios e populações com base em estruturas de poder bem definidas. Ademais, é fundamental que sejamos coerentes em nossa análise. Repare, nesse sentido, que a identificação da soberania como elemento constitutivo do Estado alinha-se com nossa posição exteriorizada no capítulo 3, no qual apontamos que o Estado é um fenômeno moderno, não havendo Estado na Antiguidade, por exemplo. Isto se dá, em especial, pelo fato de a soberania ser um fenômeno típico da modernidade.

Ademais, entendemos ser fundamental inserir dentro de nosso conceito de Estado a necessidade de uma *ordem jurídica* própria e, também, de um outro item que, em nosso entendimento, aparece como elemento constitutivo do Estado, ainda que discutível: o *reconhecimento externo*. Trata-se aqui de um elemento de ordem subjetiva, mas que possui extrema relevância no contexto da comunidade internacional atual, conforme iremos expor a seguir.

Diante desses apontamentos, em nosso entendimento, *Estado é a instituição politicamente organizada de um povo, dotada de uma ordem jurídica própria, cuja aplicação lhe cabe com exclusividade dentro de determinado território e que possui reconhecimento externo suficiente para exercer sua soberania.*

Em termos didáticos, o conceito disposto acima verifica a existência de seis elementos constitutivos do Estado: *povo, território, governo, ordem jurídica, soberania* e *reconhecimento externo.*

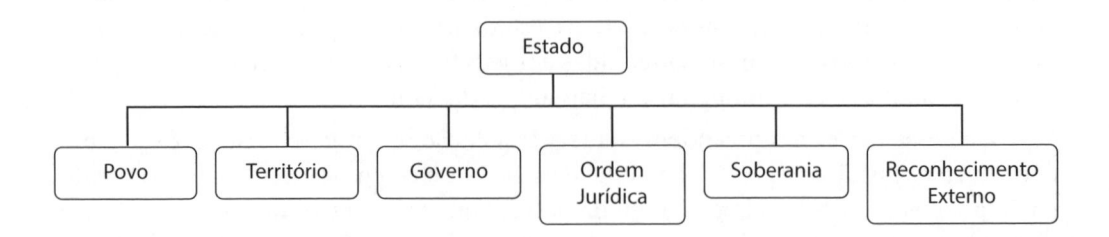

6.1 ANÁLISE DOS ELEMENTOS CONSTITUTIVOS DO ESTADO

6.1.1 Povo

Embora seja unânime a necessidade de haver um elemento humano como constitutivo do Estado, há divergências quanto à utilização da expressão *povo*, havendo os que preferem o termo *população*. Assim sendo, é importante destacar as diferenças entre os referidos conceitos, muito embora seja comum encontramos definições distintas nos manuais de ciência política, bem como na doutrina internacionalista. Ainda, faremos neste tópico alguns apontamentos pertinentes ao conceito de nação, que de certo modo se relaciona com o tema aqui em comento.

Inicialmente, é relevante entendermos que o conceito de *povo* é relacionado à ideia de vinculação política e jurídica a um Estado, importando a existência de direitos políticos, bem como a sujeição a um ordenamento jurídico posto por um Estado. Em outras palavras, povo pode ser conceituado como "o conjunto de cidadãos do Estado"[13].

Já *população* se refere ao conjunto de pessoas que vivem no território do Estado ou que nele se encontram em definitivo ou não. Trata-se do total aritmético de pessoas e, portanto, um conceito de ordem meramente demográfica e que se refere a pessoas que possuam vínculo apenas jurídico com o Estado – pois estão de modo permanente em seu território –, mas não necessariamente possuem qualquer vínculo de ordem política. Assim, partindo dessas definições, entendemos que o conceito de população é mais abrangente e pode incluir, além de outros, todo o povo. Diante disso, para ser um Estado, é necessária a existência de um povo que, dotado de direitos políticos, estabelece-se como verdadeiro detentor do poder político desse Estado e o exerce nos termos da legislação vigente.

Dessa forma, em nosso entendimento, pode-se ter Estado apenas com povo, não sendo necessário apontar a população como seu elemento constitutivo; afinal, se se considera que o povo é englobado pelo conceito de população, os autores que assumem ser a população o elemento constitutivo do Estado estão dizendo, nas entrelinhas, que somente o povo não basta como elemento humano constitutivo do Estado, com o que não podemos concordar. Assim, para nós, é a existência de pessoas com vínculo jurídico e político que caracteriza um Estado do ponto de vista do elemento humano.

---

13. DALLARI, Dalmo de Abreu. **Elementos de Teoria Geral do Estado.** 33ª ed. São Paulo: Saraiva, 2016, p. 103.

Por fim, a palavra *nação* é muitas vezes utilizada para se referir ao povo de um Estado ou até mesmo ao próprio Estado. Entretanto, é importante notar que a caracterização de um Estado compreende a reunião de fatores de ordem política e jurídica, enquanto a ideia de nação será mais bem representada pela existência de vínculos de ordem cultural. Uma definição clássica de nação é aquela de Mancini, teórico da unificação italiana, para o qual nação consiste em "uma sociedade natural de homens, na qual a unidade do território, de origem, de costumes, de língua e a comunhão de vida criaram a consciência social". A partir dessa definição, a ideia de nação seria composta por elementos de ordem natural (etnia, língua e território), bem como por elementos históricos (costumes, tradições, religião e leis), além do elemento psicológico, de fundamental importância[14].

Em sentido histórico, a expressão ganha relevância no contexto das revoluções liberais, notadamente na Revolução Francesa, e logo em seguida é utilizada para se referir ao *Estado nacional* ou *Estado-nação*. Esse conceito é o que busca compreender a divisão dos Estados europeus do século XIX a partir dos traços culturais de cada povo, sendo que a cada um deles – ou seja, a cada nação – equivaleria um Estado, entendido como nação politicamente organizada.

Cabe-nos aqui apresentar uma leitura diversa: para Alysson Mascaro[15], a leitura clássica da formação dos Estados a partir das nações é inverídica, pois "em termos históricos e factuais, as sociedades capitalistas valem-se do Estado para, posteriormente, forjar o conceito de nação. É a partir de um espaço específico de reprodução social, estabilizado e institucionalizado, que se constrói, então, a narrativa e a simbologia ideológica de uma nação subjacente ao Estado". Com efeito, verifica-se, com o advento do Estado moderno, uma espécie de tentativa de uniformização das diferentes formas de organização social em torno do Estado e de seu direito posto, supostamente aplicado igualmente a todos os indivíduos e que passam a ser, do ponto de vista jurídico, analisados abstratamente como sujeitos de direito. Nesse sentido, o advento do Estado acaba por sufocar formas de vida distintas e eventuais identidades nacionais então existentes, inclusive adotando uma língua oficial em detrimento de dialetos locais, numa tentativa de, aí sim, criar a tal identidade nacional que, portanto, aparece posteriormente ao Estado segundo a visão em análise.

De toda sorte, a ideia de nação remete ao compartilhamento de traços culturais comuns, tais como origem, costumes, crenças, língua ou religião, de tal modo a conferir a certo grupo – grande ou pequeno – o atributo de ser uma nação, ou seja, de formar um todo caracterizado em virtude de sua cultura compartilhada. Trata-se, portanto, de revestir um determinado grupo de pessoas com aspecto de *comunidade*, tal como vimos no capítulo 2 desta obra, implicando um vínculo de natureza psicológica ou espiritual. Diante disso, podemos ter um povo de um Estado que não se vê reunido em torno de uma só nação, podendo haver um Estado composto em seu interior por diversas nações (grupos com identidades distintas), ainda que haja movimentos tendentes a reafirmar a identidade nacional do povo de um Estado, visando sua união ou, ao revés, movimentos independentistas. Também é possível a existência de nações que ultrapassam os limites

---

14   NETTO, Pedro Salvetti. **Curso de ciência política:** teoria do Estado. 2ª ed. São Paulo: TJ, 1977, vol. 1. p. 145.

15   MASCARO, Alysson Leandro. **Estado e forma política.** São Paulo: Boitempo, 2013, p. 77.

territoriais de um Estado ou que, ainda, sequer tenham um território a habitar e permaneçam nômades ou em território alheio.

A utilização da expressão, entretanto, pode ser múltipla e englobar diversas discussões de extrema relevância. É comum, por exemplo, seu emprego no sentido de se evidenciar e justificar o princípio da autodeterminação, sendo o Estado uma personificação da vontade nacional. Esse ponto, inclusive, teve notória importância na própria construção do Estado moderno enquanto Estado-nação. Também em virtude do vínculo psicológico que ela implica, é possível sua utilização para se gerar uma maior proximidade entre os membros de uma determinada nação, visando aguçar movimentos de ajuda e caridade. Entretanto, é possível sua utilização também em sentido negativo, notadamente quando importa em extremo patriotismo *(nacionalismo)* ou na ideia de fechamento ou exclusividade daqueles que pertencem, em detrimento aos que não pertencem a determinada nação. Bauman, nesse tocante, ajuda a compreender a diferença entre patriotismo e nacionalismo:

> Em geral, o patriotismo é o membro "positivo" da dupla, deixando o nacionalismo, com suas realidades desagradáveis, como membro "negativo": o patriotismo, mais postulado que empiricamente verificado, é o que o nacionalismo (se amansado, civilizado e eticamente enobrecido) poderia ser, mas não é[16].

Em complemento, é possível compreendermos o nacionalismo como um movimento que se coloca como o único e legítimo representante da nação. Nesse ponto reside, inclusive, a problemática envolta do termo; afinal, é sabido que o nacional-socialismo de Hitler, por exemplo, baseava-se fortemente na identidade nacional, notadamente fundindo a ideia de nação com a de raça, apresentando a alemã como sendo a mais elevada. Ainda que o exemplo extremo seja passado, sabe-se que a forte identidade nacional de certos grupos acaba por ocasionar movimentos de repulsa a outros conjuntos étnicos, religiosos ou apenas de origens distintas. Afinal, é notório o atual problema migratório, notadamente aquele do continente europeu, mas não só. Dentro desse contexto, também o conceito de nação, atrelado à forte identidade nacional em decorrência de origem, pode embalar movimentos de fechamento de fronteiras, expulsão de estrangeiros ou um tratamento preconceituoso, especialmente por grupos xenofóbicos (*xénos*: estrangeiro + *phóbos*: medo).

Assim, o compartilhamento de traços culturais – que precisamente qualificam a utilização do termo nação – envolve complexas questões, de modo que o conceito deve sempre ser empregado com a devida cautela, pois ainda que possa ser utilizado em momentos de crise ou desastres para aguçar sentimentos de unidade e de ajuda ao próximo, pode também fundamentar e dar peso a ideias racistas e xenofóbicas, supostamente lastreadas na superioridade de uma identidade nacional em detrimento de outras.

* * *

Feitas as diferenciações necessárias entre os conceitos, vale ressaltar a importância do *povo* como elemento constitutivo do Estado. Trata-se, com efeito, de um tema que ganhou relevância exatamente no contexto de surgimento do Estado moderno enquanto tal; afinal, no contexto do absolutismo monárquico, o conceito de povo era relacionado

---

16 BAUMAN, Zygmunt. **Modernidade líquida**. Trad. Plínio Dentzien. Rio de Janeiro: Zahar, 2001, p. 217.

ao de súdito e este, por sua vez, ao de objeto. Com o desenvolvimento gradual do Estado constitucional moderno, de viés liberal, cresce o apelo à participação popular na condução das coisas públicas, germinando a ideia de democracia, a qual pressupõe que o povo seja o verdadeiro detentor do poder político a ser exercido por meio de representantes.

Ora, a ideia da representação perpassa pela expansão do sufrágio (tal como veremos no capítulo 12), o que importa dizer que há uma ampliação daqueles que são considerados povo, ainda que no momento inicial das chamadas democracias liberais uma parcela significativamente grande dos indivíduos fosse excluída de seus direitos políticos e, portanto, fosse excluída do conceito de povo, tal como estamos aqui trabalhando. De toda sorte, trata-se de um momento ímpar da história, vez que se assume que a vontade que importa – do ponto de vista político – é aquela que emana do povo – verdadeiro detentor do poder – e não a dos reis absolutistas ou dos estamentos até então privilegiados. Conforme trabalhado no capítulo 5 *supra*, as teorias contratualistas foram, nesse sentido, fundamentais para sustentar a ideia de fundamentação do poder político a partir do consentimento dos governados.

Anote-se que, ao longo da milenar transformação das sociedades políticas organizadas, foi possível verificar momentos em que o *status* de cidadão ou, quer queira, de povo, era atribuído de forma discriminatória a seletos grupos – geralmente homens, brancos e com propriedade ou renda – importando a exclusão de muitos outros. A título de exemplo, temos a própria Atenas antiga, em que apenas aos homens livres e maiores, filhos de pai e mãe atenienses livres gozavam de direitos de ordem política no âmbito da chamada democracia ateniense. Já durante o medievo, a noção de povo permaneceu dividida em estamentos sociais rígidos, dificultando sua leitura como um todo unitário, o que de fato só veio a acontecer sob o signo do Estado constitucional Moderno, ainda que o sufrágio universal só tenha sido alcançado, com ressalvas, no decorrer do século XX.

Ainda no contexto de germinação das ideias estruturantes do Estado constitucional moderno, Rousseau[17] apresentava, em seu *Contrato Social*, a seguinte ideia: "Quanto aos associados, recebem eles, coletivamente, o nome de *povo* e se chamam, em particular, *cidadãos*, enquanto partícipes da autoridade soberana, e *súditos*, enquanto submetidos às leis do Estado". Dessa forma, o povo aparece com uma dupla função: é, por um lado, o conjunto de indivíduos que dá vida ao Estado, aparecendo como seu elemento de formação; e, por outro, é o conjunto de indivíduos sobre o qual o Estado exerce seu poder, noção em que os indivíduos aparecem como súditos.

Nesse sentido, Paulo Bonavides coloca o povo, em sentido jurídico, como sendo "o conjunto de pessoas vinculadas de forma institucional e estável a um determinado ordenamento jurídico"[18]. Trata-se, assim, de se reconhecer a existência de um vínculo entre Estado e indivíduo, ligando-os por meio de um sistema de dominação que, por vezes, implica também o de participação. Essa última afirmação torna-se relevante, no sentido de se esclarecer que há Estado – e, portanto, povo – também em regimes autocráticos, em que eventualmente não há participação política efetiva ou reconhecida para o povo, mas

---

17 ROUSSEAU, Jean-Jacques. **Do Contrato Social ou Princípios do Direito Público.** Trad. Lourdes Santos Machado. São Paulo: Nova Cultural (Os pensadores), 1999, p. 71.
18 BONAVIDES, Paulo: **Ciência política.** 13ª ed. São Paulo: Malheiros, 2006, p. 81.

apenas vínculos jurídicos e políticos de subordinação e vinculação a um ordenamento jurídico que lhes outorga a nacionalidade. Com isso, lembramos que a existência dos elementos constitutivos do Estado – incluindo povo – importa na caracterização do *status* de Estado, o que não pode ser confundido com o reconhecimento da natureza democrática do regime político ali adotado (maiores considerações sobre regimes políticos serão feitas no capítulo 9).

Avançando na análise do elemento humano necessário à configuração de um Estado, José Afonso da Silva[19] aponta que não podemos confundir cidadania com nacionalidade, na medida em que nacionalidade é o vínculo com o território estatal por nascimento ou naturalização, enquanto cidadania é um *status* ligado ao regime político. Conclui o aludido constitucionalista que "*cidadão*, no direito brasileiro, é o indivíduo que seja titular dos direitos políticos de votar e ser votado e suas consequências. *Nacionalidade* é um conceito mais amplo do que cidadania e é pressuposto desta, uma vez que só o titular da nacionalidade brasileira pode ser cidadão"[20].

Vale dizer que são dois os critérios pelos quais se confere nacionalidade a um indivíduo, sendo certo que a utilização de um ou de outro critério (ou de uma combinação entre eles) varia de Estado para Estado. Há o critério da *origem sanguínea*, também chamado de *ius sanguinis*, pelo qual são nacionais os descendentes de nacionais; e o *critério territorial*, ou *ius solis*, pelo qual a nacionalidade é atribuída a quem nasce no território do Estado. Esses são os critérios de atribuição de nacionalidade baseados, obviamente, no nascimento; havendo outros critérios para a aquisição de nacionalidade secundária e que dependem da vontade do indivíduo e/ou do Estado.

Há, nesses casos, as hipóteses dos *polipátridas* e dos *apátridas*.

Os *polipátridas* são os que possuem mais de uma nacionalidade, normalmente decorrente de uma vinculação a dois critérios de determinação de nacionalidade primária. Por exemplo: o indivíduo é filho de pais nacionais de um Estado que adota o critério de origem sanguínea e nasce num Estado que adota o critério territorial, de tal modo a se vincular a ambos. No caso do Brasil, isso é possível sem que o indivíduo precise escolher por uma nacionalidade, podendo manter o vínculo de nacionalidade com os dois Estados, em virtude do art. 12, §4º, II, "a" da Constituição Federal de 1988.

Já no caso dos *apátridas* ocorre o inverso e o indivíduo acaba por não ter sua nacionalidade reconhecida por qualquer Estado. Essa situação pode decorrer de diversos motivos, incluindo um conflito negativo entre os critérios *ius sanguinis* e *ius solis* (filhos de pais cujo Estado de origem adota o critério territorial e que nascem no território em que se adota o critério sanguíneo), bem como em razão de problemas normativos decorrentes de independências, secessões ou movimentos similares.

Vale lembrar que a Declaração Universal dos Direitos Humanos reconhece em seu art. 15 que "toda pessoa tem direito a uma nacionalidade". Adicionalmente, a Convenção

---

19 SILVA, José Afonso da. **Curso de direito constitucional positivo.** 30ª ed. São Paulo: Malheiros, 2008, p. 345.

20 SILVA, José Afonso da. **Curso de direito constitucional positivo.** 30ª ed. São Paulo: Malheiros, 2008, p. 345-346.

Americana de Direitos Humanos busca, de modo mais específico, resolver essa problemática ao dispor, em seu art. 20, 2 que: "Toda pessoa tem direito à nacionalidade do Estado em cujo território houver nascido, se não tiver direito a outra".

∗∗∗

Em síntese, seguimos a doutrina que aponta o povo como elemento constitutivo do Estado em detrimento do conceito de população. No entanto, destacamos que tal distinção parece-nos pouco relevante em termos práticos e, ademais, baseia-se em conceitos sobre os quais não há consenso. Com efeito, é comum encontrarmos definições de povo e população bastante distintas em manuais de ciência política e na doutrina internacionalista. De todo modo, aponta-se de forma uníssona a necessidade de um elemento humano como constitutivo do Estado e, conforme argumentos expostos anteriormente, entendemos que o termo povo é mais adequado para caracterizar esse elemento.

6.1.2 Território

O território consiste em elemento caracterizador do Estado, sendo quase uníssona a doutrina nesse sentido. Entretanto, é importante anotar que nas formas de organização social anteriores ao Estado moderno o território não gozava de tanta importância. Na Cidade-Estado antiga, por exemplo, não havia a necessidade de se delimitar um território; afinal, o tipo de relacionamento entre a autoridade pública e os indivíduos não tornava necessária sua definição[21]. Já na Idade Média, sobretudo após os efeitos do feudalismo, a noção de território aparece atrelada à de patrimônio, figurando como uma forma de propriedade que, como tal, é objeto de arrendamentos – sobretudo aqueles operacionalizados nas relações de suserania e vassalagem.

Entretanto, com o advento da ideia de Estado-nação, anota-se a importância do território de forma alinhada com a noção de soberania que, portanto, será exercida dentro dos limites desse território. Nesse sentido, a noção de território aparece ligada à de limite geográfico de aplicação do direito.

Assim, não se pode confundir a noção de território dos Estados atuais como sendo relacionada à noção de propriedade, tal como se o próprio território fosse submetido ao domínio do Estado numa espécie de direito real do Estado sobre tudo o que engloba seu território. Como lembra Jellinek[22], é por intermédio dos súditos que o Estado exerce seu poder dentro do território (e não diretamente sobre o próprio território); assim é que o renomado autor aponta que, do ponto de vista do direito público, o poder do Estado sobre o território consiste em *imperium* e não *dominium*. Com efeito, o *imperium* se refere ao poder sobre os indivíduos, enquanto o *dominium* consiste no poder sobre a coisa, de tal modo que, no caso do território do Estado, o que há é um poder sobre os indivíduos e, por extensão disso, verificamos o poder do Estado dentro de um limite geográfico de atuação: seu território.

---

21 DALLARI, Dalmo de Abreu. **Elementos de Teoria Geral do Estado.** 33ª ed. São Paulo: Saraiva, 2016, p. 91.

22 JELLINEK, Georg. **Teoría general del Estado.** Trad. y prólogo de Fernando de los Ríos. México: FCE, 2000, p. 372.

Jellinek[23] nos lembra, ainda, que a noção jurídica acerca do território é exteriorizada de forma negativa e positiva. Negativa, pois importa dizer que dentro do território é proibido outro poder não submetido ao do Estado ou autorizado por ele; e positiva, pois significa também que todos que estão no território do Estado se submetem ao seu poder. Desse modo, até mesmo eventual relação entre Estados, na qual um transfere a outro parte de seu território, não se trata de uma transferência de direito real sobre o território, mas transferência de *imperium* sobre ele, isto é, o poder do Estado (sua jurisdição) termina, dando lugar ao poder de outro Estado sobre os indivíduos que habitam aquele território.

Diante desses apontamentos iniciais, podemos definir, em termos simples, que o *território* é o limite geográfico da atuação do Estado, delimitando até onde vai sua jurisdição. A partir do conceito de Estado apresentado, o território torna-se fundamental, pois trata de estabelecer onde o Estado aplica de forma exclusiva seu ordenamento jurídico. Em termos weberianos, poderíamos dizer que se trata do espaço no qual o Estado pode exercer o monopólio da coação física legítima. Assim, entendemos que sem qualquer porção de território não há Estado. Dessa forma, um povo nômade não constitui um Estado e tão pouco podemos denominar Estado o povo que reivindica para si – sem sucesso – parte do território de outro Estado.

Um ponto relevante na análise desse elemento constitutivo do Estado é relativo à delimitação do território, isto é, até onde exatamente vai sua jurisdição. Nesse sentido, entendemos que não há a necessidade de se determinar precisamente o território para que haja a configuração de um Estado, podendo haver fronteiras em disputa ou imprecisas, sem que isso tenha o condão de retirar de determinada sociedade política organizada sua condição de Estado. Malcolm N. Shaw ensina que "o que importa é a presença de uma comunidade estável numa certa área de território, por mais incertas que sejam as fronteiras deste"[24]. Dessa forma, compreendemos que o território consiste em elemento constitutivo do Estado, sem o qual esse não tem onde exercer seu poder de império, mas que não necessita ser rigorosamente definido ou inquestionável.

Ademais, a doutrina internacionalista costuma apontar *formas de aquisição de território*, sendo elas: (1) a *ocupação*, referente à apropriação de um território não detido por outro Estado (denominado *res nullius* ou *terrae nullius*); (2) a *acessão*, que se refere a um acréscimo de território em virtude de fato natural como os decorrentes de aluvião, avulsão, recua das águas que cercam o Estado e até a formação de ilhas; (3) a *cessão*, a qual decorre de acordo pacífico firmado entre Estados, pelo qual se transfere o poder de império sobre determinada porção de território; (4) a *prescrição aquisitiva* de território, pelo fato de o Estado lá manter seu império de forma efetiva por longo prazo ininterruptamente, a ponto de se presumir a renúncia tácita do Estado que até então exercia seu poder de império sobre tal território; e, por fim, (5) a *conquista*, que se refere à tomada violenta de parte ou da totalidade do território de outro Estado.

---

23 JELLINEK, Georg. **Teoría general del Estado.** Trad. y prólogo de Fernando de los Ríos. México: FCE, 2000, p. 368.
24 SHAW, Malcolm N. **Direito internacional.** Trad. Marcelo Brandão Cipolla, Lenita Ananias do Nascimento e Antônio de Oliveira Sette-Câmara. São Paulo: Martins Fontes, 2010, p. 150.

Já em termos de sua delimitação exata, temos que o território engloba o *solo*; o *subsolo*; os *rios* e *afluentes* que cortam o território; o *mar territorial*; a *zona contígua*; a *zona econômica exclusiva*; a *plataforma continental*; o *espaço aéreo*; *as embarcações e aeronaves públicas e militares* onde quer que estejam; e as *embarcações e aeronaves privadas* quando em território não pertencente a outro Estado. A seguir, iremos detalhar resumidamente cada um desses conceitos.

O *solo* se refere às terras visíveis e é limitado pelas fronteiras internacionais (com outros Estados) e, conforme aplicável, pelo mar.

Já o *subsolo* é a porção de terras subjacentes ao solo.

Os *rios* e *afluentes* que cortam o território compreendem, obviamente, o território do Estado. Há, entretanto, rios e afluentes que são nacionais e aqueles que, por atravessarem ou dividirem dois ou mais Estados encontram-se em situação peculiar. Nesse sentido, é importante destacar que "os rios internacionais, assim como os nacionais, constituem-se em unidades hidrográficas naturais, obedecendo às leis da natureza e não as leis do homem. Desse modo, a utilização de parte do rio afeta as demais partes, em princípio não utilizadas, porque o curso de água contínua é um todo"[25]. Diante disso, as águas nacionais são reguladas pelo próprio Estado, enquanto as consideradas internacionais dependem de acordo entre os envolvidos, que podem disciplinar a livre navegação, a exploração econômica e outros temas afetos à área.

O *mar territorial*, por sua vez, consiste na faixa marítima que permeia a porção do solo de um território. No caso brasileiro, foi unilateralmente estabelecido pelo art. 1º da Lei nº 8.617/93, que dispõe que "o mar territorial brasileiro compreende uma faixa de doze milhas marítima de largura, medidas a partir da linha de baixa-mar do litoral continental e insular, tal como indicada nas cartas náuticas de grande escala, reconhecidas oficialmente no Brasil".

Esse mesmo diploma legal estabelece a *zona contígua* brasileira como sendo uma faixa que se estabelece de 12 a 24 milhas marítimas contadas a partir das linhas de base e que servem para medir a largura do mar territorial. Trata-se de território em que o Brasil pode fiscalizar o cumprimento das leis e regulamentos aduaneiros, de imigração ou sanitários, bem como reprimir eventuais infrações.

A *zona econômica exclusiva (ZEE)* é estabelecida pela mesma lei (arts. 6 a 10 da Lei nº 8.617/93) e se refere à porção de mar compreendida de 12 a 200 milhas marítimas a partir do litoral, espaço em que o Brasil tem direito exclusivo de exploração econômica, além de alguns direitos de soberania e de jurisdição (aproveitamento e gestão de recursos naturais, possibilidade de instalação de estruturas, realizar atividades de exploração econômica etc.).

A *plataforma continental*, também prevista na Lei nº 8.617/93, compreende o leito e o subsolo das áreas submarinas que se estendem além do seu mar territorial, em toda a extensão do prolongamento natural de seu território terrestre, até o bordo exterior da margem continental, ou até uma distância de duzentas milhas marítimas das linhas de base, a partir das quais se mede a largura do mar territorial, nos casos em que o bordo

---

25 HUZEK, Carlos Roberto. **Curso de direito internacional.** 14ª ed. São Paulo: LTr, 2017, p. 160.

exterior da margem continental não atinja essa distância (art. 11). O Brasil detém direitos de soberania sobre a plataforma continental, para efeitos de exploração dos recursos naturais, bem como tem o direito exclusivo de regulamentar a investigação científica marinha, a proteção e a preservação do meio marinho, e também a construção, a operação e o uso de todos os tipos de ilhas artificiais, instalações e estruturas (art. 11, parágrafo único, e art. 13). Vale destacar que o Brasil pleiteia perante a ONU a extensão de sua plataforma continental para 350 milhas, a chamada "Amazônia Azul".

Cumpre dizer que a Lei nº 8.617/93 que fixa o limite do mar territorial, da zona contígua, da zona econômica exclusiva e da plataforma continental está em linha com o previsto na Convenção das Nações Unidas sobre o Mar de 1982.

O *espaço aéreo*, por sua vez, se define por uma linha imaginária que acompanha o contorno do território, isto é, trata-se do espaço atmosférico acima do território.

As *embarcações e aeronaves públicas e militares* estão sujeitas à jurisdição do Estado ao qual pertencem onde quer que estejam.

Já as *embarcações e aeronaves privadas*, isto é, civis e comerciais, quando estão em território estrangeiro estão sujeitas à jurisdição do Estado onde se encontram. Quando estiverem em alto-mar ou território não pertencente a outro Estado, estão sujeitas à jurisdição de seu Estado de origem. O alto-mar, vale destacar, significa o mar não pertencente a qualquer Estado.

6.1.3 Governo

Nas palavras de Aristóteles, "o governo é o exercício do poder supremo do Estado"[26]. Séculos depois, Rousseau vai defini-lo como "um corpo intermediário estabelecido entre os súditos e o soberano para sua mútua correspondência, encarregado da execução das leis e da manutenção da liberdade, tanto civil como política"[27]. Assim, em termos gerais, o governo se refere aos órgãos que operacionalizam o exercício do poder do Estado.

Dessa forma, o governo é o que exerce o poder do Estado, sendo importante delimitar a diferença entre os conceitos, pois o Estado é a instituição permanente que, conforme dito, é composta de determinados elementos que lhe são essenciais (povo, território, governo, ordem jurídica, soberania e reconhecimento externo) e o governo, portanto, é um dos elementos constitutivos do Estado, com esse não se confundindo, pois o Estado é instituição permanente e o governo é transitório, muda de tempos em tempos.

Esse exercício do poder do Estado se dá a partir de determinada divisão de funções: executiva, legislativa e judiciária, fazendo com que haja um equilíbrio entre os chamados poderes, bem como um sistema de freios e contrapesos que inviabilize qualquer concentração do poder em um órgão ou uma pessoa só, o que descaracterizaria a tripartição dos poderes e, portanto, a própria democracia. Esse ponto será devidamente trabalhado adiante, quando falaremos dos elementos que caracterizam um regime democrático (capítulo 9). De toda forma, a identificação do governo com todos os órgãos responsáveis pelo exercício

---

26   ARISTÓTELES. **A Política.** Trad. Roberto Leal Ferreira. São Paulo: Martins Fontes, 1991, p. 93.
27   ROUSSEAU, Jean-Jacques. **Do Contrato Social ou Princípios do Direito Público.** Trad. Lourdes Santos Machado. São Paulo: Nova Cultural (Os pensadores), 1999, p. 136.

do poder, conforme exposto acima, é, de fato, uma conceituação ampla do termo, sendo certo que, em sentido estrito, o governo se refere apenas ao Poder Executivo[28].

Ademais, conforme já ressalvado, diversos manuais apontam como elementos constitutivos do Estado apenas povo, território e poder, incluindo nesse último conceito o governo e, por vezes, a própria soberania.

Sahid Maluf[29] classifica os governos *quanto à origem* (de direito e de fato), *quanto ao seu desenvolvimento* (legal ou despótico) e *quanto à extensão do poder* (constitucional ou absolutista).

Quanto à origem, temos o governo de direito como aquele constituído em conformidade com o ordenamento jurídico ao qual se submete; já o governo de fato é aquele que assume o poder em razão de fraude ou violência (uma melhor compreensão dessa questão pode ser vista no capítulo 17, em que trataremos dos golpes de Estado).

Quanto ao desenvolvimento, o governo legal é aquele que exerce o poder dentro das balizas legais, enquanto o despótico é conduzido pelo arbítrio dos detentores do poder.

Por fim, *quanto à extensão do poder*, o governo constitucional é aquele limitado pela Constituição, enquanto o governo absolutista é caracterizado pela natureza ilimitada do poder do(s) governante(s).

Adicionalmente aos apontamentos feitos aqui, trabalharemos nos capítulos 10 e 11 as formas e sistemas de governo, assuntos de fundamental importância para a compreensão das diferentes estruturas existentes para o exercício do poder.

6.1.4   Ordem jurídica

Inicialmente, vale destacar que a noção de Estado de Direito apresentada anteriormente (e que será analisada no capítulo 9) dispõe que o Estado é um ente criado e regido pelo direito. Assim, a Constituição cria e regula o Estado e, portanto, este não pode existir sem uma ordem jurídica que lhe dê vida e forma.

Ademais, em linha com o aspecto interno da soberania do Estado, temos que esse possui o monopólio do poder coercitivo dentro de determinado território, à luz de um conjunto específico de normas jurídicas, cuja aplicação lhe cabe de forma exclusiva. Assim, todo Estado possui um conjunto de leis, ao qual nos referimos como ordenamento jurídico, conceito amplamente trabalhado pelo jurista italiano Norberto Bobbio, em sua *Teoria do ordenamento jurídico*. Nessa obra, Bobbio[30] caracteriza o ordenamento jurídico a partir dos conceitos de *unidade, hierarquia, coerência* e *completude*.

No que tange à *unidade*, cumpre ressaltar que o ordenamento se mantém uno, mesmo que as fontes de onde emanam sejam distintas e mesmo que haja mudança das normas que o compõem. Com efeito, a teoria positivista aponta que todas as normas de um

---

28 Nesse sentido: "Ensina Duguit que a palavra governo tem dois sentidos: coletivo, como conjunto de órgãos que presidem a vida política do Estado, e singular, como poder executivo, 'órgão que exerce a função mais ativa na direção dos negócios públicos'" (MALUF, Sahid. **Teoria geral do Estado**. 35ª ed. São Paulo: Saraiva, 2019, p. 41).

29 MALUF, Sahid. **Teoria geral do Estado**. 35ª ed. São Paulo: Saraiva, 2019, p. 207.

30 BOBBIO, Norberto. **Teoria do ordenamento jurídico**. São Paulo: Edipro, 2011, p. 35 e ss.

Estado constitucional devem guardar relação – material e formal – com a Constituição, de onde emana todo fundamento de validade das normas infraconstitucionais; desse modo, funciona como um ponto de convergência comum entre elas, atribuindo-lhes unidade.

Quanto à *hierarquia*, Bobbio aponta que as normas de um ordenamento jurídico não estão todas no mesmo plano, mas obedecem a uma ordem hierárquica, havendo, portanto, normas inferiores e superiores.

Ademais, verifica que o ordenamento possui *coerência*, não podendo existir dentro de um mesmo ordenamento duas normas incompatíveis. Assim, há no ordenamento jurídico uma unidade sistêmica, de modo que toda aparente antinomia pode ser solucionada com normas existentes no próprio sistema jurídico.

Por fim, temos que o ordenamento jurídico é caracterizado pela *completude*, pela qual Bobbio entende que o ordenamento jurídico tem uma norma para regular qualquer demanda. Como se sabe, a ausência de uma norma para regular determinado assunto se chama lacuna. Assim, a completude significa a ausência de lacunas.

Diante dessa breve caracterização do ordenamento jurídico, esperamos tê-lo apontado como fundamental para um Estado, na medida em que sua ordem jurídica disciplina sua forma e é condição de sua existência, bem como estrutura juridicamente os demais elementos constitutivos do Estado; em especial, a ordem jurídica limita os poderes dos governantes, quer seja pela regulamentação de sua atividade, quer seja por conter os direitos e garantias dos cidadãos.

6.1.5 Soberania

O conceito de soberania, suas características, bem como sua essencialidade como elemento constitutivo do Estado são temas que suscitam longas discussões ante à variedade de respostas trazidas pelos diferentes doutrinadores atentos ao tema. Tais discussões tendem a começar pela existência ou não de soberania antes do advento do Estado moderno; isto é, já na antiguidade grega, romana e também na Alta Idade Média. Nesse sentido, compreendemos que as formas de organização social antigas e medievais não podem ser consideradas como Estados, precisamente por lhes faltar atributos essenciais a esses, especialmente a soberania[31]. Com isso, estamos dizendo que a falta da soberania na Cidade-Estado grega, por exemplo, faz com que não a caracterizemos como um Estado – daí o capítulo 3 desta obra falar no desenvolvimento das formas de organização social e não num desenvolvimento histórico do Estado que, segundo nossa visão, surge tal como o conhecemos apenas na modernidade.

---

31 Nesse sentido: "Foi desconhecido da Antiguidade e da Idade média porque só pode evidenciar-se quando se tratou de relação de um Estado com outros, é dizer, quando coexistem diversos Estados com potência aproximadamente equilibrada. Como, por exemplo, os territórios medievais não eram independentes em suas relações exteriores, porque sobre eles gravitavam poderes mais altos (o Imperador e o Papa), nem em sua órbita interior, porque os estamentos exercem as atribuições de suas classes, que na atualidade não podemos imaginar de outro que como relacionadas com o poder do Estado, é claro que então não se podia falar em sua soberania." (FISCHBACH, Oskar Georg. **Teoría General del Estado.** 4ª ed. Trad. Rafael Luengo Tapia. Barcelona: Editorial Labor, 1949, p. 131-312. Tradução livre).

O argumento central para afirmarmos que inexistia o atributo da soberania na Antiguidade é aquele de Jellinek[32] (embora o autor não aponte a soberania como elemento constitutivo do Estado) ao dizer que a Antiguidade não conheceu o conceito de soberania pelo fato de faltar ao mundo antigo precisamente o que tornou o conceito de soberania necessário: a oposição do poder do Estado a outros poderes. Isto é, não havia nas formais sociais antigas a necessidade de se estabelecer formal e rigidamente uma hierarquia de poderes. É apenas na tardia Idade Média que questões relacionadas à relação do Estado com a Igreja, bem como decorrentes das atividades de tributação e segurança ganham peso e relevância, tornando necessária a delimitação dos poderes do Estado, dos feudos, da Igreja e dos demais atores sociais relevantes do período, fazendo com que nascesse este peculiar poder estatal que, no começo, convivia com outros poderes (por exemplo: poder real convivendo com poderes senhoriais e eclesiásticos), dentro do sincretismo típico da Idade Média.

Então, a partir do século XIII, inicia-se um processo de centralização do poder real que vai resultar, séculos depois, no conhecido absolutismo monárquico e, do ponto de vista econômico, no mercantilismo. Tais questões acabam por delinear os limites e as possibilidades do Estado e a conferir-lhe um poder supremo sobre os súditos, com a exclusão de todos os demais poderes que em tempos passados concorriam entre si. Nascia então a soberania que, portanto, é aqui apontada como elemento constitutivo do Estado, sem o qual este não pode ser propriamente referido como tal. Nesse sentido, podemos dizer que a monarquia absolutista cuidou de realizar a centralização do poder jurídico e político do Estado, fazendo com que os demais estamentos que até então concorriam pelo poder fossem forçados a se submeter ao poder central. Nesse processo, é notória a importância dos "Tratados de Westfália" ou "Paz de Westfália", referindo-se ao conjunto de tratados que colocaram fim a conflitos religiosos no séc. XVII, sobretudo ao fim da Guerra dos 30 anos (1648), consagrando a regra *cujus regio, ejus religio* (algo como "a religião do governante é a religião do reino"), significando o mútuo reconhecimento da soberania dos Estados e da relação de igualdade entre eles no plano internacional[33].

Embora seja notória a relevância dos Tratados de Westfália na construção do conceito de soberania, é fundamental destacar que "não se cria um conceito tão forte por um ato jurídico. Ao contrário, o ato jurídico reconhece o conceito, que vinha sendo construído por um processo histórico, representado pelo enfraquecimento do poder papal e a construção dos Estados nacionais"[34].

Ademais, é evidente que, nesse contexto histórico, a soberania surge ligada intrinsecamente à figura do monarca a partir da teoria do direito divino que este possui de governar. Posteriormente, com o advento das ideias iluministas, notadamente aquelas

---

32 JELLINEK, Georg. **Teoría general del Estado.** Trad. y prólogo de Fernando de los Ríos. México: FCE, 2000, p. 405.

33 RANIERI, Nina. **Teoria do Estado:** do Estado de Direito ao Estado Democrático de Direito. 2ª ed. Barueri-SP: Manole, 2019, p. 107.

34 VARELLA, Marcelo Dias. **Direito internacional público.** 8ª ed. São Paulo: Saraiva, 2019, p. 112.

contratualistas, o fundamento da soberania transfere-se ao povo[35], o qual é elevado ao posto de verdadeiro detentor do poder político, germinando o que seria um dos pilares da democracia moderna: a soberania popular.

No plano teórico, Jean Bodin foi o primeiro a trabalhar a necessidade de submissão de todos a uma mesma autoridade legítima, sendo, ainda, a soberania apontada pelo autor como elemento necessário à caracterização do Estado, conceituando-a como o "poder absoluto e perpétuo de uma República"[36].

Conceitualmente, os atributos do poder soberano, nos termos da teoria de Bodin[37], seriam (1) a *unidade*, pois não pode haver mais de uma autoridade soberana num mesmo território; (2) a *indivisibilidade*, não sendo a soberania divisível, sendo possível apenas a distribuição de funções; (3) a *inalienabilidade*, não podendo ser transferida; e, por fim, (4) a *imprescritibilidade*, pela qual a soberania não possui limitações temporais, conceito que se vincula à estabilidade estatal.

Assim, feitos os apontamentos iniciais sobre a construção do conceito de soberania, faz-se necessário apresentar as diferentes teorias que a fundamentaram ao longo dos séculos. São basicamente três teorias aptas a tanto: a teoria do *direito divino*, a teoria da *soberania popular* e a teoria da *soberania do Estado*.

Na *teoria do direito divino*, há uma fundamentação do poder do Estado de modo descendente, ou seja, advinda de cima para baixo. O poder concedido ao Estado decorre, portanto, de Deus ou de alguma entidade supraterrena equivalente. O fundamento mais conhecido dessa teoria decorre da ideia bíblica de que não há poder que não venha de Deus *(non est potestas nisi a Deo)*, doutrina que fundamentou as monarquias absolutistas típicas da Idade Média.

Por sua vez, a *teoria da soberania popular* representa os anseios modernos – típicos do Iluminismo – de romper com o Antigo Regime fortemente sustentado pela teoria do direito divino. Trata-se aqui de uma forma ascendente de poder, na medida em que estabelece que todo o poder emana do povo (portanto, de baixo para cima). O povo é, portanto, o verdadeiro detentor do poder político. Assim, se o povo fundamenta o poder do Estado, este deve usá-lo para proteger os indivíduos que juntos concederam a ele tal poder, devendo, nessa ótica, ser protetor dos direitos naturais humanos – sendo, portanto, um *meio* e não fim em si mesmo. Trata-se, obviamente, de uma teoria fundamentada nas teorias contratualistas que analisamos com maiores detalhes no capítulo 5 desta obra. Ressalta-se que a soberania popular consiste, sem dúvida, em ponto nevrálgico de todo e qualquer regime democrático.

Por fim, a teoria da *soberania do Estado* refere-se a uma forma circular de fundamentação do poder soberano, já que o próprio Estado confere a ele mesmo o seu poder. Isto é, o Estado possui sua própria capacidade de autodeterminação, de modo que

---

35 Anote-se aqui a importância e a complexidade do conceito de Nação no âmbito da Revolução Francesa, tema que será trabalhado no item 18.3, que trata do poder constituinte.

36 BODIN, Jean. **Os seis livros da república:** livro primeiro. Trad. José Carlos Orsi Morel. São Paulo: Ícone, 2011, p. 195.

37 BASTOS, Celso Ribeiro. **Curso de teoria geral do Estado e ciência política.** 6ª ed. São Paulo: Celso Bastos, 2004, p. 97.

aparece como sendo anterior ao direito e sua única fonte de criação. Ademais, o Estado aqui se apresenta como o fim último da organização social. Assim, diferente do Estado fundado com base na soberania popular, em que esse aparece como *meio* para proteger os indivíduos e seus direitos, aqui na soberania do Estado, ele aparece como *fim* em si mesmo e, portanto, todas as ações estatais devem ser pensadas com base na manutenção do Estado, ainda que, para tanto, indivíduos tenham que ser sacrificados. Trata-se aqui de uma teoria propagada em momentos anteriores à consolidação da teoria da soberania popular, tendo servido, também, como fundamentação de Estados autocráticos e de viés organicista, em que a existência do Estado se colocava como mais importante do que a proteção de direitos individuais.

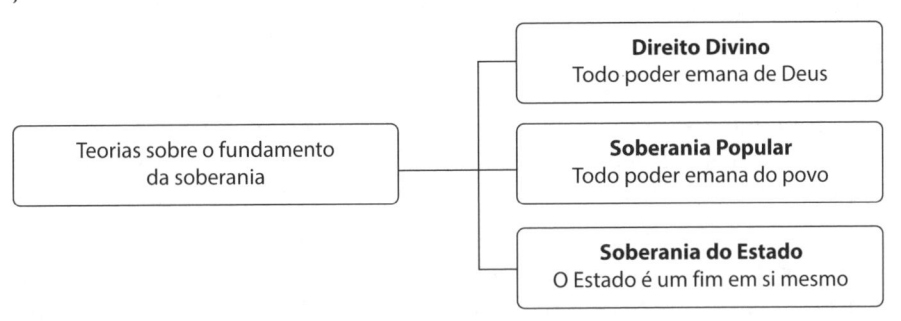

Direito Divino
Todo poder emana de Deus

Teorias sobre o fundamento da soberania

Soberania Popular
Todo poder emana do povo

Soberania do Estado
O Estado é um fim em si mesmo

Cabe concluirmos com uma análise de cunho mais objetivo e relativa aos *aspectos jurídicos* da soberania, a qual pode, nessa abordagem, ser definida de forma sucinta como *o poder de autodeterminação do Estado que não reconhece interna e externamente autoridade superior à sua*. Dessa forma, o Estado possui *autonomia* com relação a fatores de ordem interna e *independência* com relação aos demais Estados[38].

Diante dessa abordagem, a questão da soberania comporta, na atual conjuntura política global, diversas questões relevantes a serem discutidas. Inicialmente, será preciso explicar o aspecto interno (*autonomia*) e o aspecto externo (*independência*) desse poder de autodeterminação. Após, realizaremos uma análise da soberania a partir de duas abordagens distintas, a *formal* e a *fática*; afinal, podemos falar de aspectos formais e, portanto, verificar se, do ponto de vista jurídico, determinado Estado possui ou não soberania e, também, podemos realizar uma análise fática, verificando se, de fato, o Estado exerce com plenitude sua soberania, considerando suas condições políticas, econômicas e culturais com relação a eventuais poderes internos e com relação a outros Estados (plano externo).

---

38 Para uma visão mais ampla acerca do conceito: "O termo soberania tem sido utilizado de quatro maneiras diferentes: soberania jurídica internacional, soberania westfaliana, soberania doméstica e soberania de interdependência. A soberania jurídica internacional refere-se às práticas associadas ao reconhecimento mútuo, geralmente entre entidades territoriais que possuem independência jurídica formal. A soberania westfaliana diz respeito à organização política baseada na exclusão de atores externos das estruturas de autoridade dentro de um determinado território. A soberania doméstica refere-se à organização formal da autoridade política dentro do Estado e à capacidade das autoridades públicas de exercer controle efetivo dentro dos limites de sua própria ordem política. Por fim, a soberania de interdependência refere-se à capacidade das autoridades públicas de regular o fluxo de informações, ideias, bens, pessoas, poluentes ou capital através das fronteiras de seu Estado" (KRASNER, Stephen D. **Sovereignty:** organized hypocrisy. Princeton: Princeton University Press, 1999, p. 4-5).

No que tange à *autonomia* com relação a forças internas, é importante entender que o Estado possui exclusividade de jurisdição dentro de seu território. Assim, o direito posto pelo Estado é aplicado em seu território, excluindo-se todas as outras ordens jurídicas incompatíveis que eventualmente apareçam como concorrentes. Aqui, estamos nos referindo ao não reconhecimento, pelo Estado, do chamado poder paralelo, isto é, de grupos que estabelecem o controle de determinado território e nele implementam regras próprias, ignorando – ou negando – a jurisdição do Estado sobre aquele território. Do ponto de vista formal, é claro que o Estado não reconhece tal poder paralelo e sustenta que, em todo território nacional, vigora com exclusividade sua ordem jurídica. Repare que este é um ponto de vista formal sobre a questão, de modo que, no plano fático, é plenamente possível que Estados percam o controle – e, portanto, a capacidade de aplicação de sua ordem jurídica – sobre parte do seu território.

Quanto à *independência* com relação aos demais Estados, temos que, no plano externo – comunidade internacional –, o Estado não reconhece autoridade superior à sua e, portanto, todos os Estados soberanos encontram-se, do ponto de vista formal, num mesmo plano no que tange ao seu poder – ou seja, em patamar de igualdade.

Nesse sentido, vale destacar os princípios que regem as relações internacionais, conforme expostos no art. 4º da Constituição Federal de 1988; são eles: independência nacional; prevalência dos direitos humanos; autodeterminação dos povos; não intervenção; igualdade entre os Estados; defesa da paz; solução pacífica dos conflitos; repúdio ao terrorismo e ao racismo; cooperação entre os povos para o progresso da humanidade; e concessão de asilo político.

Sendo esses os princípios estabelecidos pelo nosso texto constitucional, destacamos, para os fins do que aqui se pretende expor, os princípios da independência nacional, da autodeterminação dos povos, o da não intervenção e o da igualdade entre os Estados. A partir de tais princípios, verificamos que o Brasil manifesta sua insubordinação com relação a qualquer poder extrínseco ao Estado brasileiro e, por outro lado, respeita o mesmo direito quando em sua relação com outros Estados, respeitando a soberania dos demais Estados. Há ainda o princípio da não intervenção, pelo qual o Estado brasileiro assume o compromisso de não interferir nos assuntos internos de outros Estados, respeitando, portanto, sua soberania, assim como espera que a sua seja respeitada, na medida em que o último princípio aqui destacado (igualdade entre os Estados) deixa claro que há uma relação horizontal entre os Estados e, portanto, eles são juridicamente iguais nas relações exteriores.

Para fundamentar esse aspecto formal, podemos mencionar alguns dispositivos jurídicos de direito internacional, bem como existentes em nossa Constituição. Inicialmente, cabe lembrar que a Carta da ONU de 1945 estabelece em seu art. 2º, parágrafo 1º, que: "A Organização é baseada no princípio da igualdade soberana de todos os seus membros". Já a Carta da OEA em seu art. 3, item "b" estabelece que: "A ordem internacional é constituída essencialmente pelo respeito à personalidade, soberania e independência dos Estados e pelo cumprimento fiel das obrigações emanadas dos tratados e de outras fontes do direito internacional". Internamente, nossa Constituição Federal de 1988 estabelece a soberania como fundamento da República Federativa do Brasil (art. 1º, I) e, conforme já mencionado, o Brasil atua nas suas relações internacionais com independência (art. 4º, I).

Feita a análise dos aspectos internos e externos da soberania, precisamos destacar que, não obstante sua previsão legal – aspecto formal –, o Estado pode encontrar problemas em sua efetivação prática – aspecto fático. Assim, embora tenhamos a previsão legal em diplomas jurídicos internos, bem como externos (tratados, convenções etc.), nada disso garante que não haja relação de dependência advinda de pressões realizadas tanto no plano interno, quanto no plano externo e o Estado esteja, portanto, impossibilitado de exercer plenamente sua soberania. Diante disso, é possível que tenhamos contextos fáticos em que a soberania será relativa (em maior ou menor grau).

Essa análise deve ser feita à luz da recente globalização, que tornou as relações sociais, políticas, econômicas e culturais entre os Estados bastante intensas. Nesse contexto, "o Estado moderno não deixa de ser soberano, mas tal soberania deve ser exercida de forma consciente, dentro da comunidade internacional, e para tanto, deve, antes de tudo, sob pena de não conseguir cumprir seu papel interna e internacionalmente, cooperar com os demais Estados e com organismos internacionais"[39]. Assim, o Estado acaba por reger suas relações com independência, porém atento ao contexto político e, é claro, econômico no qual está inserido, objetivando uma boa relação com seus pares, bem como a implementação efetiva dos direitos humanos e dos pactos e tratados celebrados; isso inclui até mesmo sua submissão a mecanismos internacionais de fiscalização e acaba por estabelecer um sentido cooperativo da soberania num contexto de uma comunidade internacional que busca, por meio da responsabilidade e da solidariedade, a prosperidade, bem como a solução dos grandes problemas enfrentados pela humanidade.

Ademais, fatores de ordem bélica e econômica, por exemplo, comumente acabam deturpando o conceito clássico de soberania exposto aqui e isso tanto do ponto de vista interno – sendo o Estado por vezes impotente diante de poderes paralelos –, quanto do ponto de vista externo – sendo o Estado submisso às ordens e às vontades de outro em virtude de pressões ou ameaças. Dessa forma, o conceito teórico de soberania revela-se relativo diante das dinâmicas de poder, seja em razão de atores internos que desafiam o monopólio estatal, seja pelas pressões e ingerências de potências econômicas e/ou bélicas no plano internacional.

Nesse diapasão, cabe destacar a lição de Ferrajoli[40] ao apontar que "nem mesmo o povo é soberano no antigo sentido de *superiorem non recognoscens* ou de *legibus solutus*; e menos ainda o é a maioria, pois a garantia dos direitos de todos – até mesmo contra a maioria – tornou-se o traço característico do estado democrático de direito". Assim, o autor compreende o esvaziamento do conceito de soberania na sua dimensão interna. Já do ponto de vista externo, a Carta da ONU inaugura um sistema de direito internacional que cria uma espécie de ordenamento jurídico supraestatal, baseado nos tratados e pactos celebrados entre suas partes. Estabelece-se, também aqui, outra limitação – agora de ordem externa – à soberania.

---

39   HUZEK, Carlos Roberto. **Curso de direito internacional.** 14ª ed. São Paulo: LTr, 2017, p. 211.
40   FERRAJOLI, Luigi. **A soberania no mundo moderno**: nascimento e crise do Estado nacional. Trad. Carlo Coccioli, Márcio Lauria Filho e Karina Jannini. São Paulo: Martins Fontes, 2002, p. 33.

Diante disso é que Ferrajoli[41] irá compreender a história jurídica da soberania como a antinomia entre direito e soberania, apontando-os como incompatíveis, já que internamente a soberania esbarra na concepção de Estado de direito e, externamente, nas declarações, tratados e pactos de direito internacional. Em resumo, esvazia-se o conceito clássico de soberania atrelado ao contexto – absolutista – de seu nascimento, que o apontava como poder absoluto.

6.1.6 Reconhecimento externo

O *reconhecimento externo*, por fim, refere-se a um aspecto subjetivo dentre os elementos constitutivos do Estado, vez que se trata do reconhecimento por parte de outro(s) Estado(s), bem como por organizações internacionais, de que determinado Estado tem *status* de soberano. Referido reconhecimento pode se dar por ato unilateral de um Estado (expresso ou tácito) e pode também ocorrer no âmbito de manifestações formais de organizações internacionais.

Há, basicamente, duas teorias sobre a natureza do reconhecimento externo. A *teoria constitutiva* dispõe que o ato de reconhecimento por parte dos demais Estados constitui um novo Estado, outorgando-lhe personalidade jurídica. Assim, a existência de um Estado depende do seu reconhecimento pelos demais. Já a *teoria declaratória* apresenta entendimento diverso e aponta o reconhecimento como mera aceitação, por outro(s) Estado(s), de uma situação de fato já existente, ou seja, o Estado (a ser reconhecido) já é Estado soberano, independentemente do reconhecimento pelos demais Estados.

Há fortes argumentos em defesa da teoria declaratória. Inicialmente, há a noção de que a necessidade do reconhecimento externo para a constituição do Estado viola a própria noção de soberania, na medida em que essa é compreendida como um poder de autodeterminação que, portanto, independente de outros Estados. Adicionalmente, tal teoria se baseia no *direito de autodeterminação dos povos*, de importante relevância histórica e que aparece em diplomas internacionais de destaque.

Quanto à nossa visão, compreendemos a importância histórica do direito de autodeterminação dos povos em contextos de descolonização, no pós-guerra e durante a desfragmentação do bloco soviético, bem como a relevância desse conceito para a própria caracterização da soberania; entretanto, na atual conjuntura, sustentamos o entendimento de que todos os elementos constitutivos do Estado analisados ao longo deste capítulo (povo, território, governo, ordem jurídica própria, soberania e reconhecimento externo) devem existir concomitantemente para que um Estado seja caracterizado como tal. É claro que, em se tratando do reconhecimento externo, não é possível qualquer análise binária do problema; daí apontar que ele deve ser *suficiente* para que o Estado possa exercer sua soberania.

Entendemos, ainda, que o apontamento deste elemento constitutivo – reconhecimento externo suficiente – está em linha com a Convenção de Montevidéu sobre os Direitos e Deveres dos Estados (1933), que, conforme já anotado, aponta que o Estado como pessoa de Direito Internacional deve possuir *capacidade de entrar em relações com os demais Estados*

---

41 FERRAJOLI, Luigi. **A soberania no mundo moderno**: nascimento e crise do Estado nacional. Trad. Carlo Coccioli, Márcio Lauria Filho e Karina Jannini. São Paulo: Martins Fontes, 2002, p. 32-44.

(além de população permanente, território determinado e governo). Em nosso entendimento, essa capacidade está associada a algum nível de reconhecimento externo.

Dizemos "em alguma medida relevante" ou "reconhecimento externo suficiente para o exercício da soberania", lembrando que esse ponto se insere inevitavelmente no contexto das relações político-diplomáticas entre os Estados e entre esses e as diversas organizações internacionais, de modo que não é possível precisar como e em que quantidade o reconhecimento externo deve se dar para que um Estado possa exercer com plenitude sua soberania. Afinal, o reconhecimento refere-se à declaração, por uma pessoa jurídica internacional, acerca da condição jurídica de outra pessoa jurídica internacional, com efeito nas relações bilaterais entre esses dois Estados e, também, com efeitos internos para cada um deles, conforme dispor sua legislação[42]; de tal modo que o não reconhecimento de um Estado por apenas um outro Estado, por exemplo, não o descaracteriza como tal, mas apenas mina as relações entre esses Estados. Entretanto, a ausência de reconhecimento externo em larga medida inviabiliza que determinado Estado possa exercer sua soberania que, mesmo sendo decorrente de sua autodeterminação, não se efetivará na prática. Ora, a ausência de soberania configuraria a ausência de um elemento constitutivo do Estado e, portanto, o descaracterizaria como tal. Repare, portanto, que o elemento constitutivo *soberania* se conecta diretamente com o *reconhecimento externo* aqui trabalhado.

Dessa forma, o que propomos aqui ao colocar o reconhecimento externo como elemento constitutivo do Estado é inserir esse aspecto subjetivo – ligado à soberania de cada Estado em reconhecer ou não outros como tal – dentro de um contexto político--diplomático de uma comunidade internacional na qual o não reconhecimento de um Estado por parte significativa dos demais e/ou por organizações internacionais relevantes, acarreta prejuízos no efetivo exercício de sua soberania, o que, por consequência, tem o potencial de descaracterizá-lo como Estado.

Vale ainda anotar que a caracterização de um Estado não pode se dar por meio de uma verificação objetiva dos chamados elementos constitutivos; ao contrário, sabemos que a manifestação fática desses elementos se relaciona a questões de ordem prática que imprimem a tais elementos uma natureza subjetiva pertinente a tudo aquilo que se encontra abarcado pela política.

Malcom N. Shaw[43], por exemplo, compreende que o reconhecimento externo consiste em ato declaratório e não constitutivo do Estado, embora destaque que o reconhecimento é relevante, pelo menos como forte indício de que os demais elementos de formação do Estado foram atendidos.

A Carta da OEA – Organização dos Estados Americanos – apresenta em seu art. 14 uma definição de reconhecimento que podemos utilizar: "O reconhecimento significa

---

42   Outra definição possível de reconhecimento externo é: "ato unilateral – nem sempre explícito – com que um Estado, no uso de sua prerrogativa soberana, faz ver que entende presentes numa entidade homóloga a soberania, a personalidade jurídica de direito internacional idêntica à sua própria, a condição de Estado." (REZEK, José Francisco. **Direito internacional público:** curso elementar. 17ª ed. São Paulo: Saraiva, 2018, p. 273).

43   SHAW, Malcolm N. **Direito internacional.** Trad. de Marcelo Brandão Cipolla, Lenita Ananias do Nascimento, Antônio de Oliveira Sette-Câmara. São Paulo: Martins Fontes, 2010, p. 155.

que o Estado que o outorga aceita a personalidade do novo Estado com todos os direitos e deveres que, para um e outro, determina o direito internacional". Trata-se de uma noção de importante valia para fins do que aqui pretendemos demonstrar, embora a mesma carta diga, em seu art. 13, que o reconhecimento não é elemento essencial para a existência de um Estado, filiando-se à teoria declaratória. Vejamos:

> Art. 13. A existência política do Estado é independente do seu reconhecimento pelos outros Estados. Mesmo antes de ser reconhecido, o Estado tem o direito de defender a sua integridade e independência, de promover a sua conservação e prosperidade, e, por conseguinte, de se organizar como melhor entender, de legislar sobre os seus interesses, de administrar os seus serviços e de determinar a jurisdição e a competência dos seus tribunais. O exercício desses direitos não tem outros limites senão o do exercício dos direitos de outros Estados, conforme o direito internacional.

Trata-se, obviamente, de entendimento diverso daquele que apresentamos nesta obra, embora compreensível, em especial em virtude da importância histórica do conceito de autodeterminação dos povos – sobretudo em se tratando de movimentos independentistas relacionados a ex-colônias. Nesse sentido, entendemos que um Estado deve ser soberano para ser considerado como tal e que, sem o reconhecimento externo – em alguma medida substancial –, a ideia de soberania ficará fatalmente prejudicada, descaracterizando-o como Estado.

Repare, por fim, que esse requisito – o reconhecimento externo –, por ser de ordem subjetiva, está imerso na complexidade típica das relações internacionais de natureza político-diplomáticas e, portanto, sua verificação em muitos casos pode ser incerta, bem como apontada como desnecessária, conforme entende a própria OEA. De toda forma, embora tal elemento constitutivo do Estado seja controverso e imerso na complexidade das relações político-diplomáticas da comunidade internacional, compreendemos que é necessário um mínimo de reconhecimento externo para que a soberania do Estado possa ser exercida – afinal, só assim o Estado poderá entrar em relações com os demais Estados[44]. Nessa linha:

> Portanto, além dos elementos constitutivos internos ao Estado, um elemento externo, de extrema importância, de natureza subjetiva, é seu reconhecimento pela comunidade internacional. Neste sentido, é correta a afirmação de J. P. Dupuy, de que o elemento subjetivo (ou político) externo é o mais importante no reconhecimento de um novo Estado. Desta forma, há uma espécie de *controle* dos Estados mais poderosos sobre o aparecimento de novos Estados, criando relações de dependência mais ou menos claras, conforme cada caso. Essa subordinação é denominada por alguns autores de *um direito de cooptação adquirido com a potência*. Seu principal obstáculo é o conceito de *soberania*, um conceito jurídico que, por sua vez, também guarda um forte conteúdo político que fundamenta o princípio da independência do Estado. Como veremos, *é no equilíbrio entre a soberania do Estado e o domínio das Relações Internacionais pelos Estados mais poderosos que ocorre o reconhecimento de um novo Estado*[45].

---

44 Cumprindo, com isso, o inciso IV do art. 1º da Convenção de Montevidéu sobre os Direitos e Deveres dos Estados (1933).

45 VARELLA, Marcelo Dias. **Direito internacional público**. 8ª ed. São Paulo: Saraiva, 2019, p. 112.

O trecho anterior evidencia a principal questão teórica em torno do tema em análise, já que a teoria constitutiva é incompatível com a própria ideia de soberania – uma vez que esta pressupõe precisamente a independência do Estado com relação aos demais.

Ainda, a posição das grandes potências no âmbito das negociações políticas de reconhecimento ou não de um Estado possibilita à doutrina apontar a teoria constitutiva como uma posição teórica viciosa e alinhada a uma perspectiva colonial[46].

Diante disso, é preciso destacar que nossa posição, ainda que intermediária entre as teorias aqui apontadas, é minoritária na doutrina e sustenta-se por uma espécie de primazia da realidade sobre o plano teórico. Isto, pois na prática política internacional, a falta completa ou significativa de reconhecimento externo torna o Estado em potencial inapto a firmar relações jurídicas internacionais (descaracterizando-se como Estado, nos termos da já mencionada Convenção de Montevidéu sobre os Direitos e Deveres dos Estados de 1933) e, ainda, torna sua soberania sem efetividade. Ora, se se considera a soberania como elemento constitutivo do Estado – e respeitamos aqueles que não a aceitam como tal – a falta de efetividade deste elemento nos levaria à conclusão inevitável de que os elementos necessários e suficientes à caracterização do Estado não se verificam e, portanto, é possível inserirmos o reconhecimento externo no rol de elementos constitutivos do Estado.

Por fim, destacamos que o entendimento anteriormente exposto – sobretudo por se tratar de posição minoritária – não pode ser considerado inequívoco, sendo nossa função aqui trazer para os manuais de Teoria Geral do Estado e Ciência Política uma discussão que normalmente fica restrita ao campo do direito internacional. Busca-se, desse modo, fomentar a reflexão do leitor por meio de debates que certamente contribuem para uma melhor compreensão do que é o Estado e de como ele se insere nas complexas relações internacionais.

Filmografia

Argo – *EUA, 2012*

Cruzada – Reino Unido/EUA/Alemanha, 2005

Hotel Ruanda – Reino Unido/Itália/África do Sul/EUA, 2004

Limoeiro – Israel, 2008

Paradise now – Países Baixos/Palestina/Israel/Alemanha/França, 2005

Quo Vadis, Aida? – Bósnia e Herzegovina, 2020

---

46 "O reconhecimento dos demais Estados, por seu turno, não é constitutivo, mas meramente declaratório da qualidade estatal. Ele é importante, sem dúvida, na medida em que indispensável a que o Estado se relacione com seus pares, e integre, em sentido próprio, a comunidade internacional. Mas seria uma proposição teórica viciosa – e possivelmente contaminada pela ideologia colonial – a de que o Estado depende do reconhecimento de outros Estados para existir." (REZEK, José Francisco. **Direito internacional público**: curso elementar. 17ª ed. São Paulo: Saraiva, 2018, p. 97).

 Questões Objetivas

1. De acordo com Jean Bodin, a soberania é o "poder absoluto e perpétuo de uma República". Na visão do referido autor, são características da soberania:

   a) unidade, divisibilidade, inalienabilidade e imprescritibilidade.

   b) unidade, indivisibilidade, inalienabilidade e imprescritibilidade.

   c) unidade, coesão, inalienabilidade e completude.

   d) unidade, supremacia, inalienabilidade e autodeterminação.

2. "[…] uma sociedade natural de homens, na qual a unidade do território, de origem, de costumes, de língua e a comunhão de vida criaram a consciência social". Esta é a definição clássica de:

   a) povo.

   b) população.

   c) Estado.

   d) nação.

3. Quanto à relação entre Estado e governo, assinale a opção correta:

   a) Governo e Estado se confundem, de modo que as palavras podem ser usadas indistintamente.

   b) Estado é uma instituição permanente e o governo é um de seus elementos constitutivos, sendo o governo responsável pelo exercício do poder do Estado.

   c) Estado é o gênero do qual governo é a espécie.

   d) O governo é permanente, enquanto o Estado é transitório.

 Questões Dissertativas

1. Caracterize os elementos constitutivos do Estado e apresente as principais controvérsias doutrinárias relacionadas ao tema.

2. Relacione a importância da delimitação do território de um Estado com o exercício de sua soberania.

3. Aproxime e diferencie os conceitos de Estado e nação.

 Caso Prático

Em 17 de fevereiro de 2008, Kosovo declarou sua independência com relação à Sérvia. Na declaração de independência lia-se:

"Nós, os líderes democraticamente eleitos de nosso povo, declaramos Kosovo como um Estado independente e soberano. Esta declaração reflete o desejo de nosso povo e está inteiramente de acordo com as recomendações do Enviado Especial da ONU Martti Ahtisaari e de sua proposta para a situação de Kosovo. Nós declaramos Kosovo como uma república democrática, secular e multiétnica, guiada pelos princípios da não discriminação e da igual proteção perante a lei. Nós devemos proteger e promover os direitos de todas as comunidades em Kosovo e criar as condições necessárias para sua efetiva participação na política e nos processos de tomada de decisão."

Logo após essa declaração, diversos Estados, incluindo os Estados Unidos e o Reino Unido, reconheceram Kosovo como um Estado soberano, enquanto outros, como Rússia, Espanha e a própria Sérvia, negaram explicitamente a independência e, portanto, a condição de Estado soberano de Kosovo. Em 22 de julho de 2010, o Tribunal Internacional de Justiça (TIJ) decidiu que a declaração não violou o direito internacional.

Com base no caso real descrito acima, discuta a importância do *território determinado* e do *reconhecimento externo* como elementos constitutivos do Estado.

FORMAS DE ESTADO

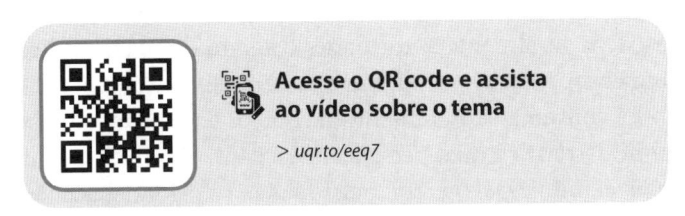

Acesse o QR code e assista ao vídeo sobre o tema

> uqr.to/eeq7

Os Estados podem se organizar de diversas maneiras, tanto do ponto de vista interno, quanto externo. No que tange à organização interna, temos o *Estado Unitário* e o *Estado Federal (Federação)*, os quais geralmente são apontados pela doutrina como *Estados simples*, considerando que há nessas formas apenas uma soberania. Quanto à organização externa, isto é, aos modos de organização e união com outros Estados soberanos, temos a *Confederação*, bem como *outras formas de união entre Estados*. As Confederações e as outras formas de união entre Estados, por sua vez, são consideradas pela doutrina como formas de *Estados compostos*, vez que consistem em uniões formadas por dois ou mais Estados que conservam suas soberanias.

7.1 ESTADO UNITÁRIO

No *Estado unitário* verificamos uma concentração do poder político em uma única esfera, que acaba por centralizar geograficamente a administração pública, a produção legislativa e a prestação jurisdicional. Assim, todo o poder político emana de uma só fonte, que é o poder central. Dessa forma, os poderes Legislativo, Executivo e Judiciário centralizam-se na esfera da capital e todas as eventuais ramificações dessas funções espalhadas pelo Estado são apenas delegações realizadas pelo poder central que, como dito, unifica o poder. Vale esclarecer que, em se tratando de Estados democráticos de Direito, considera-se que essa centralização das funções executiva, legislativa e judiciária representa apenas uma organização dessas funções num mesmo nível e não qualquer forma de concentração na mão de um único líder ou de um único órgão.

Repare, portanto, que tais características parecem ser mais adequadas a Estados com território reduzido e, dada a complexidade dos Estados contemporâneos, é quase impossível não haver algum nível de descentralização administrativa do poder dentro do Estado. Assim, acabamos por diferenciar os Estados unitários em *puros* e *descentralizados*.

O *Estado unitário puro* é aquele que centraliza o poder numa única esfera, sem a necessidade de qualquer descentralização administrativa, ou seja, não se atribui qualquer competência administrativa, legislativa ou judiciária a Municípios, Comunas, Províncias ou regiões autônomas e, portanto, há realmente um único centro de poder que concentra em seu nível as funções executiva, legislativa e judiciária.

São exemplos de Estados unitários puros os chamados microestados, por exemplo Mônaco e Santa Sé; afinal, considerando as características mencionadas, tal forma de organização interna somente pode ser aplicável em Estados cujo território assemelha-se ao de uma cidade.

O *Estado unitário descentralizado*, por sua vez, é aquele que, embora haja um único centro de poder, há uma descentralização das funções executiva, legislativa e/ou judiciária para subdivisões internas, ou seja, às Comunas, Províncias, regiões autônomas etc. Nessas subdivisões, existem geralmente autoridades constituídas e eleitas pelos cidadãos da referida região, com competências executivas e poderes legislativos com certa autonomia concedida pelo poder central. Eventualmente, há braços da função judiciária, sendo certo que a estrutura administrativa à qual pertencem é a central. Ainda que haja esse aparato administrativo de nível municipal ou regional, todas as autoridades acabam por ser meras delegações dos órgãos centrais, centralizados na capital; portanto, permanece a existência de apenas uma esfera de poder estatal, motivo pelo qual, ainda que descentralizados, tais Estados permanecem sendo unitários.

É claro que a exposição acima parte de uma teoria geral e, na prática, é possível encontrarmos Estados unitários descentralizados com características muito particulares, as quais decorrem de inúmeros fatores, como aqueles de ordem história ou política. São exemplos de Estados unitários descentralizados a Espanha[1] (que possui dezessete comunidades autônomas) e a Itália (dividida em vinte regiões).

7.2   ESTADO FEDERAL (FEDERAÇÃO)

O *Estado Federal*, também chamado de *Federação*, é um Estado soberano criado pela união perpétua e indissolúvel de Estados meramente autônomos sob a égide de uma Constituição. Há, nesse caso, uma subdivisão interna de Estados não soberanos, que comumente denominamos Estados-membros, embora por vezes se chamem Província ou Cantão, os quais possuem certo grau de autonomia, conforme determinado pela Constituição.

A união formada pelos Estados-membros é indissolúvel e, portanto, dizemos que a secessão não é permitida, isto é, não é possível a um Estado-membro se desligar da Federação. Isso pode ser fundamentado, no caso brasileiro, no art. 1º da Constituição Federal de 1988, bem como no art. 60, § 4º, inciso I, o qual traz como cláusula pétrea a forma federativa. Note-se que a palavra Federação provém do latim *foedus/foederis*, cujo significado é união/associação. Cabe destacar que a defesa da unidade territorial de um Estado não é particularidade da forma federativa, de modo que os Estados unitários tão pouco permitem qualquer forma de desmembramento de suas regiões.

---

1   Destaque para o art. 2º da Constituição Espanhola: "A Constituição fundamenta-se na indissolúvel unidade da Nação espanhola, pátria comum e indivisível de todos os espanhóis, e reconhece e garante o direito à autonomia das nacionalidades e regiões que a integram e a solidariedade entre todas elas."

Ademais, verifica-se na Federação uma pluralidade maior de esferas legislativas, isto é, há a legislação própria do Estado-membro, que é distinta, autônoma e correlacionada com a legislação federal, a cargo da Federação (também chamada de União) e, adicionalmente, temos as leis municipais. São exemplos de Federações o Brasil, os Estados Unidos da América e a Argentina.

Historicamente, trata-se de uma criação americana, especificamente resultante da Convenção de Filadélfia de 1787, de onde emerge a Constituição dos Estados Unidos da América, que criou um Estado de tipo federativo, em substituição à Confederação dos Estados Unidos da América, regida até então pelos Artigos da Confederação assinados em 1777 e ratificados em 1781. Nessa transição, os Estados até então soberanos – reunidos em torno de uma Confederação – abdicaram de sua soberania para fazer parte do Estado de tipo federativo e se sujeitaram a uma mesma Constituição. Nesse contexto, o Estado Federal passa a conferir nacionalidade única a seus cidadãos e não admite a possibilidade de secessão dos Estados federados, isto é, a retirada de um dos Estados-membros da Federação. Analisaremos as confederações no tópico a seguir.

Diante disso, podemos diferenciar Estados unitários de Estados Federais a partir de sua forma de organização interna, notadamente pela existência nos Estados Federais de poderes legislativo e executivo típicos de Estados-membros que, portanto, possuem competências administrativas e legislativas próprias e correlacionadas com as competências federais.

Dessa forma, falamos em *soberania* quando nos referidos a Estados e em *autonomia* quando nos referimos aos chamados entes federativos, ou seja, a Estados-membros e municípios (e Distrito Federal, no caso brasileiro), na medida em que estes possuem tal autonomia dentro dos moldes e limites conferidos pela Constituição Federal. Assim, podemos definir a ideia de autonomia como uma área de competência fixada pelo texto constitucional. Diante disso, em Federações verificamos a submissão dos indivíduos a três ordens jurídicas sobrepostas: municipal, estadual e federal. Vejamos, para elucidar a questão, o art. 18 da Constituição Federal de 1988:

> Art. 18. A organização político-administrativa da República Federativa do Brasil compreende a União, os Estados, o Distrito Federal e os Municípios, todos autônomos, nos termos desta Constituição.

Nesse ponto, é importante compreendermos que, no caso brasileiro, não há tal coisa como a supremacia da União sobre os Estados-membros, mas sim esferas de competência dispostas no texto constitucional, de modo que não cabe à União, por exemplo, invadir a esfera de competência estadual.

Vale ainda destacar que, no caso do federalismo brasileiro, os Estados-membros possuem um aparelhamento similar ao da própria União, isto é, possuem Poder Executivo, Legislativo e Judiciário. Já no caso dos Municípios, há apenas o Poder Executivo (Prefeitura) e Legislativo (Câmara dos Vereadores) na esfera municipal.

Diante do exposto até aqui, as características fundamentais do Estado Federal são as seguintes: estrutura policêntrica, autonomia constitucional dos entes federativos, superposição de duas ou mais esferas políticas, superposição de duas ou mais esferas jurídicas, indissolubilidade do pacto associativo e cidadania única[2].

Nesse ponto, é possível apontar como vantagens do modelo federativo sobre o modelo unitário a autonomia regional, permitindo a aplicação de políticas públicas conforme o contexto de cada Estado-membro; uma possível eficiência administrativa diante da maior proximidade com o cidadão; e, por fim, uma maior resiliência em tempos de crise, diante da descentralização do poder.

Do ponto de vista negativo, a complexa estruturação de uma administração pública municipal, estadual e federal acaba por gerar aparatos burocráticos numerosos, aumentando o custo do Estado, além de gerar uma intrincada relação de repartições de receitas e despesas. Ademais, abre-se a possibilidade da chamada guerra fiscal, na medida em que os diferentes entes federativos possuem autonomia para alterar alíquotas de impostos estaduais ou municipais, conforme o caso. Como resultado, podemos ter uma desigualdade entre os entes federativos, com prejuízos sobre a aplicação de políticas públicas.

Vantagens da forma federativa	– Autonomia regional.
	– Proximidade com o cidadão.
	– Descentralização do poder.
Desvantagens da forma federativa	– Maior burocracia.
	– Possíveis problemas orçamentários e guerra fiscal.

Outra característica peculiar das Federações refere-se à existência de um *Poder Legislativo bicameral* na esfera federal, composto por Câmara dos Deputados e Senado Federal, no caso do Brasil (art. 44 da CF/88), notadamente influenciado pelo modelo norte-americano. Nesse modelo, a Câmara dos Deputados tem como objetivo representar o povo (art. 45 da CF/88), enquanto o Senado Federal busca a representatividade dos Estados e do Distrito Federal (art. 46 da CF/88). Repare que o Senado Federal é composto por oitenta e um senadores, sendo três para cada unidade e, portanto, há uma representatividade parelha entre os Estados e o Distrito Federal.

Entretanto, é bem verdade que em algumas Federações, como no Brasil, o nível de autonomia dos Estados-membros é razoavelmente baixo, especialmente quando comparamos com os Estados-membros da Federação norte-americana. No caso do Brasil, há um rol extenso de assuntos no art. 22 da Constituição Federal de 1988 que são de competência privativa da União, dentre eles constam questões afetas ao direito penal, por exemplo. Assim, a União é a única dentro do território brasileiro que legisla em matéria penal e, portanto, não compete aos Estados-membros legislar sobre tal assunto, de tal modo que os crimes são padronizados em todo o território nacional. Sabe-se, entretanto, que nos Estados Unidos o mesmo não ocorre. Há uma competência legislativa em matéria penal no âmbito dos Estados-membros e, portanto, há condutas tipificadas como crimes em alguns Estados-membros que são lícitas em outros, fato que denota diferença substancial

---

2   RANIERI, Nina. **Teoria do Estado:** do Estado de Direito ao Estado Democrático de Direito. 2ª ed. Barueri: Manole, 2019, p. 147-148.

com relação ao nosso modelo federativo. Essa distinção decorre notadamente de fatores históricos inerentes à formação do Estado americano, bem como de outras Federações advindas de confederações, o que não ocorreu com o Estado brasileiro.

Por fim, destacamos que as regras gerais relativas a Estados unitários e federais, apresentadas anteriormente, devem ser analisadas com cautela, pois a subdivisão política e administrativa de territórios depende de diversos fatores, especialmente de ordem histórica. Assim, cada Estado possui suas peculiaridades que, em alguns casos, fogem à regra. No caso do México (Estados Unidos Mexicanos), por exemplo, trata-se de um Estado Federal formado por várias entidades federativas, como o "Estado libre y Soberano de Nuevo León", cuja capital é Monterrey. Vale notar que esse ente federativo mantém o título de soberano, apesar de integrar o Estado Mexicano.

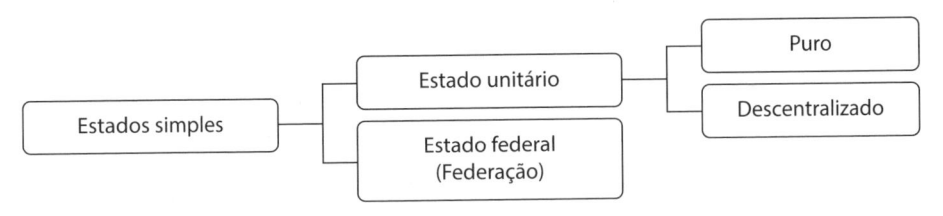

7.3 CONFEDERAÇÃO

A *Confederação* consiste na união permanente de dois ou mais Estados soberanos, que se reúnem para determinados fins (de defesa, econômico, político etc.), criada por um tratado, um pacto ou uma convenção e que estabelece uma estrutura de organização permanente para que seus objetivos possam ser alcançados. Dessa forma, trata-se aqui de uma união entre Estados soberanos. Vale destacar, então, que a Confederação não consiste ela mesma num Estado soberano, mas numa mera união de Estados – esses sim soberanos.

Assim, a manutenção da soberania pelos Estados que fazem parte da Confederação é seu traço característico fundamental. Como consequência da soberania dos seus membros, é natural que seja possível a secessão no caso da Confederação, ou seja, um Estado que faz parte de uma Confederação pode se retirar dela a qualquer momento, já que se trata de um Estado soberano.

Vale ressaltar que as decisões tomadas pelos órgãos decisórios da Confederação são aplicáveis aos seus membros, ou seja, aos Estados soberanos que dela fazem parte. Nesse sentido, a Confederação não possui qualquer poder com relação direta aos cidadãos dos Estados[3]. Portanto, a Confederação não confere cidadania ao indivíduo ou garante seus direitos. Trata-se novamente de uma consequência da soberania dos Estados membros que, portanto, não se deixam atravessar pela Confederação.

Em nossa leitura, é impreciso apontar confederações na Idade Média ou na Antiguidade, vez que as formas de organização social verificadas nesses momentos divergem substancialmente do Estado moderno, sobretudo por faltar-lhes soberania, sendo o conceito de confederação aplicável apenas a partir do surgimento dos Estados tal como aqui

---

3   JELLINEK, Georg. **Teoría general del Estado.** Trad. y prólogo de Fernando de los Ríos. México: FCE, 2000, p. 659.

foram definidos. Por isso, os exemplos de confederações que consideramos adequados são tais como a Confederação dos Estados Unidos da América e a Confederação Suíça[4], sendo certo que em ambos os casos as confederações foram substituídas por Estados Federais, ainda que o caso suíço tenha suas particularidades e mantenha até hoje a denominação de Confederação Suíça. Diante dos exemplos históricos disponíveis, é fundamental apontar que um dos traços característicos de uma Confederação é precisamente o propósito de tornar-se uma Federação; o que nos leva ao estudo comparativo entre Federação e Confederação, bem como a compreender esse processo de transição.

7.4 DIFERENÇAS ENTRE FEDERAÇÃO E CONFEDERAÇÃO

A partir do que foi apresentado nos itens anteriores, podemos realizar um comparativo entre Federação e Confederação, com o propósito de reforçar a compreensão de ambos os conceitos.

Inicialmente, cabe destacar que há uma diferença substancial entre Federação e Confederação no que tange à *natureza jurídica*, pois enquanto a Federação é um Estado soberano, a Confederação consiste em mera união de Estados e, portanto, ela mesma não possui uma soberania que lhe é própria, sendo composta por Estados soberanos (inclusive por Federações).

Também podemos diferenciá-los quanto à *forma de criação*. Como vimos, as Confederações são criadas por documentos de direito internacional, tais como tratados, pactos ou convenções. Já as Federações são criadas a partir de uma Constituição que, inclusive, estabelece a competência de cada ente federativo, bem como as demais características das relações entre Estados-membros e desses com a União.

Outra diferença notável se refere à *natureza jurídica dos membros* de uma Federação e de uma Confederação. Como dito, a Federação é composta por Estados-membros, Províncias ou Cantões autônomos e, portanto, não soberanos; já a Confederação é composta por Estados soberanos; sendo essa, precisamente, a diferenciação de maior relevo para se verificar se estamos diante de uma Federação ou de uma Confederação, qual seja: se, ao se reunir com demais Estados, houve ou não a perda da soberania em detrimento da União. Se a resposta for positiva, a perda da soberania dos Estados unidos para formação da União resultou numa Federação, a qual terá, apenas ela, soberania. Já se a união entre Estados não acarretou para tais Estados a perda de sua soberania, teremos uma Confederação (ou outra espécie de união de Estados, tais como veremos a seguir).

Outra diferença se refere à *possibilidade de secessão*, isto é, do direito de se desligar da união. No caso das Federações, vimos que se trata de uma união indissolúvel entre Estados autônomos, porém não soberanos e, portanto, supõe-se perpétua, não conferindo aos Estados-membros, Províncias ou Cantões o direito de se desligarem da União. Já no caso das Confederações o mesmo não ocorre, pois em se tratando de Estados soberanos

---

4 "Normalmente citam-se como exemplos de confederações de Estados os Estados Unidos da América do Norte de 1781 até à entrada em vigor da Constituição federal de 1787, a Suíça de 1815 a 1848, a Confederação do Reno de 1806 até 1813, e a Confederação Germânica de 1815 até 1866." (ZIPPELIUS, Reinhold. **Teoria Geral do Estado**. Trad. Karin Praefke-Aires Coutinho e J.J. Gomes Canotilho. Lisboa: Fundação Calouste Gulbenkian, 1997, p. 516).

unidos por um tratado, um pacto ou uma convenção, é natural que, na qualidade de soberanos, nada os impeça de se desligarem da Confederação.

Por fim, temos que o *relacionamento com o cidadão* é feito diretamente no caso da Federação e indiretamente no caso da Confederação. Isso significa dizer, primeiro, que a nacionalidade atribuída ao cidadão é a da Federação e, no caso das Confederações, a nacionalidade atribuída ao cidadão é a do Estado do qual parte, não havendo atribuição de nacionalidade por parte da Confederação. Nesse sentido, todos os atos da Confederação são direcionados aos seus membros, ou seja, aos Estados soberanos que a compõe e esses, então, aplicam ou não as decisões internamente, em face dos seus cidadãos. Isso nada mais é do que um reflexo daquela diferenciação quanto à natureza jurídica dos membros, pois, se os membros da Confederação são os Estados soberanos, é com esses que a Confederação se relaciona (e não diretamente com os cidadãos dos Estados soberanos).

Assim, esquematicamente temos as seguintes diferenças entre Federação e Confederação:

	Natureza jurídica	Forma de criação	Natureza jurídica dos membros	Possibilidade de secessão	Relacionamento com o cidadão
Federação	Estado soberano (formado pela união de Estados autônomos)	Constituição	Estados-membros, Províncias ou Cantões	Vedada	Direto entre Estado e cidadão
Confederação	União de Estados Soberanos	Tratado, pacto ou convenção	Estados soberanos	Permitida	A Confederação não se relaciona diretamente com os cidadãos dos Estados

Em suma, podemos apontar distinções claras entre federações e confederações, sendo certo que o principal critério que os distingue é a questão da soberania (ou não) de seus membros.

Vale reafirmar que o entendimento mais presente na doutrina é o de que não há hoje confederações (a Suíça, em razão de suas características, seria uma Federação, embora adote oficialmente o nome de Confederação). De toda forma, seu estudo é valioso para que possamos compreender as relações existentes entre Estados que vieram a ser unificados em torno de uma só soberania tornando-se Estados Federais.

Nesse sentido, a experiência brasileira certamente nos confunde o entendimento, posto que somos um Estado Federal cuja origem não decorre de uma Confederação. O Brasil sempre esteve de alguma maneira sujeito a um poder central unificado. Vejamos os dois primeiros artigos da Constituição de 1824 (reproduzido com a redação original):

> Art. 1. O Imperio do Brazil é a associação Politica de todos os Cidadãos Brazileiros. Elles formam uma Nação livre, e independente, que não admitte com qualquer outra laço algum de união, ou federação, que se opponha á sua Independencia.
>
> Art. 2. O seu territorio é dividido em Provincias na fórma em que actualmente se acha, as quaes poderão ser subdivididas, como pedir o bem do Estado.

Repare, portanto, que o Estado se coloca como independente e subdivide seu território em Províncias, a partir de um poder central; tratando-se, portanto, de um Estado unitário. Já a partir da Constituição de 1891 passamos a ser uma Federação. Em texto original:

> Art. 1º A Nação Brazileira adopta como fórma de governo, sob o regimen representativo, a Republica Federativa proclamada a 15 de novembro de 1889, e constitue-se, por união perpetua e indissoluvel das suas antigas provincias, em Estados Unidos do Brazil.

Referido artigo possui redação similar ao atual art. 1º da Constituição Federal de 1988, que dispõe: "A República Federativa do Brasil, formada pela união indissolúvel dos Estados e Municípios e do Distrito Federal [...]". Dessa forma, o Estado brasileiro consiste, desde a Constituição de 1891, em um Estado Federal, porém atípico em sua formação histórica, vez que se originou de uma subdivisão feita a partir de um modelo centralizado e não o oposto, tal como ocorreu com os Estados Unidos da América, que decorreu de uma Confederação que se transformou em Federação, com a consequente perda de soberania dos Estados-membros, inobstante tenham esses mantido ampla autonomia no contexto da Federação americana.

7.5   OUTRAS FORMAS DE UNIÃO ENTRE ESTADOS

Estados soberanos podem realizar as mais diversas tratativas com outros Estados igualmente soberanos que, conforme falamos anteriormente, encontram-se teoricamente numa situação de igualdade na chamada comunidade internacional. Há, então, diversas formas de união entre Estados, não havendo na doutrina uma classificação única e, portanto, traremos neste item exemplos das diversas formas de organização possíveis, sendo certo que nos referimos exclusivamente a uniões entre Estados soberanos.

Os Estados se reúnem, exemplificativamente, para proteção ou enfrentamentos de natureza bélica; consecução de alguma finalidade econômica ou formação de um bloco econômico; realização de determinadas obras ou projetos; ou qualquer outro motivo que venham os Estados a convencionar.

O *Mercosul (Mercado Comum do Sul)*, nesse sentido, é um *Bloco Econômico* decorrente do Tratado de Assunção, celebrado em 1991, por Brasil, Argentina, Paraguai e Uruguai, com o objetivo de promover a integração econômica, comercial e política entre os países-membros. Desde então, alguns avanços foram conquistados. Destacam-se a união aduaneira realizada em 1995, a criação do Tribunal Arbitral Permanente de Revisão do Mercosul em 2002, bem como a celebração pelo bloco de tratados com outros países e a realização frequente de reuniões de cúpula para tratar de assuntos sobre o bloco.

Já a *União Europeia* (UE) classifica a si própria como uma *união econômica e política de características únicas*. Nesse sentido, muito se discute acerca da natureza jurídica da União Europeia, especialmente em virtude da existência do Parlamento Europeu e do Tribunal de Justiça Europeu, órgãos legislativo e judiciário da UE, respectivamente.

Nesse sentido, o Parlamento Europeu tem competência para legislar, sendo que dele decorrem leis que entram em vigor nos países membros da UE independentemente de medidas nacionais serem tomadas. Assim, diante de questões que, em algum grau, mitigam a soberania dos seus membros, teríamos uma aproximação do bloco a uma Federação. Entretanto, parece claro na atual conjuntura que os Estados europeus membros da UE mantêm sua soberania, o que poderia colocar o bloco como uma espécie de Confederação. Afinal, o *Brexit* (a saída do Reino Unido da UE) e fatores relacionados à crise econômica dos últimos anos parecem ter aumentado o isolamento dos Estados, que tendem a praticar atos que reafirmam sua soberania, denotando assim que a UE está longe de formar uma Federação – para alguns, ela também não pode sequer ser caracterizada como Confederação, sendo, em verdade, uma mera união política e econômica entre Estados. Diante dessas características que lhe são peculiares, preferimos apontar o atual estágio da UE como uma comunidade com características únicas, tal como ela mesma se define, o que se costuma chamar de algo *sui generis*, isto é, à sua maneira.

Por fim, temos também a *Commonwealth*. Trata-se aí de uma associação também *sui generis*, na medida em que é geralmente apontada como uma organização intergovernamental e não como uma união política de Estados. Vale destacar que, dos cinquenta e seis Estados soberanos que fazem parte da *Commonwealth*, quatorze deles reconhecem o Rei Charles III como Chefe de Estado, sendo que os outros são ou repúblicas ou monarquias com diferentes monarcas. Não obstante, todos os membros da *Commonwealth* são Estados plenamente soberanos, com total independência com relação ao Rei, embora ligados pelo vínculo da Comunidade que, como dito, hoje funciona muito mais como uma organização intergovernamental do que propriamente como uma união de Estados.

* * *

Além dos exemplos trazidos, existem formas de organização entre Estados com pouca aplicabilidade nos dias atuais, tais como a *União Pessoal* e a *União Real*, relacionadas exclusivamente à forma monárquica de governo.

A *União Pessoal* ocorre quando as leis de sucessão da coroa acabavam por colocar involuntariamente um mesmo monarca como Chefe de Estado de dois ou mais Estados que, nesse contexto, conservam sua soberania. Quando da morte de Dom João VI, o Imperador do Brasil Dom Pedro I assume os tronos de Brasil e Portugal que, então, formavam uma União Pessoal em 1826.

A *União Real*, por sua vez, decorre de associação voluntária, firmada mediante pacto, tratado ou documento equivalente entre dois ou mais Estados sob um mesmo monarca que, figurando como Chefe de Estado desses Estados, cuida de representá-los perante a comunidade internacional, ainda que os Estados também conservem sua soberania. O exemplo preferido da doutrina nesse caso é o Império Austro-Húngaro de 1867. Assim, a principal distinção entre União Pessoal e União Real consiste na natureza involuntária (efeitos de sucessão) ou voluntária (via pacto) do vínculo firmado.

7.6 O MUNICÍPIO

Já destacamos aqui, em especial no capítulo 3, a ascensão das cidades no contexto medieval como fundamental para a formação do direito e da política tal como aparecem na modernidade. Com efeito, embora ainda se observem resquícios da era feudal, as nossas formas de vida e de relação social derivam, em larga medida, dos burgos medievais, especialmente naquilo que contrastavam com o regime feudal dos campos. Considerada vencida essa parte histórica, vamos analisar brevemente a forma como os Municípios são atualmente disciplinados em nosso modelo federativo, bem como verificar questões relacionadas à sua importância prática.

A Constituição Federal de 1988 alterou a posição jurídica dos Municípios de forma substancial, apontando-os como parte da estrutura federativa, conforme consta expressamente nos arts. 1º e 18 do texto constitucional, já mencionados anteriormente. Diante disso, temos que a organização político-administrativa brasileira é composta pela União, pelos Estados-membros, o Distrito Federal e, também, pelos Municípios, todos eles autônomos nos termos do texto constitucional. Assim, todos os chamados entes federativos possuem um quadro de competência legislativa desenhado pela Constituição, permitindo apontá-los todos como autônomos. O Município também possui, portanto, autonomia política, administrativa e financeira (vide arts. 18, 29 e 34, VII, "c", da Constituição).

Diante da configuração político-administrativa prevista no art. 18 da CF/88, temos que, sobre o Município, pairam três esferas governamentais: a da União, a do Estado e do próprio Município. Isso faz com que haja alguma complexidade no cumprimento das competências legislativas, bem como dificulta ao cidadão compreender a quem compete determinada atuação e de quem, portanto, deve cobrar.

Assim como existe a Constituição Federal e as Constituições Estaduais, há também no Município uma lei maior chamada de *Lei Orgânica*, conforme previsão do art. 29 da Constituição Federal, além, é claro, das leis municipais e dos decretos do Executivo. Ademais, do ponto de vista da organização dos poderes municipais, é importante destacar que eles possuem Poder Executivo próprio, exercido pelo Prefeito, e Poder Legislativo próprio, a cargo da Câmara Municipal. Os Municípios não possuem, tal como Estados e União, um Poder Judiciário próprio.

Feitos esses apontamentos iniciais de natureza jurídica, cumpre-nos dizer que o Município exerce enorme papel na vida cotidiana do cidadão, já que consiste na mais próxima esfera representativa do Poder Público à sua disposição. Afinal, prefeitos e vereadores são, em tese, mais acessíveis a qualquer cidadão do que Governadores e Deputados Estaduais, isso para não falarmos dos Deputados Federais e do Presidente da República. Tal proximidade concede ao Município um papel relevante em nossa Federação.

 **Filmografia**

Anjos assassinos – EUA, 1993

Deuses e generais – EUA, 2003

Gangues de Nova York – EUA/Itália, 2002

Relatos do Mundo – EUA, 2020

 **Questões Objetivas**

1. No que tange à forma federativa do Estado brasileiro, assinale a opção correta:

   a) A forma federativa adotada pela Constituição brasileira de 1988 confere aos Estados federados a autonomia para governar, administrar e legislar, sendo caracterizada principalmente pela indissolubilidade.

   b) Os Estados-membros e os Municípios são soberanos nas suas relações internacionais.

   c) Os Municípios, de acordo com a autonomia prevista na Constituição, podem criar um Legislativo bicameral.

   d) É permitida a secessão apenas em determinados casos previstos na Constituição.

2 **"Trata-se de um Estado soberano criado pela união perpétua e indissolúvel de Estados meramente autônomos sob a égide de uma Constituição."**

   Essa afirmação faz referência:

   a) a um Estado unitário descentralizado.

   b) a um Estado unitário puro.

   c) a uma Federação.

   d) a uma Confederação.

3. **Quanto às diferenças entre Federação e Confederação, assinale a opção correta:**

   a) a Confederação é caracterizada pela união indissolúvel de Estados soberanos, enquanto a Federação é a união indissolúvel de Estados meramente autônomos.

   b) a Confederação é a união permanente de Estados, cuja autonomia está disposta na Constituição que a criou, enquanto a Federação é criada por um tratado, um pacto ou uma convenção.

   c) Quanto ao direito de secessão (se desligar da união), temos que é possível no caso da Confederação, pois, em se tratando de Estados soberanos, nada os impede de se desligar da Confederação da qual fazem parte. Esse direito, entretanto, não aparece em uma Federação, a qual se caracteriza precisamente pela indissolubilidade do vínculo entre os Estados meramente autônomos que dela fazem parte.

   d) A Confederação confere nacionalidade aos seus cidadãos, tal como a Federação também o faz.

 **Questões Dissertativas**

1. Apresente a estrutura político-administrativa do Brasil.

2. Disserte sobre as possíveis vantagens de uma Federação com relação a um Estado unitário.

3. Quais são as diferenças entre uma Federação e uma Confederação.

 **Caso Prático**

Imagine que um Estado-membro da Federação brasileira organize um plebiscito visando a sua independência com relação à União e que 80% dos eleitores locais tenham votado favoravelmente à independência. É possível a secessão? Analise o caso à luz da Constituição de 1988 e do direito de autodeterminação dos povos.

FORMAÇÃO E EXTINÇÃO DOS ESTADOS

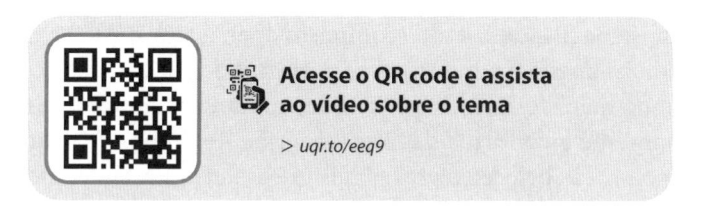

Acesse o QR code e assista ao vídeo sobre o tema

> uqr.to/eeq9

O tema da formação e extinção dos Estados deve ser analisado à luz dos elementos constitutivos do Estado compreendidos no capítulo 6 desta obra. Afinal, conforme já mencionado anteriormente, a ausência de qualquer desses elementos (povo, território, governo, ordem jurídica, soberania e reconhecimento externo) impede que um Estado seja caracterizado como tal. Assim sendo, podemos dizer, em linhas gerais, que teremos a *formação* de um Estado quando se reunirem todos esses elementos, dando origem a um novo Estado. Já quanto à *extinção* de um Estado, teremos sua ocorrência quando qualquer um desses elementos constitutivos deixe de existir por completo, acarretando a inevitável extinção do Estado como tal.

Assim, vejamos a seguir algumas questões relacionadas à formação e à extinção dos Estados, bem como as formas como tais fenômenos podem se dar.

8.1 FORMAÇÃO DOS ESTADOS

A ideia de formação dos Estados deve ser analisada em duas perspectivas distintas. Uma delas, vista no capítulo 3 desta obra, refere-se ao começo histórico dos Estados, momento em que analisamos as diversas formações sociais históricas e suas transformações até o advento do Estado no contexto sociopolítico da modernidade. A outra perspectiva – objeto deste capítulo – relaciona-se com a caracterização ou descaracterização do Estado a partir da ótica dos seus elementos constitutivos e considerando o contexto de uma comunidade internacional já existente.

Nesse sentido, podemos falar em *formação originária*, também conhecida como *fundação*, quando há o surgimento de um Estado que não deriva de qualquer entidade estatal preexistente; ou *formação secundária*, por vezes chamada de *derivada,* referindo-se a formações que decorrem de algum modo de um Estado anterior. Sobre esse tema, vale destacar que não existem mais territórios não vinculados à ordem jurídica de algum Estado e que podem servir de base para uma formação do tipo originária; em outras palavras, não existem *terrae nullius* (expressão proveniente do Direito Romano, cujo significado é "terras que não pertencem a ninguém" ou simplesmente "terras sem dono"). Isso posto, vejamos as particularidades de cada uma das espécies de formação dos Estados.

8.1.1 Formação originária (fundação)

O tema da formação originária dos Estados suscita questões já trabalhadas nesta obra, tal como aquela de quando exatamente o Estado surge na história. Como vimos, alguns pensadores compreendem que já na Antiguidade havia formas de Estado, que se modificaram ao longo dos séculos, vez que eram dotadas de povo, território e poder, elementos suficientes para caracterizar um Estado na leitura de alguns autores. Dentro desse conceito mais conciso de Estado (composto apenas por povo, território e poder), autores como Jellinek[1] entendem que a formação originária dos Estados ocorreu em algum momento longínquo da história, mas que somente pode ser estudada de forma genérica, pois não houve somente uma forma de transformação de grupos quaisquer em Estados, sendo possível apenas estabelecer regras gerais que determinaram como alguns grupos se transformaram em Estado e, considerando a definição de Estado como formado por povo, território e poder, é comum compreender que a reunião desses elementos tenha ocorrido na época em que os grupos humanos deixaram de ser nômades para se fixarem num dado território e passaram a organizar uma forma de poder político. Já para aqueles que se apoiam na definição weberiana, aqui já trabalhada, o Estado passaria a existir na medida em que monopolizasse a violência legítima. Nessas hipóteses, o estabelecimento de formas de poder sobre um território e um povo específico certamente se deu por diversas maneiras em diferentes locais e momentos históricos.

Já dentro do conceito de Estado que adotamos no capítulo 6 desta obra, qual seja: *a instituição politicamente organizada de um povo, dotada de uma ordem jurídica própria, cuja aplicação lhe cabe com exclusividade dentro de determinado território e que possui reconhecimento externo suficiente para exercer sua soberania*, temos que a formação de um Estado comporta a reunião de todos seus elementos constitutivos, quais sejam: povo, território, governo, ordem jurídica, soberania e reconhecimento externo. Diante desse conceito de Estado aqui adotado, compreendemos que o Estado consiste num fenômeno relativamente recente na história humana, vez que a própria ideia de soberania – fundamental para nosso conceito – é algo desconhecido na Antiguidade e na Idade Média e surge no início da Modernidade.

Assim, adotando o conceito de Estado acima mencionado, a ideia de formação original refere-se ao momento em que o Estado, dotado de um povo e sobre um determinado território, adota uma ordem jurídica própria, aplicada por um governo que exerce o poder soberano do Estado, sendo suficientemente reconhecido como tal pelos demais Estados. Conforme advertido anteriormente, o tema da formação originária dos Estados não pode ser analisado com precisão, mas apenas dentro de um contexto de regras gerais que se referem a esse momento histórico impreciso de formação dos primeiros Estados.

---

1   JELLINEK, Georg. **Teoría general del Estado.** Trad. e prólogo de Fernando de los Ríos. México: FCE, 2000, p. 265.

Não é possível, portanto, apresentar um momento exato da formação originária dos Estados, salvo mediante um estudo de caso específico. Perceba que independentemente do conceito de Estado adotado, referida imprecisão permanece, já que tal fenômeno se encontra embebido no contexto histórico de germinação da própria ideia de Estado e, portanto, faz-se gradativamente; afinal, eventos políticos e sociais não acontecem do dia para a noite, havendo sempre um processo mais ou menos longo de (des)construção de instituições.

Vale destacar que a formação que temos em mente se dá a partir de um processo histórico concreto, isto é, de eventos reais que resultaram na aparição do Estado faticamente, sendo posterior sua apreensão teórica e, portanto, jurídica. Esse entendimento contrasta com o de alguns pensadores racionalistas, que pretendem ver o Estado como uma criação racional humana ou um produto do direito.

Nesse sentido, cabe lembrar da leitura hegeliana acerca do Estado moderno. Hegel compreendia que "a razão objetiva realiza-se numa sociedade em que os indivíduos livres reconhecem nas leis sua própria vontade e em si mesmos uma expressão particularizada das leis"[2]. Diante disso, compreende que o Estado é "a realidade da liberdade concreta"[3]. Em outros termos, a leitura hegeliana importa dizer que o Estado aparece como produto da razão humana, ou melhor, o grande produto da razão humana, na medida em que ele aparece na história como a organização alcançada racionalmente para a efetivação e compatibilização da ordem e da liberdade. Trata-se, portanto, do produto mais bem-acabado da racionalidade humana e que permite a coexistência da ordem e da liberdade. Dentro dessa leitura, enfatiza-se a natureza teórica – racional – da formação do Estado.

Voltando à nossa compreensão acerca do momento histórico da formação original dos diversos Estados, podemos sintetizar a questão a partir de três abordagens distintas: a *histórica*, a *jurídica* e a *teórica* (filosófica).

Do ponto de vista *histórico*, vale destacar a formação do Estado moderno a partir das questões dispostas no capítulo 3 desta obra, notadamente naquilo que tange ao desenvolvimento histórico das formas de organização social até que, no contexto do início da modernidade, surge o Estado, dotado dos elementos constitutivos mencionados aqui, afinal, é apenas por volta dos séculos XVI e XVII que passamos a verificar diversos fatores que delineavam o Estado moderno, tal como a centralização militar e política (com o consequente monopólio da violência legítima); uma atuação comercial intervencionista no contexto do mercantilismo; métodos de imposição fiscal e taxação executados por aparatos burocráticos estatais; bem como outras questões que delineavam a ideia de Estado e, consequentemente, a de soberania, que será essencial para o conceito de Estado moderno.

Ingressando na abordagem *jurídica*, podemos apontar o já mencionado Tratado de Westfália, assinado em 1648, como marco na criação do conceito moderno de soberania e da territorialidade dos Estados, bem como da relação entre eles, sendo certo que os outros aspectos dessa análise devem ser levados em consideração antes de se incorrer num

---

2   HEGEL, Georg Wilhelm Friedrich. **Princípios da filosofia do direito.** Trad. Norberto de Paula Lima. Prefácio e notas de Márcio Pugliesi. São Paulo: Ícone, 1997, p. 23.

3   HEGEL, Georg Wilhelm Friedrich. **Princípios da filosofia do direito.** Trad. Norberto de Paula Lima. Prefácio e notas de Márcio Pugliesi. São Paulo: Ícone, 1997, p. 211.

perigoso reducionismo de dizer que o referido tratado cria ou formaliza a soberania dos Estados. Trata-se, apenas, de se tentar encontrar um fundamento para a soberania do ponto de vista documental, isto é, jurídico, sem prejuízo da análise histórica feita anteriormente, bem como da análise teórica feita a seguir. Ademais, não se pode atribuir ao Tratado de Westfália a efetiva criação do conceito de soberania e da delimitação do território dos Estados, já que se sabe que a ideia de soberania permanecia bastante atrelada ao modelo absolutista da época e, quanto ao território, sabe-se que as práticas patrimonialistas e colonizadoras posteriores ao tratado alteraram significativamente a suposta equivalência entre Estado e território. Ainda, a diversidade dos primeiros entes soberanos modernos (monarquias hereditárias, monarquias constitucionais, principados, repúblicas etc.) não possibilitava falar em efetiva igualdade jurídica entre os Estados no plano internacional. Por fim, como última ressalva, vale mencionar que o referido diploma atinge apenas seus signatários, sendo restrito a alguns Estados europeus. De toda sorte, ele consiste em um marco na tentativa de se atribuir soberania e territorialidade aos Estados modernos, possibilitando a nós compreendermos, em conjunto com as outras abordagens aqui realizadas, o contexto de formação originária dos Estados modernos.

Por fim, a partir de uma análise *teórica*, não podemos ignorar que o conceito de Estado em formação e, faticamente, a fundação (formação originária) de diversos Estados teve uma base teórica (filosófica) concedida pelos escritos do início da modernidade, notadamente aqueles dos *Seis Livros da República* de Jean Bodin, de *O Príncipe* de Maquiavel (obras do século XVI) e, posteriormente, do *Leviatã* de Thomas Hobbes (século XVII). Nesse sentido, vale destacar que é comum apontar a referida obra de Maquiavel como sendo a primeira na história a empregar o termo Estado tal como o utilizamos.

Assim, a partir da análise de aspectos históricos, jurídicos e filosóficos, podemos compreender o tema da formação originária dos Estados como algo bastante impreciso e de difícil caracterização, notadamente por ter ocorrido em momentos diversos em diferentes Estados, bem como por ser tarefa bastante dificultosa a tentativa de se remontar o processo de unificação dos elementos constitutivos dos mais diversos Estados pela primeira vez. De toda forma, do ponto de vista conceitual, a noção de formação originária (fundação) de um Estado resta bastante simples: trata-se da primeira vez em que o Estado reuniu todos seus elementos constitutivos.

8.1.2 Formação secundária (derivada)

No caso das formações secundárias (ou derivadas), temos o surgimento de Estados no contexto de uma comunidade internacional já existente, ainda que não consolidada, de tal modo que as hipóteses de formação que analisaremos neste tópico referem-se a formações que acabam por envolver outros Estados, além do que está sendo formado. Há, portanto, algum grau de participação de outro(s) Estado(s) envolvido(s) no ato de formação.

Nesse sentido, é importante dizer que, após a formação de uma comunidade internacional e a consequente inexistência de *terrae nullius* (terras sem dono), todo ato de formação secundária de um Estado importará a observância ou a afronta a alguma ordem jurídica que, portanto, já é existente no contexto de sua formação. É evidente que, quando a criação de um Estado resultar de ato legal, isto é, de acordo com o direito aplicável ao caso, o seu reconhecimento pelos demais Estados aparece como uma consequência lógica (embora nem sempre presente) do reconhecimento anteriormente existente; já quando a criação de um Estado resulta da afronta a algum ordenamento jurídico, o reconhecimento pelos Estados prejudicados por essa violação pode se apresentar especialmente importante para a formação desse novo Estado.

Feitas as análises necessárias das características gerais da formação secundária, cabe-nos aqui apresentar as formas como tal fenômeno pode ocorrer.

8.1.2.1   Fusão ou união

A fusão ou união consiste na junção de dois ou mais Estados para a formação de um novo Estado, diferente dos Estados existentes antes da fusão. Assim, um novo Estado emerge da fusão, diferente dos dois ou mais Estados que se fundiram, os quais serão extintos. É o caso da República do Iêmen, que se formou a partir da fusão do Iêmen do Norte (República Árabe do Iêmen) com o Iêmen do Sul (República Democrática Popular do Iêmen). Também é comum se referir a esse processo pela expressão *unificação*. Ainda, é importante mencionar que existem grupos e partidos políticos que defendem a inte-gridade nacional de dois ou mais Estados, sendo essa corrente de pensamento chamada de *unionismo*.

8.1.2.2   Federalização

Conforme analisamos no capítulo anterior, a Federação é a união perpétua e indis-solúvel de Estados autônomos, porém não soberanos, criada a partir de uma Constituição Federal que regula a relação entre os Estados-membros e desses com o poder da chamada União. Nesse caso, referida Constituição cria um novo Estado – agora do tipo federa-tivo – com a consequente extinção de todos os Estados até então soberanos e que agora passam a ser entes federativos meramente autônomos nos termos da Constituição. É o caso, por exemplo, do que ocorreu com a Confederação dos Estados Unidos da América, em que a relação entre os Estados que a compunham era regida pelos chamados Artigos da Confederação *(Articles of Confederation)*. Em 1787, veio a Constituição americana que deu continuidade ao processo de transformação da referida Confederação em uma Federação. Nesse processo de transformação (federalização), é evidente que os Estados até então soberanos perdem esse atributo para se tornarem parte de uma Federação, a qual nasce da referida Constituição como um novo Estado.

8.1.2.3   Desmembramento (separação ou independência)

O desmembramento pode ser parcial ou total, conforme iremos expor neste item. O desmembramento parcial consiste na separação de uma ou mais partes de um Estado para a formação de um ou mais novos Estados. Geralmente, essa espécie de desmembramento está ligada ao processo de separação ou independência de regiões, Estados-membros ou territórios habitados por grupos étnicos distintos do restante do Estado.

Em termos conceituais, trata-se aqui de hipótese em que um ou mais Estados são criados a partir do desmembramento de parte um Estado originário. Assim, o *desmembramento parcial* se refere ao movimento em que o Estado originário permanece existindo (não foi integralmente dissolvido) e o *desmembramento total*, por sua vez, é aquele em que o Estado originário é extinto, dando origem a dois ou mais Estados. Nesse último caso, temos a criação de novos Estados, mas também a extinção do Estado originário, motivo pelo qual o desmembramento total será analisado a seguir também como causa de extinção de Estados.

De volta ao desmembramento parcial, temos que ele pode ser realizado de forma diplomática entre o Estado originário e o grupo, o Estado-membro, a região etc. que pretende se separar ou pode ser resultante de um complicado conflito de distintas naturezas, motivando inclusive as chamadas guerras de secessão ou independência, a depender do caso. Nesse tocante, é importante destacar que os grupos que lutam por independência de sua região ou povo são geralmente chamados de *independentistas* ou *separatistas*.

Independentistas (ou separatistas) são, em geral, grupos organizados que reivindicam a criação de um novo Estado para seu povo ou para sua região em relação a um Estado maior do qual fazem parte. O fundamento desse pleito pode ser diverso, podendo estar ancorado em questões político-administrativas, econômicas, étnico-culturais ou religiosas. No caso do separatismo ser relacionado a questões político-administrativas, a ideia da separação decorre de uma necessidade de emancipação política para melhor gestão da coisa pública. Assim, busca-se uma maior eficiência administrativa que supostamente adviria do processo de separação da região do Estado do qual faz parte. Esse fundamento se assemelha bastante ao fundamento econômico, segundo o qual o processo de separação é vantajoso por questões de orçamento público e repartição de receitas. Ainda, é comum que movimentos separatistas se fundamentem em fatores de ordem étnico-culturais, como a existência de costumes distintos, povos de origem distinta e, também, língua distinta. Similar a esse fundamento é o motivo de ordem religiosa, quando então o movimento separatista funda-se na diferença de crença com relação ao Estado de que fazem parte, o que muitas vezes pode impossibilitar o convívio harmônico entre diferentes povos que estão sujeitos a um mesmo Estado.

Vale destacar, por fim, que a expressiva maioria dos movimentos separatistas ressalta uma identidade nacional do grupo ou da região distinta do Estado maior que o engloba. Por vezes, essa identidade aparece ligada à necessidade de independência de um povo, que se vê submetido a uma cultura que não é a sua e possui uma necessidade histórica de se posicionar isoladamente como nação – caso em que o direito de autodeterminação dos povos será arguido. Por outro lado, os movimentos de separação podem também estar fundados na ideia de uma identidade nacional ligada à superioridade ou à manutenção da pureza étnica de um grupo ou região, casos em que podem repousar sobre doutrinas nacionalistas e/ou xenofóbicas.

Feitas essas considerações, cabe destacar que o desmembramento parcial de um Estado é, via de regra, vedado pelo ordenamento jurídico do Estado do qual a região separatista faz parte. Com efeito, em Estados unitários (conforme analisados no capítulo anterior), temos a ideia da unidade nacional como imodificável e, no caso de Estados Federados, temos a indissolubilidade da união dos Estados, conforme claramente exposto no art. 1º da Constituição Federal de 1988 no caso do Brasil, apenas para citar um exemplo. Ou seja, ainda que fundados em relevantes questões políticas, administrativas, étnicas, culturais ou religiosas, os movimentos separatistas ou independentistas têm uma difícil tarefa, na medida em que aquilo que pleiteiam é, via de regra, vedado pelo ordenamento jurídico do Estado do qual fazem parte, de onde emergem inúmeros conflitos ou até mesmo guerras.

Historicamente, sabemos que durante os séculos XVIII e XIX, inúmeros processos pacíficos e conflituosos de independência foram realizados para que houvesse a *descolonização* de territórios, tal como a independência das treze colônias americanas, que durou de 1775 até seu efetivo reconhecimento pelo Reino Unido em 1783 com o Tratado de Paris; e o caso do Brasil, cujo marco é o grito do Ipiranga no 7 de setembro de 1822, dando origem posteriormente ao Império do Brasil (novo Estado, portanto). Já no século XX, vimos inúmeros processos de descolonização na África, tais como da África do Sul (1910), do Marrocos (1956), da Argélia (1962), da Angola (1975), de Moçambique (1975) e outros. Nesse sentido é que se aponta a *descolonização* como causa de formação de Estados. Entretanto, repare que a região que se tornou independente (criando um novo Estado) era considerada, por vezes, parte do território do Estado colonizador e, portanto, é possível enquadrarmos a descolonização como uma espécie de desmembramento parcial.

Assim, em resumo, podemos dizer que o desmembramento pode ser operacionalizado de forma pacífica ou violenta e dele resulta a criação de um ou mais novos Estados, provenientes de um Estado maior do qual se desmembraram. Nesses casos, a noção de reconhecimento externo analisada no capítulo 6 desta obra assume especial relevância, já que o reconhecimento do Estado originário se torna importante no atual contexto geopolítico para que a comunidade internacional reconheça a soberania do(s) novo(s) Estado(s) criado(s), ainda que essa questão deva ser compreendida à luz do direito de autodeterminação dos povos e, é claro, da complexidade inerente às relações político-diplomáticas aplicáveis ao caso.

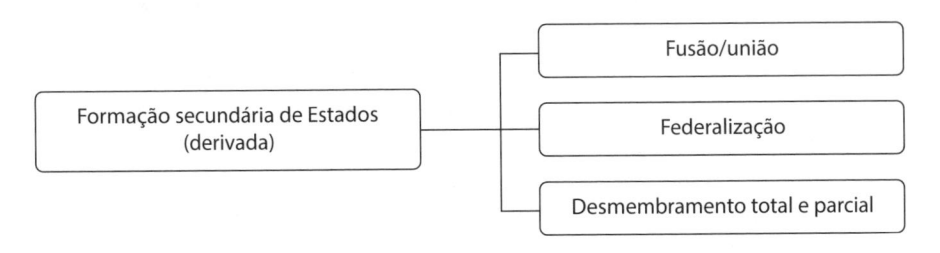

8.2 EXTINÇÃO DOS ESTADOS

Assim como a formação dos Estados se dá, grosso modo, a partir da reunião de todos os seus elementos constitutivos, o tema da extinção dos Estados pode ser reduzido, para fins didáticos, à simples ideia da perda completa de qualquer um desses elementos.

Dessa forma, um Estado perfeito, dotado de povo, território, governo, ordem jurídica, soberania e reconhecimento externo suficiente, deixará de ser Estado quando ao menos um desses elementos deixar de existir por completo.

Entretanto, há algo bastante relevante que diferencia a formação da extinção dos Estados, já que no contexto da extinção do Estado temos de levar em conta que há a existência de um ordenamento jurídico interno – isto é, do próprio Estado, a ser extinto – bem como dos demais Estados eventualmente relacionados ao seu ato de extinção. Posto isto, vejamos abaixo as espécies de extinção dos Estados.

8.2.1 Fusão ou união

Como já dito, a fusão ou união de Estados consiste na junção de dois ou mais Estados para a formação de um novo Estado, diferente dos Estados existentes antes da fusão, os quais deixam de existir. Ou seja, a fusão cria um novo Estado e extingue os dois ou mais Estados que se fundiram. Por isso, a fusão é ao mesmo tempo causa de criação e causa de extinção de Estados.

8.2.2 Federalização

Tal como apontado anteriormente, o processo de transformação de uma Confederação em uma Federação acaba por criar um novo Estado – com a forma federativa – e, consequentemente, extingue os Estados que até então eram soberanos e que, englobados por uma Federação, passam a ser meramente autônomos nos termos da Constituição Federal. Dessa forma, o processo de federalização é, ao mesmo tempo, causa de formação e de extinção de Estados.

Vale destacar que para os autores que não entendem ser a soberania um elemento essencial para a existência do Estado, a federalização não extinguiria qualquer Estado, apenas transformaria os Estados soberanos em Estados autônomos.

8.2.3 Desmembramento total (dissolução ou desintegração)

Conforme mencionado, num processo de desmembramento parcial, nenhum Estado é extinto, embora um ou mais sejam criados. Entretanto, diante da possibilidade de desmembramento total, há a extinção do Estado originário, que dará lugar a dois ou mais Estados. Nesse caso, o desmembramento total é também chamado de *dissolução* ou *desintegração*, como no conhecido caso da Iugoslávia, que foi extinta progressivamente, dando origem a diversos novos Estados (Bósnia e Herzegovina, Croácia, Montenegro, Macedônia, Sérvia, Eslovênia e Kosovo). Esse processo envolveu diversas declarações de independência, conflitos com as Nações Unidas e os países europeus, bem como conflitos de natureza étnica e, também, a chamada guerra de secessão da Iugoslávia que durou toda a década de noventa.

8.2.4 Incorporação ou anexação

No caso da incorporação (ou anexação), há a extinção de um Estado que é incorporado a outro que já existia e continua existindo. É evidente que somente há a extinção do Estado anexado quando tal processo se dá integralmente, ou seja, todo o Estado é incorporado por outro. Há, entretanto, processos de anexação que são parciais e, nesses casos, apenas parte de um Estado é anexada a outro Estado, de tal modo que ambos os Estados, neste caso, permanecem existindo, havendo tão somente uma reconfiguração dos territórios.

Aqui, há o emblemático caso da Alemanha, em que a República Democrática Alemã (Alemanha Oriental) foi anexada pela República Federal da Alemanha (Alemanha Ocidental), no processo comumente chamado de reunificação da Alemanha.

A anexação, é claro, pode decorrer de ato de vontade dos Estados ou, também, de conflitos bélicos, comerciais ou geopolíticos que refletirão os interesses em disputa no contexto da anexação. Dentro de um cenário conturbado de anexação, em que há conflito entre dois ou mais Estados e a efetiva anexação parece ter se concretizado parcialmente, a melhor forma de se avaliar a situação é recorrer aos elementos constitutivos do Estado e verificar se o Estado anexado possui todos eles para permanecer como tal, em especial sua soberania e, é claro, o reconhecimento externo suficiente para exercê-la.

Por fim, vale dizer que a anexação decorrente de guerra ou conflito armado denomina-se *conquista*, podendo igualmente ser total (com a extinção do Estado anexado) ou parcial (quando haverá apenas uma reconfiguração territorial dos Estados envolvidos).

8.2.5 Causas naturais

Diferente das causas citadas acima, que dependem da vontade de um ou mais Estados, podem os Estados ser extintos por causas naturais que acabam por completo com seu povo e/ou com seu território (por exemplo: uma ilha ser totalmente submersa pelo mar que a cerca). Trata-se, obviamente, de hipótese bastante rara, mas possível teoricamente. Os únicos registros históricos relacionados a isso são relativos à extinção das cidades de Pompeia e de Herculano em virtude da erupção do Vesúvio, em 79 d.C. Já na atualidade, as atenções se voltam a Tuvalu, um pequeno Estado da Polinésia, formado por ilhas de baixa altura e que, por isso, corre o risco de ser submerso pelas águas oceânicas que cercam seu território. Em casos de tragédias naturais, portanto, haverá a extinção do Estado, basicamente, por dois motivos possíveis: o fim de todo seu povo e/ou o fim de todo seu território.

8.2.6 Emigração total e expulsão

A *emigração total* refere-se ao abandono completo do Estado por todo povo, por qualquer motivo. Já a *expulsão* refere-se à saída forçada de todo o povo de um dado território. Nesse caso, devemos compreender que todo o povo se deslocou para outro território certamente pertencente a um outro Estado e lá passou a habitar (ainda que como estrangeiro). A esse povo que migrou, entretanto, faltará um território determinado para ser seu e ali poder formar um governo e reunir os demais elementos constitutivos de um Estado. Diante disso, é bastante provável que a identidade nacional desse povo contraste com a do local para o qual migraram, possibilitando o surgimento de movimentos de independência ou de retomada do território perdido, se for possível.

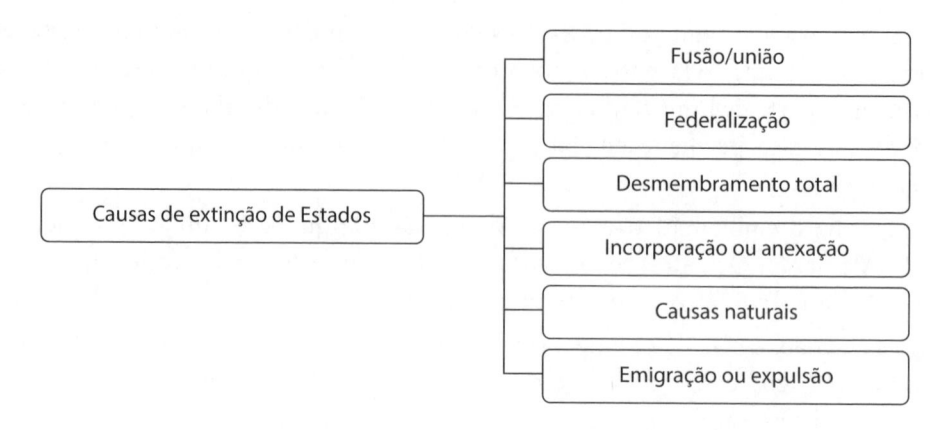

Por fim, cabe dizer que o tema da extinção dos Estados traz para nossa discussão a problemática da *sucessão*. Embora amplamente disciplinada no direito privado, o tema se reveste de bastante complexidade no âmbito do moderno direito internacional e foi em parte regido pelas Convenções de Viena de 1978 e 1983. Nesse sentido, vale destacar que a ocorrência de extinção de um Estado pode acarretar inúmeras consequências do ponto de vista do direito internacional, tais como a de verificar como ficará o cumprimento de tratados internacionais assinados pelo Estado então extinto; afinal, numa eventual extinção por motivos políticos ou ideológicos, é possível que haja a sucessão do Estado extinto por algum Estado que o substituiu ou, então, a ruptura das relações diplomáticas que viabilizaram a assinatura de tratados no passado. O mesmo raciocínio deve ser aplicado às questões comerciais e financeiras até então vinculantes ao aludido Estado. Ainda, será importante verificar como será endereçada a questão da cidadania do povo do Estado extinto, garantindo-se que não fiquem apátridas em virtude da extinção de seu Estado de origem.

Nesse sentido, adota-se a tese de que os compromissos firmados pelo Estado então extinto são assumidos pelo Estado que o substitui (a Federação, por exemplo) na medida em que haja a compatibilidade desses compromissos com o ordenamento jurídico ao qual se sujeita esse Estado. Em termos práticos, temos que um Estado até então soberano ingressa numa Federação (e, portanto, perde sua soberania e, consequentemente, sua personalidade jurídica internacional como Estado). Nesse contexto, é preciso avaliar se os compromissos assumidos anteriormente são compatíveis com a Constituição Federal à qual agora se subordina. Do lado inverso, caso alguma região se torne independente de um Estado, tornando-se, portanto, um novo Estado, dificilmente assumirá todos os compromissos assumidos pelo Estado do qual fazia parte, já que esse permanece existindo, salvo os compromissos que a nova diplomacia constituída intentar e conseguir manter.

A noção exposta, conhecida como a teoria da sucessão entre Estados, é, por evidente, uma tentativa de se utilizar, no Direito Internacional, de alguns conceitos típicos do direito privado, mas que não podem, por óbvio, ser perfeitamente adaptados à realidade da comunidade internacional, ante a inexistência de regras claras de sucessão. Há, também, a possibilidade de compreender que a extinção de um Estado gera a consequente extinção de todos os compromissos por ele celebrados, salvo os que, por questões diplomáticas, eventual sucessor venha a assumir.

Vale lembrar, por fim, que a troca de *governo* não altera o Estado e, portanto, é evidente que governos novos são responsáveis por compromissos assumidos por seus predecessores, tal como determinado no caso Tinoco (Grã-Bretanha *vs.* Costa Rica, em 1923). Entretanto, a depender da origem desse governo (se decorrente de um golpe de Estado, por exemplo) ou de sua postura no plano ideológico, é possível que as relações diplomáticas sejam impactadas.

Filmografia

A guerra da Beatriz – Timor-Leste, 2013

Duas Catalunhas – Espanha, 2018

Gandhi – Índia/EUA/Reino Unido, 1982

O Leopardo – Itália, 1963

O último imperador – China/Itália/França/Reino Unido/Hong Kong, 1987

Winter on fire: Ukraine's fight for freedom – EUA/Reino Unido/Ucrânia, 2015

Questões Objetivas

1. **O processo de unificação de dois ou mais Estados que resulta na criação de um novo Estado e extingue os Estados originários é o(a):**

   a) Anexação.

   b) Fusão.

   c) Desmembramento.

   d) Incorporação.

2. **Considere a transformação de uma Confederação em um Estado Federado. Nesse caso, podemos apontar:**

   a) a criação de um novo Estado, inexistente antes da federalização.

   b) a manutenção do *status* de Estado soberano para todos os Estados que faziam parte da Confederação e que agora fazem parte da Federação.

   c) a extinção de Estados, sem a criação de qualquer novo Estado.

   d) a federalização não é causa de formação de Estado.

3. **Assinale a alternativa que contenha apenas causas de formação de Estados:**

   a) Expulsão e anexação.

   b) Emigração total e incorporação.

   c) Federalização e fusão.

   d) Fusão e causas naturais.

Questões Dissertativas

1. Aponte os casos em que a criação de um novo Estado importa necessariamente na extinção de outro(s).

2. Analise um processo de transformação de uma Confederação em uma Federação à luz das causas de formação e extinção de Estados.

3. Em caso de expulsão total de um povo de um território, qual é o elemento constitutivo que faltará para a caracterização de um Estado?

Caso Prático

O atual Estado denominado República Democrática do Timor-Leste era colônia portuguesa que declarou sua independência em 28 de novembro de 1975 após conflitos internos entre grupos que defendiam seu vínculo com Portugal, grupos que defendiam a independência e, ainda, grupos que defendiam uma integração do Timor-Leste à Indonésia. Em 7 de dezembro de 1975, logo após a declaração de independência, há uma invasão e consequente ocupação pelos indonésios, passando então a ser considerado uma província da Indonésia denominada de "Timor Timur". A ocupação durou cerca de 24 anos até que, em 1999, duros confrontos levaram a uma intervenção da ONU, que resultou na realização de um plebiscito em 30 de agosto de 1999, no qual a grande maioria dos timorenses votou por sua independência. Entre 1999 e 2002, o país ficou sujeito à Administração Transitória da ONU. Nesse período, houve a convocação de uma Assembleia Nacional Constituinte em 2001, que resultou na promulgação da Constituição da República Democrática do Timor-Leste, em vigor desde 20 de maio de 2002, quando oficialmente um governo eleito pelo povo timorense assumiu o poder.

Essa história envolve diversas modificações do Estado timorense. Analise cada um dos eventos à luz das causas de criação e extinção de Estados.

Em linhas gerais, o estudo dos *regimes políticos* parte de uma abordagem ampla (*latu sensu*) acerca do governo e faz referência ao complexo institucional que rege as relações entre governantes e governados. Em outras palavras, trata-se aqui de analisar questões como a existência de previsão legal – e a discussão da efetividade – de determinados direitos e garantias individuais, os procedimentos de tomada de decisões governamentais e os mecanismos existentes de contenção do poder pelo próprio poder. Já para Burdeau[1], os fatores de análise determinantes para a caracterização dos regimes políticos podem ser a titularidade da soberania, a forma de expressão dessa soberania, as forças e os fins do regime, bem como as técnicas governamentais utilizadas.

A saber, veremos nos capítulos seguintes as formas de governo (monarquia e república) e, após, os sistemas de governo (parlamentarismo, presidencialismo, semipresidencialismo e diretorial). Dessa forma, é apenas a partir de uma análise conjunta deste e dos próximos capítulos que poderemos compreender mais adequadamente o que é, como funcionam e para que servem os governos, sendo certo que regimes democráticos e autocráticos atualmente convivem com diferentes formas e sistemas de governo.

Dando continuidade, e para uma melhor compreensão do que seja um regime político, valemo-nos da seguinte lição acerca dos aspectos etimológicos do termo:

> O termo *regime* provém do latim *regimen*, significando *governo* ou *mando* e, também, *leme* ou *manobra* em um barco. A raiz etimológica desse termo não poderia ser mais sugestiva: é *rex*, *regis*, ou seja, o rei, o soberano, aquele que rege ou dirige (do verbo *regere*, pres. ind. *rego*, *is*) um país ou uma região (esta, do termo *regio*, *onis*, da mesma raiz). Do semantema *rex* derivou-se também o substantivo *regmum* (reino) e o verbo *regnare* (reinar, regrar, governar). O vocábulo *regime*, portanto, já em sua origem, revela

---

1   BURDEAU, Georges. **Droit constitutionnel et institutions politiques.** 15ª ed. Paris: Librairie Générale de Droit et de Jurisprudence, 1972, p. 165 e ss.

um sentido nitidamente político. A expressão "regime político" consagrada atualmente, vista a partir de sua etimologia, revela uma tautologia: todo *regime* já é, no significado mais antigo do termo, *político*[2].

Assim, valemo-nos aqui da ideia de que os regimes políticos se referem à forma como determinado Estado está configurado no que tange à disposição de seus órgãos governamentais, sua estrutura interna de funcionamento e as competências exercidas pelos representantes do poder público, questões que em conjunto formam a ordem jurídico-política estatal. Há ainda que se verificar, para além do aspecto formal, a efetividade dessas questões, isto é, como elas se dão na realidade a partir de atos governamentais que afetam indivíduos e da relação entre os poderes Executivo, Legislativo e Judiciário.

Diante desse conceito, temos que os regimes políticos podem ser classificados, para fins didáticos, em *democráticos* ou *autocráticos*, dependendo, portanto, da existência ou não de previsão legal de determinados institutos e direitos, bem como de sua concretização ou não no plano fático – análise que faremos ao final deste capítulo. Vale ressaltar que a divisão dos regimes políticos feita de modo binário (democráticos ou autocráticos) se dá apenas por razões didáticas, já que na prática verificamos formações políticas e sociais com características únicas e outras que possuem instituições em processo de erosão ou aprimoramento, tornando imprecisa a imputação de um ou outro conceito. Diante disso, é evidente que a classificação de regimes políticos em democráticos ou autocráticos é insuficiente para dar conta da complexidade das diferentes formações político-sociais existentes. Essa questão será retomada ao longo do capítulo.

De todo modo, vejamos então quais são as características de cada um desses regimes e, ao final, como é possível na atualidade a transformação de um regime democrático em autocrático.

9.1 REGIMES DEMOCRÁTICOS

A ideia de democracia remonta à Grécia antiga, em que os cidadãos atenienses se reuniam na Ágora para o exercício direto do poder político que, portanto, era em certa medida descentralizado. Tratava-se ali da expressão de opiniões e da tomada de decisões a respeito de temas de interesse público. É sabido que o cidadão daquela época era dedicado quase que exclusivamente às discussões públicas, o que viabilizava essa forma de democracia, chamada de direita, já que os próprios cidadãos exerciam o poder diretamente e não por meio de representantes eleitos. Referida dedicação, entretanto, só era possível ante a existência de pessoas escravizadas que, em última análise, garantiam a subsistência dos cidadãos. Esse fato é usualmente utilizado para se desqualificar a democracia ateniense, especialmente quando comparada à democracia moderna, que veremos a seguir, para a qual, é claro, a liberdade individual de todos os seres humanos, sem distinções, é um direito inalienável. Mas o argumento mais forte de crítica à democracia ateniense é, sem dúvida, o conceito restrito de cidadão que era utilizado: homens livres, filhos de pai e

---

2   SOUZA JUNIOR, Cezar Saldanha. Regimes políticos. In: MARTINS, Ives Gandra da Silva; MENDES, Gilmar Ferreira; NASCIMENTO, Carlos Valder (coords.). **Tratado de Direito Constitucional.** 2. ed. São Paulo: Saraiva, 2012, vol. 1. p. 634-635.

mãe atenienses livres – os chamados bem-nascidos. Dessa forma, estavam excluídos do conceito de cidadão – e, portanto, do exercício efetivo de qualquer poder político – as mulheres, as pessoas escravizadas, bem como os estrangeiros e os filhos de estrangeiros. A partir daí, quando se diz que *todos os cidadãos atenienses participavam ativamente na democracia*, temos uma frase verdadeira, mas que encobre injustiças contidas no conceito reduzido de cidadão que era utilizado. Conforme veremos no capítulo 12, a utilização de conceitos excludentes de cidadão foi verificada também em alguns regimes "democráticos" dos séculos XIX e XX.

Feitas essas críticas ao modelo ateniense, podemos dizer *a partir do conceito atual de democracia* e realizando uma visão de hoje para o passado, que a Atenas antiga era, aos nossos olhos, uma *aristocracia*, isto é, um governo de poucos; e não uma democracia, que seria o governo de todos. Muito embora seja válida essa visão crítica à democracia ateniense, cabe lembrar que na sua época o modelo era considerado democrático e, também, que não havia no mundo antigo qualquer modelo de governo que fosse tão participativo e descentralizado quanto o ateniense, já que os regimes políticos antigos, como regra, centralizavam poderes na figura de um tirano.

De fato, a democracia ateniense era fundada em princípios extremamente avançados para a época, tal como o de *isonomia*, isto é, a igualdade de todos os cidadãos perante a lei; o de *isotimia*, referente ao livre acesso a cargos e funções públicas pelos cidadãos; e, por fim, o de *isagoria*, que garantia o direito de palavra para todos em igualdade, permitindo ao cidadão grego expor suas opiniões, debater e votar no âmbito das assembleias públicas.

Diante dessa breve exposição das características da democracia ateniense, é inegável sua contribuição como inspiração para a construção da democracia nos moldes modernos. De toda sorte, temos que a democracia, tal como vista na atualidade, representa muito mais do que a mera participação do povo na condução da coisa pública, como veremos.

Nesse sentido, a democracia moderna consiste no regime de governo que nasce a partir das lutas travadas nas *Revoluções Liberais* dos séculos XVII, XVIII e XIX contra os modelos absolutistas típicos do Antigo Regime, isto é, das monarquias europeias da Idade Média e do início da Era Moderna em que um monarca concentrava todas as funções e, portanto, exercia o poder do Estado a partir de seu arbítrio, inclusive sem estar sujeito a qualquer limitação de ordem política ou jurídica. Diante disso, um dos primeiros e mais importantes passos para a construção da ideia moderna de democracia foi a limitação do poder real por um parlamento eleito e por uma Constituição escrita.

Assim, com o advento das ideias iluministas – no campo teórico – e das lutas contra o Antigo Regime – no campo dos fatos –, firma-se um modelo de Estado que denominamos Estado constitucional moderno, ente criado e regido por uma Constituição, a qual limita os poderes do Estado, dispõe acerca de sua organização e apresenta os direitos e garantias dos cidadãos, fornecendo assim os elementos necessários ao surgimento da ideia de democracia, incluindo a da tripartição dos poderes, teoria desenvolvida em alguma medida por John Locke, em seu *Segundo Tratado sobre o Governo*, de 1690, e sistematizada com a importância que lhe daria a posteridade por Montesquieu, em sua mais brilhante obra *O espírito das leis*, de 1748.

Dentro desse cenário de produção teórica expressiva, passamos por um processo histórico de lenta efetivação das ideias mais relevantes para a construção do regime democrático. Isto é, após serem propagadas e aceitas as ideias liberais típicas do Iluminismo, passa-se lentamente a implementá-las na realidade concreta. Assim, é possível compreender a democracia como inerente ao *projeto político moderno*, sendo desenhada por diversos teóricos modernos (sobretudo nos séculos XVII e XVIII) e implementada e aprimorada nos séculos seguintes, ainda que de forma gradual.

A título de exemplo, os conceitos mais fortemente defendidos do âmbito do movimento iluminista foram o da liberdade e o da igualdade. Nesse sentido, o art. 1º da Declaração dos Direitos do Homem e do Cidadão de 1789 já dispunha que "os homens nascem e são livres e iguais em direitos". Essa expressão que representava a ideia de que todos nascem livres e iguais possui um entendimento de fácil assimilação, mas um poder de transformação social revolucionário, já que essas poucas palavras tinham o condão de subverter inúmeras situações de desigualdade de direitos que eram tidas como comuns no contexto do Antigo Regime; afinal, se todos nascem livres a escravidão está vedada e, se todos nascem iguais, temos que a segregação da sociedade em estamentos é inaceitável e, mais, assume-se que todos têm igualmente os mesmos direitos (isonomia).

Bem verdade, todas essas ideias demoraram séculos para sua concretização no plano fático, inobstante sua previsão em diplomas jurídicos no final dos setecentos e no início dos oitocentos. Assim, temos que a escravidão demorou ao menos um século para ser abolida na maior parte do globo – no final dos oitocentos – e a universalização do voto e dos direitos políticos, por exemplo, tardou muito mais, sendo o sufrágio universal alcançado apenas no século XX. Isso porque o século XIX conviveu com regimes aristocráticos, muito embora não raro sejam referidos como democráticos. Tal se dá pelo fato de que no contexto das chamadas democracias liberais no século XIX os direitos políticos ficavam restritos a homens brancos e possuidores de renda ou propriedade imobiliária.

Na sequência dessa breve exposição histórica, temos que os tratados internacionais firmados no pós-guerra tiveram forte impacto na construção do conceito atual de democracia. Nesse sentido, destacamos a Carta das Nações Unidas de 1945 e, em especial, a Declaração Universal dos Direitos Humanos de 1948 que trouxeram definições acerca dos direitos humanos e das liberdades fundamentais. Destacam-se ainda o Pacto Internacional dos Direitos Civis e Políticos e o Pacto Internacional dos Direitos Econômicos, Sociais e Culturais, ambos de 1966, e posteriormente outros diplomas internacionais que, em conjunto, formam um sistema internacional de proteção aos direitos humanos, cuja observância passa a englobar o próprio conceito de democracia. Nesse sentido, a afronta sistemática a direitos humanos acaba, também, por descaracterizar um regime como democrático, conforme veremos a seguir.

Essa breve introdução é necessária para compreendermos as raízes históricas da democracia (já trabalhadas, em grande parte, no capítulo 3) e que acabaram por delinear seu conteúdo atual. Ademais, essa abordagem histórica nos ajuda a compreender que a estruturação conceitual do regime democrático não ocasiona imediatamente a mudança de estruturas políticas reais, que dependem de um longo processo histórico de lutas por direitos. Daí a análise dos temas deste capítulo ser feita a partir de duas abordagens distintas: a *formal*, que verificará a existência de determinados institutos jurídicos e políticos nos diplomas legais de cada regime, e, ainda, uma análise *fática*, que buscará analisar o complicado processo de concretização de direitos, ou seja, de sua eficácia social, bem como a forma como se efetivam as práticas de poder.

Em suma, após os desenvolvimentos verificados ao longo dos últimos três séculos, podemos caracterizar os regimes democráticos a partir da existência de previsão legal e de um grau mínimo de eficácia dos seguintes elementos: *Estado de Direito; separação dos poderes; direitos e garantias fundamentais; sufrágio universal; eleições livres e periódicas; e pluralismo político-partidário.*[3]

Vale destacar que é bastante comum colocar a separação dos poderes e os direitos e garantias fundamentais como implícitos ao conceito de Estado de Direito ou de Estado Democrático de Direito (questão que será analisada logo no próximo tópico). Entretanto, preferimos pecar pelo excesso e apresentar de forma apartada a separação dos poderes e os direitos e garantias fundamentais como fundamentos de um regime democrático, ainda que para fins didáticos.

Ainda, vale destacar que a caracterização de regimes políticos é um tema de elevada complexidade, sujeito a variações culturais, históricas e a diferentes interpretações de contextos políticos específicos. Por essa razão, não é possível estabelecer conceitos com rigor absoluto ou total objetividade, tampouco que se pretendam neutros do ponto de vista axiológico. Ainda assim, é válido almejarmos a construção de um tipo ideal que sirva como referência para nossos estudos e análises.

Vejamos então as características básicas de cada um desses conceitos, os quais figuram como *fundamentos de regimes democráticos*, podendo ser compreendidos também como *elementos caracterizadores de regimes democráticos*.

9.1.1 Elementos caracterizadores de regimes democráticos

9.1.1.1 Estado de Direito

Para fins de caracterização de regimes democráticos, o Estado de Direito é aquele Estado criado e submetido ao direito e, portanto, nele todos estão sujeitos à lei, inclusive o próprio Estado e seus representantes. Assim, a inexistência de responsabilidade jurídica dos governantes por si só já descaracteriza um regime como democrático. Com efeito, a substituição do governo das pessoas pelo governo das leis foi ponto central na história da edificação do Estado constitucional moderno e é ponto fundamental para a caracterização

---

3   Uma visão similar a essa é a de Sahid Maluf: "a democracia consiste em um sistema de organização política no qual: 1) todo poder emana do povo, sendo exercido em seu nome e no seu interesse; 2) as funções de mando são temporárias e eletivas; 3) a ordem pública baseia-se em uma Constituição escrita, respeitado o princípio da tripartição do poder de Estado; 4) é admitido o sistema de pluralidade de partidos políticos, com a garantia de livre crítica; 5) os direitos fundamentais do homem são reconhecidos e declarados em ato constitucional, proporcionando o Estado os meios e as garantias tendentes a torná-los efetivos; 6) o princípio da igualdade se realiza no plano jurídico, tendo em mira conciliar as desigualdades humanas, especialmente as de ordem econômica; 7) é assegurada a supremacia da lei como expressão da soberania popular; 8) os atos dos governantes são submetidos permanentemente aos princípios da responsabilidade e do consenso geral como condição de validade" (MALUF, Sahid. **Teoria geral do Estado.** 35ª ed. São Paulo: Saraiva, 2019, p. 317).

de regimes democráticos, figurando como seu mais relevante atributo do ponto de vista do contexto histórico no qual a democracia surgiu.

Esse conceito se apresenta, inicialmente, como tipicamente liberal e emergente das revoluções burguesas dos séculos XVII e XVIII, sendo caracterizado, conforme nos ensina José Afonso da Silva[4], por três fatores determinantes: (1) submissão ao império da lei; (2) divisão de poderes; e (3) enunciado e garantia dos direitos individuais.

A partir desse conceito, temos que o Estado de Direito seria caracterizado pelo *predomínio da ordem jurídica*, isto é, a sujeição de todos – inclusive do próprio Estado – à lei emanada do Poder Legislativo, composto por representantes do povo. Ademais, prevê a *separação dos poderes* (Legislativo, Executivo e Judiciário), contrapondo-se às monarquias absolutistas típicas do medievo e do início da era moderna, em que havia uma concentração de poderes nas mãos de um monarca. Por fim, teria como pressuposto a *enunciação e garantia dos direitos individuais dos cidadãos*, em linha com o que foi previsto na Declaração dos Direitos do Homem e do Cidadão de 1789, convertendo todos os servos em cidadãos livres e tornando todos formalmente iguais perante a lei, noção que seria ampliada pelos tratados de direitos humanos do séc. XX. Assim, o predomínio da ordem jurídica seria igualmente extensível a todos, incluindo aos representantes dos Poderes e ao próprio Estado. Neste tópico, analisaremos o primeiro ponto (predomínio da ordem jurídica), na medida em que os demais pontos (separação dos poderes e direitos e garantias individuais) serão trabalhados separadamente.

Diante dessas características, é inegável a importância histórica do conceito de Estado de Direito; afinal, trata-se de uma forma de disciplinar a sociedade e os responsáveis pelo exercício do poder de maneira totalmente distinta daquela praticada anteriormente, em que um ou alguns estavam acima (fora) do sistema jurídico, que não lhes era aplicável. Agora, nessa nova ordem social, todos estão sob a égide da lei.

O conceito passaria por algumas transformações ao longo dos séculos. Em sua primeira formulação (predominante no séc. XIX), apresenta-se como um *Estado Liberal*, sendo as maiores preocupações daquele momento histórico a limitação do arbítrio dos governantes e a garantia das liberdades individuais. O Estado Liberal (ou Estado Liberal de Direito) é analisado, sob esse prisma histórico, como aquele Estado passivo, ou seja, que não formula políticas públicas, mas apenas se preocupa com o cumprimento da lei (respeito à ordem, à propriedade e aos contratos).

Em seguida (primeira metade do séc. XX), passa-se a trabalhar a transição desse Estado Liberal de Direito para o chamado *Estado Social de Direito*. Esse, por sua vez, representou uma transformação daquele, acrescentando-lhe preocupações específicas pertinentes às desigualdades sociais. Como ensina Paulo Bonavides:

> À medida, porém, que o Estado tende a desprender-se do controle burguês de classe, e este se enfraquece, passa ele a ser, consoante as aspirações de Lorenz von Stein, o Estado de todas as classes, o Estado fator de conciliação, o Estado mitigador de conflitos sociais e pacificador necessário entre o trabalho e o capital.

---

4   SILVA, José Afonso da. **Curso de direito constitucional positivo**. 30ª ed. São Paulo: Malheiros, 2008, p. 112-113.

Neste momento, em que se busca superar a contradição entre a igualdade política e a desigualdade social, ocorre, sob distintos regimes políticos, importante transformação, bem que ainda de caráter superestrutural.

Nasce, aí, a noção contemporânea do Estado social[5].

Assim, o grande traço caracterizador do Estado Social de Direito é a existência de uma preocupação do Estado com a questão da desigualdade social. Vimos que o Estado Liberal de Direito se preocupava tão somente com o império da lei, a tripartição dos poderes e, é claro, a liberdade individual. Dentro desse rol, não está qualquer preocupação com relação às desigualdades e às questões sociais, como a pobreza, a fome e a proteção do trabalhador, de modo que o liberalismo clássico que teorizava a primeira formulação do Estado de Direito não deu conta de resolver o problema econômico das camadas sociais mais baixas e das extremas contradições sociais geradas pelo capitalismo então nascente. No limite, tais contradições se traduziram em crises econômicas, sociais e políticas, as quais embalaram a transição do Estado Liberal de Direito para o Estado Social de Direito que, preocupado com *todos*, passa a disciplinar juridicamente mecanismos voltados à resolução das contradições econômicas geradas pelo modelo liberal que continuará operante, porém mitigado de certa forma. Diante dessa transformação do conceito ocorrida nas primeiras décadas do século XX, a expressão Estado de Direito permaneceu sendo usada, mas preenchida com conteúdo distinto, já que as constituições dos Estados Sociais de Direito previam mensagens de cunho social, econômico e cultural, bem como direitos prestacionais relacionados à promoção do chamado bem-estar social.

Repare que o Estado Social de Direito não se assemelha ao Estado Socialista, pois esse se caracteriza pela propriedade estatal dos meios de produção e pela prevalência de uma economia planificada, isto é, centralizada em torno de uma autoridade que determina os rumos da atividade econômica, de modo que saem de cena o mercado, a livre-iniciativa e a propriedade privada, para dar lugar ao Estado como coordenador das transformações sociais e econômicas da sociedade.

Feita a caracterização das formas iniciais do Estado de Direito como liberal e, posteriormente, social, cabe destacar sua mais bem-acabada formulação, a qual aparece logo no art. 1º de nossa Constituição: "A República Federativa do Brasil, formada pela união indissolúvel dos Estados e Municípios e do Distrito Federal, constitui-se em Estado Democrático de Direito [...]".

Repare que a Constituição Federal de 1988 se vale do termo *Estado Democrático de Direito*, sendo esse "aquele que se pretende *aprimorado*, na exata medida em que não renega, antes incorpora e supera, dialeticamente, os modelos *liberal* e *social* que o antecederam e que propiciaram o seu aparecimento no curso da História"[6]. A partir dessa evolução, a ideia de Estado Democrático de Direito busca sintetizar diversos princípios, tais como o da *legalidade* (império da lei), a *separação dos poderes*, os *direitos e garantias individuais*, incluindo a *dignidade da pessoa humana*, a *isonomia* e o *pluralismo político*. Diante dessa acepção bastante ampla, o conceito de Estado Democrático de Direito acaba por ser muito

---

5   BONAVIDES, Paulo. **Do Estado Liberal ao Estado Social.** 9ª ed. São Paulo: Malheiros, 2009, p. 185.

6   MENDES, Gilmar Ferreira. **Curso de Direito Constitucional.** São Paulo: Saraiva, 2007, p. 139.

similar ao da própria democracia, sendo comum utilizar as expressões indistintamente. Ademais, a expressão *Estado Democrático de Direito*, nesse sentido, busca resolver qualquer possível discussão de norte positivista e apontar que esse Estado não só foi criado e é regido por leis aplicáveis a todos, mas também que é democrático, sendo os valores da democracia presentes na organização desse Estado.

Note que ao listarmos os conceitos fundamentais para a configuração de um regime democrático, iniciamos com o de Estado de Direito, analisando-o separadamente e conforme sua denominação clássica. Obviamente, não estamos aqui nos referindo ao Estado Liberal dos oitocentos, mas utilizamos a expressão apenas para apontar o império da lei como um dos elementos caracterizadores dos regimes democráticos, devendo, portanto, ser analisado em conjunto com os demais elementos trabalhados abaixo. Ademais, consideramos irrelevante o fato de que alguns autores colocam dentro do conceito de Estado de Direito a separação dos poderes e os direitos e garantias individuais, itens que preferimos destacar e tratar de forma apartada como elementos caracterizadores de um regime democrático – tornando assim nossa exposição mais didática. Isso apenas reforça a necessidade desses institutos como fundamentos de qualquer democracia.

Em suma, para os fins específicos deste capítulo, vale destacar o Estado de Direito como fundamento elementar de qualquer regime democrático, especialmente pelo fato de o Estado de Direito ser aquele Estado criado e regido pelo Direito, em que todos estão sob a égide da lei; sendo certo que até mesmo o próprio Estado fica sujeito à lei que o criou (sua Constituição). Assim, nos regimes democráticos a Constituição cria o Estado, regula sua organização (forma de governo, sistema de governo, sistemas eleitorais, processo legislativo etc.), declara os direitos e garantias dos cidadãos e, é claro, se coloca como lei máxima do Estado, à qual todos – incluindo o próprio Estado – estão sujeitos.

9.1.1.2   Separação dos poderes

Ainda que o poder do Estado seja um só e indivisível, é necessário que ele seja exercido por meio de três funções distintas (executiva, legislativa e judiciária) e que essas sejam confiadas a órgãos diferentes para que o exercício do poder político seja feito adequadamente e não haja qualquer concentração que mine a democracia. Trata-se aqui de impedir qualquer acumulação dessas funções em um só órgão ou pessoa, tal como ocorria nas monarquias absolutistas do Antigo Regime. Dessa maneira, a separação dos poderes é, também, uma fuga à pessoalidade do poder típica do referido período, de tal modo que deixa de vigorar aquela total concentração de poderes nas mãos do monarca que permitiu a Luís XIV dizer *"L'État c'est moi"* ("O Estado sou eu"), noção extraída da soberania divina atribuída ao monarca e que, é claro, configurava uma evidente *concentração de poderes*, já que não havia qualquer divisão de órgãos separados responsáveis pelas funções executiva, legislativa e judiciária – e, ainda que houvesse, sua existência era meramente formal, sem qualquer efetividade.

Do ponto de vista teórico, muito se discute as origens da teoria, sendo justo apontar a existência de contribuições já em Aristóteles e, na modernidade, em John Locke e Jean--Jacques Rousseau; mas é apenas em Montesquieu que a teoria ganharia a sistematicidade e a importância que merece, inclusive pelo momento histórico em que é publicada sua obra *O espírito das leis*, de 1748.

Historicamente, a *Bill of Rights* (Declaração de Direitos) de 1689 limitou os poderes do Rei inglês, que não poderia mais governar sem o Parlamento que, portanto, tornou-se órgão decisivo distinto e independente do poder real que até então detinha poderes ilimitados. Não se tratava, ainda, da aplicação do princípio da tripartição dos poderes, mas de um avanço significativo do ponto de vista da história das instituições políticas. Já a Constituição dos Estados Unidos de 1787 formalizou o princípio de modo mais estruturado. Com efeito, o modelo republicano americano demonstrou-se muito mais apto e o sistema de governo presidencialista – inaugurado pela referida Constituição – adequou-se perfeitamente às teorias de Montesquieu ao realizar uma separação dos poderes muito mais rígida àquela possível aos sistemas parlamentaristas – noção essa que será trabalhada a seguir, quando analisaremos os sistemas de governo. Ainda sobre a formalização do princípio em diplomas jurídicos desse período histórico, vale destacar a disposição contida no art. 16 da Declaração dos Direitos do Homem e do Cidadão de 1789, que determina que: "A sociedade em que não esteja assegurada a garantia dos direitos nem estabelecida a separação dos poderes não tem Constituição".

* * *

Feitas essas considerações iniciais a respeito da importância histórica da separação dos poderes, cabe agora caracterizá-lo de forma mais objetiva.

Conforme dito no início, o poder do Estado é uno e indivisível, porém atribuem--se funções distintas a diferentes órgãos, de modo que haja não só independência, mas também um controle mútuo entre eles. A cada órgão damos o nome de Poder; são eles: o Legislativo, o Executivo e o Judiciário, sendo cada um desses órgãos responsável por uma determinada *função*. Ao Poder Legislativo cabe a função legislativa; ao Poder Executivo cabe a função administrativa; e ao Poder Judiciário cabe a função jurisdicional.

É a partir do exercício dessas funções que o Estado deve buscar alcançar a sua finalidade, comumente colocada como o bem comum de todos. Afinal, a ideia central para compreendermos a teoria em comento é a *limitação do poder pelo próprio poder*. Esse ponto é importantíssimo para fins da exposição realizada neste capítulo, na medida em que as instituições do Estado – representativas das aludidas funções – são as que devem barrar, pelos meios institucionalmente previstos, qualquer tentativa de subversão da ordem democrática proveniente de representantes do Estado (além, é claro, daquelas exógenas). Com isso, o Estado constitucional moderno, dotado de separação das funções, diferencia--se substancialmente das monarquias absolutistas do Antigo Regime, em que o monarca governava a partir de seu arbítrio e sem qualquer vinculação a leis ou a um Parlamento.

Vale destacar que a teoria coloca o exercício das três funções em poderes distintos, porém que devem se manter harmônicos, na medida em que representam um só Estado e, portanto, deve haver certa sintonia entre eles. Assim, a aplicação da teoria pelos Estados modernos colocou as funções dentro de uma harmonia que deve refletir os fins do Estado a serem perseguidos por todos, sem, contudo, desvirtuar a teoria e realizar qualquer tipo de concentração de poder. Diante disso, houve a substituição do modelo de separação rígida – em que cada órgão realizaria exclusivamente uma única função – para uma separação harmônica (também chamada de colaboração entre os poderes), em que cada órgão tem funções prevalentes (*típicas*) e excepcionais (*atípicas*). Dessa forma, além da função que lhe é própria, os poderes exercem funções atípicas, na medida em que são funções originalmente atribuídas a outros poderes.

Quanto às *funções prevalentes (típicas)*, temos que cabe ao Poder Legislativo a função legislativa (arts. 59 a 69 da CF/88), isto é, a edição de leis para regular a atuação do Estado, bem como a vida dos cidadãos. Ao Poder Executivo compete a função administrativa, relativa sobretudo à aplicação das leis, à regulamentação de certos tributos, à prestação de serviços públicos (água, energia etc.) e à ordenação da vida social de forma geral (autorizando construções, aplicando multas etc.). E, por fim, cabe ao Poder Judiciário a função jurisdicional, isto é, a tarefa de julgar, a partir de provocação dos interessados, os conflitos entre indivíduos ou desses com o Estado.

Já quanto às *funções excepcionais (atípicas)*, temos que os Poderes exercem, de forma não preponderante, funções tipicamente exercidas pelos outros. Assim, atipicamente, o Poder Legislativo exerce funções de julgar e administrar; o Poder Executivo exerce funções de legislar e julgar; e o Poder Judiciário exerce funções de legislar e administrar. Vejamos.

No que tange ao Poder Legislativo, temos como funções atípicas, exemplificativamente, atos de administração, tais como aqueles relativos à organização administrativa das Casas (art. 51, IV e art. 52, XIII da CF/88) e, ainda, a função jurisdicional no julgamento do Presidente da República por crime de responsabilidade (art. 52, I, da CF/88).

O Poder Executivo, por sua vez, realiza função atípica quando, por exemplo, toma a iniciativa de um projeto de lei ou edita medida provisória (art. 62) ou lei delegada (art. 68), casos em que exerce função de natureza legislativa; e também quando julga defesas e recursos administrativos, exercendo aí funções de natureza jurisdicional.

Por fim, o Poder Judiciário exerce funções atípicas de administrar e legislar. Administrativamente, cabe ao Judiciário a eleição de membros diretivos, a organização de suas secretarias, a concessão de licenças, férias e demais questões relacionadas aos seus funcionários e demais questões de ordem administrativa, conforme previstas no art. 96 da Constituição. Já sua função atípica de legislar ocorre, por exemplo, na edição de normas regimentais (CF, art. 96, I, "a").

	Função típica	Funções atípicas
Poder Executivo	Administrar	Legislar Julgar
Poder Legislativo	Legislar	Administrar Julgar
Poder Judiciário	Julgar	Administrar Legislar

Vale destacar que a existência de funções atípicas existe precisamente para que os Poderes reforcem sua independência e harmonia (mais bem analisadas a seguir). Ademais, diante dessa exposição é possível compreender que o Poder Judiciário tem papel crucial dentro da teoria da separação dos poderes, especialmente naquilo que tange à limitação do poder pelo próprio poder. Afinal, cabe sobretudo ao Poder Judiciário zelar para que os demais Poderes se atenham à ordem jurídica vigente. Assim, uma sentença judicial pode anular um ato administrativo do Poder Executivo se, de forma fundamentada, considerá-lo ilegal, bem como cabe às cortes superiores o controle de constitucionalidade das leis, isto é, verificar se a lei que emanou do Poder Legislativo está em consonância com a Constituição, caso contrário pode declará-la inconstitucional. Nesses dois casos, temos decisões do Poder Judiciário que declaram atos emanados dos demais poderes como em desacordo com o ordenamento jurídico pátrio. Dessa maneira, o Poder Judiciário é precisamente aquele que garante que o próprio Estado está sujeito à sua própria ordem jurídica, garantindo assim não só a tripartição dos poderes, mas a existência de um Estado de Direito que, conforme vimos, caracteriza-se precisamente pela existência de subordinação de todos à ordem jurídica, inclusive e principalmente do próprio Estado; e é exatamente a tripartição dos poderes e, em especial, a atuação independente do Poder Judiciário que torna o Estado sujeito às suas próprias normas, garantindo com isso que haja o freio do poder pelo próprio poder.

Por fim, cabe-nos expor brevemente algumas palavras sobre o art. 2º de nossa Constituição, que assim dispõe: "Art. 2º São Poderes da União, independentes e harmônicos entre si, o Legislativo, o Executivo e o Judiciário". Trata-se de apontar a relação entre os poderes como independente e harmônica.

Inicialmente, a ideia de *independência* entre os poderes significa que o exercício das atribuições de um Poder não pode depender da autorização de outro, e isso inclui aquelas funções atípicas mencionadas aqui e que acabam por reforçar a independência de cada Poder. Ademais, emerge a independência da própria previsão constitucional acerca das funções típicas e atípicas de cada Poder, conforme vimos. Ainda, não é possível acumular cargos em diferentes Poderes, bem como delegar funções que são atribuídas a um Poder, salvo nos casos em que a Constituição expressamente permite.

Já a *harmonia* refere-se à necessidade de haver entre os poderes uma sintonia que garanta a persecução das finalidades do Estado. Como dito, não há uma independência absoluta entre os Poderes e, portanto, verifica-se no sistema jurídico brasileiro, por exemplo, algumas interferências entre eles que servem precisamente para garantir referida harmonia. Assim é o caso do processo legislativo – a cargo do Legislativo –, mas que pode ser provocado por iniciativa do Executivo. Ainda nesse assunto, o Presidente tem poder de veto sobre projetos de leis provenientes do Legislativo, havendo ainda a possibilidade de derrubada do veto por maioria absoluta do Congresso. O Judiciário, por sua vez, pode declarar a inconstitucionalidade de leis provenientes do Legislativo e, mesmo não sofrendo qualquer interferência em sua atividade jurisdicional, cabe ao Presidente da República a indicação dos ministros do Supremo Tribunal Federal que, para assumirem o cargo, devem passar por sabatina e aprovação pelo Senado.

Esses são exemplos de mecanismos que mostram relações entre os Poderes e que visam garantir sua harmonia sem que, contudo, haja qualquer afronta à sua independência.

Com efeito, essas relações entre Executivo, Legislativo e Judiciário refletem e reforçam ao mesmo tempo sua independência e harmonia, representando o famoso mecanismo de controle do poder pelo próprio poder da chamada teoria dos freios e contrapesos.

Conforme veremos a seguir – na caracterização das ditaduras contemporâneas – a subversão da tripartição dos poderes – mediante cooptação do Judiciário pelo Executivo, por exemplo – é a principal forma pela qual hoje os regimes democráticos se degeneram em autocracias.

Em conclusão, temos que a tripartição dos poderes se apresenta como pilar de sustentação de qualquer regime democrático, notadamente por garantir a ausência de concentração de poderes e pela função que esse princípio tem na garantia do Estado de Direito. Com efeito, qualquer regime em que haja concentração de funções num mesmo órgão (ou, em casos extremos, num único indivíduo) não pode ser caracterizado como democrático. Sem prejuízo dos demais fundamentos expostos neste capítulo, os regimes democráticos se caracterizam precisamente pela existência de uma tripartição dos poderes que assegure a separação dos órgãos responsáveis pelas funções executiva, legislativa e judiciária, de tal modo que o poder controle o próprio poder e a tirania não floresça.

9.1.1.3 Direitos e garantias fundamentais

Trata-se aqui de um item amplo, que visa colocar como fundamento de regimes democráticos todos os direitos e garantias fundamentais consagrados nos últimos séculos pela doutrina constitucionalista e pelos mais relevantes diplomas jurídicos ocidentais.

A saber, a Constituição Federal de 1988 estabelece em seu Título II os *direitos e garantias fundamentais* e os subdivide em cinco capítulos: *direitos e deveres individuais e coletivos; direitos sociais; nacionalidade; direitos políticos;* e *partidos políticos*. Repare que, novamente, preferirmos pecar pelo excesso e, para fins didáticos, trabalhar o sufrágio universal, as eleições livres e o pluralismo político-partidário em tópicos apartados, ainda que sejam temas constantes dos capítulos IV (direitos políticos) e V (partidos políticos) do referido Título II de nossa Constituição.

De início, cabe discutir, ainda que brevemente, algumas questões acerca da nomenclatura utilizada. Costuma-se apontar os *direitos humanos* como um termo amplo e com pretensão universal (supranacional), já a expressão *direitos e garantias fundamentais* apresenta um contorno mais claro, vez que se refere ao conjunto de direitos e garantias positivados em determinado ordenamento jurídico, como é o caso do nosso. Nessa questão, vale destacar que o § 3º do art. 5º da CF/88 prevê um procedimento específico para a recepção, em nosso ordenamento jurídico, de tratados e convenções internacionais sobre direitos humanos. De toda forma, utilizaremos aqui a expressão *direitos e garantias fundamentais* como um fundamento de todo e qualquer regime democrático, por entendermos ser necessária a existência de efetiva previsão legal interna que garanta aos indivíduos de determinado Estado o reconhecimento de determinados direitos e garantias – os quais apresentaremos a seguir.

De antemão, vale destacar a *função contramajoritária* dos direitos e garantias fundamentais, a qual pode ser garantida por quaisquer dos três poderes, entretanto, é notória a posição de destaque do Judiciário nesse tocante na medida em que é da competência do Poder Judiciário assegurar a defesa dos valores jurídicos estabelecidos no texto constitucional – especialmente dos direitos e garantias fundamentais – aplicáveis a todos os indivíduos indistintamente. Assim, cabe ao Poder Judiciário garantir a proteção dos direitos e garantias fundamentais contra eventuais maiorias dispostas a suprimi-los ou minorar sua abrangência. Dessa forma, os direitos fundamentais são limites à atuação do Estado, ainda que com apoio da vontade majoritária da população ou dos representantes eleitos – tratando-se de cláusula pétrea, conforme art. 60, § 4º, inciso IV. Isso é de extrema relevância para compreendermos a complexidade do conceito de democracia que estamos aqui expondo e o quanto ele se afasta de uma simplória ideia de vontade da maioria. Tal como exposto, a vontade da maioria não pode ir contra direitos fundamentais garantidos pelo texto constitucional, os quais são aplicáveis a todos, incluindo, é claro, grupos minoritários. O Poder Judiciário, nesse sentido, é o principal responsável por fazer esse controle e declarar a inconstitucionalidade de leis ou atos tendentes a anular ou diminuir direitos e garantias individuais.

Feitas essas considerações iniciais, consideramos aqui como fundamentais para a configuração de regimes democráticos os seguintes direitos e garantias: (1) isonomia (igualdade jurídica); (2) direito à vida e dignidade da pessoa humana; (3) direito à privacidade e à inviolabilidade domiciliar, de correspondências, comunicações e dados; (4) direitos de liberdade; (5) direito de acesso à informação; (6) devido processo legal, contraditório, ampla defesa e presunção de inocência; e (7) direito de propriedade.

Embora seja possível tentar organizá-los por ordem de importância, essa não foi nossa intenção, de modo que consideramos todos os direitos elencados anteriormente como essenciais a qualquer regime que se pretenda democrático. Repare, ainda, que todos os direitos e garantias individuais são de suma importância e, nos termos do art. 60, § 4º, inciso IV, da CF/88, são considerados cláusulas pétreas e, portanto, apresentam-se como núcleos intransponíveis de nosso sistema jurídico. Desse modo, a lista apresentada acima é um recorte e foi elaborada com finalidades didáticas, buscando destacar os principais direitos e garantias para a configuração de regimes democráticos. Diante disso, não pode ser considerada exaustiva.

Note, por fim, que tais direitos e garantias possuem como destinatário principal o Poder Público, o que fica evidente ao estudarmos sua origem histórica como proteção contra os arbítrios de monarcas. É ele o responsável por assegurar a efetiva fruição desses direitos, coibindo atos tendentes a violá-los, e por punir aqueles que contra eles atentarem. Em suma, os órgãos da administração pública devem se pautar pelos direitos e garantidas fundamentais na condução de sua atividade. Entretanto, não é exclusivamente o Estado o destinatário das normas que apresentam direitos fundamentais, pois também as entidades privadas e os particulares a elas se sujeitam, ao que denominamos eficácia horizontal dos direitos fundamentais. Façamos então uma sucinta análise de cada um desses direitos.

Isonomia

Quanto à *isonomia*, temos que são democráticos apenas os regimes em que haja a previsão de igualdade perante a lei, ou seja, um aspecto *formal* da igualdade, não sendo necessária qualquer vinculação com a ideia de igualdade de fato, em sentido material. Não sem razão que o art. 1º da Declaração dos Direitos do Homem e do Cidadão de 1789 dispôs que: "Os homens nascem e são livres e iguais em direitos. As distinções sociais só podem fundamentar-se na utilidade comum". Tratava-se de princípio norteador das teorias típicas do Iluminismo e tendentes a colocar fim ao Antigo Regime, cujo modo de atribuição de poderes políticos e de posições sociais era baseado na desigualdade de nascimento. Também o art. 6º do mesmo diploma deixava claro a impossibilidade de fatores discriminatórios infundados:

> Art. 6º A lei é a expressão da vontade geral. Todos os cidadãos têm o direito de con-correr, pessoalmente ou através de mandatários, para a sua formação. Ela deve ser a mesma para todos, seja para proteger, seja para punir. Todos os cidadãos são iguais a seus olhos e igualmente admissíveis a todas as dignidades, lugares e empregos públicos, segundo a sua capacidade e sem outra distinção que não seja a das suas virtudes e dos seus talentos.

Muito embora esse documento do final do século XVIII deixasse claro o princípio da igualdade, sua concretização efetiva tardou séculos. Afinal, a própria escravidão durou ao menos um século para acabar e o tratamento jurídico igualitário entre brancos e negros e entre homens e mulheres ocorreu nas democracias ocidentais somente no século XX, algo como duzentos anos depois da referida Declaração.

Em nosso caso, a Constituição Federal de 1988 traz inúmeros dispositivos que expressam a isonomia, com destaque para o *caput* do art. 5º e seu inciso I:

> Art. 5º Todos são iguais perante a lei, sem distinção de qualquer natureza, garantindo-se aos brasileiros e aos estrangeiros residentes no País a inviolabilidade do direito à vida, à liberdade, à igualdade, à segurança e à propriedade, nos termos seguintes:
>
> I – homens e mulheres são iguais em direitos e obrigações, nos termos desta Constituição;

Repare que, embora a igualdade entre homens e mulheres já esteja abarcada pelas disposições claras do *caput*, o legislador fez questão de trazê-la especificamente no inciso primeiro, reforçando uma louvável preocupação de equiparação entre homens e mulhe-res, algo que se torna compreensível na medida em que há muito pouco tempo vigorava no Brasil o Código Civil de 1916 que continha inúmeras disposições manifestadamente contrárias a essa igualdade.

Adicionalmente, o inciso XXX do art. 7º, responsável pelos direitos sociais, traz proi-bição expressa de diferença de salários, de exercício de funções e de critério de admissão por motivo de sexo, idade, cor ou estado civil. Outro dispositivo que reforça o princípio da igualdade é o art. 3º, IV, da Constituição Federal, que determina ser objetivo funda-mental da República Federativa do Brasil "promover o bem de todos, sem preconceitos de origem, raça, sexo, cor, idade e quaisquer outras formas de discriminação".

Esses dispositivos deixam clara a ideia de igualdade que permeia nosso ordenamento jurídico, reforçando que, perante a lei, não há qualquer distinção. Trata-se do conhecido *princípio da isonomia*, do grego *iso* (igual) mais *nomos* (lei), segundo o qual deve-se tra-tar igualmente os iguais e desigualmente os desiguais, na medida de suas desigualdades. Diante disso, Celso Antonio Bandeira de Mello nos ajuda a compreender como se detecta uma lesão ao princípio da isonomia no que tange à correlação entre o fator de *descrímen* e a desequiparação procedida:

> [...] tem-se que investigar, de um lado, aquilo que é erigido em critério discriminatório e, de outro, se há justificativa racional para, à vista do traço desigualador adotado, atribuir o específico tratamento jurídico construído em função da desigualdade afirmada. [...]
>
> Então, no que atina ao ponto central da matéria abordada procede afirmar: é agredida a igualdade quando o fator diferencial adotado para qualificar os atingidos pela regra não guarda relação de pertinência lógica com a inclusão ou exclusão no benefício deferido ou com a inserção ou arredamento do gravame imposto[7].

Em havendo justificativa racional entre o traço desigualador e o tratamento jurídico diferenciado em sua razão, não há o que se falar em afronta ao princípio da isonomia; ao contrário, é precisamente nesses casos em que o princípio deve imperar. É o caso das políticas de ações afirmativas que visam orientar a promoção e integração social de determinados grupos.

O princípio da igualdade, portanto, impõe que a lei serve para regular a vida social e não para ser usada como forma de privilegiar ou perseguir pessoas ou grupos. Assume então uma dupla função: uma de garantia individual, assegurando que não ocorram perseguições baseadas em lei e, outra, que não sejam concedidos privilégios.

Repare que o princípio da igualdade é aplicável ao Poder Executivo, na aplicação das leis, mas também ao Poder Legislativo ao fazê-las e, não menos importante, ao Poder Judiciário, que no exercício de sua função jurisdicional deve aplicar a lei à luz do princípio da igualdade, tratando a todos igualmente.

Diante disso, temos clareza de que não é possível estabelecer-se um regime democrático sem que nele esteja assegurado o princípio da igualdade, evitando assim quaisquer favoritismos injustificáveis e, principalmente, proibindo legislações, atos administrativos e tratamento judicial discriminatórios.

Direito à vida e dignidade da pessoa humana

O *direito à vida* possui duas diferentes acepções. A primeira refere-se ao dever do Estado de assegurar a manutenção da vida – isto é, a existência física/biológica dos indivíduos. Nesse sentido, temos o direito à vida como um princípio que perpassa pelo nosso ordenamento jurídico, proibindo a eutanásia e, também, como regra, a pena de morte. Na segunda acepção, vincula-se à garantia de uma vida digna. Temos aí a oportunidade de realizar sua análise em conjunto com outro princípio basilar de regimes democráticos, o da *dignidade da pessoa humana*; afinal a vida é o substrato fisiológico da própria

---

7   BANDEIRA DE MELLO, Celso Antônio. **O conteúdo jurídico do princípio da igualdade.** 3ª ed. São Paulo: Malheiros, 2010, p. 38.

dignidade[8]. De toda forma, é importante compreendermos que o direito à vida é direito distinto da dignidade da pessoa humana, embora possam estar correlacionados, conforme dito anteriormente. Outra vinculação importante é a do direito à integridade física, conforme inciso III do art. 5º que estabelece que "ninguém será submetido a tortura nem a tratamento desumano ou degradante".

Diante disso, temos que o direito à vida pode ser encarado de forma bastante ampla, podendo se exigir do Estado – ou de particulares incumbidos em funções públicas – determinadas prestações ou abstenções. As prestações são aquelas referentes às obrigações do Estado de implementar medidas ativas de proteção da vida e as abstenções são obrigações de não interferência do Estado no âmbito da vida de particulares. Repare que o direito à vida pode ser problematizado a partir de situações bastante complexas no que tange ao seu conteúdo e como implementá-lo em situações limites, sendo certo que não raro encontra-se no cerne de discussões acaloradas de colisão de princípios fundamentais (vide as discussões acerca da eutanásia, do aborto e da recusa de transfusão de sangue por motivos religiosos, por exemplo).

Em suma, e para efeitos do que aqui estamos trabalhando, o direito à vida constitui relevante pilar de sustentação de um regime democrático. Para citarmos questões relacionadas fortemente com nossa temática acerca dos regimes políticos, é importante anotar que diversos regimes autocráticos, em diferentes locais e períodos, valeram-se de práticas de tortura como forma de extrair informações, punir ou exterminar opositores.

Direito à privacidade e à inviolabilidade domiciliar, de correspondências, comunicações e dados

Os direitos referentes à *privacidade e à inviolabilidade domiciliar, de correspondências, comunicações e dados* são abarcados pelos incisos X, XI e XII do art. 5º de nossa Constituição Federal. Todos eles, em conjunto, constituem pilares fundamentais de um regime democrático; afinal, não se pode chamar de democrático um regime que espiona seus cidadãos sem base em ordem judicial específica e na forma da lei. Repare que tais direitos ganham notoriedade no contexto da chamada Quarta Revolução Industrial, em que novas tecnologias buscam coletar e trabalhar grandes quantidades de dados para fins mercadológicos e políticos – especialmente as chamadas tecnologias de *big data*. Nesse cenário, a proteção de dados (incluindo os digitais) aparece como preocupação de diversos regimes democráticos e, por outro lado, como forte fator de controle para modelos autocráticos, os quais não raro buscam exercer um domínio maior e mais eficiente por meio da coleta de dados sigilosos de seus cidadãos. Nesse sentido é que a Emenda Constitucional nº 115 de 2022 incluiu o inciso LXXIX ao art. 5º, assegurando o direito à proteção dos dados pessoais, inclusive nos meios digitais.

---

8   SARLET, Ingo Wolfgang; MARINONI, Luiz Guilherme; MITIDIERO, Daniel. **Curso de direito constitucional.** 2ª ed. São Paulo: RT, 2013, p. 365.

Nesse tópico, cabe mencionarmos o clássico distópico *1984,* de George Orwell, em que a tecnologia é colocada a serviço do Estado como forma de controle dos cidadãos que têm sua privacidade suprimida por completo; trata-se ali de ilustrar um regime autocrático de um futuro em que os avanços tecnológicos viabilizam um maior e mais efetivo controle dos súditos, algo que a China tem feito em certa medida com práticas de vigilância digital e apurados sistemas de reconhecimento facial[9].

Direitos de liberdade

Os *direitos de liberdade,* por sua vez, podem ser subdivididos nas diversas liberdades que devem ser garantidas a qualquer cidadão de um regime democrático. Elas incluem, pelo menos, as *liberdades de expressão, de imprensa, de consciência religiosa, de reunião* e *de ir e vir (locomoção).*

A *liberdade de expressão* aparece em nossa Constituição em diversos momentos, sendo mais relevantes o inciso IV do art. 5º ("é livre a manifestação do pensamento, sendo vedado o anonimato") e o inciso IX do mesmo artigo ("é livre a expressão da atividade intelectual, artística, científica e de comunicação, independentemente de censura ou licença"). Trata-se aqui de um direito inerente aos regimes democráticos e que é especialmente atacado em autocracias, sobretudo mediante a proibição ou constrangimento com relação às manifestações, por quaisquer meios, contrárias ao regime.

A *liberdade de imprensa,* cujo principal fundamento constitucional encontra-se no art. 220 da CF/88, da mesma forma, é alvo comum de regimes autocráticos, tamanha sua importância social. Nesse sentido, autocratas comumente investem contra a liberdade de imprensa como meio de ocultar ou transformar atos do Poder Público conforme deseja o grupo no poder. Diante disso, regimes autocráticos se valem da conhecida censura para garantir que os meios de comunicação não critiquem o governo e, portanto, mantenham a população alheia aos erros e interesses escusos do regime. Vale destacar que essa conceituação clássica da liberdade de expressão e da liberdade de imprensa, conforme feito anteriormente, é substancialmente abalada com o advento e consequente predomínio das mídias sociais e dos aplicativos de mensageria, os quais têm sido utilizados por autocratas e potenciais autocratas como forma de propagar a desinformação.

Quanto à *liberdade de consciência religiosa,* destaca-se o disposto no inciso VIII do art. 5º: "ninguém será privado de direitos por motivo de crença religiosa ou de convicção filosófica ou política, salvo se as invocar para eximir-se de obrigação legal a todos imposta e recusar-se a cumprir prestação alternativa, fixada em lei". Repare, portanto, que referido direito reconhece a existência de uma sociedade plural, em que pessoas com diferentes crenças devem conviver harmonicamente, cabendo ao Estado garantir referida harmonia pelo tratamento isonômico dos indivíduos. No mesmo sentido vai a *liberdade de crença religiosa,* a qual proíbe ao Estado impor ao indivíduo a crença de uma determinada religião

---

9   Para mais informações acerca dos efeitos políticos da Quarta Revolução Industrial, veja: GAMBA, João Roberto Gorini. **Democracia e tecnologia:** impactos da quarta revolução industrial. 2ª ed. Rio de Janeiro: Lumen Juris, 2022.

oficial do Estado. Nesse sentido, o inciso VI do art. 5º é bastante claro ao apontar que "é inviolável a liberdade de consciência e de crença, sendo assegurado o livre exercício dos cultos religiosos e garantida, na forma da lei, a proteção aos locais de culto e a suas liturgias". Trata-se de assumir a crença religiosa como de natureza particular, afeta a cada indivíduo, cabendo ao Estado unicamente garantir a liberdade de crença de cada um e não impor ou proibir qualquer religião.

Ademais, acabamos por incluir no rol de direitos de liberdade, o *direito de liberdade de reunião*, o qual foi consagrado pelo inciso XVI do art. 5º: "todos podem reunir-se pacificamente, sem armas, em locais abertos ao público, independentemente de autorização, desde que não frustrem outra reunião anteriormente convocada para o mesmo local, sendo apenas exigido prévio aviso à autoridade competente". Basta, portanto, mero aviso à autoridade, a qual terá o dever de garantir a reunião. Tal direito é comumente referido como direito de manifestação e, é claro, possui grande associação com o direito de liberdade de expressão mencionado anteriormente e, portanto, figura como central em regimes democráticos que, como sabemos, devem conviver com manifestações pacíficas, quer sejam favoráveis ou contrárias ao governo de ocasião.

A última faceta dos direitos de liberdade é o da *liberdade de locomoção*, também chamada de *direito de ir e vir*, o qual encontra-se positivado no inciso XV do art. 5º com a seguinte redação: "é livre a locomoção no território nacional em tempo de paz, podendo qualquer pessoa, nos termos da lei, nele entrar, permanecer ou dele sair com seus bens". Dessa forma, tal liberdade é vista em seu sentido positivo (ir e vir) e negativo (ficar) e conta com remédio jurídico-constitucional específico para garanti-la, o chamado *habeas corpus* (art. 5º, LXVIII).

Direito de acesso à informação

O *direito de acesso à informação* se refere à necessária transparência do Poder Público e está obviamente atrelado aos direitos de liberdade de expressão e de imprensa analisados anteriormente. Sua previsão consta no art. 5º, inciso XIV ("é assegurado a todos o acesso à informação e resguardado o sigilo da fonte, quando necessário ao exercício profissional"), bem como no inciso XXXIII do mesmo artigo ("todos têm direito a receber dos órgãos públicos informações de seu interesse particular, ou de interesse coletivo ou geral, que serão prestadas no prazo da lei, sob pena de responsabilidade, ressalvadas aquelas cujo sigilo seja imprescindível à segurança da sociedade e do Estado").

Tal como mencionado no art. 19 da Declaração Universal dos Direitos Humanos (1948), tal direito inclui o de procurar, receber e transmitir informações e ideias por quaisquer meios e independentemente de fronteiras. Inclui, portanto, o direito de informar e de ser informado. Assim, em regimes democráticos, é necessário que seja viabilizada a pluralidade de fontes informativas, seus meios de divulgação e, é claro, que se verifique a inexistência de obstáculos tendentes a impedir a divulgação e a circulação de informações, especialmente aquelas relativas a assuntos de interesse público.

Devido processo legal, contraditório, ampla defesa e presunção de inocência

Devido processo legal, contraditório, ampla defesa e *presunção de inocência* são direitos de natureza processual, complementares entre si, sem os quais não se consolida um regime democrático.

O *devido processo legal* é previsto no inciso LIV do art. 5º ("ninguém será privado da liberdade ou de seus bens sem o devido processo legal") e é comum ser referido por sua expressão na língua inglesa: *due process of law*. Tal princípio deve ser analisado conjuntamente à garantia do *contraditório* e da *ampla defesa* (inciso LV do art. 5º). Com isso, cabe ao Poder Público assegurar aos litigantes e acusados num processo administrativo ou judicial todos os meios de defesa possíveis, bem como a possibilidade de apresentação de todas as provas que disponham para demonstrar seu direito. Em linha com a garantia do devido processo legal, o contraditório e a ampla defesa deverão se dar de acordo com o processo e com as leis previamente definidas, impossibilitando assim os chamados *tribunais de exceção*, isto é, tribunais cujas regras foram feitas posteriormente ao ato a ser julgado e que servem exclusivamente para julgar um ou alguns casos específicos.

Já a *presunção de inocência* aparece esculpida no inciso LVII do art. 5º com a seguinte redação: "ninguém será considerado culpado até o trânsito em julgado de sentença penal condenatória". Trata-se de um princípio de fundamental importância em regimes democráticos e que é comumente apontado como pilar de qualquer Estado de Direito. Por meio desse princípio, todo indivíduo é presumidamente considerado inocente, sendo sua efetiva culpa apontada apenas com o trânsito em julgado da sentença penal condenatória. Vale destacar que tal presunção de inocência não afasta as diferentes espécies de prisão previstas na legislação pátria, como a temporária, a preventiva e a feita em flagrante que, não obstante a presunção de inocência do réu, acabam por restringir sua condição de liberdade.

Direito de propriedade

Por fim, como último direito fundamental a ser apontado como pilar de sustentação de um regime democrático, temos o *direito de propriedade*. Trata-se de direito garantido já no *caput* do art. 5º, juntamente com o direito à vida, à liberdade, à igualdade e à segurança. Essa importância concedida ao direito de propriedade advém desde a Declaração dos Direitos do Homem e do Cidadão de 1789, conforme já exposto no capítulo 3 desta obra. Filosoficamente, a defesa do direito de propriedade como direito fundamental está associada aos escritos de John Locke, notadamente seu *Segundo Tratado sobre o Governo*, em que o referido pensador defende a propriedade como um direito natural. Historicamente, liga-se ao momento da transição do Antigo Regime para o Estado constitucional moderno, tal como deixa claro a Declaração mencionada anteriormente[10].

---

10 Para uma pesquisa sobre os fundamentos históricos e filosóficos do direito de propriedade, ver: GAMBA, João Roberto Gorini. **Direito de propriedade:** fundamentos históricos e filosóficos. 3ª ed. Rio de Janeiro: Lumen Juris, 2021.

No que tange à positivação do direito, temos além do *caput* do art. 5º já mencionado, também seu inciso XXII, que dispõe que "é garantido o direito de propriedade" e, logo na sequência, o inciso XXIII, que dispõe acerca da *função social da propriedade*. Trata-se de importante alteração, uma vez que a Carta de 1967 colocava o direito de propriedade no capítulo da ordem econômica e a atual Constituição o traz dentro do rol de direitos e garantias fundamentais, demonstrando sua importância, inclusive associando seu uso em linha com o interesse social a partir da chamada função social da propriedade. Embora historicamente o direito de propriedade raramente fosse apresentado como isento de limites, o conceito de função social aparece como uma tentativa de coibir o uso da propriedade para fins alheios ao interesse público. Dessa forma, temos que a função social não consiste em mera limitação ao direito de propriedade, referindo-se muito mais a uma forma de analisá-lo e interpretá-lo.

* * *

Em resumo, temos que os direitos e garantias fundamentais apontados neste item são, todos eles, essenciais para a caracterização de um regime democrático, representando, ainda, uma importante *função contramajoritária*, sobretudo por figurarem, no caso brasileiro, como cláusula pétrea (art. 60, § 4º, inciso IV). Desse modo, evitam que maiorias momentâneas suprimam direitos de pessoas ou grupos (sobretudo minorias), tornando-os vítimas de um regime político que persegue seus opositores.

Sabemos, ainda, que a caracterização de regimes políticos não é tão simples quanto parece e, no que tange aos direitos e garantias fundamentais, será necessário não só analisar sua existência formal nos diplomas jurídicos do regime em análise, mas também compreender em que grau e de que forma se dá sua eficácia social, questão que trataremos adiante.

9.1.1.4 Sufrágio universal

Dentro da ideia de sufrágio universal temos a noção de capacidade eleitoral ativa (direito de votar) e passiva (direito de ser votado) e que tais direitos se deem dentro de condições justas e não discriminatórias.

Nesse sentido, no que tange especificamente aos direitos políticos positivos, podemos nos valer da lição de José Afonso da Silva:

> Os direitos políticos positivos consistem no conjunto de normas que asseguram o direito subjetivo de participação no processo político e nos órgãos governamentais. Eles garantem a participação do povo no poder de dominação política por meio das diversas modalidades de direito de sufrágio: direito de voto nas eleições, direito de elegibilidade (direito de ser votado), direito de voto nos plebiscitos e referendos, assim como por outros direitos de participação popular, como o direito de iniciativa popular, o direito de propor ação popular e o direito de organizar e participar de partidos políticos[11].

11 SILVA, José Afonso da. **Curso de direito constitucional positivo**. 30ª ed. São Paulo: Malheiros, 2008, p. 348.

Destaca-se, nesse sentido, o art. 14 da CF/88, o qual menciona que a soberania popular será exercida pelo sufrágio universal e pelo voto direto e secreto, com valor igual para todos. Ademais, o constituinte optou por estabelecer como cláusula pétrea *o voto direto, secreto, universal e periódico,* tal como preconiza o art. 60, § 4º, inciso II. Dessa forma, tais características do voto são imutáveis em nosso sistema, destacando assim sua importância para a democracia brasileira consolidada pela Constituição Federal de 1988. Vale destacar que todos esses aspectos serão tratados com maior cuidado no capítulo 12, cuja análise é complementar a este tópico.

Em resumo, temos que os direitos políticos, especialmente aqueles de votar e ser votado, figuram como importante fundamento de regimes democráticos; afinal, na democracia há a condução da coisa pública pela vontade da maioria expressa pelos meios constitucionalmente previstos, sendo certo, ainda, que essa vontade não pode representar ameaça aos direitos e garantias fundamentais de todos, os quais são esculpidos na Constituição e apresentam-se como uma reserva de direitos imune até mesmo à vontade de qualquer maioria.

9.1.1.5   Eleições livres e periódicas

Em linha com o último tópico, apresenta-se como característica essencial dos regimes democráticos a realização de eleições livres e periódicas. Nesse sentido, *eleições livres* são aquelas isentas de fraudes ou de qualquer espécie de controle político ou econômico que determine ou direcione seu resultado. Cabe acrescentar a essas características a existência de uma justiça eleitoral (ou algo equivalente) não cooptada e que conduza o processo com imparcialidade. *Eleições periódicas,* por sua vez, referem-se a pleitos com periodicidade predeterminada, de tal modo a possibilitar a alternância de poder.

Diante disso, a inexistência de eleições facilita a caracterização de um regime como autocrático, assim como nos casos em que há eleições puramente formais, isto é, sem que haja efetivamente sufrágio universal, pluralismo político-partidário, bem como efetivas liberdades de expressão, de imprensa e de manifestação. Assim sendo, a existência de eleições livres e periódicas deve ser analisada em conjunto com o tópico a seguir (existência de pluralismo político-partidário), bem como com os demais elementos caracterizadores dos regimes democráticos analisados anteriormente.

9.1.1.6   Pluralismo político-partidário

Por fim, anotamos o pluralismo político-partidário como elemento característico dos regimes democráticos. O conceito alinha-se diretamente às liberdades de expressão, de imprensa e de manifestação, viabilizando que opiniões contrárias ao governo possam ser expressas por quaisquer meios. Adicionalmente, refere-se à efetiva existência de partidos políticos que reflitam a diversidade da população.

Diante disso, entendemos que os regimes de partido único não podem ser caracterizados como democráticos. No capítulo 14 analisaremos com maiores detalhes questões relacionadas aos partidos políticos e aos diferentes sistemas partidários.

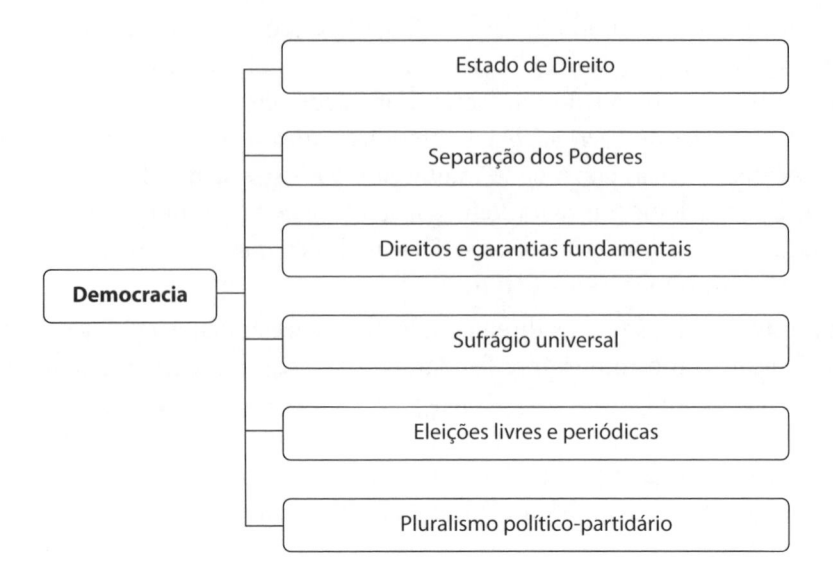

9.1.2 Espécies de democracia (direta, indireta e semidireta)

Trabalhados os conceitos fundamentais para a caracterização de um regime democrático, cabe-nos agora apresentar as espécies de democracia, isto é, as diferentes formas pelas quais o povo, verdadeiro detentor do poder político, exerce esse seu poder. São elas: *direta, indireta* e *semidireta*.

A *democracia direta* pode ser chamada de *governo de assembleia* e se caracteriza pelo exercício direto do poder político pelo povo, isto é, sem intermediários ou representantes. Assim, governados são também governantes e decidem todos os temas de interesse da coletividade.

O grande exemplo histórico de democracia direta é aquele da Atenas antiga, modelo que já foi aqui comentado. Os cidadãos atenienses se reuniam na Ágora para o exercício do seu poder político e ali tomavam as decisões a respeito de temas de interesse da pólis.

Algumas razões viabilizavam essa forma direta de democracia. Inicialmente, a pequena quantidade de habitantes e, mais ainda, a pequena quantidade de cidadãos, pois sabemos que o conceito ateniense de cidadão era extremamente reduzido (apenas homens livres, filhos de pai e mãe atenienses livres). Em segundo lugar, a complexidade dos assuntos a serem decididos numa Cidade-Estado grega em nada se assemelha à de uma cidade atual (ou de um Estado), sendo questões de guerra e paz e os julgamentos de crimes as mais prevalentes. Ademais, a existências de pessoas escravizadas tornava possível ao homem grego se dedicar plenamente à vida pública. Conforme já dito, a democracia ateniense em nada se parece com uma democracia atual (sendo antes uma aristocracia), mas se tratava do regime político mais descentralizado de sua época e, sem dúvida, exerceu enorme influência na formulação do conceito moderno de democracia.

Séculos depois, a democracia direta foi defendida por Jean-Jacques Rousseau no século XVIII, o qual criticava duramente os sistemas representativos:

> Os deputados do povo não são, nem podem ser seus representantes; não passam de comissários seus, nada podendo concluir definitivamente. É nula toda lei que o povo diretamente não ratificar; em absoluto, não é lei. O povo inglês pensa ser livre e muito se engana, pois só o é durante a eleição dos membros do parlamento; uma vez estes eleitos, ele é escravo, não é nada[12].

Rousseau apresenta a representação política como invenção moderna e que, como exposto no excerto acima, não pode se dar, uma vez que a soberania popular, a cargo do povo, não comporta qualquer espécie de transferência ou representação. Entretanto, dada a complexidade da gestão pública atual, bem como a quantidade de cidadãos que os Estados possuem atualmente, a democracia direta resta impraticável do ponto de vista prático, figurando, no estudo da Filosofia e da Ciência Política, como um conceito tido como utópico e que, portanto, serve apenas como um norte para uma maior implementação dos ideais democráticos. Assim, em virtude da impossibilidade fática de se concretizar a democracia direta é que se implementa uma democracia representativa, indireta.

Já a *democracia indireta*, também chamada de *representativa*, se baseia na ideia de representação política. O povo, verdadeiro detentor do poder político, outorga um mandato aos representantes e governantes para que esses conduzam os assuntos públicos em seu nome. Assim, trata-se de uma espécie de procuração, uma outorga de poderes concedida pelo povo aos representantes para que esses falem e executem atos em seu nome.

Por fim, na chamada *democracia semidireta*, também conhecida como *mista* ou *participativa*, há uma combinação das duas formas analisadas anteriormente, sendo caracterizada pela existência de representação política, mas com previsão de mecanismos de participação direta do povo na política. Nesse sentido, o art. 1º, parágrafo único da Constituição Brasileira de 1988, deixa claro que o Brasil é uma democracia semidireta ao mencionar: "Todo o poder emana do povo, que o exerce por meio de representantes eleitos ou diretamente, nos termos desta Constituição". Referido dispositivo deixa evidente, primeiro, que todo o poder emana do povo, a partir de uma clara referência à teoria da soberania popular, fundamento teórico basilar dos regimes democráticos; ademais, aponta que o exercício desse poder é realizado por meio de representantes eleitos – indiretamente – e, também, diretamente. A participação direta, nos termos da Constituição, está prevista no art. 14 e é efetivada por meio de *plebiscito*, *referendo* e *iniciativa popular*, três mecanismos típicos de democracias semidiretas e que são disciplinados pela Lei nº 9.709/98.

Plebiscito e *referendo* são ambos "consultas formuladas ao povo para que delibere sobre matéria de acentuada relevância, de natureza constitucional, legislativa ou administrativa"

---

12 ROUSSEAU, Jean-Jacques. **Do Contrato Social ou Princípios do Direito Público.** Trad. Lourdes Santos Machado. São Paulo: Nova Cultural (Os pensadores), 1999, p. 187.

(art. 2º). O *plebiscito* é convocado com anterioridade a ato legislativo ou administrativo (art. 2º, § 1º). Um exemplo de plebiscito foi o realizado em 1993 para determinar qual forma e sistema de governo o Brasil adotaria. Já o *referendo* é convocado com posterioridade a ato legislativo ou administrativo, cumprindo ao povo a respectiva ratificação ou rejeição (art. 2º, § 2º). Um exemplo de referendo ocorreu em 2005, a respeito da proibição da comercialização de armas de fogo e munições. Vale destacar que essa é a forma como a legislação brasileira caracteriza tais institutos, pois nas legislações estrangeiras é possível encontrar um uso indistinto das expressões plebiscito e referendo.

Por sua vez, a *iniciativa popular* consiste na apresentação de projeto de lei à Câmara dos Deputados, subscrito por, no mínimo, um por cento do eleitorado nacional, distribuído pelo menos por cinco Estados, com não menos de três décimos por cento dos eleitores de cada um deles (art. 13 da Lei nº 9.709/1998 e art. 61, § 2º, da Constituição de 1988). Um exemplo de lei decorrente de iniciativa popular é a Lei da Ficha Limpa (Lei Complementar nº 135 de 2010).

Por fim, podemos mencionar alguns mecanismos de participação direta do povo no processo político, associados a essa forma semidireta de democracia, mas que não possuem previsão legal no Brasil.

Um desses institutos é o *recall*. Segundo esse mecanismo, o povo que elege determinado representante pode revogar seu mandato, mediante o cumprimento de alguns requisitos. Um exemplo de *recall* está no art. 72 da Constituição venezuelana que dispõe acerca da possibilidade de revogação de todos os mandatos eletivos. O procedimento previsto no referido artigo vai no seguinte sentido: transcorrida metade do período para o qual foi eleito o representante, um número de ao menos vinte por cento do eleitorado que o elegeu pode solicitar um referendo revocatório do seu mandato. Nesse referendo revocatório, o povo votará pela revogação ou não do mandato do representante, que apenas terá seu mandato revogado em caso de ter mais votos para tanto do que os votos obtidos quando de sua eleição. Há outras regras de menor importância referentes ao *recall* venezuelano, que não nos cabe aqui analisar; basta, para fins de compreensão do mecanismo, entender que ele trata da possibilidade do povo, em votação, revogar um mandato eletivo, que inclui, também, o mandato do Presidente, configurando assim não só um mecanismo de participação direta característico de uma democracia semidireta, mas também um instrumento para deixar sistemas presidencialistas menos rígidos, na medida em que imputa ao Presidente certa responsabilidade política perante o povo. Trabalharemos o sistema presidencialista de governo no capítulo 11.

Outro mecanismo sem previsão legal no Brasil é o *Abberufungsrecht*. A expressão significa *direito de revogação* e é prevista na legislação de alguns cantões suíços. Trata-se da possibilidade de destituição coletiva de toda uma assembleia. Assim, é similar ao *recall*, mas refere-se não à cassação de um só representante, mas de vários de uma só vez. Dessa maneira, confere aos eleitores o direito de, mediante certo procedimento, realizar uma espécie de dissolução do órgão legislativo, encerrando antecipadamente o mandato de todos os representantes daquela casa e convocando-se novas eleições.

9.2 REGIMES AUTOCRÁTICOS

Ao longo da história muitas nomenclaturas foram utilizadas para descrever regimes autocráticos. Na Antiguidade, os governos conduzidos pela vontade de um só eram comumente denominados de *tiranias*, com referência, inclusive, à tradicional classificação de Aristóteles feita em sua obra *A Política*. Já na Idade Média, destacaram-se os chamados regimes *despóticos*, sobretudo as monarquias absolutistas do final do medievo e início da era moderna, as quais eram conduzidas arbitrariamente por reis sem qualquer limitação efetiva – seja ela jurídica ou política. Já na primeira metade do século XX, verificamos a existência de regimes *totalitários* e, em alguns casos, aparece o conceito de *Estado policial*, destacando que o exercício da coação se demonstrava imprescindível ao regime. Contemporaneamente, tais expressões caíram em desuso e atualmente nos valemos da expressão *ditadura* (ou *regime ditatorial*).

Ainda sobre a nomenclatura pertinente ao tema, utilizamos as expressões *regime autoritário* ou *regime autocrático* (as *autocracias*) de modo mais amplo e genérico, as quais podem se referir a todas as formas supramencionadas.

É importante ainda destacar que os regimes autocráticos foram a regra durante a maior parte de nossa história, com pontuais exceções – conforme a análise já realizada no capítulo 3 desta obra. Apenas no momento posterior às revoluções liberais dos séculos XVII, XVIII e XIX é que entram em pauta temas relevantes para a construção do paradigma democrático que iria posteriormente se consolidar no ocidente, incluindo mecanismos de controle do poder, padrões de governança, aumento da participação política e atribuição de direitos.

De todo modo, podemos tentar conceituar os regimes autocráticos a partir de alguns elementos que lhes são comuns. Para José Geraldo Brito Filomeno[13], são características das autocracias: (1) a concentração do poder político, isto é, das funções governamentais (executivas, legislativas e judiciárias); (2) o desacolhimento do Direito Público subjetivo, impossibilitando ao cidadão se valer dos órgãos competentes para afastar ameaças ou violações praticadas pelo Estado; (3) a inexistência do princípio da legalidade, especialmente em face daquilo que é ditado pelo poder absoluto; e (4) a ausência de participação dos governados, ou seja, inexiste nas autocracias a possibilidade de eleições livres e justas.

É importante destacar que o cumprimento ou não de regras jurídicas não pode ser colocado como requisito isolado para que seja ou não configurado um regime autocrático, já que o poder absoluto (ou quase) do governante pode, inclusive, usurpar – ou cooptar – o Poder Legislativo (e, portanto, legislar), bem como o Poder Judiciário (e, portanto, julgar). Nesse caso, o domínio das instituições típicas de um regime democrático a partir de um órgão ou pessoa que os comanda autoritariamente pode produzir uma pretensa legalidade dos atos, inviabilizando que uma análise meramente formal nos forneça elementos caracterizadores de um regime autocrático. Esse ponto é fundamental para nossa análise, já que a consolidação do paradigma democrático faz com que regimes autocráticos

---

13   FILOMENO, José Geraldo. **Manual de teoria geral do Estado e ciência política.** 7ª ed. Rio de Janeiro: Forense Universitária, 2009, p. 117.

busquem apresentar-se na comunidade internacional como democráticos, mesmo que, de fato, não o sejam.

De modo simplificado, portanto, podemos estabelecer como características de um regime autocrático a *concentração de poderes* e a *ausência de controle* em seu exercício.

Conceitualmente, há sempre uma espécie de negação – formalmente estabelecida ou verificada na prática – da teoria da soberania popular, de tal modo que a soberania se centra no próprio Estado, visto como fim em si mesmo, ou assentada num direito divino (tal como ocorria nas monarquias absolutistas do passado). Contemporaneamente, a supressão da soberania popular se verifica a partir de sua usurpação por um líder populista, que se coloca como o verdadeiro e único representante do "povo".

Já os fundamentos e as práticas para o estabelecimento de regimes autocráticos variam conforme a época, a cultura e o contexto político e social em que se inserem. Tais regimes podem, por exemplo, criticar as liberdades políticas e apresentar a manutenção da ordem a qualquer custo, valendo-se, para tanto, de forte repressão. Essa linha de argumento faz com que os autocratas tenham que trabalhar o medo dos governados como forma de legitimar a supressão de direitos. Outro traço comum de regimes autocráticos é o controle dos meios de comunicação, evitando assim que sejam disseminadas críticas ao regime. Outra característica notável é a tentativa ou efetiva anulação de opositores, o que pode ser feito de forma institucional mediante cassações ilegais ou até mesmo a legalização de um único partido e a proibição dos demais ou, ainda, por meios violentos (prisões arbitrárias, condenações sumárias, tortura, assassinatos etc.).

Tais práticas foram comuns sobretudo nos modelos ditatoriais do séc. XX, entretanto, as autocracias atuais valem-se de práticas mais refinadas. Dentre elas está a *cooptação de poderes*; isto é, o chefe do Poder Executivo, por exemplo, acaba por ampliar sua influência e passa então a controlar outro poder, como o Judiciário e/ou o Legislativo. Diante disso, ficará anulada a tripartição dos poderes, elemento essencial de um regime democrático. Ademais, com as instituições cooptadas, haverá a convalidação institucional de atos governamentais, ainda que sejam, a rigor, ilegais. Com isso, abre-se uma disputa de narrativas acerca da natureza do regime. Ressaltamos que as ditaduras contemporâneas serão analisadas com maiores detalhes adiante, em tópico específico.

Adicionalmente, é importante mencionar que regimes autocráticos podem se estabelecer a partir de tomadas do poder de forma abrupta (notadamente golpes de Estado), mas também é comum na atualidade que líderes autocratas sejam eleitos democraticamente e, no exercício do poder, governem de forma autoritária e desvirtuem gradualmente o regime para um modelo autocrático, de modo que a natureza autocrática do regime apareça dentro de um ambiente que até então era democrático – tal como veremos a seguir no item que trata da transformação de democracias em ditaduras. É importante anotar que líderes autocratas podem ou não gozar de aprovação popular, sendo mais comum na história que sejam carismáticos (em sentido weberiano) e que gozem de efetiva aprovação popular – majoritária ou não. Nesse caso, pode-se apontar como fundamento dessa aprovação a confiança nas características pessoais do líder ou, ainda, a crença nos elementos de terror trabalhados pelo regime e que justificariam sua forma autoritária.

Vejamos, então, em perspectiva histórica, algumas das formas de autocracia, para fins de se esclarecer como tais regimes se caracterizavam e se caracterizam ainda hoje. Ressaltamos que uma análise cronológica e mais detalhada das sociedades políticas foi feita no capítulo 3 desta obra.

9.2.1 Autocracias antigas

A ideia de degeneração de um regime é estudada ao menos desde a Antiguidade. Conforme veremos no próximo capítulo, Aristóteles colocava o governo virtuoso (justo) de um só como sendo a monarquia e que, quando degenerado, tornava-se a *tirania*. A ideia reside em saber se o governo é exercido em prol de todos ou em prol de interesses particulares – do tirano ou do grupo que detém o poder.

Vale destacar que os regimes tirânicos foram regra durante toda a Antiguidade, com raríssimas exceções, como, por exemplo, a famosa democracia ateniense que embora não se assemelhe às democracias ocidentais atuais, não era uma tirania, tal como foi a própria Atenas durante o período de Pisístrato (de 546 a.C. a 527 a.C.) e de seu filho e sucessor Hípias (de 527 a.C. a 510 a.C.).

Outros exemplos clássicos de tirania vêm da Antiguidade Oriental: o conhecido regime persa de Xerxes ou ainda as dinastias egípcias que dominaram o Egito no chamado Antigo Império. Nesses casos, inclusive, há uma divindade atribuída ao tirano, assemelhando alguns desses modelos a uma teocracia, palavra composta por *teo* (Deus) e *cracia* (poder), a qual consiste em apontar o governante – no caso, o tirano – como representante de Deus na terra ou até mesmo sua própria encarnação. É claro que, nesse formato de poder, a autoridade atribuída ao tirano é ilimitada e goza de inquestionável submissão de todos os súditos que, é claro, não ousariam discordar ou descumprir ordens de origem divina.

9.2.2 Monarquias absolutistas

A complexa organização social da chamada Alta Idade Média (séculos V ao X), fez com que as autocracias fossem exercidas pelo próprio Papa, dentro dos domínios territoriais vastos da Igreja, ou pelos senhores feudais e reis, de acordo com as características do regime feudal analisadas no capítulo 3 desta obra. Já no final da idade média e início da era moderna, vimos a ascensão do chamado *absolutismo monárquico*, simbolizado na conhecida frase de Luís XIV: "O Estado sou eu" *(L'État c'est moi)*. Tais monarquias, cuja legitimidade do poder era proveniente do direito divino de governar e cuja transição do poder ocorria de modo hereditário, foram uma forma de autocracia reconhecida e por longos séculos tiveram pouca resistência por parte dos destinatários do poder. O poder do monarca era absoluto, no sentido de não haver qualquer limitação por órgãos estatais ou de qualquer forma proveniente do povo, ainda que o monarca contasse com o auxílio de conselheiros por ele escolhidos, mas que formavam um mero órgão de consulta, sem poderes de efetivamente limitar a atuação do monarca. Posteriormente, e em alguns casos isolados, estamentos organizados (clero, nobreza e burguesia) comporiam uma estrutura dualista de poder, limitando em alguma medida o poder real.

Foi efetivamente contra esse modelo de autoridade e organização política que o constitucionalismo liberal se voltou, buscando impor não só a sujeição – e, portanto, limitação – do monarca à ordem jurídica, mas também a participação efetiva do povo que, de acordo com a teoria da soberania popular nascente, passaria a ser apontado como verdadeiro detentor do poder político. Vale lembrar que a ideia de povo, nesse período, era bastante excludente e viria a se ampliar apenas no século XX. De todo modo, a limitação efetiva desses monarcas só se iniciaria no século XVII, sendo um marco nesse sentido a Declaração de Direitos (*Bill of Rights*) de 1689. O processo histórico de limitação do poder real, conforme abordado no capítulo 3, se intensificaria ao longo das revoluções liberais dos séculos seguintes, progressivamente enfraquecendo e, finalmente, pondo fim aos regimes absolutistas que até então predominavam no continente europeu.

9.2.3 Regimes totalitários do século XX

Durante o século XX, tipos peculiares de autocracias surgiram e ocuparam um espaço relevante no contexto político global. Diferentes dos modelos anteriores (tiranias e regimes absolutistas) e também das autocracias contemporâneas que analisaremos a seguir, as autocracias de tipo Nazista, Fascista e Stalinista valiam-se de teorias ou doutrinas com pretensão totalizante que transcendiam ao aparato estatal, isto é, não alcançam apenas aquilo que tradicionalmente compete ao Estado, mas buscavam se alastrar por todos os ramos da vida social nos quais imperava o regime – buscavam moldar a vida e a alma dos cidadãos. Tais doutrinas também apresentavam uma forte crítica à ordem estabelecida (*establishment*) e propunham – cada uma à sua maneira – a implementação de uma nova ordem social, apresentada como melhor e superior à atual. Elas foram então denominadas como totalitárias, embora, conforme veremos, haja grande discussão na doutrina acerca da utilização dessa expressão, bem como de quais regimes podem efetivamente ser tachados como tal.

Adentrando na discussão, temos a seguinte visão:

> Totalitarismo é uma das mais antigas filosofias políticas do mundo. Para um Estado ser considerado totalitário é suficiente que as funções do Estado e da sociedade sejam as mesmas. A nação é integrada ao Estado, de modo que os elementos de escolha ou divergência desapareçam, sejam eles morais, políticos, econômicos ou religiosos[14].

Embora enfatize a dimensão do totalitarismo – que alcança a política, a economia, a moral e a religião – tal leitura acaba por aproximar os conceitos de autocracia e totalitarismo, acrescentando a esse apenas essa abrangência mais ampla, ligada à confusão entre Estado e sociedade. Diante desse conceito é possível reconhecer a existência de totalitarismos durante toda a história, e não apenas no século XX, como costumam apontar os estudiosos do tema.

Já Bobbio nos lembra da formulação de Friedrich e Brzezinski, para os quais totalitarismo é:

---

14 HAYES, Paul M. **Fascism.** London: George Allen & Unwin, 1973, p. 39. Tradução livre.

uma ideologia oficial tendente a cobrir todo o âmbito da existência humana e à qual se supõe aderirem todos, pelo menos passivamente; um partido de massa único, tipicamente conduzido por um só homem; um sistema de controle policial baseado no terror; o monopólio quase completo dos meios de comunicação de massa; o monopólio quase completo do aparelho bélico; e, enfim, o controle centralizado da economia. O alvo é o de conseguir o controle total de toda a organização social, a serviço de um movimento ideologicamente caracterizado[15].

Repare que, nessa outra leitura, diversos elementos possuem uma pertinência histórica mais determinada. Partido único e meios de comunicação de massa, por exemplo, são fenômenos do século XX e, portanto, passamos aqui a delimitar a utilização do termo, seguindo a posição majoritária da doutrina de que a expressão *regime totalitário* pode ser utilizada apenas para caracterizar os regimes do entreguerras. Ademais, repare que o totalitarismo flerta com uma ideia de progresso social e utiliza uma dada teoria – no caso, ideologia – com finalidade meramente instrumental para viabilizar a aderência das massas ao seu projeto político.

A partir da adesão das massas ao plano de colocar fim a um modelo histórico de sociedade e iniciar a caminhada rumo à nova ordem (qualquer que seja), abre-se uma espécie de legitimidade concedida pelo povo para que o líder centralize os poderes e conduza a sociedade autoritariamente no rumo pretendido. Esse quadro conceitual foi a receita – em termos gerais – para a implementação dos totalitarismos do século XX, mais especificamente do período conhecido como entreguerras.

Ainda que as teorias (comumente referidas nesse caso como ideologias) que embalaram tais regimes sejam de origens distintas, esse fator teórico nos permite diferenciar os regimes chamados de totalitários dos demais modelos autocráticos (sejam antigos, sejam atuais). Assim sendo, não podemos chamar todos os regimes autocráticos de totalitários, mas apenas aqueles que possuem tais pretensões totalizantes, as quais buscam remodelar todos os âmbitos da vida social rumo a uma nova ordem a ser estabelecida conforme as doutrinas propagadas pelo regime, o qual é conduzido por um partido único, que se confunde com o próprio Estado, sendo representado por um indivíduo que dita as regras de forma arbitrária e sem limitações. A confusão entre os conceitos de Partido e Estado permite ao regime denominar de traidores da pátria todos os que são contrários ao projeto político-partidário implementado e os órgãos repressivos deixam de ser os tribunais e as repartições administrativas e passam a ser a polícia secreta e o próprio partido[16]. Esse último ponto cuida de destacar a utilização política do aparato bélico e repressivo do Estado.

Feitas as considerações iniciais necessárias, analisaremos a seguir os regimes totalitários do entreguerras: fascista, nazista e stalinista. Destacamos que a doutrina não é uníssona no enquadramento do fascismo italiano e do stalinismo como regimes totalitários – discussão que apresentaremos ao longo da exposição de cada regime. De todo modo, as características básicas dos regimes totalitários seriam: defesa de uma doutrina

---

15 BOBBIO, Norberto; MATTEUCCI, Nicola; PASQUINO, Gianfranco. **Dicionário de política.** 13ª ed. Coord. trad. João Ferreira. Brasília: UNB, 2010, vol. 1. p. 470.

16 NEUMANN, Franz. **Estado democrático e Estado autoritário.** Trad. Luiz Corção. Rio de Janeiro: Zahar, 1969, p. 270.

com pretensões totalizantes; crítica à ordem estabelecida (*establishment*) e proposição de uma nova ordem; partido único de massa; controle dos meios de comunicação; controle das instituições econômicas; pressão propagandística; utilização de aparelhos repressivos (de polícia e de terror) para impor a aceitação do regime; e culto ao líder[17].

Vale ressalvar que a base teórica que sustentou tais regimes – a teoria com pretensões totalizantes –, suas complexas origens históricas, suas atuações em conflitos – em especial na Segunda Guerra – e todas as atrocidades por eles cometidas não serão aqui objeto de minuciosa análise, sendo relevante, para fins deste capítulo, apenas a compreensão das características gerais de tais regimes.

9.2.3.1 Fascismo

Por uma questão cronológica, optamos por iniciar a análise dos regimes totalitá-rios do século XX pelo regime fascista de Benito Mussolini, que foi de 1922 a 1943. A origem do nome vem do termo latino *fasces*, símbolo de autoridade na antiga República Romana, e a expressão *fascismo* somente ganhou significado ideológico atrelado à política após sua utilização por Benito Mussolini para descrever os grupos paramilitares por ele organizados na Itália após a Primeira Guerra. Esses grupos foram inseridos na política formal em 1921 e após a Marcha para Roma de 1922 assumiram o poder mediante a indicação de Mussolini como Primeiro-Ministro pelo Rei Vítor Emanuel III. Ademais, o regime fascista é apontado como o responsável pela utilização das expressões "totalitário" e "totalitarismo". Destaque-se, nesse sentido, que para os italianos da época (período imediatamente posterior à Primeira Guerra) a expressão tinha sentido positivo, pois a dedicação "total" ao fascismo e seu programa produziriam uma nova Itália, um novo regime e, também, uma nova civilização e um novo tipo de humanidade[18]. Nesse sentido, temos que a ideia central do fascismo é a de:

> uma comunidade nacional organicamente unificada, expressa na crença da "força por meio da união". Segundo esta ideologia, o indivíduo, em sentido liberal, não é nada: a identidade individual deve ser totalmente absorvida pela comunidade ou pelo grupo social. O ideal fascista é o do "novo homem", um herói motivado pelo dever, pela honra e pela abnegação, pronto para dedicar a sua vida à glória de sua nação ou da raça a que pertence e para obedecer de modo incondicional a um líder supremo[19].

A partir desse conceito, é possível verificar que o fascismo recorria fortemente à ideia de uma sociedade eminentemente organicista – nos termos trabalhados em nosso capítulo 2 –, bem como incorporava uma pretensão totalizante a ponto de anular qualquer individualidade. Atribui-se a Benito Mussolini a frase: "Tudo no Estado, nada contra o Estado, nada fora do Estado", a qual nos ajuda a compreender referida pretensão totalizante

---

17 Trata-se de uma adaptação baseada em: BOBBIO, Norberto; MATTEUCCI, Nicola; PASQUINO, Gian-franco. **Dicionário de política.** 13ª ed. Coord. trad. João Ferreira. Brasília: UNB, 2010, vol. 1. p. 375.

18 BLINKHORN, Martin. **Mussolini e a Itália fascista.** Trad. Ivone C. Benedetti. São Paulo: Paz e Terra, 2009, p. 68.

19 HEYWOOD, Andrew. **Ideologias políticas**: do liberalismo ao fascismo. Trad. Janaína Marcoantonio e Mariane Janikian. São Paulo: Ática, 2010, v. 1. p. 205.

do regime em comento, muito embora vários autores[20] apontem o regime fascista italiano como uma ditadura autoritária e não como totalitário. Os poderes eram centralizados na figura do *Duce* (líder), representado por Mussolini, e o fundamento ideológico era difuso, o que significa que o fascismo italiano não tinha propostas claras, mas cambiáveis conforme jogos de poder e interesse. Nesse tocante, veremos que o regime fascista italiano é, dentre os regimes totalitários do séc. XX, aquele com menor uso de doutrinas e teorias em sua sustentação.

Em termos de práticas e efetivo exercício do poder, o fascismo italiano de Mussolini se caracterizava pela concentração de poderes, culto ao líder, a existência de partido único e o abuso de métodos repressivos pelo Estado; pontos que, como veremos, serão replicados – ainda que com adaptações – por Hitler e Stálin.

O termo fascismo, portanto, refere-se ao regime totalitário italiano do entreguerras, muito embora seja utilizado também para se referir ao modelo alemão analisado abaixo (o qual costuma ser chamado de *nazismo, fascismo alemão* ou *nazifascismo*), bem como tem sido utilizado por inúmeros teóricos para caracterizar determinados regimes e líderes políticos atuais, tratando-se de um *fascismo contemporâneo* ou *neofascismo*, questão à qual dedicamos um tópico específico ao final deste capítulo.

9.2.3.2 Nazismo

Como se sabe, a Alemanha se encontrava numa complicada crise social, política e econômica após a Primeira Guerra Mundial, incluindo alta inflação, desemprego e o enfraquecimento da República de Weimar. Nesse contexto, as eleições presidenciais de 1932 reelegeram Hindenburg numa disputa acirrada com Adolf Hitler, que obteve cerca de 36% dos votos no segundo turno dessas eleições. Em janeiro de 1933, Hindenburg nomeia Hitler ao posto de Chanceler (equivalente a um Primeiro-Ministro), em virtude de seu forte apoio popular, bem como por acordos entre grupos políticos relevantes. Seu gabinete era composto por uma minoria de nazistas e uma maioria de conservadores e nacionalistas que, é claro, esperavam controlar Hitler. Pouco depois, em março de 1933, é aprovada no parlamento alemão a chamada da Lei de Concessão de Plenos Poderes pela qual Hitler poderia editar leis sem aprovação do Parlamento. Em seguida, todos os partidos foram banidos, com exceção do nazista.

O Presidente Hindenburg falece em 1934 e Hitler declara assumir os cargos de Presidente e Chanceler, isto é, Chefe de Governo e de Estado concomitantemente. Em seguida, essa consolidação de poderes é aprovada em plebiscito, sendo Hitler confirmado nessa função com aprovação de 89,9% do eleitorado. A alta aprovação se devia principalmente aos discursos de Hitler, que apontavam culpados (em especial judeus e comunistas) pela situação da Alemanha pós-Primeira Guerra e pregavam o extermínio desses grupos para restabelecer uma nova ordem, centrada na superioridade dos alemães puros. Ademais, nos primeiros anos de governo Hitler promoveu a anexação dos chamados *Volksdeutsche*

---

20 Por exemplo: SARTORI, Giovanni. **A teoria da democracia revisada**: o debate contemporâneo. Trad. Dinah de Abreu Azevedo. São Paulo: Ática, 1994, vol. 1. p. 261.

(povos de origem alemã) e restabeleceu os principais indicadores econômicos, incluindo o do desemprego, o que também reforçou sua aprovação.

Esse breve histórico, ainda que muito simplificado, é importante para verificarmos como discursos de teor autoritário se encaixam em momentos de vulnerabilidade social e podem resultar em relevantes tragédias, pois sabemos que a partir daí se estabeleceu um regime autocrático centrado na figura do *Führer* e que promoveu o genocídio de milhões de judeus, além da perseguição de outros grupos minoritários e de opositores ao seu regime, cujo fim se deu apenas com o término da Segunda Guerra em 1945. Inobstante esses acontecimentos, lembra-nos Hannah Arendt[21] de que a aprovação do regime se manteve durante os anos de 1939 a 1944. Além disso, relatórios de pesquisas divulgados em 1965, realizados pela SS, demonstraram que a população alemã estava bem-informada acerca do que acontecia com os judeus e da preparação do ataque contra a Rússia e isso não impactou de modo significativo o apoio dado ao regime.

Ideologicamente, o regime nazista se caracterizava por um extremo nacionalismo associado quase que indistintamente com a ideia de superioridade da raça e, em específico, do povo alemão a partir de uma complicada ideia de darwinismo social, pela qual apontava o povo ariano como biologicamente superior. Esse fator, atrelado ao componente organicista do fascismo já analisado, era ponto central da ideologia nazista. Vejamos:

> A ideologia nacional-socialista fazia de povo, nação e raça uma totalidade viva, exprimindo "a unidade bioespiritual do sangue e do solo", uma "comunidade tribal", fundada, segundo os ideólogos nazistas, exclusivamente nos elementos étnicos.
>
> O *Volkstum* ou seja o povo-raça resumia a nação, identificada no sangue e no solo, sendo o *Führer* a personificação da vontade nacional. Daqui o princípio político da ideologia nacional-socialista que não admitia se contestasse a autoridade carismática do Chefe. "O *Führer* tem sempre razão" era o lema arvorado pelos adeptos de Hitler (*der Führer hat immer recht*)[22].

A essa ideia de superioridade se atrelou o antissemitismo resultante das inúmeras propagandas nazistas que apresentavam os judeus como encarnação do mal e, não raro, envolvidos numa conspiração mundial decorrente de seu poder. Arendt nos lembra que "os nazistas deram à questão judaica a posição central na sua propaganda, no sentido de que o antissemitismo já não era uma questão de opinião acerca de um povo diferente da maioria, nem uma questão de política nacional, mas sim a preocupação íntima de todo indivíduo na sua existência pessoal [...]"[23]. Tratava-se, em tom estratégico, de gerar uma identidade nacional às massas até então indefiníveis, especialmente por torná-los aptos a participar do partido nazista – que obviamente conferia a ascendência não judaica dos pretendentes.

---

21 ARENDT, Hannah. **Origens do totalitarismo**. Trad. Roberto Raposo. São Paulo: Companhia das Letras, 1989, p. 339.

22 BONAVIDES, Paulo. **Ciência Política**. 13ª ed. São Paulo: Malheiros, 2006, p. 90.

23 ARENDT, Hannah. **Origens do totalitarismo**. Trad. Roberto Raposo. São Paulo: Companhia das Letras, 1989, p. 405.

A partir daí, fica evidente que o regime nazista era fundado numa clara ideologia de natureza discriminatória, posto que verificava uma diferença substancial entre os homens, a ponto de a doutrina oficial indicar que "o fundamento do modo nacional-socialista de encarar a vida é a percepção da dessemelhança entre os homens"[24]. Vale destacar que o regime nazista não tinha uma base ideológica sólida e fundamentada em doutrinas (tal como os partidos comunistas tinham), sendo suas propostas por vezes incoerentes e sem lastro teórico preciso, ideologias mais frouxas ou, em outros termos, apenas mera visão de mundo (*Weltanschauung*)[25].

A respeito do que exatamente compunha a ideologia nazista, Mann nos traz uma importante contribuição a partir de um concurso anunciado num jornal do partido nazista sobre o tema "Por que me tornei nazista". Os temas tratados pelos militantes foram os seguintes:

> O tema ideológico central de 32% dos ensaios era uma *Volksgemeinschaft* [comunidade orgânica do povo] transcendente, 23% dos ensaios expressavam formas de "superpatriotismo" (orgulho da Alemanha e ódio de estrangeiros), 18% se identificavam com Hitler como encarnação do *Volk* [povo], 14% estavam centrados no antissemitismo, 6% num "romantismo do sangue e do solo", e 5% defendiam a recuperação dos territórios perdidos por via militar – um espectro ideológico bastante acanhado. [...]
>
> Esses militantes também se mostravam bastante duros com respeito aos "inimigos". Marxistas/comunistas/socialistas eram considerados o principal inimigo em 63% dos ensaios, os judeus, em apenas 18%, os liberais/capitalistas, em 8%, e os católicos, em 5%[26].

Esses dados demonstram um pouco da ampla – e, portanto, imprecisa – ideologia nazista que se concentrava, em especial, no ódio contra inimigos estabelecidos pelo regime e que eram sempre apresentados como as verdadeiras ameaças (comunistas e judeus, principalmente). Isso, além de gerar unidade e coesão no grupo de alemães não judeus e não comunistas, também fez com que fossem concedidos ao líder todos os poderes necessários para exterminar os inimigos do regime. Nesse sentido, vale lembrar que a adoção de um partido único fazia com que houvesse a confusão entre os conceitos de partido e Estado, de tal modo que os opositores ao governo eram vistos como traidores da pátria.

Em resumo, denomina-se de nazista o regime autocrático alemão que vigorou de 1933 até 1945, sendo também referido como um regime *totalitário*, especialmente em virtude da natureza totalizante da ideologia discriminatória que sustentava o regime, buscando alcançar todos os ramos da vida social e não apenas os atos estatais. Atualmente, sabe-se da existência de alguns grupos *neonazistas*, os quais buscam retomar grande parte das ideias nazistas originais, especialmente a da superioridade racial.

9.2.3.3   Stalinismo

A expressão *regime "comunista"* foi (e, em alguns casos, ainda é) utilizada para se referir a alguns regimes, como o da China e o de Cuba, além da extinta URSS e de alguns

---

24   ARENDT, Hannah. **Origens do totalitarismo.** Trad. Roberto Raposo. São Paulo: Companhia das Letras, 1989, p. 410.

25   MANN, Michael. **Fascistas.** Trad. Clóvis Marques. Rio de Janeiro: Record, 2008, p. 193.

26   MANN, Michael. **Fascistas.** Trad. Clóvis Marques. Rio de Janeiro: Record, 2008, p. 198.

outros Estados atuais de menor relevância no cenário global. Dessa forma, cabe desde já destacar que sua utilização entre aspas é proposital no sentido de deixar claro o equívoco – ou ao menos o aspecto questionável – da utilização do termo para se referir a tais regimes que, em verdade, foram – e, em alguns casos, ainda são – verdadeiros *regimes socialistas,* ainda que obviamente possuam diferenças entre si. Nesse sentido, temos que um modelo *socialista* se caracteriza, em linhas gerais, pela propriedade estatal dos meios de produção e pela prevalência de uma economia planificada, isto é, centralizada em torno de uma autoridade que determina os rumos da atividade econômica, anulando em grande medida o livre mercado e a propriedade privada. Ou seja, o Estado – e não o mercado – aparece como responsável por implementar e conduzir as transformações sociais e econômicas da sociedade.

No plano teórico, a nomenclatura "comunismo" faz alusão às teorias de Karl Marx e Friedrich Engels, especialmente àquelas previstas no clássico *Manifesto do Partido Comunista* de 1848. Nessa obra, o Estado moderno, essencialmente burguês, é apresentado como um instrumento de dominação de classes. A partir daí, os autores estabelecem as bases para uma nova revolução, que não poderia ser feita de outra forma, se não pela luta de classes que, segundo a teoria, move a história e, no caso, serviria para romper com a ordem existente que atravanca a história no sentido de seguir seu rumo inevitável a caminho do comunismo.

Como vimos no capítulo 5, a teoria apresenta a propriedade dos meios de produção como, em última instância, o que determina a dominação da classe proletária pela classe burguesa. Diante disso, seria necessário romper violentamente com a ordem social existente, instituindo provisoriamente uma *ditadura do proletariado* que realizasse a concentração dos meios de produção no Estado, abolindo a propriedade privada. Essa é a fase socialista, a qual aparece na aludida teoria como intermediária rumo ao comunismo. Esse passo viabilizaria a implementação de mecanismos de dissolução gradual do conflito de classes, ainda que se valendo de mecanismos tipicamente burgueses (Estado e Direito). A partir daí, a lógica é clara: se o Estado tem a função de manter a dominação de classes, tão logo a diferença de classes sociais seja extinta, o Estado perde sua razão de ser. Dessa forma, o *socialismo* seria uma etapa para a ulterior instituição do *comunismo,* no qual então não haveria propriedade privada, trabalho assalariado, burocracia, direito e Estado, e, portanto, o homem poderia experimentar sua própria natureza pelo seu livre desenvolvimento. A implementação derradeira do comunismo significaria, portanto, o fim do Estado que, conforme dizia Engels, entraria para o museu da história.

Por essa brevíssima exposição já é possível compreender a impropriedade da utilização do termo comunismo para se referir aos regimes anteriormente apontados que, como dito, são em sua maioria socialistas, vez que há a concentração dos meios de produção e das diretrizes econômicas nas mãos de um órgão central – do Estado. Podemos, entretanto, argumentar que o regime soviético e atualmente o da China, por exemplo, podem ser rotulados de comunistas não por efetivamente implementarem o comunismo (já que esse pressupõe a inexistência de Estado), mas por estarem numa etapa intermediária a seu caminho e o colocarem efetivamente como meta.

Assim, os regimes "comunistas" representaram, e os ainda existentes representam, uma tentativa de se implementar a primeira parte da teoria marxista, qual seja, a ditadura do proletário[27], com vistas ao alcance futuro de uma sociedade sem classes (comunista). No caso da URSS, houve a conciliação dessa doutrina com aquela de Lenin, que destacando os aspectos práticos inerentes ao processo revolucionário, proporia a criação de um Estado socialista[28]. Na prática, houve a formação de um regime socialista burocrático e, posteriormente, de um regime totalitário: o *stalinismo* (por vezes referido como totalitarismo soviético). Conforme já visto no capítulo 5, Stálin era defensor da teoria do Estado-instrumento e, nesse sentido, compreendia a viabilidade de um *Estado proletário*.

Já a China contemporânea se vale do símbolo comunista (a foice e o martelo que representam os trabalhadores rurais e urbanos) e propaga o *socialismo com características chinesas*. No atual cenário econômico global, o modelo político-econômico chinês se coloca como relevante alternativa ao capitalismo. Diferentemente desse, os excedentes não são capturados pelo mercado, mas pelo Estado, quer seja por políticas fiscais, quer seja por meio de sua atuação direta no capital industrial e financeiro. A partir disso, o Estado orienta a economia definindo a reaplicação desses excedentes em setores considerados estratégicos (economia planificada), incluindo aí o investimento em renda e na criação de demanda. Diferentemente de um modelo liberal, em que a burguesia exerce substancial controle sobre a economia (já que ela captura a maior parte dos excedentes), aqui o Partido Comunista Chinês (partido único) possui o controle político da economia. Esse modelo perfaz uma *Economia Planificada de Orientação Socialista de Mercado*[29].

Feitas essas breves considerações sobre os regimes socialistas, cabe-nos aqui retomar o tema central deste tópico, qual seja, o regime soviético de Stálin de 1924 a 1953, o qual possui determinadas características que nos permitem apontá-lo como totalitário, ainda que, conforme veremos, essa caracterização possa ser questionada.

Nesse sentido, podemos apontar como características do regime stalinista: a concentração de poderes, a utilização de partido único, práticas de perseguição política e religiosa, forte repressão contra opositores do regime, censura aos meios de comunicação e culto à imagem de Stálin decorrente de propaganda estatal de cunho nacionalista (traço que pode ser apontado como destoante do marxismo, de pretensão universal). Diante dessas características é que podemos apontar o regime stalinista como totalitário, ao lado do fascismo italiano e do nazismo alemão, ainda que, obviamente, tais regimes possuam diferenças consideráveis que levam parte da doutrina a criticar sua caracterização como tal.

---

27   Em 1961, o Partido Comunista da URSS decide alterar sua condição para *Estado de todo o povo*, em detrimento da expressão marxista *ditadura do proletário*.

28   "(...) Lenin se impôs como tarefa de sua vida a adequação instrumental, institucional e política do marxismo à concretização da revolução proletária. O marxismo, depois de Lenin, não é mais a mesma coisa, porque ele incorporou um 'modelo' de como passar da ditadura burguesa à ditadura do proletariado". (FERNANDES, Florestan. **Marx, Engels, Lenin**: história em processo. São Paulo: Expressão popular, 2012, p. 232).

29   GABRIELE, Alberto; JABBOUR, Elias. **China**: o socialismo no século XXI. São Paulo: Boitempo, 2021, *passim*.

Tais diferenças encontram-se, sobretudo, na ideologia e na base social. A ideologia comunista, nesse sentido, busca uma transformação da estrutura econômico-social a partir da teoria marxista, enquanto aquela fascista orienta-se sob uma base ideológica imprecisa[30] (no caso italiano) e racista (no caso alemão). Ainda, a violência, traço característico dos regimes totalitários, é vista como instrumento momentâneo na ideologia comunista, mas instrumento permanente de domínio no caso do fascismo e do nazismo. Por fim, no que tange à base social, o modelo comunista baseia-se na classe operária, enquanto o fascista sustenta-se na classe pequeno-burguesa[31]. Diante dessas significativas diferenças é que parte da literatura atenta ao tema recusa estender o conceito de totalitarismo ao regime stalinista.

Outro argumento utilizado é de que a utilização da categoria "regime totalitário" é inadequada e desnecessária; afinal, o conceito de autocracia demonstra-se suficiente para compreendermos os regimes autocráticos do entreguerras, assimilando diferenças entre eles, bem como com relação aos demais modelos autocráticos anteriores e posteriores e, portanto, tal categorização serviria apenas para que fosse possível articular doutrinariamente um conceito que unisse (e, de certa forma, equiparasse) o stalinismo aos regimes de Mussolini e de Hitler que, conforme exposição acima, possuem diferenças substanciais quando comparados ao Stalinista.

Com sua obra *Origens do totalitarismo*, Hannah Arendt desponta como uma das mais relevantes teóricas a defender o uso da expressão totalitarismo de modo amplo, abarcando os três regimes aqui estudados. Já na leitura marxista, "Arendt estrutura teoricamente um esquema liberal de interpretação do nazismo, separando-o das ditaduras e aproximando-o de seu antípoda socialista"[32].

* * *

Em uma síntese conclusiva deste tópico, verificamos na primeira metade do século XX o surgimento de regimes autocráticos que, devido à utilização de ideologias totalizantes e da pretensão de estabelecer uma nova forma de sociedade, foram denominados totalitários. Nesse contexto, analisamos brevemente os regimes fascista, nazista e stalinista e verificamos que todos possuíram traços semelhantes: nacionalismo, militarização, culto à imagem do líder político, perseguição a opositores, censura aos meios de comunicação, estabelecimento de um partido único, concentração de poderes na figura do líder e a utilização de doutrinas totalizantes como forma de superar a ordem social vigente, sempre criticada por esses regimes. O que os diferenciava, entretanto, eram as ideologias e as bases sociais de suporte aos regimes, conforme ora exposto.

---

30 "Mussolini não tinha qualquer filosofia: tinha apenas uma retórica. Começou como ateu militante, para em seguida assinar a concordata com a Igreja e confraternizar com os bispos que benziam os galhardetes fascistas." (ECO, Umberto. **O fascismo eterno.** Trad. Eliana Aguiar. 9ª ed. Rio de Janeiro: Record, 2020, p. 28). "O fascismo era um totalitarismo *fuzzy.* O fascismo não era uma ideologia monolítica, mas antes uma colagem de diversas ideias políticas e filosóficas, um alveário de contradições." (Idem, p. 32).

31 BOBBIO, Norberto; MATTEUCCI, Nicola; PASQUINO, Gianfranco. **Dicionário de política.** 13ª ed. Coord. trad. João Ferreira. Brasília: UNB, 2010, vol. 2. p. 1252-1253.

32 MASCARO, Alysson Leandro. **Crítica do fascismo.** São Paulo: Boitempo, 2022, p. 17.

Ainda que seja possível discutir as semelhanças e diferenças entre tais regimes, fato é que todos se distanciaram do referencial democrático da época, pois sequer buscavam implementar melhorias no sentido de gerar mais transparência nas questões de ordem pública, separação dos poderes, eleições livres e diretas, alternância de governos, ampliação dos direitos políticos, liberdades civis e outros temas que já eram discutidos e, em certa medida, implementados em outros regimes pelo mundo.

Ademais, não podemos nos furtar a deixar anotado que todos os líderes totalitários mencionados, no longo período em que comandaram, sempre tiveram o apoio das massas[33], sem o qual certamente não teriam permanecido no poder. Nessa linha, cabe destacar que o nível de envolvimento da população com o regime costumava ser bastante grande, incluindo uma clara compreensão da superioridade do Estado com relação ao indivíduo e seus direitos, o que nos faz identificar a natureza de extremo organicismo desses modelos, tal como estudamos no capítulo 2 desta obra. Afinal, a luta pela implementação da nova sociedade pregada pela ideologia totalizante concede a todos uma *unidade*, importantíssima para a manutenção do regime.

Ocorre que, como dito, tais regimes possuíam pretensões políticas totalizantes, universais e, não obstante, tomavam o poder num único país. A problemática surge na medida em que tais regimes se associaram também a um nacionalismo que, portanto, soa ilógico diante das pretensões universais. Isso precisou ser equalizado por meio da famosa expressão de Trotsky: *"revolução permanente"* que apontaria a Rússia como o primeiro domínio, o início da revolução mundial[34]. No caso alemão, tal se deu com a ideia de uma "seleção [racial] que não pode parar", pela qual os ineptos deveriam ser eliminados[35]. Estrategicamente, essas ideias mantêm os regimes – e as massas – ocupadas em implementar aquilo que os move e não causa a perigosa instabilidade.

---

33 "Os movimentos totalitários são possíveis onde quer que existam massas que, por um motivo ou outro, desenvolveram certo gosto pela organização política. As massas não se unem pela consciência de um interesse comum e falta-lhes aquela específica articulação de classes que se expressa em objetivos determinados, limitados e atingíveis. O termo massa só se aplica quando lidamos com pessoas que, simplesmente devido ao seu número, ou à sua indiferença, ou interesse comum, seja partido político, organização profissional ou sindicato de trabalhadores. Potencialmente, as massas existem em qualquer país e constituem a maioria das pessoas neutras e politicamente indiferentes, que nunca se filiam a um partido e raramente exercem o poder de voto.
Em sua ascensão, tanto o movimento nazista da Alemanha quanto os movimentos comunistas da Europa depois de 1930 recrutaram os seus membros dentre essa massa de pessoas aparentemente indiferentes, que todos os outros partidos haviam abandonado por lhes parecerem demasiado apáticas ou estúpidas para lhes merecerem a atenção. A maioria dos seus membros, portanto, consistia em elementos que nunca antes haviam participado da política. Isto permitiu a introdução de métodos inteiramente novos de propaganda política e a indiferença aos argumentos da oposição: os movimentos, até então colocados fora do sistema de partidos e rejeitados por ele, puderam moldar um grupo que nunca havia sido atingido por nenhum dos partidos tradicionais." (ARENDT, Hannah. **Origens do totalitarismo.** Trad. Roberto Raposo. São Paulo: Companhia das Letras, 1989, p. 362).

34 "Trotski revelou claramente qual era o verdadeiro objetivo de Stalin: 'A teoria do socialismo num só país, germinada do esterco da reação contra a revolução de outubro, é a única teoria que se opõe, de maneira totalmente coerente, à teoria da revolução permanente.'" (BOBBIO, Norberto; MATTEUCCI, Nicola; PASQUINO, Gianfranco. **Dicionário de política.** 13ª ed. Coord. trad. João Ferreira. Brasília: UNB, 2010, vol. 2. p. 1222).

35 ARENDT, Hannah. **Origens do totalitarismo.** Trad. Roberto Raposo. São Paulo: Companhia das Letras, 1989, p. 441.

9.2.4 Ditaduras contemporâneas

Conforme já foi aqui pontuado, a classificação binária dos regimes políticos é problemática, quer seja pela dificuldade de se verificar o adequado ou inadequado funcionamento das instituições, quer seja por encontrarmos regimes híbridos ou democracias imperfeitas (ou falhas) – nesses conceitos entram regimes democráticos em desconstrução, bem como aqueles que estão em processo de aprimoramento de suas instituições, ainda instáveis.

Dessa forma, não se trata aqui de uma dicotomia rígida entre regimes que são claramente democráticos por cumprirem com brilhantismo todas aquelas características apontadas anteriormente e regimes que as desprezam integralmente. Ao contrário, teremos muita dificuldade de encontrar regimes democráticos em que haja o efetivo cumprimento de todos aqueles princípios. Nesse sentido, mesmo aquelas características que parecem de fácil verificação podem ser questionadas, incluindo a existência de eleições periódicas, que parece ser um critério mais objetivo. Embora de fácil caracterização, a lisura e os procedimentos eleitorais podem ser questionados de tal modo a inviabilizar qualquer caracterização do regime como democrático.

Outras características, como aquelas relativas aos direitos e garantias fundamentais, acabam por ser de difícil e discutível verificação. Será que em tal processo houve efetivamente o devido processo legal e não houve o cerceamento do direito de defesa? A existência de um ou de muitos processos com esse vício descaracteriza um regime democrático? Qual nível de transparência que o governo precisa ter para que o regime seja considerado democrático? Atos isolados de descumprimento de preceitos democráticos tornam o regime ditatorial ou é preciso a solidificação das práticas? Em que grau ou quantidade tais elementos precisam ser descumpridos? Nesse sentido, é fundamental a lição de Dahl[36], que nos lembra que o termo democracia "pode ser utilizado apropriadamente para designar um ideal e também regimes reais que ficam consideravelmente aquém do ideal". Tratar-se-á, portanto, de se estabelecer um limiar razoável que, evidentemente, é de difícil caracterização e envolve, portanto, não apenas fatores formais, mas a compreensão da efetividade de determinados elementos que apontamos alhures como caracterizadores de regimes democráticos. Diante disso, é certo que a categorização de regimes como democráticos ou autocráticos não é binária, havendo diversos modelos teóricos e análises empíricas que buscam estabelecer classificações possíveis para a compreensão dos diferentes regimes.

Em termos empíricos, a *Economist Intelligence Unit (EIU)* divulga anualmente um relatório (o *Democracy Index*) baseado na análise de indicadores agrupados em cinco aspectos: processo eleitoral e pluralismo, funcionamento do governo, participação política, cultura política e liberdades civis. A partir de uma nota atribuída a cada aspecto é obtida uma média que possibilita ranquear os regimes políticos e situá-los dentro das seguintes categorias: democracia plena, democracia falha, regime híbrido ou autoritário. Já o *V-Dem's Liberal Democracy Index (LDI)* divulgado pelo *V-Dem (Varieties of Democracy)* utiliza a obra *Poliarquia* de Richard A. Dahl[37] para analisar a qualidade das eleições, os direitos

---

36 DAHL, Robert A. **A democracia e seus críticos.** Trad. Patrícia de Freitas Ribeiro. São Paulo: Martins Fontes, 2012, p. 9.

37 DAHL, Robert A. **Poliarquia:** participação e oposição. Prefácio Fernando Limongi; tradução Celso Mauro Paciornik. São Paulo: USP, 2005.

individuais, a mídia, as liberdades de associação, o estado de direito e os mecanismos de *check and balances* entre os poderes.

Todas essas questões podem ser levantadas quando da caracterização de regimes como autocráticos ou não. Vale lembrar que todos os governos do ocidente dito democrático acabam por se afirmarem como democracias e, portanto, quaisquer acusações de práticas de concentração de poder, fraude em eleições, violações de direitos políticos e de liberdade de imprensa, por exemplo, são fortemente rechaçadas e os atos praticados são sempre apresentados como legais pelos órgãos internos do Estado que, não raro, são controlados (cooptados) na prática por um ditador; isto é, cuida-se de cobrir com o manto da juridicidade qualquer ato, mesmo que ilegal ou contrário aos princípios mais basilares da democracia.

Diante disso, a divisão feita neste capítulo entre regimes democráticos e autocráticos se dá apenas por questões didáticas e não ignora a complexidade inerente à análise dos regimes políticos, que mesmo situados dentro de uma mesma categoria podem ter características distintas entre si.

Feitas as considerações necessárias acerca da dificuldade de caracterização de regimes autocráticos, cabe aqui trazer alguns elementos comuns às chamadas *ditaduras* (ou *regimes ditatoriais*).

A expressão ditadura advém do latim *dictatura*, instituto político da Roma antiga que pouco tem relação com o conceito que iremos aqui expor. Na Roma antiga, *dictadura* era um órgão extraordinário que poderia ser ativado nos termos da lei vigente, visando resolver uma situação de emergência específica – ressalte-se que não se trata de conceder ao ditador poderes ilimitados. Já na atualidade, utilizamos o termo ditadura para nos referirmos aos regimes autocráticos, independentemente de variações ideológicas.

Tais regimes são caracterizados, em termos gerais, pela concentração de poderes e pela ausência de controle em seu exercício. Ademais, a referência a regimes ditatoriais alude à existência de um líder político – o Ditador – que concentra poderes em níveis superiores aos padrões democráticos vigentes. Para propósitos didáticos, podemos identificar tais regimes de dois modos: *formalmente*, quando estivermos diante de Estados cujo próprio ordenamento jurídico estrutura um regime ditatorial; ou *de fato*, quando as práticas e relações de poder se desenvolvem de modo ditatorial, mesmo diante de um Estado cuja Constituição prevê a separação dos poderes, os direitos e garantias individuais, eleições, bem como todos os demais aspectos característicos de um regime democrático.

Por fim, cabe destacar que os regimes ditatoriais atuais são caracterizados sobretudo pela *cooptação de poderes* por um líder – o Ditador. Em geral, o chefe do Poder Executivo amplia seu poder para além desse órgão, alcançando o Judiciário e/ou o Legislativo, que passam a obedecer às ordens do líder e, portanto, garantem a manutenção do sistema a partir de mecanismos institucionais que deveriam servir precisamente para limitar atitudes antidemocráticas, mas que, uma vez apropriados, tornam-se certificadores da natureza "legal" e "democrática" do regime.

9.2.4.1   A transformação de regimes democráticos em ditatoriais

Em complemento à exposição feita acima, temos que os regimes ditatoriais podem se consolidar de duas formas distintas: *subitamente* ou *progressivamente*.

No primeiro caso, podem, é claro, ser estabelecidos por um ato ou conjunto de atos considerados num mesmo contexto e que transformam um dado regime em ditatorial. Golpes de Estado comumente cuidam de implementar regimes ditatoriais subitamente, embora mesmo governos eleitos democraticamente podem também implementar ditaduras do dia para a noite.

Já na implementação de regimes ditatoriais de modo progressivo temos uma caracterização muito mais complexa e discutível, já que o que ocorre, na prática, são atos típicos de regimes ditatoriais realizados dentro de regimes estruturalmente democráticos e cobertos com o manto da juridicidade, ou seja, violam-se alguns daqueles fundamentos da democracia de forma pontual (para um caso específico ou num momento específico) e no restante do tempo mantém-se a normalidade democrática. Com isso, a caracterização da natureza ditatorial do regime fica extremamente difícil de ser realizada, posto que o regime se desenvolve por meio da utilização de práticas por vezes permitidas pelas democracias[38]. Nesse cenário, a própria percepção de que o caminho para a autocracia se iniciou é dificultosa:

> Como não há um momento único – nenhum golpe, declaração de lei marcial ou suspensão da Constituição – em que o regime obviamente "ultrapassa o limite" para a ditadura, nada é capaz de disparar os dispositivos de alarme da sociedade. Aqueles que denunciam os abusos do governo podem ser descartados como exagerados ou falsos alarmistas. A erosão da democracia é, para muitos, quase imperceptível[39].

A grande questão é que as práticas ditatoriais tendem a ser normalizadas, sobretudo se contarem com altos níveis de aprovação popular. Com isso, criam-se espécies de fissuras na democracia, inicialmente sem a possibilidade de ruptura democrática e caracterização de um regime ditatorial, mas que, com o tempo, tornam-se cada vez maiores e, então, cada vez mais frequentes serão os descumprimentos aos preceitos democráticos. Com isso, essas fissuras podem ocasionar a efetiva ruptura da democracia, isto é, a sua degeneração que, a partir de determinado estágio, nos possibilitará caracterizar o regime como ditatorial.

Sabe-se, por exemplo, que direitos e garantias fundamentais são descumpridos a todo momento, inclusive por regimes conhecidos como democráticos. A violação desses direitos, por si só, ainda que em diversos casos, dificilmente permitiria que disséssemos que um regime é ditatorial, embora represente a violação de direitos de diversos cidadãos e seja uma prática que fere importantes fundamentos de um regime democrático. Imaginemos a supressão do devido processo legal e da ampla defesa para prender um opositor político de forma sumária. Um ato isolado desse tipo pode caracterizar um regime como ditatorial? É claro que, se houver a sistematização desse procedimento e mais e mais opositores

---

38 "Muitos esforços do governo para subverter a democracia são 'legais', no sentido de que são aprovados pelo Legislativo ou aceitos pelos tribunais. Eles podem até mesmo ser retratados como esforços para *aperfeiçoar* a democracia – tornar o Judiciário mais eficiente, combater a corrupção ou limpar o processo eleitoral." (LEVITSKY, Steven; ZIBLATT, Daniel. **Como morrem as democracias.** Trad. Renato Aguiar. Rio de Janeiro: Zahar, 2018, p. 17).

39 LEVITSKY, Steven; ZIBLATT, Daniel. **Como morrem as democracias.** Trad. Renato Aguiar. Rio de Janeiro: Zahar, 2018, p. 17.

sejam presos com a mesma conduta violadora de direitos, haverá uma nítida tendência antidemocrática (ligada ao inadequado funcionamento do Judiciário), de tal modo que não teremos alternativa a não ser imputar a característica de ditatorial a esse regime.

Repare que, nesse caso, a condenação sistemática de opositores políticos mediante o descumprimento de seus direitos tende a decorrer de um Poder Judiciário imparcial, posto que cooptado – normalmente pelo Executivo. Nesse caso, a ascensão de um líder político com ideias e práticas antidemocráticas pode ser o fator desencadeante de um processo de degeneração democrática, que pode incluir a cooptação do Judiciário, a mudança de regras eleitorais ou a utilização de outras estratégias que busquem afastar os opositores e consolidar o poder nas mãos de um autocrata em potencial.

Nesse sentido, vale lembrar das lições de Steven Levitsky e Daniel Ziblatt[40] que apresentam, baseados no trabalho de Juan Linz, quatro critérios para o reconhecimento de um autocrata (um líder autoritário): (1) rejeitam, em palavras ou ações, as regras democráticas; (2) negam a legitimidade de oponentes; (3) toleram e encorajam a violência; e (4) dão indicações de disposição para restringir liberdades civis de oponentes, inclusive da mídia.

É evidente que um político, ao se enquadrar em qualquer um desses requisitos já gera, por si, riscos à democracia; quando então cumprir com todos eles é necessário que os atores políticos – especialmente membros e líderes partidários – tomem as medidas necessárias para evitar que alguém com esse perfil suba ao poder. Isto, pois é mais simples a um partido evitar que um extremista figure como seu candidato, do que qualquer mecanismo institucional inviabilizar sua candidatura – o que, obviamente, seria antidemocrático e não pode ser o caminho para combater autocratas. Ademais, lembram os mesmos autores que diante da séria possibilidade de um extremista – que preencha os quatro requisitos citados – subir ao poder, os partidos democráticos devem construir uma frente, somando forças para evitar sua vitória e manter a ordem democrática – vista, neste caso, como superior às disputas ideológicas que tais partidos certamente têm.

Exemplos históricos não faltam. Podemos mencionar aqui o caso do governo Orbán na Hungria, que aumentou o número de membros da Corte Constitucional, mudou as regras de nomeação e permitiu que seu partido (Fidesz) pudesse indicar sozinho os novos magistrados. Também a Venezuela passou por um processo similar quando Hugo Chávez aumentou o Tribunal Supremo para 22 membros, preenchendo as vagas criadas[41]. Esses dois casos são emblemáticos, pois representam a expansão do controle autoritário sobre o Poder Judiciário que, como dito alhures, é a principal instituição que pode frear possíveis subversões à ordem democrática vindas dos demais poderes. Assim, garantindo uma Corte Superior não imparcial, os autocratas têm carta branca para realizarem subversões à ordem democrática, suprimir direitos, cassar opositores e tudo com a devida convalidação das instituições típicas de uma democracia – incluindo a tripartição dos poderes que formalmente permanece existindo, ainda que na prática tenha sido anulada.

---

40 LEVITSKY, Steven; ZIBLATT, Daniel. **Como morrem as democracias.** Trad. Renato Aguiar. Rio de Janeiro: Zahar, 2018, p. 32.

41 LEVITSKY, Steven; ZIBLATT, Daniel. **Como morrem as democracias.** Trad. Renato Aguiar. Rio de Janeiro: Zahar, 2018, p. 84.

Alguns desses movimentos serão aqui caracterizados como *golpes brancos (soft coups)*, conforme capítulo 17.

Entretanto, repare que, novamente, nos depararemos com problemas extremamente complicados no que tange à validação dos atos ditatoriais por órgãos internos do regime. Assim, ainda que verificássemos o desrespeito à presunção de inocência ou a inconstitucionalidade de uma lei de viés ditatorial ou algo do gênero, sempre poderá haver uma influência política do ditador nos poderes Legislativo e Judiciário (o que precisamente caracterizará o regime como ditatorial) e que, portanto, cuidará de apontar tais atos como juridicamente adequados nos termos das leis vigentes. A partir daí, o regime poderá se autodenominar democrático e se respaldar na convalidação de seus atos concedida pelos instrumentos de controle interno supostamente funcionantes.

9.2.5 O fascismo contemporâneo (ou neofascismo)

Atualmente, alguns grupos e políticos extremistas (geralmente ligados a movimentos nacionalistas, anti-imigração ou a um populismo de extrema-direita) flertam com características típicas do fascismo e, por isso, são frequentemente apontados como fascistas. Abre-se então na atualidade uma discussão acerca da possibilidade do uso dessa expressão para se referir a eles.

A rigor, o fascismo e sua ideologia são do período do entreguerras, moldados de acordo com diversas questões de ordem social e cultural da época que, obviamente, alteraram-se substancialmente de lá para cá. Nesse sentido, em tese, a utilização literal do termo não seria possível fora do contexto do referido período. Umberto Eco[42] anota que, de fato, seria muito difícil que os regimes totalitários que dominaram a Europa antes da Segunda Guerra Mundial retornassem sob a mesma forma em condições históricas tão diversas. Assim, é impensável no contexto político atual uma volta do fascismo exatamente como era na primeira metade do séc. XX.

De fato, tais grupos alegam endossar, ao menos em discurso, a democracia eletiva, o pluralismo político e, não raro, o liberalismo econômico, fatores que não se coadunam com a ideologia fascista "clássica" exposta anteriormente. De todo modo, cabe a lição de Umberto Eco: "O termo 'fascismo' adapta-se a tudo porque é possível eliminar de um regime fascista um ou mais aspectos, e ele continuará sempre a ser reconhecido como fascista"[43]. A partir daí, Eco apresentará, em sua palestra proferida em 1995, as características daquilo que denomina *Ur-Fascismo* ou *"fascismo eterno"*[44], em síntese: culto da tradição; impossibilidade do avanço do saber; recusa da modernidade (o Ur-fascismo baseia-se na irracionalidade); ação pela ação (sem reflexão); medo da diferença; apelo às classes médias frustradas; transferência da vontade de poder para questões sexuais (o Ur-fascismo é machista); e existência de um líder que encarna a "vontade comum" do povo.

---

42   ECO, Umberto. **O fascismo eterno**. Trad. Eliana Aguiar. 9ª ed. Rio de Janeiro: Record, 2020, p. 22.

43   ECO, Umberto. **O fascismo eterno**. Trad. Eliana Aguiar. 9ª ed. Rio de Janeiro: Record, 2020, p. 42-43.

44   ECO, Umberto. **O fascismo eterno**. Trad. Eliana Aguiar. 9ª ed. Rio de Janeiro: Record, 2020, p. 44-55.

Assim sendo, muito embora seja importante anotar as diferenças entre o fascismo do início do século XX e o fascismo em suas manifestações atuais, torna-se possível o emprego da expressão, apoiando-se, sobretudo, na tese exposta acima. Entretanto, consideramos mais adequado falarmos em *neofascismo* para nos referirmos a grupos e políticos que hoje defendam ou realizem práticas similares aos fascistas do início do século XX. Afinal, é notório que diversos grupos e políticos atuais sustentam uma série de discursos e práticas elementares ao fascismo, quais sejam: culto ao passado[45], crítica ao *establishment*, nacionalismo, política do inimigo (diferenciação entre "nós" e "eles"), forte militarização, políticas anti-imigratórias e autoritárias e, ainda, especial desprezo pelas instituições democráticas e pelos direitos humanos. Por vezes, as manifestações neofascistas reproduzem até mesmo o culto à figura de um líder e os discursos de superioridade cultural, porém dentro do atual contexto geopolítico em que vigora no ocidente um modelo democrático plural que – esperamos – possui mecanismos para limitar qualquer pretensão totalizante do fascismo clássico. Há também uma reformulação do elemento propagandístico, o qual sai dos meios tradicionais de marketing político (em especial rádio e TV) e é realocado para as redes sociais, onde tais grupos ventilam propagandas dos líderes neofascistas a partir das conhecidas *fake news*, as quais, não raro, encarnam outro elemento fundamental aos modelos fascistas: o uso de teorias conspiratórias como forma de deslegitimar a grande mídia, a qual é taxada de parcial por não cobrir as falsas conspirações[46]. Aí consta uma prática fundamental do neofascismo: tentativas constantes de deslegitimar a mídia, a ciência e todas as instituições características dos regimes democráticos, em especial o Judiciário e o próprio Legislativo, todos enquadrados no conceito de "elite corrupta", a qual precisa ser combatida "em nome da pátria". Trata-se aqui de mais uma manifestação da política do "nós" e "eles", a qual possui um propósito fundamental: apontar um inimigo ou uma ameaça iminente (geralmente inexistente) como forma de legitimar a violação de regras democráticas para assumir ou manter o poder.

Diante desses apontamentos, entendemos adequada a caracterização de tais grupos e políticos como fascistas, porém preferimos a utilização da expressão neofascistas para se referir aos que se valem das práticas e discursos apontados acima.

Vale destacar, em linha com os apontamentos feitos ao longo deste capítulo, que os regimes autocráticos contemporâneos buscam se apresentar como democráticos, notadamente revestindo suas práticas com o manto da legalidade. Nesse sentido, os líderes neofascistas buscam a todo momento descredibilizar instituições políticas e sociais que podem limitar seu discurso e poder, precisamente para que eventual ilegalidade atribuída a seus atos seja confrontada com a suposta falta de legitimidade da instituição de controle. Assim, o sucesso ou não desses líderes em cooptar ou derrubar tais instituições depende de quão sólidas elas são.

---

45   "Enquanto a política fascista fetichiza o passado, nunca é o passado real que é fetichizado." (STANLEY, Jason. **Como funciona o fascismo:** a política do "nós" e "ele". Trad. Bruno Alexander. Porto Alegre: L&PM, 2020, p. 29).

46   STANLEY, Jason. **Como funciona o fascismo:** a política do "nós" e "ele". Trad. Bruno Alexander. Porto Alegre: L&PM, 2020, p. 67.

 # Filmografia

1984 – Reino Unido, 1984

A lista de Schindler – EUA, 1993

A onda – Alemanha, 2009

A onda – EUA, 1981

A revolução dos bichos – EUA, 1999

A vida dos outros – Alemanha, 2006

A vida é bela – Itália, 1997

Adeus, Lênin – Alemanha, 2003

Cidadão Boilesen – Brasil, 2009

Ele está de volta – Alemanha, 2015

No – Chile, 2012

Novecento – Itália/França, 1976

O grande ditador – EUA, 1940

O ovo da serpente – Alemanha/EUA, 1977

Stalin – EUA/Hungria/Rússia, 1922

 # Questões Objetivas

1. Quanto às diferentes formas de democracia, assinale a alternativa correta:

    a) Na democracia direta, a totalidade dos cidadãos elege representantes para os poderes legislativo e executivo.

    b) Na democracia indireta, o povo governa por meio de assembleias numa espécie de autogoverno.

    c) Na democracia semidireta, o povo exerce seu poder político por meio de representantes eleitos, bem como por mecanismos de participação direta, tais como o plebiscito, o referendo e a iniciativa popular.

    d) Na democracia indireta, o poder não emana do povo e esse fica sujeito ao arbítrio de um ditador.

2   "Os deputados do povo não são, nem podem ser seus representantes; não passam de comissários seus, nada podendo concluir definitivamente. É nula toda lei que o povo diretamente não ratificar; em absoluto, não é lei. O povo inglês pensa ser livre e muito se engana, pois só o é durante a eleição dos membros do parlamento; uma vez estes eleitos, ele é escravo, não é nada" (Jean-Jacques Rousseau).

    Essa frase de Rousseau pode ser entendida como:

    a) uma crítica à democracia direta, cuja impossibilidade fática de aplicação faz com que seja caracterizada como utópica.

b) uma defesa da democracia indireta, assentada sob os conceitos de consentimento e representação.

c) uma crítica à democracia indireta, em defesa da democracia direta.

d) uma defesa da democracia representativa, pela qual o povo elege representantes para o efetivo exercício do poder.

3. **São características dos regimes totalitários do século XX:**

a) a democracia, a soberania popular e o respeito aos direitos e garantias fundamentais.

b) a militarização, o pluripartidarismo e a concentração de poderes em um líder.

c) o bipartidarismo, o abuso de métodos repressivos pelo Estado e o forte apoio popular.

d) a concentração de poderes, o abuso de métodos repressivos pelo Estado e a existência de partido único.

 ## Questões Dissertativas

1. **Aponte e explique os elementos fundamentais para a configuração de um regime democrático.**

2. **Descreva os mecanismos de participação direta previstos na Constituição Federal de 1988.**

3. **Disserte sobre as formas de transformação de regimes democráticos em autocráticos.**

 ## Caso Prático

Os dispositivos legais abaixo foram extraídos do Ato Institucional nº 5 (AI-5) de 13 de dezembro de 1968. Analise o teor destes artigos e em seguida responda à pergunta formulada.

"Art. 2º – O Presidente da República poderá decretar o recesso do Congresso Nacional, das Assembleias Legislativas e das Câmaras de Vereadores, por Ato Complementar, em estado de sítio ou fora dele, só voltando os mesmos a funcionar quando convocados pelo Presidente da República."

"Art. 4º – No interesse de preservar a Revolução, o Presidente da República, ouvido o Conselho de Segurança Nacional, e sem as limitações previstas na Constituição, poderá suspender os direitos políticos de quaisquer cidadãos pelo prazo de 10 anos e cassar mandatos eletivos federais, estaduais e municipais."

"Art. 10 – Fica suspensa a garantia de habeas corpus, nos casos de crimes políticos, contra a segurança nacional, a ordem econômica e social e a economia popular."

"Art. 11 – Excluem-se de qualquer apreciação judicial todos os atos praticados de acordo com este Ato institucional e seus Atos Complementares, bem como os respectivos efeitos."

Caracterize o regime político brasileiro da época, fundamentando sua resposta com base no conteúdo dos artigos transcritos.

FORMAS DE GOVERNO

As *formas de governo* se referem à organização política para o exercício do poder e atualmente são reduzidas a apenas duas: *Monarquia* e *República*. Assim, antes de compreendermos adequadamente as características e espécies dessas formas de governo, cabe-nos apresentar algumas classificações clássicas, com o propósito de compreendermos a posição histórica do problema das formas de governo, bem como trabalharmos algumas nomenclaturas relevantes para o estudo da Ciência Política.

10.1 A CLASSIFICAÇÃO DE ARISTÓTELES

Aristóteles[1] classificou as formas de governo a partir da quantidade de pessoas que exercem o poder: uma só, uma minoria ou uma maioria de pessoas; e sua finalidade (justo ou injusto), conforme o exercício do poder busque o bem de todos (justo) ou o bem de grupos particulares (injusto).

Nesse sentido, estabelece a Monarquia, a Aristocracia e a República como respectivamente as formas justas de governo de um, de uma minoria e da maioria, as quais podem se degenerar nas seguintes formas injustas, respectivamente: Tirania, Oligarquia e Democracia. A degeneração significa dizer que tais formas buscam interesses particulares ou de grupos, mas não de todos. Curiosamente, a palavra democracia é colocada para designar o governo desvirtuado de uma maioria, vez que visa apenas ao favorecimento dos pobres, na leitura de Aristóteles. Assim, esquematicamente temos:

---

1   ARISTÓTELES. **A Política.** Trad. Roberto Leal Ferreira. São Paulo: Martins Fontes, 1991, p. 93 ss.

Número de governantes	Justo (no interesse de todos)	Injusto (no interesse particular)
Governo de um só	Monarquia	Tirania
Governo de uma minoria	Aristocracia	Oligarquia
Governo da maioria	República	Democracia

Repare que, para Aristóteles, é possível ao governo de um ou de uma minoria ser justo, o que é inconcebível contemporaneamente; afinal, sendo a democracia o governo do povo, pelo povo e para o povo, ela aparece na modernidade e se solidifica no contexto político ocidental como um valor quase absoluto e, portanto, qualquer forma de governo aristocrática ou monocrática parece *a priori* injusta aos nossos olhos. Isso, pois estamos preocupados com a forma; Aristóteles, por sua vez, preocupa-se com a finalidade do governo e, portanto, sendo o governo exercido no proveito de todos, não importa a quantidade de governantes.

O mesmo argumento deve ser utilizado para justificar o fato de Aristóteles apontar a democracia como sendo a forma desvirtuada do governo da maioria. Ele se preocupa com a finalidade e considera injusto o governo que exerce o poder somente em favor das massas e dos pobres. Vale ressaltar ainda que Aristóteles e seu professor Platão possuem especial desprezo pela democracia ateniense que, como se sabe, condenou Sócrates à morte.

10.2 A CLASSIFICAÇÃO MODERNA: MONARQUIA E REPÚBLICA

Uma classificação notável acerca das formas de governo está em Montesquieu[2], que logo no primeiro capítulo do clássico *Do Espírito das Leis*, nos diz que "existem três espécies de governo: o Republicano, o Monárquico e o Despótico" e conclui dizendo que "o governo republicano é aquele em que o povo, como um todo, ou somente uma parcela do povo, possui o poder soberano; a monarquia é aquele em que um só governa, mas de acordo com leis fixas e estabelecidas, enquanto, no governo despótico, uma só pessoa, sem obedecer a leis e regras, realiza tudo por sua vontade e seus caprichos".

A classificação de Montesquieu, portanto, aponta para três formas de governo: o republicano (sendo as Repúblicas democráticas ou aristocráticas); o monárquico (Monarquias limitadas por leis); e, por fim, o despótico, ilimitadamente exercido por um só.

Maquiavel, por sua vez, logo no início de sua mais brilhante obra, *O Príncipe*, diz que: "Todos os Estados, todos os domínios que têm havido e que há sobre os homens, foram e são repúblicas ou principados"[3]. Com isso, ele acaba por perfazer a moderna divisão entre formas de governo monárquicas e republicanas.

Quanto à natureza ilimitada do governo despótico, cumpre dizer que se apoia geralmente na força ou na ameaça do uso da força, com toda complexidade cultural e social engendrada em sua formulação e manutenção em diferentes períodos históricos

---

2 MONTESQUIEU. **Do espírito das leis.** Trad. Fernando Henrique Cardoso e Leôncio Martins Rodrigues. 2ª ed. São Paulo: Abril Cultural (Os Pensadores), 1979, p. 31.

3 MACHIAVELLI, Niccolò. **O príncipe.** Trad. Lívio Xavier. Rio de Janeiro: Ediouro, 2000, p. 95.

(vide nossa análise dos regimes autocráticos feita no capítulo anterior). De toda forma, os regimes despóticos se apoiam sobre Monarquias e sobre Repúblicas indistintamente, posto que a forma é apenas o conjunto de instituições e estruturas juridicamente previstas que serão transpostas pela fraude, violência ou por intrincados jogos de poder com mera pretensão de legalidade. Assim, do ponto de vista estrutural, não consideramos que exista atualmente uma forma de governo despótica com natureza própria, mas apenas Monarquias e Repúblicas apropriadas por um déspota – atualmente referido como autocrata ou, a depender do caso, ditador.

Feitos os apontamentos necessários sobre as diferentes classificações das formas de governo, iremos apresentar a seguir as características e as distintas formas de Monarquias e Repúblicas, as quais serão apresentadas em suas formulações clássicas – ou, se se prefere, ideais – de tal modo que a análise detalhada de determinados casos concretos pode nos conduzir a variações dos conceitos que serão expostos adiante.

10.2.1 Monarquia

Etimologicamente, Monarquia advém do grego *monos* (um) e *arkhein* (mando, poder). Trata-se, portanto, da forma de poder centralizada nas mãos de um só, o chamado monarca (título genérico que engloba Rei, Rainha, Príncipe, Imperador etc.). Do ponto de vista histórico, verificamos diferentes formas de Monarquia, conforme analisaremos abaixo.

Quanto às características da forma monárquica de governo, temos a *vitaliciedade*, sendo a Monarquia a forma de governo cuja chefia do Estado é conferida a um monarca de forma vitalícia.

No que tange aos critérios para investidura no cargo de monarca, há algumas variações. Via de regra, a investidura se dá pela *hereditariedade*. Entretanto, pode-se apontar o monarca também por *eleição* ou *cooptação*.

A *hereditariedade* consiste na maneira mais comum de investidura. Trata-se da transferência de poder por meio do critério da consanguinidade, ou seja, torna-se monarca aquele que figura em primeiro lugar na linhagem sucessória do monarca falecido. As peculiaridades da transferência do poder por critério de hereditariedade encontram-se em tradições, costumes e até mesmo no próprio texto constitucional.

A *eletividade* como forma de investidura no posto de monarca é exceção à regra, que é a hereditariedade. Entretanto, a Santa Sé, como se sabe, aponta seu monarca – o Papa – por meio de eleição realizada pelo Colégio de Cardeais.

Por fim, a *cooptação* é a forma de investidura no posto de monarca que decorre de ato de vontade de um monarca, que confere o trono a um indivíduo que não figura como próximo na linhagem sucessória. Trata-se de modalidade pouco comum, mas com algumas ocorrências históricas, notadamente na dinastia antonina do Império Romano (138-192 d.C.).

Destacamos, ainda, que a Monarquia, como forma de governo, apresenta-se a partir de diferentes fatores históricos e culturais, que resultam em nomenclaturas distintas a seus monarcas (Príncipe, Rei, Emir, Grão-duque etc.). Nesse sentido, são exemplos de monarquias atuais: Espanha (reino), Noruega (reino), Mônaco (principado), Kuwait (emirado), Brunei (sultanato) e Japão (império).

10.2.1.1 Formas de Monarquia

As diferentes formas de Monarquia que serão analisadas a seguir referem-se a momentos históricos em que se buscou limitar os poderes absolutos dos monarcas e, portanto, temos de separar as formas de Monarquia em ilimitada (absolutista) e limitada (constitucional).

A forma ilimitada é a conhecida *Monarquia absolutista*, a qual consiste na mais antiga e com diversos exemplos na Idade Média. Trata-se da consolidação de todos os poderes do Estado nas mãos do monarca, que governa a partir de seu arbítrio, sem qualquer limitação, seja por um órgão legislativo, seja por um texto legal.

Já a forma limitada consiste na *Monarquia constitucional*, que por sua vez se caracteriza pela limitação dos poderes do monarca por um texto jurídico escrito – geralmente a constituição. Nesse caso, temos Monarquias constitucionais puras e Monarquias parlamentaristas.

Na *Monarquia constitucional pura*, o monarca exerce a função de Chefe de Estado e de Chefe de Governo cumulativamente. Dessa forma, permanece uma centralização dos poderes na figura do monarca, que representa o Estado, mas que também é o responsável pelo governo (assuntos internos de efetiva gestão pública); entretanto, inobstante haja tal centralização, o monarca está sujeito às limitações impostas pela constituição.

A *Monarquia parlamentar* (ou *parlamentarista*), por sua vez, representa uma forma limitada de Monarquia, em que há a limitação dos poderes do monarca pelo texto constitucional e, ainda, o monarca exerce apenas a função de Chefe de Estado, sendo a Chefia de Governo a cargo de um Primeiro-Ministro eleito pelo Parlamento. Assim, teremos o monarca exercendo, via de regra, apenas funções de representação do Estado (cerimoniais) e de chefia das forças armadas (atribuições típicas de um Chefe de Estado), sem a possibilidade de se envolver em assuntos de governo, os quais serão conduzidos pelo Primeiro-Ministro (Chefe de Governo), apoiado pelo Parlamento. Nesse contexto, podemos reproduzir a clássica frase: "O Rei reina, mas não governa".

Evidente que os poderes efetivos reservados a cada monarca dependerão da constituição de cada Estado. Como regra, nas Monarquias parlamentaristas atuais – também chamadas de Monarquias Constitucionais Parlamentaristas –, os monarcas possuem poderes que ficam restritos à representação do Estado, à chefia das forças armadas e ao poder de dissolver o Parlamento em casos específicos, conforme estudaremos na análise do parlamentarismo (capítulo 11). No mais, cumprem funções meramente protocolares. Desse modo, no contexto atual, a interferência de monarcas na condução da política interna ou externa dos Estados democráticos ocidentais é bastante diminuta, sendo o Parlamento o responsável pelo governo. No pano de fundo dessa questão está a formação democrática do Parlamento por meio de eleições e a forma tradicional, porém não democrática, pela qual o monarca está no poder.

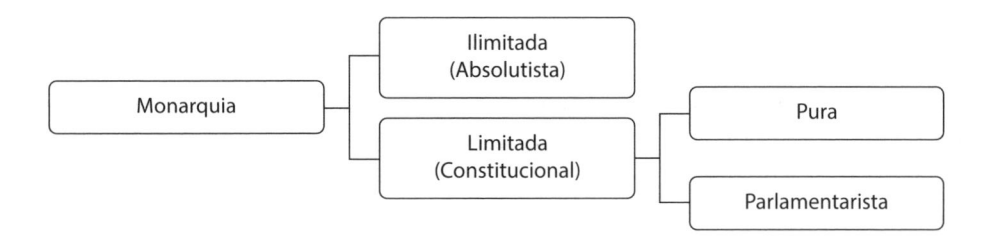

10.2.1.2   Argumentos favoráveis e contrários à Monarquia

Não há hoje movimentos monarquistas com relevante peso político; de tal modo que as mudanças de forma de governo dos últimos dois séculos foram majoritariamente de Monarquias para República e raramente o inverso. Com efeito, a República figurou historicamente como a forma mais alinhada aos ideais democráticos, sendo a Monarquia inapta para fazer valê-los em sua plenitude. Nesse sentido, é notório que os poucos movimentos monarquistas existentes possuem pouco apreço pela democracia e frequentemente se sustentam numa visão romantizada do modelo monárquico. Por outro lado, a manutenção de formas monárquicas de governo em regimes democráticos sólidos, como em alguns Estados europeus, acaba por decorrer de questões históricas e culturais e, diante da pouca ou nula interferência política dos monarcas e da provável instabilidade de uma substancial alteração político-jurídica inerente à mudança de forma de governo, os movimentos republicanos não logram êxito nesses contextos.

Independentemente do anacronismo inerente à forma monárquica, vamos neste item verificar os principais argumentos favoráveis e contrários a respeito de sua utilização, com o propósito de reforçar nossa compreensão acerca do tema.

Os *argumentos favoráveis* à forma monárquica que costumam ser levantados são os seguintes: (1) o monarca exerce um posto suprapartidário, de modo que fica acima de qualquer conflito entre os partidos, podendo figurar como aquele que pensa exclusivamente no bem do Estado num eventual momento de crise política interna. Tem-se nele, portanto, um fator de unidade do Estado; (2) o fato de o monarca ser, via de regra, previamente determinado por meio da linhagem sucessória torna a disputa pelo trono inexistente, gerando assim menos conflitos pelo poder; (3) somando esses dois argumentos, aponta-se que a Monarquia proporciona maior estabilidade às instituições; e, por fim, (4) o monarca é alguém que desde o nascimento recebe estudos e treinamento para assumir seu cargo e, portanto, corre-se menos risco de que alguém despreparado assuma o poder.

Dentre tais argumentos, entendemos que o último (item 4) é frágil em virtude dos muitos exemplos históricos de monarcas que não realizaram gestões hábeis. Já quanto aos demais argumentos, entendemos que a referida estabilidade da monarquia a deixa, de fato, menos suscetível a golpes de Estado, notadamente pelo critério de transferência do poder ser previamente determinado – embora tal critério seja manifestadamente injusto e antidemocrático. Já sobre a maior resistência a crises políticas, é importante destacar que ela decorre da divisão dos cargos de Chefe de Estado e de Governo. Assim sendo, trata-se de um argumento favorável ao sistema parlamentarista e não à forma monárquica. Essa questão será discutida no capítulo 12 a seguir, em que serão tratados os sistemas de governo.

Já os *argumentos contrários* à Monarquia são: (1) o fato de o Chefe de Estado ser determinado por critério de sucessão (consanguíneo) baseia-se na ideia de desigualdade de nascimento – uns nascem para ser reis, outros nunca o serão; (2) é mais adequado que a estabilidade das instituições repouse na ordem jurídica do que em pessoas; e (3) a ausência de voto direto para a chefia de Estado é inaceitável à luz dos princípios democráticos, isto é, a Monarquia é antidemocrática pelo simples fato de apontar um Chefe de Estado por critérios de sucessão hereditária e não pelo voto popular.

10.2.2 República

A República (*res* + *publica* = coisa pública) representa a forma de governo mais alinhada aos ideais democráticos, notadamente defendidos no Iluminismo e que foram amplamente utilizados na estruturação dos Estados constitucionais modernos. Salvo aqueles Estados que, por questões históricas e culturais próprias, mantiveram a forma monárquica, limitando-a com um Parlamento forte e assim persistem até hoje, a grande maioria (cerca de três quartos) dos Estados atuais utiliza a forma republicana.

Historicamente, o termo foi utilizado na classificação de Aristóteles e também na República romana, mas é importante destacar que a ideia de República mencionada em textos da Antiguidade está relacionada com o próprio Estado, de modo que sua utilização naquele período histórico não representa com fidelidade o conceito moderno de República que vamos expor neste item. Com efeito, o conceito de República que temos em mente é aquela forma de governo que nasce das lutas contra o modelo monárquico absolutista, com vistas a possibilitar de forma mais ampla a efetivação da soberania popular. Assim, a ideia de um governo republicano repousa, portanto, na participação popular que daria vida à teoria da soberania popular.

Diante disso, temos que a República será precisamente a forma de governo marcada pela *eletividade* dos líderes políticos, especialmente no caso do Chefe de Estado que, conforme vimos, é cargo vitalício e preenchido por critério de hereditariedade no modelo monárquico. Ainda, a República simboliza o advento do governo das leis e do povo, em detrimento do governo de pessoas; afinal, nos modelos monárquicos absolutistas havia uma concentração de poderes na figura do monarca, de tal modo que os atos públicos eram decorrentes da vontade individual do monarca, no que difere substancialmente o modelo republicano, integralmente burocratizado por regras que independem das pessoas que vão cumpri-las. Ainda, na República há a *temporalidade* dos mandatos do Chefe de Estado (Presidente), os quais ficam no cargo por um período predeterminado.

No mais, as características dessa forma de governo dependem, em especial, do sistema de governo utilizado, pois, diferentemente da Monarquia, que comporta apenas o sistema parlamentarista, a República pode ser parlamentarista, presidencialista ou semipresidencialista (conforme veremos no capítulo 11). De toda forma, as características gerais da República consistem na *eletividade* e na *temporalidade* do mandato do Chefe de Estado, sendo pontos opostos à *hereditariedade* e à *vitaliciedade* que caracterizam o modelo monárquico.

10.2.2.1 Formas de República

Diante da clássica passagem de Montesquieu mencionada anteriormente, as Repúblicas podem ser *aristocráticas* ou *democráticas*.

A *República aristocrática* é aquela em que um pequeno grupo governa e a maioria da população é excluída da participação política. O governo, portanto, fica adstrito à classe nobre ou a uma elite econômica (oligarquia). A lógica é a de que o governo deve ser exercido pelos que são supostamente melhores, mais aptos.

Na prática, as aristocracias se fazem por meio da imposição de restrições no direito de votar e ser votado, limitando assim o acesso aos postos de governo, que ficam restritos aos que possuem determinadas características, tais como detentores de títulos (nobres), proprietários de terras ou indivíduos que possuam determinada renda (elite econômica).

A *República democrática*, por sua vez, é aquela em que há o sufrágio universal e, portanto, todos podem votar e ser votados sem restrições discriminatórias e infundadas. Trata-se da maior expressão dos ideais democráticos, os quais tentam ser efetivados nos últimos séculos.

No caso brasileiro, o art. 1º de nossa Constituição Federal de 1988 deixa clara a forma republicana e federativa de nosso Estado, apontando-o, também, como Estado democrático de Direito, sendo a República Federativa do Brasil constituída formalmente como república democrática. Cabe destacar que a escolha da forma de governo republicana decorreu de plebiscito realizado em 21 de abril de 1993, no qual 86,6% dos eleitores foram favoráveis à forma republicana.

10.2.2.2 Argumentos favoráveis e contrários à República

É evidente que a análise de argumentos favoráveis e contrários à República consiste em compará-la com a Monarquia. Nesse sentido, os *argumentos contrários* à República, costumeiramente utilizados pelos monarquistas, podem ser assim sintetizados: (1) a estabilidade de diplomas jurídicos é inferior àquela da Monarquia, fundada na figura do monarca; (2) a elegibilidade não garante a aptidão dos representantes do povo, como se supõe; (3) o regramento jurídico e a descentralização de poderes da República impedem a eficiência estatal; e (4) todos os argumentos somados conduzem a uma menor estabilidade da República que, portanto, consiste numa forma de governo mais suscetível a golpes de Estado. Nesse sentido, um dado curioso foi utilizado durante a campanha monarquista feita no contexto do mencionado plebiscito de 1993; tratava-se de se comparar a quantidade de Constituições e de golpes de Estado verificados na história brasileira no período monárquico e no período republicano para se concluir que a Monarquia é mais estável que a República.

Já os *argumentos favoráveis* à forma republicana podem ser reduzidos aos seguintes: (1) a estabilidade não deve repousar sobre pessoas, mas sobre regras, ou seja, sobre um ordenamento jurídico aplicado de forma impessoal, sendo assim muito mais estável que a Monarquia, que sustenta sua estabilidade em fatores pessoais; (2) a eletividade é critério de seleção muito mais justo e eficiente do que a hereditariedade que, em suma, sustenta-se na desigualdade de nascimento dos indivíduos; e (3) a República é a única forma de governo que se coaduna com os princípios democráticos, notadamente com as ideias de Estado de Direito, tripartição dos poderes e, é claro, igualdade formal de todos os indivíduos.

Por fim, vale apenas ressaltar que, de fato, a República é a forma de governo da democracia e nasce em oposição à tirania típica dos modelos monárquicos do Antigo Regime. Como dito anteriormente, apenas alguns poucos Estados democráticos atuais mantêm a forma monárquica (e a maioria deles está na *Commonwealth of Nations ou no continente europeu*) e esse fato se deve a fatores históricos e culturais específicos.

Feitas as análises pertinentes acerca das formas de governo (Monarquia e República), cabe-nos agora estudar os sistemas de governo, cujo entendimento é complementar e fundamental para concluirmos nossa análise acerca dos mais diversos aspectos sobre o governo.

 ## Filmografia

Elizabeth – Reino Unido, 1998

O discurso do Rei – Reino Unido, 2004

O homem que não vendeu sua alma – Reino Unido, 1966

The Crown (série) – Reino Unido/EUA, 2016

 ## Questões Objetivas

1. **Quanto à classificação de Aristóteles sobre as formas de governo, assinale a opção correta:**

   a) A monarquia, governo injusto de um só, pode se degenerar e se tornar uma tirania.

   b) A aristocracia, governo justo de poucos, pode se degenerar e se tornar uma tirania, governo injusto de poucos.

   c) A monarquia, governo justo de um só, pode se degenerar e se tornar uma tirania, governo injusto de um só.

   d) A democracia, governo justo de uma maioria, pode se degenerar em aristocracia, governo injusto de uma maioria.

2. **Quanto às diferentes formas de monarquias verificadas ao longo dos últimos séculos, assinale a opção correta:**

   a) Na monarquia absolutista, o Rei governa sem constituição, mas limitado por um Parlamento (Poder Legislativo).

   b) Na monarquia constitucional parlamentarista, o Rei é apenas Chefe de Estado, enquanto o Chefe de Governo é um primeiro-ministro eleito pelo Parlamento.

c) Na monarquia constitucional pura, o Rei governa arbitrariamente, sem quaisquer limites.

d) Na monarquia constitucional parlamentarista, o Rei é Chefe de Estado e Chefe de Governo, mas depende do Parlamento para governar.

3. **"A eletividade é critério de seleção muito mais justo e eficiente do que a hereditariedade."**

Quanto a essa afirmação, podemos concluir que:

a) Trata-se de uma crítica monarquista à eletividade da forma de governo republicana.

b) Consiste em uma defesa da monarquia, em detrimento da forma republicana de governo.

c) Trata-se de uma defesa da eletividade característica da forma republicana, em detrimento da hereditariedade, forma pela qual se transmite o poder em formas monárquicas de governo.

d) Trata-se de ressaltar a importância da transmissão de poder por meio da hereditariedade, traço fundamental das repúblicas.

 ## Questões Dissertativas

1. Aponte ao menos dois argumentos favoráveis e dois argumentos contrários à forma de governo republicana.

2. Aponte ao menos dois argumentos favoráveis e dois argumentos contrários à forma de governo monárquica.

3. Caracterize as diferentes formas de monarquia (absolutista, constitucional e parlamentarista).

 ## Caso Prático

O plebiscito sobre forma e sistema de governo realizado no Brasil em 21 de abril de 1993 foi precedido de campanha política desempenhada por monarquistas, de um lado, e republicanos, de outro. Esses últimos se subdividiram na Frente Presidencialista e na Frente Parlamentarista. Durante as transmissões na TV, os monarquistas defenderam, dentre outras, as seguintes ideias: a Monarquia começou com aclamação popular, enquanto a República começou com um golpe de Estado; e a Monarquia brasileira teve uma Constituição, enquanto a República teve seis Constituições.

Com base na discussão acerca dos pontos positivos e negativos da monarquia com relação à forma republicana, aponte qual forma de governo é mais democrática. Fundamente sua resposta.

SISTEMAS DE GOVERNO

Acesse o QR code e assista ao vídeo sobre o tema

> uqr.to/eeqe

O sistema de governo diz respeito à forma como são estruturadas as relações entre as diferentes funções do poder político. Em termos aplicáveis aos Estados modernos, em que se consolida a ideia de sistemas representativos à luz da soberania popular e o controle do poder pelo próprio poder pela tripartição dos poderes, a concepção de sistema de governo se refere à relação entre os poderes Legislativo e Executivo.

Assim, temos o *sistema parlamentarista*, em que se verifica a preponderância do Poder Legislativo (Parlamento) e o *sistema presidencialista*, centrado na figura do Presidente (Poder Executivo). Repare que o nome dos sistemas já deixa evidente a tônica do poder: no parlamentarismo há concentração de poderes no Parlamento, enquanto no presidencialismo, no Presidente. Além desses sistemas, há outros dois que serão aqui analisados: o *sistema semipresidencialista* e o *sistema diretorial*.

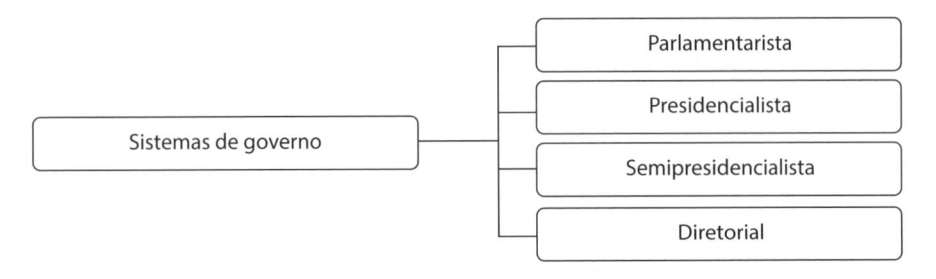

11.1 PARLAMENTARISMO

11.1.1 Histórico

Diferente do presidencialismo, que consiste em criação norte-americana do século XVIII, o parlamentarismo foi se moldando ao longo de um processo histórico. Nesse tocante, a história do parlamentarismo pode ser apresentada sob diversos pontos de vista. É comum apontar que sua formulação começa já no século XIII, com a formação de conselhos pelo

Rei inglês. Tratava-se da escolha de nobres, burgueses e membros do clero para a formação de um *Cabinet* (Gabinete) visando assessorar o Rei na gestão da coisa pública.

Evidente que a participação dos membros do Gabinete à época era limitada a um mero conselho ao Monarca que, pelo menos até o século XVII, governava de forma absoluta, sem ser efetivamente limitado por qualquer colegiado ou documento escrito.

Séculos se passaram para que as decisões do Parlamento fizessem efeito sobre o Monarca, o que só iria ocorrer no final do século XVII. Como vimos, a partir da *Bill of Rights* (1689) o Rei não poderia mais governar sem o Parlamento, o que o levou a se aproximar do partido majoritário, reunindo-se com seus líderes e formando um Gabinete com eles.

Já em 1714, Jorge I (da Dinastia Hannover) assume o trono inglês por ser herdeiro da coroa britânica. Sem ter conhecimento dos problemas políticos ingleses e sem falar inglês, o Rei deixou de se interessar pelas reuniões e o Gabinete passou a governar com maior protagonismo.

Jorge II, seu filho, compreendia, mas não falava o inglês e buscou entender as decisões a partir da escolha de um intérprete – surgia a figura do Primeiro-Ministro em razão da ausência do Rei nas reuniões e da efetiva gestão dos assuntos internos pelo Gabinete, chefiado pelo Primeiro-Ministro. A partir daí, podia-se afirmar que o Rei reinava, porém não governava. Nesse sentido, Bertrand Russel dizia que "o Primeiro-Ministro tem mais poder do que glória, e o rei mais glória do que poder".

Evidente que, no início, houve uma fase de um dualismo monárquico-ministerial (dualidade no executivo, encabeçado pelo Rei, em conjunto com o Primeiro-Ministro) e, posteriormente, com a evolução do modelo a partir dos preceitos democráticos verificou-se sua transformação num parlamentarismo monista, em que apenas o Gabinete governa, comandado pelo Primeiro-Ministro. Diante disso, com a redução da participação do monarca nas decisões políticas, passou a ficar delineada a ideia de Chefe de Governo (Primeiro-Ministro) diferente da de Chefe de Estado (no caso de uma Monarquia, o Rei), principal característica do parlamentarismo.

Em suma, temos que o parlamentarismo moderno surge a partir de uma relação estreita entre Executivo e Legislativo. Foi concebido num período em que havia um compromisso liberal entre a Monarquia (presa às ideias absolutistas do Antigo Regime) e a aristocracia burguesa (ligada às ideias democráticas) que consolidava seu poder político por meio do Parlamento.

11.1.2 Conceito e características

Conforme dito, o parlamentarismo é o sistema de governo baseado na relação estreita entre os poderes Legislativo e Executivo, sendo o Chefe de Governo (e, portanto, do Poder Executivo) eleito pelo Parlamento (Poder Legislativo). Há, assim, uma evidente relação de dependência do Executivo para com o Legislativo, o qual, nesse sistema, figura como mais empoderado. A partir dessa questão, podemos afirmar que no sistema parlamentarista não há uma rígida separação dos poderes Legislativo e Executivo, mas uma relação de colaboração.

Vale ressaltar que a doutrina não é uníssona quanto ao enquadramento do Chefe de Estado no Poder Executivo. Para alguns autores, o sistema de governo parlamentarista é caracterizado precisamente pela natureza dualista do Poder Executivo, que seria composto pelo Chefe de Estado e pelo Chefe de Governo; já para outros, o Chefe de Estado, por não ter funções de governo, não seria membro do Poder Executivo, mas de uma espécie de quarto poder, geralmente referido como moderador, ainda que formalmente não tenha essa denominação (tal como veio a ocorrer em nossa Constituição de 1824). Em nossa visão, o parlamentarismo poderá ser *dualista* (Chefe de Estado e Chefe de Governo dividem funções executivas e, portanto, ambos integram o Poder Executivo) ou *monista* (Chefe de Estado não possui funções de governo e, portanto, não integra o Poder Executivo), sendo certo que o *parlamentarismo dualista* em Repúblicas é conhecido como *sistema semipresidencialista* e, portanto, iremos analisá-lo abaixo em tópico apartado. Assim sendo, neste item analisaremos o parlamentarismo monista, cujo principal traço característico é precisamente a formação do Poder Executivo por um Primeiro-Ministro eleito e sustentado por uma maioria do Parlamento. De toda sorte, é preciso ter em mente que o que se analisa aqui é o modelo ideal com suas regras gerais, de modo que a análise detalhada de casos específicos poderá não se enquadrar rigorosamente às características aqui trabalhadas.

Distinção entre Chefe de Estado e Chefe de Governo

Os cargos de Chefe de Estado e Chefe de Governo são ocupados por pessoas distintas no sistema parlamentarista. No caso de monarquias parlamentaristas, o monarca figura como Chefe de Estado e o Primeiro-Ministro exerce o cargo de Chefe de Governo. Nas repúblicas parlamentaristas, o Presidente é o Chefe de Estado e o Primeiro-Ministro é o Chefe de Governo (por vezes chamado de Presidente do Conselho, Chanceler ou Premier).

Como regra, o Chefe de Estado exerce apenas funções de representação do Estado (cerimoniais) e figura como chefe das forças armadas, além de ter poderes relacionados à manutenção da unidade do Estado (incluindo, em alguns casos, o poder de dissolver o Parlamento, conforme veremos abaixo). Evidente que, em se tratando de Monarquias democráticas, as funções do Monarca são extremamente reduzidas e, amiúde, meramente protocolares.

Já o Chefe de Governo, o Primeiro-Ministro, eleito pelo Parlamento, exerce as funções de governo, do Poder Executivo propriamente – notadamente presidindo o Gabinete de ministros. Em alguns sistemas parlamentaristas, o Chefe de Estado deve apontar o Chefe de Governo para aprovação do Parlamento, em outros ele deve ratificar a escolha do Parlamento, ato esse que, em alguns casos, torna-se apenas protocolar.

Na essência, temos que o Chefe de Governo é eleito pelo Parlamento, de modo que a relação entre os poderes é de dependência: o chefe do Executivo depende do Legislativo que o elegeu. Por outro lado, na medida em que o Executivo é escolhido pelo Legislativo, o governo sempre será exercido com maioria no Legislativo, o que pode ajudar a aprovação de projetos.

Vale destacar, ainda como consequência disso, que em sistemas bipartidários o partido que vence as eleições legislativas obviamente escolhe o Primeiro-Ministro. Já em modelos pluripartidários, teremos uma espécie de *parlamentarismo de coalizão*, pois caso um partido não tenha a maioria dos membros do Parlamento, deve haver uma coligação entre dois ou mais partidos para somar forças e indicar o Primeiro-Ministro.

	Chefe de Estado	Chefe de Governo
Monarquia Parlamentarista	Monarca (Rei, Rainha, Imperador, Príncipe etc.)	Primeiro-Ministro
República Parlamentarista	Presidente	Primeiro-Ministro, Presidente do Conselho, Chanceler, Premier etc.

Responsabilidade política

A responsabilidade do Chefe de Governo é jurídica e política (o que será traço de distinção com relação ao sistema presidencialista). Ou seja, o Chefe de Governo responde pela prática de crimes, mas também possui responsabilidade política, já que é eleito pelo Parlamento e, portanto, pode ser destituído por esse por qualquer motivo e a qualquer momento.

O Primeiro-Ministro é eleito por prazo indeterminado, podendo ficar por meses ou por mais de uma década, a depender, exclusivamente, de sua capacidade de manter maioria no Parlamento. Afinal, se outra maioria se formar no Parlamento, o Primeiro-Ministro será fatalmente substituído por outro, apontado por essa nova maioria. Assim, a necessidade de formação de uma maioria parlamentar estável é um traço característico do modelo parlamentarista.

A ideia de responsabilidade política, portanto, significa dizer que a atuação do Primeiro-Ministro em temas de interesse público, sua conduta, seu apoio popular etc. acabam por ser avaliados e traduzidos pelo Parlamento e esse, por sua vez, pode, a qualquer momento, destituir o Primeiro-Ministro por questões meramente políticas (e não jurídicas), isto é, sem necessidade de apresentar uma justa causa para a destituição.

Moção de Desconfiança

Em continuidade ao dito no item anterior, temos que o Parlamento pode, a qualquer momento, substituir o Primeiro-Ministro. O ato formal pelo qual isso se inicia é a decisão, pela maioria do Parlamento, de que o governo não possui mais sua confiança – a moção ou voto de desconfiança (ato que também pode ser chamado de moção ou voto de censura). Como vimos, o Parlamento elege o Primeiro-Ministro e, portanto, a partir da perda do apoio da maioria no Parlamento, seu cargo estará em risco e ele estará sujeito a uma moção de desconfiança, isto é, um ato formal realizado pelo Parlamento informando que o Primeiro-Ministro não tem mais sua confiança. Caso essa moção obtenha o quórum previsto em lei, ela seguirá para votação. Se aprovada a moção pela maioria do Parlamento, fica destituído o Primeiro-Ministro. Em seguida, o Parlamento elege um novo Primeiro-Ministro, geralmente decorrente de negociações políticas realizadas no contexto dessa nova maioria que se formou.

Conforme aqui já destacado, essas são as regras gerais de um sistema parlamentarista, havendo, como é natural, variações e peculiaridades quando da análise de casos concretos. No Reino Unido, por exemplo, o voto de desconfiança é votado apenas pelo partido majoritário (aquele que obteve a maioria dos assentos nas eleições legislativas) a partir da provocação de pelo menos 15% de seus membros. Se o Primeiro-Ministro não obtiver o apoio da maioria simples dos membros do seu partido, ficará destituído e será substituído por outro Primeiro-Ministro, o qual é eleito por votação interna do partido majoritário. A nomeação do Primeiro-Ministro, entretanto, decorre de ato praticado pelo Rei (ato meramente protocolar).

Dissolução do Parlamento

Via de regra, a dissolução do Parlamento consiste em ato do Chefe de Estado (Monarca ou Presidente) diante da impossibilidade do Parlamento compor uma maioria para formar um governo. Em casos de repúblicas parlamentaristas, é natural que haja a participação efetiva do povo na concessão de poderes ao Chefe de Estado (Presidente, nesse caso), dando legitimidade democrática ao evento de dissolução do Parlamento. Já no caso de monarquias parlamentaristas, evidentemente que o Monarca, na qualidade de Chefe de Estado, é quem dissolve o Parlamento (geralmente a partir de um pedido do Primeiro-Ministro).

O ato do Chefe de Estado de dissolução do Parlamento encerra antecipadamente o mandato de todos os membros do Parlamento e convoca novas eleições, que serão realizadas no prazo previsto na Constituição visando à formação de um novo Parlamento.

Trata-se de uma maneira de resolver disputas entre o Chefe de Governo e o Parlamento ou num modo de restabelecer uma legitimidade democrática perdida, outorgando novamente ao povo a possibilidade de eleger um novo Parlamento. Em outras palavras, consiste em submeter ao povo, por meio de eleições livres, a recomposição do Parlamento que não conseguiu formar maioria suficiente para formar um governo. Esse é o real sentido do instituto da dissolução do Parlamento: levar ao povo, soberano, a decisão, mediante a convocação de novas eleições. Daí ser apontado, por vezes, como um mecanismo de autenticação da democracia.

11.1.3 Argumentos favoráveis e contrários ao parlamentarismo

Dentre os *argumentos favoráveis* ao parlamentarismo como sistema de governo, podemos mencionar: (1) a existência de sintonia entre os Poderes Legislativo e Executivo, gerando menos desgastes políticos e maior eficiência na gestão, já que o Primeiro-Ministro tem, em tese durante todo o período do seu mandato, o apoio da maioria do Parlamento; e (2) maior estabilidade em crises políticas e em troca de governos, pois a queda do Chefe de Governo não derruba o Chefe de Estado, que permanece intacto. Assim, verifica-se a queda de políticos relevantes e a substituição de Chefes de Governo sem se desgastar as instituições, que se assentam na estabilidade do Estado, simbolizado pelo Chefe de Estado, que permanece no cargo.

A lógica dos argumentos favoráveis ao sistema parlamentarista refere-se à facilidade e à estabilidade de uma troca de Primeiro-Ministro, em contraposição ao turbulento processo de troca de Presidente num sistema presidencialista; afinal, o Presidente, como veremos, não possui responsabilidade política e o Poder Legislativo não tem a possibilidade de retirá-lo do cargo, salvo em casos de cometimento de crime.

Do outro lado, os *argumentos contrários* ao sistema parlamentarista podem ser sintetizados nos seguintes: (1) eleição indireta para Chefe de Governo. O povo, no parlamentarismo, elege de forma indireta o Chefe de Governo, que é eleito pela maioria do Parlamento, cujos membros, aí sim, são eleitos pelo povo. Dessa forma, numa república parlamentarista, o povo elege diretamente o Chefe de Estado (Presidente), porém não o Chefe de Governo (Primeiro-Ministro, Premier, Chanceler etc.). Já nas monarquias parlamentaristas, o povo não elege o monarca (Chefe de Estado) – que assume por hereditariedade e não eleição – e não elege diretamente o Chefe de Governo, sendo passível de uma forte crítica em razão dessa diminuta participação popular; (2) vulnerabilidade do cidadão diante da soberania do Legislativo. No parlamentarismo, o indivíduo e seus direitos estão mais vulneráveis contra atos do Parlamento, estando, portanto, expostos aos excessos da soberania legislativa (de difícil questionamento pelo Judiciário que poderá alegar a lógica do sistema); (3) possibilidade de muitas mudanças de governo em pouco tempo. Sendo possível a troca de Primeiro-Ministro a partir da formação de maiorias parlamentares, há uma possibilidade – muitíssimo forte em modelos pluripartidários – de as maiorias se rearranjarem em curtos períodos (dois ou três meses, por exemplo), ocasionando diversas trocas de governo e impossibilitando a continuidade de projetos e políticas públicas; (4) o quarto e último argumento contrário se refere à necessidade de forte identidade partidária; afinal, o povo vota no partido ou no parlamentar e não diretamente no Chefe de Governo, o qual será eleito pelo partido majoritário (em sistemas bipartidários) ou pela coligação majoritária (em sistemas pluripartidários). Assim, assume-se que os partidos tenham uma linha ideológica sólida e coerente, o que nem sempre é verdade.

A tônica dos argumentos contrários centra-se no mesmo ponto dos argumentos favoráveis (a possibilidade de troca de governo com facilidade), porém o analisa a partir de questões práticas atinentes aos frequentes jogos de poder e interesse que são realizados no contexto das casas legislativas. A existência de um modelo pluripartidário e com partidos sem base ideológica sólida e coerência diante das votações implicará, sem dúvida, em reorganizações de blocos majoritários com extrema frequência, o que tende a inviabilizar qualquer projeto de interesse social. Assim, do ponto de vista técnico, o parlamentarismo tende a ser mais bem ajustado diante de um modelo bipartidário, e do ponto de vista político-cultural, é necessária a existência de uma identidade política clara dos partidos, para que as coalizões não sejam provenientes de interesses particulares ou momentâneos, mas ideológicos, na medida de suas posições sustentadas publicamente.

11.2 PRESIDENCIALISMO

11.2.1 Histórico

O presidencialismo consiste em criação norte-americana do século XVIII, cujas linhas mestras foram colocadas na Constituição americana de 1787. Os constituintes da Filadélfia tinham em mente, como não poderia ser diferente, o modelo monárquico da Inglaterra e, portanto, há uma forte influência da estrutura monárquica sobre a construção do modelo presidencialista, a ponto de se apontar com frequência que o presidencialismo é uma espécie de monarquia eletiva e temporária (o que seria uma contradição em termos, diante das características da Monarquia que apontamos anteriormente).

A influência, entretanto, não era inspiração. Tratou-se exatamente de criar algo que se distanciasse do modelo inglês, o qual buscava resolver seus problemas financeiros internos submetendo a colônia americana ao pagamento de impostos (Lei do Selo e Lei do Chá, por exemplo), sem o consentimento expresso ou tácito dos americanos.

Houve, na estruturação do modelo presidencialista, a forte influência dos escritos iluministas, notadamente de John Locke, reforçando a importância do consentimento como base do governo justo, e de Montesquieu, posto que o sistema presidencialista realiza melhor a tripartição das funções legislativa, executiva e judiciária do que o parlamentarista, analisado anteriormente.

Após sua formulação pelos norte-americanos, o modelo se expandiu pelo mundo, notadamente pela América Latina e demais regiões em que a pessoalidade do líder acaba por ser mais relevante que suas ideias e propostas. No Brasil não foi diferente. Desde 1891 somos um País presidencialista, com uma breve interrupção entre os anos de 1961 e 1963.

11.2.2 Conceito e características

O presidencialismo é o sistema de governo em que o Presidente da República exerce cumulativamente as funções de Chefe de Estado e Chefe de Governo, não havendo qualquer subordinação entre o Executivo e o Legislativo. Assim, trata-se de sistema de governo aplicável exclusivamente à forma republicana, sendo impossível sua compatibilização com a monarquia. Ademais, verifica-se no presidencialismo uma divisão rigorosa entre as funções legislativa e executiva, diferentemente do que ocorre no parlamentarismo. Diante disso, são características do presidencialismo:

Compatibilidade apenas com a forma de governo republicana

Conforme dito, não é possível compatibilizar o presidencialismo com a monarquia e, portanto, todos os sistemas presidencialistas se dão em repúblicas. No entanto, nem todas as repúblicas são presidencialistas, vez que há repúblicas parlamentaristas e semipresidencialistas.

O Presidente da República é Chefe de Estado e Chefe de Governo

Trata-se aqui de traço fundamental do presidencialismo. O Presidente acumula os postos de Chefe de Estado e de Chefe de Governo simultaneamente. Assim, exerce as funções típicas de um Chefe de Estado, isto é, representação do Estado, chefia das forças armadas, mas também é o responsável pelo governo e pelos assuntos internos de efetiva gestão (saúde, educação, economia etc.), na medida em que chefia o Gabinete de Ministros.

A chefia do executivo é unipessoal

No presidencialismo, o Poder Executivo é uno, isto é, encarna-se na figura do Presidente da República. Todo o Poder Executivo centra-se nele, de tal modo que seus ministros representam mera extensão de seu poder e, portanto, são indicados e destituídos a qualquer momento pelo Presidente, sem necessidade de aprovação do Congresso ou de qualquer órgão. Diz-se que são demitidos *ad nutum* (por aceno), ou seja, por ato que depende exclusivamente da vontade do Presidente.

Assim, os ministros figuram como meros auxiliares no âmbito puramente administrativo. Ademais, a responsabilidade pela fixação de diretrizes do Poder Executivo cabe exclusivamente ao Presidente da República. No parlamentarismo, os ministros integram o Poder Executivo no chamado Gabinete. Já no sistema presidencialista, o Ministério é um corpo de auxiliares de confiança imediata do Presidente, responsável perante esse, sem nenhum vínculo de sujeição política ao Congresso, tal como o próprio Presidente não tem.

Dessa maneira, temos que o Presidente escolhe os ministros (nos Estados Unidos são chamados secretários) sem qualquer dependência do Legislativo. É evidente que a expressão "sem qualquer dependência" deve ser lida com cautela diante de eventuais compromissos políticos, coalizões para se governar e as demais tratativas que todo Presidente acaba por fazer para se manter no poder. No contexto de um sistema pluripartidário como o nosso, os ministérios são importantes moedas de troca para que o Presidente conquiste bases no Legislativo, sem as quais seu governo tende a ser conturbado. Afinal, diferentemente do parlamentarismo, em que o Primeiro-Ministro governa com maioria parlamentar todo o tempo, no presidencialismo é possível a eleição de um Legislativo majoritariamente contrário às ideias do Presidente e, portanto, a compatibilização do Executivo com o Legislativo nesse caso pode ser turbulenta e tende a se ajustar pelas trocas possíveis, dentre elas a influência ministerial.

Presidente da República é escolhido pelo povo

É traço característico do presidencialismo a eleição direta do Presidente pelo povo. Entretanto, por vezes vemos sistemas presidencialistas em que há a eleição indireta do Presidente, por meio de votação realizada no Congresso, tal como se deu no Brasil durante o período ditatorial (1964-1985), sendo também o caso dos Estados Unidos, onde a eleição se faz por intermédio de delegados.

De toda forma, a eleição direta traduz-se na mais alta expressão dos ideais democráticos desse sistema de governo, o que, inclusive, o faz ser substancialmente diferente do parlamentarismo, no qual o Chefe de Governo é eleito pelo Legislativo e, portanto, sempre indiretamente.

Ausência de responsabilidade política do Presidente

No presidencialismo não há a possibilidade de o Poder Legislativo fazer voto de desconfiança com relação ao Presidente, tal como ocorre com o Primeiro-Ministro nos modelos parlamentaristas. Isso significa dizer que *o Presidente da República não possui responsabilidade política*, ou seja, o Legislativo não tem a prerrogativa de destituí-lo por uma simples perda de confiança política. Assim sendo, o Presidente não pode perder seu cargo por incompetência, impopularidade, má gestão, mas apenas em casos de crime (comum ou de responsabilidade). Sustenta-se que o Presidente da República, como legítimo representante do povo e eleito pela maioria, não pode ser responsabilizado politicamente, pois isso equivaleria, de forma indireta, a imputar responsabilidade política ao próprio povo, que é soberano.

Assim sendo, o Presidente não pode perder o cargo em virtude de impopularidade, má gestão ou pelo simples fato de perder o apoio da maioria do Congresso ou até mesmo o apoio da população. O Presidente tem apenas responsabilidade *jurídica*, respondendo por crimes cometidos durante o exercício de sua competência constitucional. Seu afastamento, portanto, só é possível por processo de *impeachment*.

Nesse caso, um mecanismo possível de imputar ao Presidente da República a responsabilidade política perante o povo é o *recall* analisado nesta obra como possível instituto das democracias semidiretas (vide capítulo 9). Vale destacar que o recall não possui previsão legal no Brasil.

Impossibilidade de dissolução do Legislativo ou de moção de desconfiança

Diferentemente do parlamentarismo, não existe no presidencialismo qualquer mecanismo de dissolução do Legislativo. Assim, o Presidente não possui qualquer poder ou prerrogativa legal para dissolver o Congresso.

Diante da impossibilidade de dissolução do Legislativo e de retirada do Presidente por motivos meramente políticos, eventual disputa de poder entre o Legislativo e o Executivo pode se transformar em grave crise institucional se as partes não forem hábeis para negociar rapidamente uma saída.

O Presidente da República tem poder de veto

O poder de veto consiste na manifestação formal do Presidente de discordar de um projeto de lei caso o considere, no todo ou em parte, inconstitucional ou contrário ao interesse público (art. 66, § 1º).

O mecanismo está previsto no art. 84, V, e pode ser apontado como parte do sistema de freios e contrapesos da Constituição Federal de 1988, sendo uma espécie de instrumento legislativo atribuído ao chefe do Poder Executivo.

Não se trata aqui de poder absoluto, havendo um trâmite possível de rejeição, pelo Congresso, dos vetos presidenciais (vide art. 66 da CF/88), o que configura um abrandamento que equaciona o equilíbrio entre os poderes.

Comando das Forças Armadas pelo Presidente

Na qualidade de Chefe de Estado, compete ao Presidente da República exercer o comando supremo das Forças Armadas, além de nomear os Comandantes da Marinha, do Exército e da Aeronáutica (vide nossa CF/88, art. 84, XIII).

Existência de mecanismos de fortalecimento da tripartição dos poderes (sistema check and balances)

Podemos apontar como característica essencial do sistema presidencialista a existência de um modelo de tripartição dos poderes com freios e contrapesos (*check and balances*), de forma muito mais nítida do que no sistema parlamentarista. Nesse sentido, podemos apontar os seguintes mecanismos: (1) veto presidencial às leis aprovadas pelo Legislativo; (2) controle de constitucionalidade das leis e atos normativos pelo Judiciário; (3) processo de *impeachment* do Presidente julgado pelo Legislativo; (4) aprovação dos ministros da Suprema Corte pelo Senado, conforme indicados pelo Presidente; e (5) em alguns países, verifica-se também a necessidade de aprovação do Senado para os Ministros de Estado (nos EUA, os Secretários – equivalente a Ministros – passam pela aprovação do Senado).

11.2.3 Argumentos favoráveis e contrários ao presidencialismo

Apontam-se como *argumentos favoráveis* ao presidencialismo os seguintes: (1) a eficácia na administração pública, pois a concentração de poderes no Presidente agiliza a execução de atos necessários; (2) há uma estabilidade do Presidente, que não possui responsabilidade política perante o Legislativo e, portanto, pode efetuar projetos de interesse nacional de longo prazo que, por vezes, são impopulares; (3) inviabiliza excessos do Legislativo, já que Executivo e Legislativo são eleitos separadamente e o Presidente não tem responsabilidade política perante o Legislativo. Como vimos, no parlamentarismo, há uma relação de dependência – e não de independência – entre as funções legislativa e executiva; e (4) há a eleição direta do Presidente (Chefe de Estado e Chefe de Governo), diferentemente do parlamentarismo, em que o Chefe de Governo é eleito pelo Parlamento – isto é, de forma indireta. Assim, há uma maior efetividade da ideia de soberania popular e a transformação de um modelo presidencialista num modelo parlamentarista, por exemplo, importa em recuar nesse sentido, retirando do povo o direito de eleger de forma direta o responsável pelo governo.

Dentre os *argumentos contrários* ao presidencialismo podemos mencionar: (1) a ausência de responsabilidade política do Presidente faz com que ele possa tomar medidas contra o interesse popular sem que, por isso, o Congresso tenha meios para retirá-lo do cargo; (2) trata-se de sistema mais instável em períodos de crise política, já que uma eventual disputa de poder entre Legislativo e Executivo em democracias frágeis pode escalar e desgastar as instituições, criando um ambiente mais suscetível a golpes, já que o sistema não possui previsão legal de mecanismos de dissolução do Congresso e de troca de Presidente por mera deliberação política do Legislativo; (3) Presidente e Congresso são eleitos separadamente, tornando possível uma disputa entre os poderes que, conforme apontado anteriormente, não encontra soluções legais para ser equacionada; e (4) em sistemas pluripartidários, será crucial que o Presidente desenvolva articulações políticas e estabeleça acordos para formar uma base de sustentação de seu governo que seja capaz de garantir a implementação de sua agenda ou, pelo menos, de mantê-lo longe da ameaça do impeachment. Nesse caso, o projeto político que o elegeu nas urnas corre o risco de ser substancialmente alterado em razão dos compromissos políticos assumidos, sobretudo quando feitos sem a devida preocupação com a coerência ideológica.

11.2.4 Parlamentarização de sistemas presidencialistas

Diante das críticas apresentadas aqui sobre o sistema presidencialista, verificou-se ao longo das últimas décadas a introdução de alguns mecanismos típicos do parlamentarismo dentro de modelos presidencialistas, visando retirar-lhes a notória característica centralizadora do Presidente da República.

Essa mitigação do presidencialismo pode tomar diversas formas. Como exemplo, temos mecanismos de diálogo e intercâmbio entre Legislativo e Executivo; diminuição do prazo do mandato do Presidente; proibição de reeleição do Presidente; meios alternativos para término antecipado do mandato do Presidente, que não por *impeachment*; voto de censura contra ministros; dentre outros.

A título de exemplo, podemos apontar o art. 50 de nossa Constituição Federal, que possibilita a Câmara dos Deputados, o Senado ou qualquer de suas comissões a convocar ministros para prestar pessoalmente esclarecimentos sobre determinado assunto, apontando como crime de responsabilidade a ausência sem justificação. No §1º do referido dispositivo consta a possibilidade dos ministros comparecem no âmbito do Legislativo para expor assuntos de relevância de seu Ministério. Enfim, trata-se aí de mecanismo de diálogo entre o Legislativo e os ministros que figuram como extensão dos poderes do Presidente da República (Executivo).

Outro mecanismo que pode ser apontado como exemplo, embora não previsto em nossa legislação, é a previsão de que o Legislativo faça voto de desconfiança em face de ministros, podendo por maioria qualificada destituí-los do cargo.

11.3 SEMIPRESIDENCIALISMO

Além das formas clássicas de parlamentarismo e presidencialismo, conforme delineadas anteriormente, verificamos também a existência dos chamados sistemas *semipresidencialistas*. Trata-se, estruturalmente, de repúblicas parlamentaristas, em que o Chefe de Estado (Presidente) é eleito pelo povo, mas não tem apenas as funções típicas de Chefe de Estado, assumindo algumas atribuições relacionadas a assuntos de governo, formando, assim, um *Poder Executivo dualista*, composto por Presidente e Primeiro-Ministro (Chefe de Governo); esse, por sua vez, é via de regra indicado pelo Presidente, embora possua responsabilidade política perante o Legislativo – e, por vezes, também perante o Presidente, que em alguns modelos possui poder de demissão do Primeiro-Ministro (também chamado de *Premier* ou Chanceler).

Referida composição do Executivo de forma dualista faz com que se verifique a existência de poderes partilhados entre o Presidente e o Primeiro-Ministro, ou melhor, que determinados atos do Primeiro-Ministro dependam do Presidente. Essa dualidade do Executivo, entretanto, pode ser abrandada em alguns sistemas, em que se aponta o Primeiro-Ministro como chefe do Executivo de forma isolada e o Presidente, por sua vez, como independente, assumindo assim uma espécie de "poder moderador".

Nesse sentido, há importantes variações do modelo, que pode conceder mais ou menos poderes ao Presidente, dificultando assim a elaboração de uma definição precisa deste sistema. Para fins didáticos, é possível dividir os sistemas semipresidencialistas em dois subtipos: *president-parliamentary* (presidencial-parlamentar) ou *premier-presidential* (premiê-presidencial).

No subtipo *president-parliamentary* (presidencial-parlamentar), o Presidente possui poderes de demissão do Primeiro-Ministro. Assim sendo, a responsabilidade política do Primeiro-Ministro se faz perante o Legislativo e o Presidente. Há aqui, portanto, um maior protagonismo do Presidente.

Já no subtipo *premier-presidential* (premiê-presidencial), o Primeiro-Ministro possui maior autonomia, não sendo politicamente responsável perante o Presidente que, portanto, não possui poderes de demissão do Primeiro-Ministro, o qual pode ser destituído do cargo apenas pelo Legislativo em caso de um voto de censura exitoso.

Portugal, Romênia, Rússia, Polônia e Peru são exemplos de Estados que se valem de sistemas semipresidencialistas. Entretanto, o mais conhecido semipresidencialismo é certamente o francês. A Constituição Francesa prevê um modelo em que o Presidente da República é eleito pelo povo e nomeia o Primeiro-Ministro, que então aponta sua equipe ministerial. Há aí a possibilidade da chamada *coabitação*, isto é, a existência de um Presidente de um partido e de um Legislativo de oposição, hostil ao Presidente, ocasionando a necessidade do apontamento de um Primeiro-Ministro de oposição; afinal, o Legislativo pode apresentar voto de censura a qualquer Primeiro-Ministro que não tenha apoio da maioria parlamentar. Ainda, o Presidente pode, em determinados casos, promover a dissolução da Assembleia Nacional, característica que o sistema semipresidencialista compartilha com o parlamentarista.

As *vantagens* do sistema semipresidencialista podem ser sintetizadas em dois argumentos centrais. Primeiro, ele garantiria maior estabilidade às instituições, sobretudo quanto ao fato de o sistema possuir mecanismos de resolução de conflitos entre os poderes (dissolução do Legislativo, voto de censura e, em alguns casos, demissão do Primeiro--Ministro pelo Presidente). Em segundo lugar, os defensores do sistema alegam que o semipresidencialismo figura como uma espécie de sistema birrepresentativo que melhor reflete a soberania popular, por conjugar os poderes de um Presidente eleito diretamente com os do Legislativo.

Já quanto às *desvantagens*, é possível apontar a possibilidade de mudanças frequentes do Primeiro-Ministro que, com responsabilidade política perante o Legislativo, ficaria sujeito a possíveis reconfigurações de maiorias legislativas, as quais, como sabemos, tendem a ser mais frequentes em sistemas pluripartidários.

Em suma, o semipresidencialismo consiste em um sistema de governo que divide as funções de Chefe de Estado e Chefe de Governo, embora estabeleça entre Presidente e Primeiro-Ministro relações distintas daquelas tipicamente atribuídas em sistemas parlamentaristas. Conforme dito, o Presidente nomeia o Primeiro-Ministro, o qual possui responsabilidade política perante o Legislativo e, em alguns casos (no subtipo *president--parliamentary*), também perante o Presidente.

11.4 SISTEMA DIRETORIAL

Por fim, cabe mencionar o *sistema diretorial*, por vezes chamado de *convencional* ou *governo de assembleia*. Trata-se de um sistema de pouca utilização. Na atualidade, apenas a Suíça faz uso desse sistema, tanto no plano federal quanto nos cantões; historicamente, a URSS também adotou um modelo similar. Consiste em sistema de governo em que o Poder Executivo é um órgão colegiado, formado por um número variável de membros (sempre em número ímpar, para garantir que haja maioria em votações), sendo tais membros eleitos pelo Poder Legislativo.

O nome concedido ao aludido sistema de governo advém do termo francês *directorie* (diretório), remetendo-nos ao conhecido período da Revolução Francesa de 1795 a 1799, em que o Poder Executivo era conduzido por cinco membros (os Diretores) e que terminaria apenas com o Golpe de 18 de Brumário de Napoleão Bonaparte.

No caso da Suíça, o Poder Executivo fica a cargo do chamado Conselho Federal *(Conseil Fédéral)*, composto por sete membros eleitos pela Assembleia Federal, a qual é composta por duas câmaras: o Conselho dos Estados e o Conselho Nacional, chamadas respectivamente de câmara alta e câmara baixa, sendo cada membro do Conselho Federal eleito para um mandato de quatro anos. Dessa forma, o Poder Executivo é exercido de forma conjunta por sete membros eleitos pelo Poder Legislativo, sendo um dos membros apontado como Presidente (com poderes de representação da Confederação Suíça) e outro como Vice-Presidente; o que pouco altera a natureza colegiada do Conselho, posto que cada um dos membros é responsável por um departamento (equivalente a um ministério), quais sejam: (1) Departamento Federal do Interior; (2) Departamento Federal dos Negócios Estrangeiros; (3) Departamento Federal de Justiça e Polícia; (4) Departamento Federal da Defesa, Proteção Civil e Esportes; (5) Departamento Federal das Finanças; (6) Departamento Federal da Economia, Educação e Pesquisa; e (7) Departamento Federal do Meio Ambiente, Transportes, Energia e Comunicação.

Há aqui algumas diferenças desse sistema com relação ao sistema parlamentarista, na medida em que não cabe ao Poder Legislativo realizar a eventual queda de gabinete, ou seja, destituir os membros do Conselho Federal. Por outro lado, não há a figura da dissolução do Legislativo. Há, de todo modo, uma predominância do Poder Legislativo, que elege um colegiado menor – no caso da Suíça, com sete membros – para funções executivas.

Nesse tocante, a Assembleia Federal suíça, inclusive, é apontada no art. 148 de sua carta constitucional como a autoridade suprema da Suíça, cabendo a ela, nos termos do art. 168 da referida Constituição, eleger não só os membros do Conselho Federal, mas também o Chanceler federal, os juízes da Justiça Federal e o General. Inobstante esses poderes conferidos ao Legislativo, o Poder Judiciário figura como independente e sujeito apenas às leis (art. 191c), muito embora seja relevante o disposto no item 4 do art. 189 da lei maior suíça: "Os atos da Assembleia Federal e do Conselho Federal não podem ser levados perante a Justiça Federal. Exceções são determinadas por lei". Trata-se de mais um artigo que acaba por reforçar o poder do Legislativo, em clara tentativa do modelo suíço de descentralização do poder, com o que corrobora a expressiva realização de consultas populares realizadas pelo país europeu. Nesse ponto, cabe ressaltar que se trata de sistema muito ligado a esse aspecto ideológico – e histórico – da Suíça, outrora berço de Jean-Jacques Rousseau, e que não pode com facilidade ser transportado a outros países sem essas características históricas e culturais e sem a configuração demográfica e social da Suíça, na medida em que consiste, como dito, em sistema bastante descentralizado.

* * *

Considerada finalizada a exposição das formas e dos sistemas de governo, cabe-nos apresentar as combinações possíveis entre eles. Repare que todos os sistemas de governo analisados são compatíveis com a forma republicana, enquanto a monarquia somente pode se conciliar com o sistema parlamentarista, salvo quando inexistir limitação do poder do monarca por qualquer esfera legislativa, caso em que tal monarquia será denominada absolutista, sendo atualmente uma exceção à regra e, no caso, não inserida no esquema a seguir.

Forma de Governo	Sistema de Governo	Principal característica
Monarquia	Parlamentarista	O monarca (Rei, Rainha, Príncipe, Imperador etc.) é o Chefe de Estado, enquanto o Chefe de Governo é o Primeiro-Ministro, eleito e destituído pelo Parlamento.
República	Presidencialista	O Presidente da República é Chefe de Estado e Chefe de Governo.
	Parlamentarista	O Presidente é apenas Chefe de Estado. O Chefe de Governo é o Primeiro-Ministro, eleito e destituído pelo Parlamento.
	Semipresidencialista	O Poder Executivo é dualista, composto pelo Presidente (que tem funções além de um mero Chefe de Estado) e pelo Primeiro-Ministro/Chanceler/Premier (Chefe de Governo), responsável perante o Legislativo e, por vezes, perante o Presidente.
	Diretorial	O Poder Executivo é um órgão colegiado, formado por um número variável de membros eleitos pelo Poder Legislativo.

11.5 A DEMOCRACIA, O PROBLEMA DA REPRESENTAÇÃO E OS SISTEMAS DE GOVERNO

Diante das formas e dos sistemas de governo apresentados acima, impõe-se uma das mais relevantes questões da Ciência Política atual: qual seria, à luz dos princípios democráticos e da efetivação dos direitos humanos, a melhor forma de organizar o exercício do poder?

É evidente que uma questão dessa envergadura não pode suportar qualquer pretensão de certeza em sua resposta. Afinal, tem-se como certo que a escolha da forma e do sistema de governo para cada Estado deve estar atrelada à cultura e à história de cada local, evitando assim contrastes inadequados. Nesse sentido, basta imaginar quão estranha soa a ideia de uma monarquia nos países do Sul Global, em que há um histórico de libertação das colônias em lutas constantes com as metrópoles europeias, via de regra, monarquistas. Ademais, a própria ideia de não eleger – sequer indiretamente – o Chefe de Estado, mas empossá-lo por critério de sucessão hereditária já é suficientemente imprópria do ponto de vista da mais basilar concepção de democracia, pela qual todos – absolutamente todos – nascem com as mesmas possibilidades formais de alcançar quaisquer postos políticos.

Feitas essas considerações, parece-nos evidente que, do ponto de vista das formas de governo, a República apresenta-se como superior à anacrônica monarquia. A grande questão, então, centra-se na discussão acerca dos sistemas de governo.

Entendemos, na linha do que foi dito aqui, que o primeiro ponto a ser compreendido refere-se a fatores de ordem cultural. A partir de análises sociológicas, históricas e políticas, podemos chegar a determinadas características que ensejarão a crença em sistemas presidencialistas, notadamente ante a necessidade de uma figura que simbolize o Estado (em sentido bastante similar à monarquia, mas com respaldo democrático), o que costumeiramente se apresenta como uma cultura caudilhista. Ademais, é possível argumentar que o presidencialismo garante maior eficácia à soberania popular, vez que o povo escolhe diretamente o Chefe de Estado e o Chefe de Governo (Presidente).

Porém, conforme já trabalhado, o sistema presidencialista ajusta-se com dificuldade a crises institucionais, sobretudo quando essas envolvem conflitos entre Legislativo e Executivo. Diante disso é que uma possível alteração do nosso sistema de governo tem sido debatida com certa frequência na última década – sobretudo a partir de 2016 – sendo a solução semipresidencialista apresentada, por vezes, como modo de resolver – ou ao menos mitigar – as crises institucionais envolvendo os Poderes da República. Diante disso, cabe aqui apresentar alguns comentários acerca dessa possibilidade.

Juridicamente, é imperioso destacar que o sistema de governo não está contido no § 4º do art. 60 da Constituição e, portanto, não se encontra protegido por cláusula pétrea. Assim sendo, é possível em tese a sua alteração. Entretanto, vale destacar que o art. 2º do ADCT (Ato das Disposições Constitucionais Transitórias) convocou plebiscito para definição da forma e do sistema de governo, o qual foi realizado em 21 de abril de 1993, sendo que 13,4% dos votos foram favoráveis à forma monárquica e 86,6% favoráveis à forma republicana. Ainda, 30,8% votaram pelo sistema parlamentarista e 69,2% pelo presidencialista. Diante disso, há os que entendem que não é mais possível alterar nosso sistema de governo, posto ter havido uma decisão plebiscitária nesse sentido. Entendemos, de forma diversa, que é possível a alteração do sistema de governo – para o semipresidencialista, por exemplo – porém condicionada à realização de um novo plebiscito que, posterior, se sobreporia ao já realizado em 1993 e refletiria uma posição mais atualizada da manifestação da vontade popular, a qual é soberana, salvo se estivermos diante de matéria protegida por cláusula pétrea, o que não é o caso. Corrobora com esse entendimento uma interpretação sistêmica do art. 2º do ADCT, que embora seja uma norma de eficácia exaurida, denota que o constituinte estabeleceu o plebiscito como rito necessário à transformação da forma e do sistema de governo. Por esses motivos, não nos parece constitucional uma alteração do sistema de governo por meio de uma mera emenda à constituição, o que implicaria colocar uma decisão legislativa acima da vontade popular consubstancializada em plebiscito.

Superada a questão jurídica acerca do tema, passamos a analisar os aspectos políticos e sociais decorrentes dessa possível mudança.

Inicialmente, temos que no presidencialismo há a eleição direta do Chefe de Estado e de Governo (o Presidente), o que aproxima a população do seu líder. Já no modelo semipresidencialista, a escolha do Chefe de Governo (Primeiro-Ministro) se daria de modo indireto, possibilitando uma grande desvinculação entre o povo e o responsável pelo exercício do poder.

Ademais, diante da responsabilidade política do Primeiro-Ministro perante o Congresso, tal sistema demanda uma cultura político-partidária sólida, com partidos políticos com ideologias claras e definidas. Afinal, enquanto o presidencialismo centra-se na pessoa do líder – com pouca ou relativa importância concedida ao seu partido e, por vezes, às suas ideias – no semipresidencialismo (assim como no parlamentarismo) se vota precisamente em partidos e ideias, já que o Primeiro-Ministro deve ter sustentação no Congresso. Assim, o bom andamento do modelo depende, sem dúvida, da existência de uma cultura política na sociedade e nos partidos, encarnada na solidez de ideologias, propostas e planos de governo. Aí sim o sistema pode conduzir à efetivação de interesses sociais em linha com os ideais democráticos e, ainda, promover maior estabilidade institucional, ante a existência de mecanismos de cooperação entre Legislativo e Executivo, ponto em que o presidencialismo clássico se apresenta inapto.

Referida inaptidão traduz-se na ausência de mecanismos de resolução de conflitos entre os Poderes Legislativo e Executivo, tornando extremamente dificultosa a governabilidade de um Presidente que não possui apoio no Legislativo. Tal dificuldade, tristemente, acaba por viabilizar fortes instabilidades institucionais, podendo encubar golpes de Estado de toda sorte, sejam esses golpes parlamentares ou do próprio Executivo (autogolpe) – no capítulo 17 analisamos os diferentes golpes de Estado.

Adicionalmente, é importante destacar que a análise dos sistemas de governo não se faz de forma isolada, ou seja, é fundamental que os demais aspectos da estrutura política e de representação sejam analisados em conjunto. Nesse ponto, destacam-se os sistemas eleitorais e partidários, os quais influenciam diretamente as dinâmicas de poder no âmbito de qualquer sistema de governo.

Nesse sentido, a existência de um pluripartidarismo, no qual a chamada "base de sustentação do governo" envolve por vezes cerca de 20 partidos, apresenta-se inadequada ao sistema semipresidencialista, já que o Primeiro-Ministro estaria vulnerável às reconfigurações da maioria parlamentar que, num sistema pluripartidário composto de partidos com ideologias frágeis, tendem a ocorrer com certa frequência. Ora, a alternância frequente de Primeiros-Ministros impossibilitaria a continuidade de projetos e geraria, por fim, maior instabilidade.

A introdução desse novo sistema, portanto, dependeria de outras mudanças institucionais, tais como aquelas que limitam a quantidade de partidos (com prejuízo do ponto de vista da representatividade), visando facilitar o consenso para a formação de um bloco majoritário no Legislativo, bem como depende de partidos que possuam uma base ideológica mais sólida e previsível, algo que demanda uma transformação mais profunda nas práticas políticas e na cultura partidária.

Com isso pretendemos dizer, apenas, que embora seja extremamente importante o sistema de governo adotado por um Estado para a consecução mais exitosa da efetividade de direitos democráticos, esse objetivo somente será alcançado quando a estruturação do exercício do poder estiver alinhada com questões históricas e culturais relativas ao seu povo, aos partidos e aos demais atores políticos.

Filmografia

A dama de ferro – Reino Unido/França, 2011

House of cards (série) – Reino Unido, 1990

Lincoln – EUA, 2012

Vice – EUA, 2018

West Wing: nos bastidores do poder (série) – EUA, 1999

Questões Objetivas

1. Quanto ao sistema de governo presidencialista, é correto afirmar que:

    a) Caracteriza-se pela eleição indireta do Chefe de Governo, feita pelo Congresso, e pela eleição direta do Presidente, feita pelo povo.

    b) O Presidente possui responsabilidade política perante o Congresso.

    c) O Chefe de Governo é eleito pela maioria do Congresso e permanece no cargo enquanto durar seu apoio político no Poder Legislativo.

    d) Como regra, o Presidente não possui responsabilidade política perante o Congresso.

2. Quanto à conciliação das formas de governo com os sistemas de governo, assinale a opção correta:

    a) Tanto monarquia quanto república são formas de governo possíveis de serem conciliadas com o sistema de governo presidencialista.

    b) A monarquia pode ser tanto presidencialista, quanto parlamentarista. Já a república somente poderá ser presidencialista.

    c) Todo presidencialismo está inserido numa forma republicana.

    d) Toda república é presidencialista.

3. Quanto ao mandato do Chefe de Governo nos diferentes sistemas de governo, assinale a opção correta:

    a) O mandato do Chefe de Governo no parlamentarismo é, via de regra, indeterminado.

    b) O mandato do Chefe de Governo no sistema presidencialista é sempre indeterminado.

    c) O mandato do Chefe de Governo no sistema parlamentarista é por prazo determinado, geralmente entre 4 a 6 anos.

    d) O mandato do Chefe de Governo no presidencialismo dura enquanto o Presidente mantiver maioria no Poder Legislativo.

Questões Dissertativas

1. De modo objetivo, apresente como se estruturam os sistemas Presidencialista, Parlamentarista e Semipresidencialista.

2. Apresente possíveis melhorias em sistemas presidencialistas para torná-lo mais apto a enfrentar crises entre os Poderes Legislativo e Executivo.

3. Considerando os diferentes sistemas de governo, aponte qual é, em sua visão, o mais democrático. Fundamente sua resposta com base nas características dos diferentes sistemas.

Caso Prático

A Proposta de Emenda Constitucional nº 245 de 2016 (PEC 245/16) visa alterar o sistema de governo brasileiro de presidencialista para parlamentarista. Entre outras, consta na proposta que o Presidente da República seja o Chefe de Estado, sendo Comandante supremo das Forças Armadas e com as funções de zelar pela preservação da ordem constitucional democrática, promover o relacionamento harmônico entre os poderes constituídos, garantir a soberania nacional e contribuir para a paz e a solidariedade internacionais (nova redação proposta ao art. 77). Propõe, ainda, que o Governo seja exercido por um Conselho de Ministros (art. 88-A).

Considerando as características culturais, históricas e políticas do Brasil, bem como as vantagens e desvantagens dos sistemas parlamentarista e presidencialista, apresente de forma fundamentada uma análise da PEC 245/2016.

Acesse o QR code e assista ao vídeo sobre o tema

> uqr.to/eeqf

Sufrágio é o direito conferido a determinado grupo de pessoas de participar na gestão da coisa pública, ou seja, nos processos políticos, mediante eleição de representantes ou a partir da prática do voto em plebiscitos e referendos, por exemplo. Assim, o direito de sufrágio é exercido, na prática, pelo voto, seja para aprovar ou rejeitar projetos e propostas (em plebiscitos e referendos), seja para eleger representantes (em eleições). Desse modo, vale desde já esclarecer que sufrágio é o direito, enquanto voto é o meio pelo qual tal direito é exercido.

Discute-se, especialmente no Brasil, se o sufrágio se trata propriamente de um direito, na medida em que a natureza obrigatória do voto parece apresentar o sufrágio como um dever e não propriamente como um direito que, por definição, poderia ou não ser utilizado por seu titular. Em resposta, há a teoria que apresenta o sufrágio como uma *função pública*. Trata-se aí de apontar a essencialidade de sua utilização no contexto de uma democracia representativa ou participativa; afinal, é o direito de sufrágio, exercido por meio do voto, que garante a participação dos cidadãos na condução dos assuntos públicos, dando efetividade à soberania popular e traduzindo, em termos práticos, a ideia do autogoverno no contexto de uma democracia que não pode prescindir de eleições. Trata-se, portanto, de um direito de natureza política que se apresenta como fundamental para a caracterização de um regime democrático e, na medida em que é imprescindível ao povo exercer tal direito para o preenchimento dos cargos representativos, entende-se que ele ultrapassa a característica de mero direito e pode ser apontado como uma função pública da qual o povo não pode abrir mão, tão pouco delegar. Ademais, o direito de sufrágio é apresentado como de natureza notadamente pública, com toda função social que lhe compete, e não um simples direito individual, podendo também ser apontado como um direito público subjetivo.

Feitos os apontamentos necessários sobre as discussões a respeito da natureza jurídica do sufrágio, podemos ainda subdividi-lo em *restrito* ou *universal*, a depender do conceito de cidadão utilizado, ou melhor, dos critérios a serem preenchidos para a efetiva atribuição do direito.

12.1 SUFRÁGIO RESTRITO

Teremos sufrágio *restrito* quando o direito é atribuído apenas aos cidadãos que preencham determinados requisitos previstos em lei (geralmente na Constituição), sendo tais requisitos de natureza essencialmente discriminatória. Ou seja, por determinada condição econômica ou fator discriminatório imotivado, os indivíduos não têm o poder de participação direta ou indireta na política. Nesse sentido, as formas mais comuns historicamente verificadas de restrição ao direito de sufrágio foram relacionadas à riqueza (sufrágio censitário), à instrução (sufrágio capacitório ou cultural), ao estamento (sufrágio aristocrático), à raça (sufrágio racial) e ao gênero (sufrágio masculino), as quais serão detalhadas abaixo.

Vale dizer que a inserção de limitações para atribuição do direito de sufrágio acarreta importantes consequências sociais e políticas. Trata-se, obviamente, de limitar o grupo daqueles que efetivamente podem exercer a soberania popular e, com isso, excluir uma parcela da população à qual não se quer atribuir o *status* de cidadão ou, pelo menos, não a ponto de exercer esse fundamental direito político. Dessa forma, a restrição ao direito de sufrágio acaba por limitar o número de pessoas aptas a votar e, é claro, a serem votadas, restringindo – normalmente de forma expressiva – o número de indivíduos que podem participar da vida política.

Os motivos pelos quais tais limitações são impostas variam. Como regra, trata-se de evitar a ascensão político-social de grupos sociais minoritários e, é claro, conservar a dominação política existente. Afinal, ao se atribuir o direito de votar e de ser votado apenas aos membros já participantes da elite política, garante-se que o poder permanecerá com esse mesmo grupo enquanto o voto for a maneira de se chegar ao poder. Ou seja, salvo em caso de revolução ou golpe (por definição opções ilegais), toda aplicação dos meios legais garantirá a perpetuidade das elites no poder. Ademais, é imperioso concluirmos que qualquer espécie de sufrágio restrito gera, como consequência inevitável, uma aristocracia (do grego *aristokratía* – governo dos melhores).

Passamos agora a analisar brevemente algumas das restrições ao direito de sufrágio que foram comuns ao longo da história.

12.1.1 Sufrágio censitário

Essa espécie de sufrágio restringe o direito aos que atendam a requisitos de ordem pecuniária, tais como pagar uma taxa para votar, ter determinada renda ou ser proprietário de imóvel.

É evidente que, ao restringir o direito de votar e ser votado aos que detêm determinada renda ou propriedade, esse sistema cuida de manter no poder uma elite econômica, perfazendo assim o que comumente denominamos *oligarquia*, isto é, o governo dos ricos.

A defesa dessa espécie de restrição se dava por alguns argumentos. Um deles é o de que os proprietários de terras e outros bens possuem mais interesse na ordem e no bom governo, posto que possuem mais bens a serem protegidos. Essa ideia se fundamenta, talvez, na garantia da propriedade como fundamento da existência do Estado, tal como apontado por John Locke em seu *Segundo Tratado sobre o Governo*. Outro argumento comum referia-se ao pagamento de impostos, no sentido de que os que pagam mais impostos têm mais direito à escolha do que os demais. Tais argumentos tentaram justificar essa infundada restrição que – tal como as demais vistas a seguir – viola o princípio da igualdade, fundamental para qualquer democracia.

12.1.2 Sufrágio capacitório (cultural)

Nessa espécie, verifica-se uma restrição ligada à instrução, seja ela a mera capacidade de leitura, seja a exigência de grau mínimo de formação escolar. Trata-se de evitar que os supostamente incultos votem, argumentando-se que não são capazes de realizar uma boa escolha. Entretanto, é sabida a utilização de critérios subjetivos supostamente capacitórios para evitar a participação política de determinados grupos. Na década de 60 no Mississipi, por exemplo, exigia-se como critério para cadastro de eleitor a capacidade de *compreender* a Constituição. Com isso, os legisladores acabaram por conceder margem para o racismo imperante ao evitar o cadastramento da população negra da época. Repare que a situação fática do não cadastramento não possui relação com a lei (aspecto meramente formal), viabilizando assim sustentar – ao menos retoricamente – que essa restrição não possuía relação direta com a questão racial, sendo apenas relacionada à capacidade do eleitor de ler e compreender a Constituição.

Das formas de sufrágio restrito analisadas nesse capítulo, a ideia de um sufrágio capacitório é talvez a mais sofisticada do ponto de vista argumentativo, por supostamente ser baseada na incapacidade técnica dos incultos em compreender a política e sua complexidade e não em critérios nitidamente discriminatórios, como as demais. Assim, nas últimas décadas, essa tem sido a restrição imposta quando se quer, na verdade, excluir populações ou grupos específicos do direito de sufrágio; ou seja, busca-se com o sufrágio capacitório, em verdade, implementar formas de sufrágio censitário ou racial. Para ilustrar a questão, basta ver quais seriam os grupos incluídos e excluídos caso passássemos a exigir um grau mínimo de formação escolar para o preenchimento de determinados cargos eletivos.

Ademais, após o desenvolvimento do Estado Democrático de Direito e a atribuição a esse do dever de prover educação a todos, essa forma de restrição resta ilógica do ponto de vista do ordenamento jurídico. Afinal, se é dever do Estado garantir educação a todos, não pode esse mesmo Estado retirar o direito de sufrágio pela ausência de um grau mínimo de instrução que, em tese, ele mesmo falhou em prover.

12.1.3 Sufrágio aristocrático

O sufrágio aristocrático concede direitos políticos apenas aos pertencentes a terminados estamentos sociais, como nobres e membros do clero. Dessa maneira, cuida-se de evitar qualquer conquista de poder político por estamentos não privilegiados. Obviamente, o sufrágio aristocrático perfaz uma forma de governo aristocrática, ou seja, adstrita a uma parcela minoritária da população, supostamente "os melhores" e só é aplicável em sociedades em que a igualdade formal sequer seja garantida.

12.1.4 Sufrágio racial

O sufrágio é comumente chamado de racial quando apenas determinado grupo étnico detém direitos políticos ou quando tais direitos não são estendidos a um ou alguns grupos em razão de questões étnico-raciais. Do ponto de vista de nossa história recente, temos o direito de sufrágio sendo concedido aos negros apenas em 1934 no Brasil e em 1965 nos Estados Unidos. Dessa forma, é possível concluir que antes dessas datas vigorava uma espécie de aristocracia branca. Embora essa expressão não seja comum, não é incorreto dizê-la, posto que o poder político ficava restrito a uma parcela minoritária da população, e isso se dava em virtude de critérios étnico-raciais.

12.1.5 Sufrágio masculino

O sufrágio masculino é, por evidente, aquele em que apenas os homens possuem direitos políticos. Aponta-se a Nova Zelândia como sendo o primeiro Estado a garantir o voto feminino já em 1893. Já nos Estados Unidos da América destaca-se a XIX Emenda à Constituição, datada de 1920, a qual dispõe que "O direito de voto dos cidadãos dos Estados Unidos não será negado ou cercado em nenhum Estado em razão do sexo". O Brasil, por sua vez, passou a estender o direito de sufrágio às mulheres em 1934. Somando essa restrição com aquela vista no item anterior, temos que até o ano de 1934 podiam votar no Brasil apenas homens brancos, de modo que o poder político ficava adstrito a uma pequena parcela da população, já que negros e mulheres estavam excluídos da vida pública.

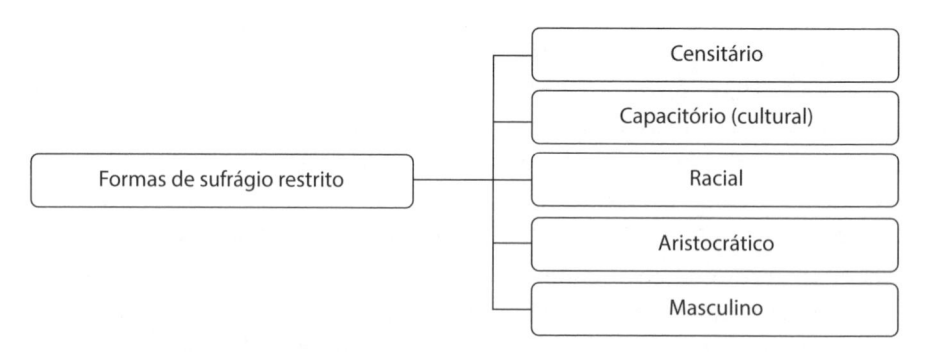

12.2 SUFRÁGIO UNIVERSAL

O *sufrágio universal*, por sua vez, é aquele que estende a toda a população os direitos políticos de votar e ser votado, sem restrições infundadas, ou seja, sem restrições discriminatórias. Note-se, portanto, que algumas restrições sempre permanecerão; entretanto, trata-se de apontar o sufrágio como universal em razão da inexistência de restrições infundadas ou discriminatórias, embora sempre haja espaço para discussão de quão justificáveis são algumas restrições. Assim, passamos a analisar agora as restrições geralmente comportadas pelo sufrágio universal.

A primeira restrição refere à *idade* e, portanto, dificilmente poderá ser apontada como injustificada, muito embora não haja consenso sobre a idade exata em que se deve atribuir o direito de sufrágio (geralmente entre 16 e 21 anos). No Brasil, o voto é obrigatório aos maiores de dezoito anos, sendo facultativo aos maiores de dezesseis e menores de dezoito anos e aos maiores de setenta anos (CF, art. 14, § 1º).

Também se costuma restringir o sufrágio por questão de *nacionalidade*. Ou seja, os estrangeiros ficam excluídos da possibilidade de alistamento eleitoral, conforme previsto em nossa Constituição, no art. 14, § 2º.

Outra restrição refere-se à *condenação criminal*, pela qual o preso por sentença penal condenatória tem seus direitos políticos suspensos enquanto durarem os efeitos da sentença (CF, art. 15, III).

Verificam-se também restrições quanto aos que cumprem *serviço militar*. No Brasil, o § 2º do art. 14 da Constituição Federal exclui o alistamento eleitoral para os conscritos, durante o período do serviço militar.

* * *

Por fim, vale destacar que o sufrágio, embora universal, depende do *alistamento eleitoral* por parte do eleitor, para que lhe seja conferido título de eleitor ou documento similar que possibilite o exercício do voto. Embora trate-se de procedimento tipicamente burocrático, ele deve (ou deveria) ser extremamente facilitado, viabilizando assim o fácil e pleno exercício desse direito político fundamental para a democracia. Repare que os governantes podem, inclusive propositalmente, burocratizar excessivamente o procedimento para obtenção do título ou documento equivalente para os cidadãos ou para alguns cidadãos específicos, fazendo com que determinados grupos fiquem excluídos do próximo (ou dos próximos) pleitos eleitorais. Para ilustrar a questão, lembramos que nas eleições gerais brasileiras de 2018 mais de 3 milhões de eleitores brasileiros não puderam votar por não terem realizado o cadastramento biométrico (identificação por digital).

12.3 BREVE HISTÓRICO DA EXPANSÃO DO SUFRÁGIO UNIVERSAL

Sabe-se que a implementação dos conceitos políticos modernos, incluindo aqueles referentes aos direitos políticos – como o do sufrágio universal – foram sendo concretizados aos poucos não só na Europa – berço do Iluminismo e das ideias ligadas à democracia –, mas nas demais partes do Ocidente, incluindo na América do Norte e do Sul. A título de ilustração, Samuel Huntington nos lembra que:

> Por volta de 1830, a norma nos Estados Unidos era o sufrágio universal de todos os brancos do sexo masculino. Na Europa, em contraste, permaneciam elevadas as qualificações de propriedade. O Ato de Reforma de 1832 aumentou o eleitorado inglês de 2% para 4% do total da população; nos Estados Unidos, 16% da população total votaram nas eleições presidenciais de 1840. (...) O sufrágio universal masculino foi introduzido na Alemanha em 1871, mas na Prússia o sistema de eleitores de três classes permaneceu em vigor até o fim da Primeira Guerra Mundial. Nos Países Baixos e na Escandinávia, o sufrágio universal masculino foi introduzido no fim do século XIX e no início do século XX[1].

---

1   HUNTINGTON, Samuel P. **A ordem política nas sociedades em mudança**. Trad. Pinheiro de Lemos. Rio de Janeiro: Forense-Universitária; São Paulo: Ed. USP, 1975, p. 106-107.

Diante desses dados, bem como dos exemplos de sufrágio restrito apresentados anteriormente, temos que o ideal democrático típico do período iluminista, que propagava a ideia de que todos nascem livres e iguais, acabou por efetuar-se gradativamente sob diversos ângulos. No campo da liberdade, apresentada como inata aos seres humanos, tardou o fim da escravidão, que ocorre cerca de cem anos após a Declaração dos Direitos do Homem e do Cidadão de 1789. Já a efetivação dos direitos políticos ocorre gradativamente ao longo do século XIX, sem que tenha havido exemplos de democracias plenas, no sentido de se garantir, pelo menos, o sufrágio universal. Esse avanço aconteceria apenas no início do século XX, quando então o sufrágio passaria a abranger todos os grupos que até então eram excluídos arbitrariamente do exercício de direitos políticos, numa afronta clara ao direito de igualdade.

Verifica-se, com isso, questões de suma importância para uma análise dos acontecimentos políticos do ponto de vista dos avanços teóricos, das bandeiras carregadas por movimentos revolucionários e da efetiva concretização de direitos no plano fático. A Revolução Francesa sintetiza, com a pretensão universalizante que lhe era particular, os principais reclamos da modernidade à luz dos ideais democráticos típicos do Iluminismo, dentre eles a tripartição dos poderes, a liberdade em diversos aspectos, a igualdade de todos perante a lei e, é claro, a ideia da soberania popular como único fundamento justo para o poder político. Esses ideais, embora decorrentes de teorias dos setecentos e positivados nos diplomas fundantes do modernismo jurídico – da virada dos setecentos para os oitocentos – tardaram a ser concretizados no plano fático. Trata-se, como em muitos outros exemplos históricos, de um processo de luta por direitos e, em seguida, de luta pela efetivação desses mesmos direitos; havendo ainda, é claro, a necessidade de se lutar para que tais direitos não sejam suprimidos.

12.4 VOTO

Enquanto o sufrágio é o direito, o voto é o instrumento de seu exercício, ou seja, é sua forma de concretização, de modo que se realiza o sufrágio por meio do voto, seja ele num plebiscito ou referendo, seja numa eleição para representantes. Nesse sentido, nossa Constituição é clara ao dizer, em seu art. 14, que: "A soberania popular será exercida pelo sufrágio universal e pelo voto direto e secreto, com valor igual para todos [...]".

Assim, o sufrágio universal é o que garante a soberania popular e o voto é seu instrumento de realização prática. Verifica-se no dispositivo constitucional transcrito no parágrafo anterior que o voto, no nosso caso, é *direto*, *secreto* e com *igual* valor para todos, além de ser *obrigatório*, nos termos do art. 14, § 1º, inciso I da Constituição. A partir dessas características, nós podemos extrair quatro classificações possíveis quanto ao voto, as quais passamos a analisar.

12.4.1 Direto e indireto

O *voto direto* consiste naquele em que o eleitor vota diretamente no representante ou governante, sem intermediários. Essa modalidade, portanto, coaduna-se fortemente com os ideais democráticos e acaba por garantir, na medida do possível, uma vinculação entre o representante e o povo que o elegeu.

O *voto indireto*, por sua vez, é aquele em que o eleitor escolhe delegados ou intermediários e esses serão os responsáveis pela eleição do representante ou governante. Diante disso, temos que o voto indireto cumpre com menos precisão a expressão da vontade popular e a concretização da soberania popular, posto que coloca intermediários que podem eventualmente se desligar da vontade popular na hora da efetiva eleição. Assim, o corpo eleitoral intermediário, responsável pela efetiva eleição do representante ou governante pode estar sujeito a pressões, situações e interesses distintos daqueles vislumbrados pelo povo, além de ocasionar um possível desinteresse da população sobre o processo político, dado o sentimento de distância com relação ao governante e seu contexto de efetiva eleição.

Do ponto de vista histórico, lembramos que, durante o período ditatorial, o Ato Institucional 2, de 27 de outubro de 1965, estabeleceu em seu art. 9º que Presidente e Vice-Presidente seriam eleitos pela maioria absoluta dos membros do Congresso Nacional. Já atualmente, destaca-se a eleição presidencial dos Estados Unidos, em que os eleitores votam, porém são representados por delegados que compõem um Colégio Eleitoral que efetivamente elege o Presidente.

12.4.2 Secreto e aberto (público)

No *voto secreto* não há qualquer publicidade possível ao voto do eleitor, de modo que apenas ele, diante da urna, conhece o conteúdo do seu voto. Nesse sentido, há inclusive na lei brasileira a proibição da utilização de celulares, filmadoras, câmeras ou qualquer aparelho que possa comprometer o sigilo do voto (Lei 9.504/97), a fim de evitar que seja possível o registro de quem o cidadão votou, já que isso poderia viabilizar que pessoas forçassem outros a votarem em determinado candidato e trazerem o devido comprovante, conduzindo-nos aos problemas típicos do voto aberto.

O *voto aberto* (também chamado de *público*), por sua vez, é aquele em que há alguma forma de divulgação do conteúdo do voto, tal como ocorreu em nossa República Velha (1889-1930), conduzindo ao conhecido voto de cabresto, já que a publicidade do voto viabilizava as intimidações. Nessa situação, diminui-se expressivamente a liberdade individual do sujeito, que fica constrangido – quando não forçado – a realizar seu voto de acordo com a orientação política de grupos (família, igreja, partido etc.) ou de pessoas (empregador, parentes, amigos etc.). Historicamente, o voto público sempre significou um instrumento de coação, fazendo com que o voto secreto figurasse como pilar fundamental de sustentação de qualquer democracia. Entretanto, é comum a utilização do voto aberto no caso de deliberações nas casas legislativas, visando com isso a devida transparência para com os eleitores.

12.4.3 Igual e desigual (plural)

O *voto igual* é fundamental para expressar a igualdade que deve vigorar em uma democracia. Com ele, concretiza-se a ideia de que o voto do mais rico dos homens tem o mesmo peso do voto do mais humilde e pobre cidadão, perfazendo o já conhecido jargão: cada cabeça um voto. Assim sendo, o voto igual é aquele em que se garante que todos os votos tenham o mesmo valor.

De outro lado, temos o *voto desigual* (também chamado de *plural*), o qual confere peso distinto aos votos de determinados cidadãos, a partir de critérios preestabelecidos, seja pela atribuição de valores aos votos, seja pela possibilidade de um mesmo indivíduo votar mais de uma vez, tendo direito a mais votos do que outros. A Bélgica, entre 1893 e 1919, utilizou-se de um sufrágio universal, porém com voto plural, possibilitando aos eleitores acumular direito de até três votos a partir do cumprimento de determinados critérios (idade, família, propriedade imobiliária, renda e título universitário).

12.4.4 Obrigatório e facultativo

No *voto obrigatório* o eleitor deve comparecer às urnas no dia da votação e, caso não o faça, deverá justificar sua ausência perante as autoridades competentes, sob pena de multa ou outra sanção equivalente. Sustenta-se que o povo é o verdadeiro detentor do poder político no contexto da soberania popular, sendo o sufrágio não só um direito, mas uma função pública de interesse social da qual o povo não pode se abster, já que é necessária a eleição de governantes e é o povo o único que pode fazê-la.

Já no *voto facultativo* temos a visão do sufrágio como direito subjetivo e, portanto, fica a critério do seu titular exercê-lo ou não. Nos países em que vigora essa modalidade de voto, cabe aos candidatos não só apresentar suas propostas aos eleitores, mas também incentivá-los ao comparecimento às urnas.

Vale destacar que tanto o voto obrigatório quanto o facultativo se coadunam com os ideais democráticos. Entretanto, a adoção de um ou outro modelo comporta diferenças a depender do contexto político e social de cada local. Via de regra, a adoção do voto obrigatório se justifica pela necessidade de se estimular a população à escolha de candidatos e, portanto, a se inteirar dos assuntos públicos, que dependem dela para serem conduzidos. Assim, cuida-se de imputar ao cidadão sua função enquanto tal, no sentido de ser o único que pode e que tem o poder de eleger representes e governantes. Sendo o povo o único que pode exercer o poder num contexto de soberania popular e sendo a escolha dos representantes necessária para a gestão da coisa pública, não pode o povo se abster dessa sua função.

Já a adoção do voto facultativo, por sua vez, concede maior autonomia individual ao cidadão que pode, portanto, valer-se do direito ou se abster de utilizá-lo. Nessa forma, temos a ideia do sufrágio como direito individual e, portanto, caberá ao indivíduo sua utilização ou não. Assume-se, nessa hipótese, que é grave afronta à liberdade individual o Estado demandar uma ação específica por parte do indivíduo.

Entende-se, entretanto, que o indivíduo deixaria de votar de forma consciente, seja pelo fato de concordar com ambos os candidatos, seja por discordar de ambos ou por entender que não é obrigado a dar sua opinião. Grave seria, entretanto, se o eleitor inserido num contexto de voto facultativo deixasse de votar por indiferença, descrença ou preguiça, condutas que, se ampliadas para parcela significativa da população, pode conduzir ao desprezo pelos governantes e pela coisa pública que, em verdade, pertence a todos, além de possíveis problemas com a legitimidade democrática dos eleitos – que podem eleger-se, por vezes, com um percentual baixo de votos, quando levado em consideração o total de eleitores. Ademais, o acesso por vezes dificultoso às urnas poderia gerar grande abstenção em caso de voto facultativo, especialmente em locais onde a mobilidade é prejudicada – por vezes pela omissão do próprio Estado.

Assim, em resumo, entendemos que o voto obrigatório se aplica aos contextos em que é necessário criar uma consciência política ligada ao pertencimento e ao empoderamento do povo diante dos assuntos públicos, podendo figurar também como um mecanismo que busca implementar maior legitimidade democrática aos eleitos. Uma vez consolidada na sociedade tal consciência, bem como o acesso facilitado às urnas a toda população, poderia o voto apresentar-se como facultativo sem grandes prejuízos para a coletividade.

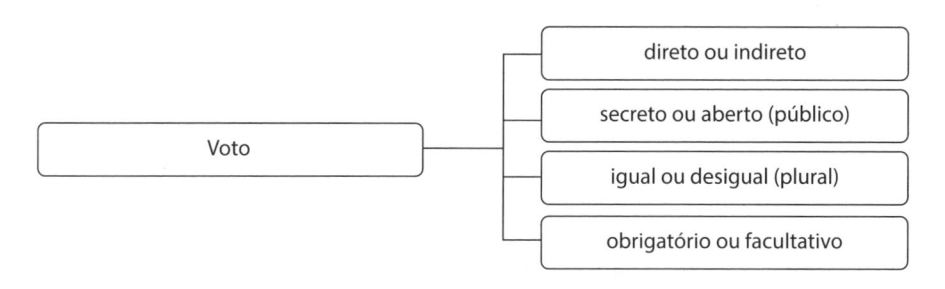

▶ Filmografia

Anjos rebeldes – EUA, 2004
As sufragistas – França/Reino Unido, 2015
Selma – EUA, 2014

Questões Objetivas

1. Considerando as diferentes formas de sufrágio restrito, assinale a alternativa <u>incorreta</u>:

    a) O sufrágio capacitório, também chamado de cultural, apresenta uma restrição ligada à instrução, seja ela a mera capacidade de leitura, seja a exigência de grau mínimo de formação escolar.

    b) O sufrágio censitário restringe o direito aos que atendam a requisitos de ordem pecuniária, tais como pagar uma taxa para votar, ter determinada renda ou ser proprietário de imóvel.

    c) O sufrágio capacitório restringe o direito aos que atendam a requisitos de ordem pecuniária, tais como pagar uma taxa para votar, ter determinada renda ou ser proprietário de imóvel.

    d) O sufrágio censitário gera, como consequência, uma forma oligárquica de poder.

2. A respeito do sufrágio universal, é correto dizer que:

    a) Foi implementado em todo o Ocidente no século XVIII, logo após a Revolução Francesa.

b) Atualmente, é utilizado em todos os Estados.

c) Foi implementado gradualmente nos Estados democráticos, com a extensão do direito de voto às mulheres ocorrendo predominantemente no século XX.

d) O sufrágio universal é utilizado na maioria dos Estados ocidentais desde o século XVII.

3. **A utilização de voto aberto (público) nas eleições gerais pode gerar:**

a) maior transparência e democracia.

b) maior celeridade na votação e transparência.

c) mais justiça eleitoral e sigilo.

d) a deturpação das eleições, em virtude das possíveis intimidações.

 ## Questões Dissertativas

1. Apresente e analise as diferentes formas de sufrágio restrito já utilizadas na história.

2. Aponte as consequências da utilização de formas de sufrágio restrito.

3. Indique as possíveis consequências da utilização do voto aberto (público).

 ## Caso Prático

O art. 60, § 4º da Constituição Federal de 1988 estabelece as chamadas cláusulas pétreas, dispondo que não serão objeto de deliberação as propostas de emenda constitucional que tendam a abolir a forma federativa de Estado; o voto direto, secreto, universal e período; a separação dos Poderes; e os direitos e garantias individuais.

Considerando a leitura do dispositivo legal mencionado, é possível alterar a forma de voto no Brasil de obrigatório para facultativo? Quais seriam as vantagens e desvantagens dessa alteração?

SISTEMAS ELEITORAIS

Acesse o QR code e assista ao vídeo sobre o tema

> uqr.to/eeqg

Os sistemas eleitorais utilizados para escolha dos representantes e governantes têm enorme influência nos rumos de um Estado, determinando os critérios de preenchimento dos cargos eletivos e, com isso, repercutindo até mesmo na ideologia e nas propostas a serem defendidas pelos candidatos e na forma de organização dos partidos. Nesse sentido, veremos adiante os principais sistemas eleitorais, fazendo a análise de suas características, bem como das consequências decorrentes da utilização de cada modelo.

Existem três sistemas eleitorais básicos, dos quais surgem algumas variações possíveis, são eles: o *majoritário*, o *proporcional* e o *distrital*. Tais sistemas são estruturados a partir de uma série de regras (de acordo com a legislação eleitoral vigente em cada local), as quais podem, dentro dos limites constitucionais, ser alteradas e, com isso, modificar questões mais ou menos relevantes no processo eleitoral, determinando quais partidos ou candidatos passam a ter mais ou menos chances numa eleição. Vamos analisar abaixo os detalhes de cada sistema.

13.1 SISTEMA MAJORITÁRIO

O *sistema majoritário* consiste naquele em que o candidato que obtiver a maioria (absoluta ou relativa) de votos sagra-se vencedor. Assim, o sistema majoritário pode ser de maioria absoluta ou relativa.

No caso da eleição por *maioria absoluta*, é apontado como vencedor aquele que obtiver mais da metade dos votos válidos; trata-se do sistema aplicável no Brasil aos chefes do Poder Executivo (Presidente, Governadores e Prefeitos de cidades com mais de duzentos mil eleitores, conforme art. 29, II, da CF/88). Nesse caso, se não houver a obtenção da maioria absoluta no primeiro turno, faz-se um *segundo turno* com apenas dois candidatos (os mais votados no primeiro turno), garantindo-se assim que um deles tenha mais de 50% dos votos válidos (sendo esses os votos concedidos aos candidatos, excluindo-se, portanto, os brancos e nulos).

Já pelo critério da *maioria relativa*, a vitória é concedida ao candidato (por vezes, mais de um) que obter mais votos entre os que concorreram, não sendo necessário obter qualquer percentual mínimo. No caso brasileiro, há sistema majoritário com exigência de maioria relativa no caso da eleição de Prefeitos de cidades com menos de duzentos mil eleitores e, também, no caso de Senadores.

O sistema majoritário, portanto, acaba por ser de simples compreensão e possui como possível vantagem a criação de governos com vinculação popular, já que são diretamente eleitos pela população, sem maiores complicações ou transferência de votos (tal como veremos que ocorre no sistema proporcional). Entretanto, até mesmo no caso da maioria absoluta, ele não garante necessariamente uma aprovação pela maioria do eleitorado apto a votar, já que muitos eleitores podem se abster ou votar branco ou nulo, diminuindo assim expressivamente a quantidade de votos válidos.

Ademais, esse sistema, em tese, evita a pulverização de partidos, tendendo a haver, portanto, uma consolidação das agremiações partidárias em poucos partidos. Afinal, o sistema majoritário tende a excluir minorias do poder, já que vencem apenas os candidatos que obtiveram a maioria de votos e os que tiveram percentuais não majoritários de votos estão totalmente excluídos do sistema de representação, sendo os votos a eles concedidos totalmente inutilizados.

13.2 SISTEMA PROPORCIONAL

Diferentemente do sistema majoritário, no *sistema proporcional* há uma tentativa de aproveitamento de todos os votos, fazendo com que as vagas disponíveis sejam preenchidas proporcionalmente aos votos obtidos por cada partido. Aponta-se sua origem na Bélgica, em 1900, com o intento de resolver o problema da representação de minorias. Trata-se do sistema aplicado, no Brasil, às eleições de Vereadores, Deputados Estaduais e Federais. Desse modo, o sistema proporcional é aqui utilizado apenas para o preenchimento de cargos em casas legislativas.

Nesse sistema, cada partido elege representantes de acordo com sua força eleitoral, isto é, de acordo com os votos obtidos. Vejamos, em linhas gerais, como se realiza o cálculo dessa força eleitoral no caso da legislação brasileira:

Inicialmente, há a necessidade de se calcular o chamado *quociente eleitoral* (número de votos válidos dividido pelo número de vagas disponíveis). Veja no exemplo a seguir o cálculo do quociente eleitoral para um Município com 9 vagas de Vereador:

Resultado da eleição:	*Comparecimento:* 2.800 eleitores
Partido A: 1.200 votos	*Brancos e nulos:* 100 votos
Partido B: 1.100 votos	*Votos válidos:* 2.700
Partido C: 350 votos	*Vagas de Vereador:* 9
Partido D: 50 votos	
Brancos e nulos: 100 votos	**Quociente eleitoral: 2.700/9 = 300 votos**

O quociente eleitoral (nesse caso, 300 votos) determina a quantidade de votos que cada partido precisa obter para preencher uma vaga.

A partir dessa votação podemos agora extrair o *quociente partidário*, isto é, a força eleitoral do partido na eleição, mediante a divisão do total de votos no partido pelo quociente eleitoral. O quociente partidário, portanto, irá determinar quantas vagas cada partido obteve. Dessa forma:

Partido A: 1.200 / 300 = 4 (4 vagas)

Partido B: 1.100 / 300 = 3,67 (3 vagas)

Partido C: 350 / 300 = 1,17 (1 vaga)

Partido D: 50/300 = 0,17 (0 vagas)

Repare que das 9 vagas disponíveis, 8 foram preenchidas por esse cálculo. Falta então fazer o *cálculo das sobras*. Para tanto, é necessário dividir o número total de votos no Partido pelas cadeiras obtidas (conforme aplicação do quociente partidário feita anteriormente) mais um. Dessa forma:

Partido A: 1.200 / 4 + 1 = 240

Partido B: 1.100 / 3 + 1 = 275

Partido C: 350 / 1+1 = 175

Partido D: 50 / 0+1 = 50

A partir dessas contas, atribui-se mais uma vaga ao partido B, que ficará com 4 vagas no total, por ter o maior número na aplicação do cálculo de sobras.

Assim, diante do caso hipotético analisado acima, teríamos uma Câmara de Vereadores composta pelos 4 vereadores mais votados do partido A, pelos 4 vereadores mais votados do partido B e pelo vereador mais votado do partido C. Perceba que, mesmo tendo obtido apenas 350 votos, o partido C conseguiu ter uma cadeira, podendo então sustentar suas ideias no âmbito do Legislativo municipal. É nesse sentido que se aponta o sistema proporcional como mais inclusivo, viabilizando a participação política de minorias.

Nesse ponto, argumenta-se que o sistema proporcional, de forma positiva, viabiliza a representatividade de minorias, as quais seriam excluídas de qualquer representação política no Legislativo em sistemas majoritários ou outros que de qualquer forma ignorem percentuais de voto menores (como o sistema distrital, analisado a seguir). Assim, o aproveitamento dos votos realizado pelo sistema proporcional possui como principal ponto positivo a representatividade de minorias, fortalecendo um pilar importante da democracia.

De outro lado, as críticas usualmente feitas ao sistema proporcional referem-se à complexidade de sua execução, dificilmente compreendida pelo eleitor que, não raro, desconhece a verdadeira utilização de seu voto. Ademais, acaba por viabilizar a proliferação de partidos num contexto pluripartidário e, nesse caso, possibilita até mesmo o surgimento de correntes minoritárias extremistas com representação no Legislativo e que podem inclusive atentar contra a ordem democrática.

Dentre as diversas variações possíveis nos sistemas proporcionais, encontra-se o chamado *voto em lista fechada*. Nesse modelo, cada partido submete aos eleitores o voto numa lista de representantes feita pelo partido. Nesse caso, não são eleitos os representantes mais bem votados, mas os que constam da referida lista, na qual o eleitor votou. A ordem de importância dos candidatos será feita pelo partido, ainda que algumas legislações busquem suavizar a rigidez da lista com votos preferenciais. Sobre esse assunto, verifica-se no voto em lista *fechada* a importância do partido e a menor importância do candidato, demonstrando a necessidade de partidos sólidos, com ideias e programas mais ou menos determinados, para que o eleitor possa, de forma mais tranquila, ter a certeza de que seu voto em determinado partido não será utilizado para interesses estranhos à ideologia que esse partido ostenta.

Há ainda a possibilidade de restringir candidatos e partidos pequenos por meio de bloqueios, as chamadas *cláusulas de barreira* ou *de desempenho* e, também, incluir regras que determinam uma votação mínima para que candidatos possam assumir o cargo.

A título de exemplo, nossa Emenda Constitucional nº 97 de 2017 estabeleceu, dentre outras disposições, uma série de restrições que vão nesse sentido, como um mínimo de representação do partido para que esse possa se valer dos recursos do fundo partidário. Outra alteração recente na lei brasileira refere-se à necessidade de que Vereadores, Deputados Estaduais e Federais devam ter ao menos 10% do quociente eleitoral para serem eleitos (uma espécie de "nota de corte"). Com isso, busca-se evitar os famosos puxadores de voto, que não raro traziam consigo representantes com baixíssima quantidade de votos e, portanto, desvinculados da população.

De outro lado, a Lei nº 14.208/2021 alterou a Lei dos Partidos Políticos (Lei nº 9.096/95) e a Lei das Eleições (Lei nº 9.504/97), possibilitando que dois ou mais partidos reúnam-se em uma *federação*, a qual atuará como se fosse uma única agremiação partidária após registro no TSE (Tribunal Superior Eleitoral). Aplicam-se às federações todas as normas que regem as atividades dos partidos políticos, incluindo aquelas referentes à escolha e registro de candidatos para eleições majoritárias e proporcionais, à arrecadação e aplicação de recursos em campanhas, às propagandas eleitorais, à contagem de votos, à obtenção de cadeiras, à prestação de contas e à convocação de suplentes.

13.3 SISTEMA DISTRITAL

O *sistema distrital* realiza uma divisão do eleitorado em distritos, isto é, uma área com um número equivalente de eleitores, de acordo com o número de vagas a serem preenchidas no Legislativo. Divididos os distritos, fazem-se eleições majoritárias dentro de cada distrito, de modo que os vencedores de cada distrito são eleitos e compõem o Legislativo. Evidente que existem variações desse conceito ideal, tal como a possibilidade de distritos médios que elegem de 3 a 5 representantes, bem como os sistemas distritais mistos, em que a divisão de distritos se faz para metade das vagas de representantes disponíveis, sendo a outra metade eleita por listas elaboradas pelos partidos (utilizando-se o sistema proporcional).

Os sistemas distritais possuem, como todos, vantagens e desvantagens. Como *vantagens*, argumenta-se que o candidato de determinado distrito "advoga" por seu distrito e, portanto, todas as regiões possuirão representação. Ademais, por esse mesmo motivo, verifica-se uma possível proximidade entre o eleitor e o candidato, já que esse terá de fazer sua campanha apenas naquele distrito e supõe-se que sua atuação no Legislativo vise à melhoria de condições da vida do povo daquele distrito. Outro argumento favorável refere-se ao emprego de menos recursos na campanha, já que ela fica restrita ao território do distrito.

Do ponto de vista das *desvantagens* dos sistemas distritais, podemos mencionar a inviabilidade de causas difusas, coletivas e de minorias, pois a realização de eleições majoritárias dentro de cada distrito faz com que apenas os candidatos mais bem votados sejam eleitos, de modo a inutilizar todos os votos conferidos aos candidatos menos votados. Como vimos, o sistema proporcional aproveita esses votos e confere aos menos votados uma participação proporcional aos votos obtidos. Já aqui, no sistema distrital, essas minorias tenderiam a perder a eleição e, mesmo obtendo uma representatividade alta em seu distrito (algo como 30% dos votos), esses votos seriam totalmente inutilizados e a representatividade de suas bandeiras no Legislativo poderia ser nula. Dessa forma, o sistema distrital dificulta expressivamente a representatividade de minorias e acaba, com o tempo, conduzindo a um modelo bipartidário.

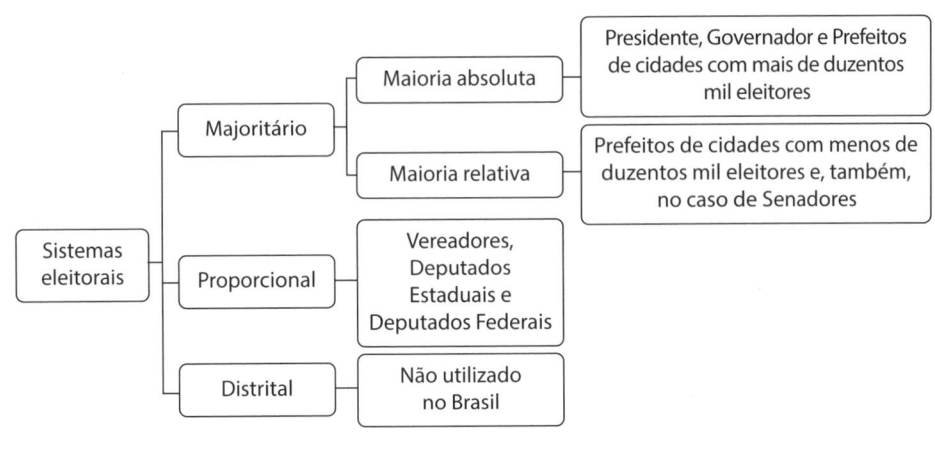

Filmografia

House of cards (série) – EUA, 2013
O candidato – EUA, 1972

Questões Objetivas

1. **Assinale a alternativa que contém a forma de se obter o quociente partidário:**

   a) divide-se pelo quociente eleitoral o número de votos válidos no partido.

   b) divide-se o total de votos válidos no partido pelo quociente partidário.

   c) divide-se o total de eleitores pelo total de vagas a serem preenchidas.

   d) divide-se o quociente eleitoral pela quantidade de vagas a serem preenchidas.

2. **O sistema majoritário é aplicado no Brasil:**

   a) nas eleições de Presidente, Governador e Prefeitos de cidades com mais de duzentos mil eleitores (maioria absoluta) e demais Prefeitos e Senadores (maioria relativa).

   b) a Deputados Estaduais e Deputados Federais.

   c) a Vereadores, Deputados Federais e Deputados Estaduais.

   d) a todos os membros do Poder Legislativo da esfera federal.

3. **Qual sistema eleitoral mais apto a proporcionar a representatividade política de minorias?**

   a) Proporcional.

   b) Majoritário (maioria relativa).

   c) Majoritário (maioria absoluta).

   d) Distrital.

 ## Questões Dissertativas

1. Aponte os argumentos favoráveis e contrários à utilização do sistema eleitoral distrital.

2. Aponte a diferença entre o sistema eleitoral majoritário por maioria absoluta e o sistema eleitoral majoritário por maioria relativa.

3. Qual é o sistema eleitoral mais apto **para proporcionar a representatividade de minorias e de causas difusas e coletivas?**

 ## Caso Prático

Considerando a dimensão geográfica e demográfica do Brasil, bem como as demais características sociais, culturais e políticas de nosso País, apresente um parecer fundamentado sobre um hipotético projeto de lei que vise implementar o sistema distrital para eleições de Deputados Estaduais. Leve em conta em sua resposta os possíveis impactos positivos e negativos da adoção desse sistema.

PARTIDOS POLÍTICOS E SISTEMAS PARTIDÁRIOS

Acesse o QR code e assista ao vídeo sobre o tema

> uqr.to/eeqh

14.1 ASPECTOS HISTÓRICOS

As discussões entre diferentes visões políticas, isto é, acerca do que se deve fazer em nome da coletividade, foram obviamente comuns dentro de todas as espécies de sociedades que possibilitaram, em alguma medida, a liberdade de pensamento e de expressão. Assim, sendo o embate de ideias possível, verificaremos grupos que se aglutinavam em torno de determinados ideais comuns. Nesse sentido, tem-se a existência de grupos políticos, num sentido bastante abrangente e impreciso, desde ao menos a Grécia antiga, notadamente na chamada democracia ateniense e também na Roma antiga, em que verificamos diversas discussões entre plebeus e patrícios sobre a concessão ou não de direitos aos plebeus, por exemplo. Tais grupos, com ideias distintas e que não raro entravam em confrontos, por assim dizer, ideológicos, são encontrados durante toda a história, onde quer que tenha sido possível sua existência (já que, em alguns modelos demasiadamente autoritários, essa discussão era impraticável, embora seja comum encontrarmos até mesmo aí facções internas dentro do grupo dominante). Entretanto, será somente na modernidade que esses grupos ganharão forma e institucionalidade para figurarem como os principais atores políticos nas democracias liberais e será somente a partir daí que passaremos a falar propriamente em partidos políticos.

Na modernidade, com efeito, há a verificação de um pluralismo muito forte, sendo encontrados na sociedade grupos que possuem diferentes eticidades, isto é, distintas formas de ver e agir no mundo a partir de ideias, princípios e regras que não são as mesmas entre todos. Dentro dessa pluralidade típica da era moderna está a própria multiplicidade de religiões que passam a conviver num mesmo espaço público, sobretudo após a Reforma (1517). Nesse cenário, a discussão entre diferentes ideias de teor político torna-se, obviamente, mais comum, seja pela existência de visões de mundo distintas, seja pela possibilidade crescente de expressá-las publicamente. Anote-se aí o advento da imprensa no século XV como elemento catalizador da expansão da liberdade de expressão.

Assim, nos antecedentes das Revoluções Liberais dos séculos XVII e XVIII, vários grupos políticos já se reuniam com interesses tipicamente políticos, visando uma ação conjunta no sentido de implementar suas ideias compartilhadas. Sua institucionalização, entretanto, ocorre apenas no século XIX, quando então passamos a falar propriamente de partidos políticos, seja pelo fato de serem institucionalizados, seja por adquirirem características similares às que podemos apontar aos partidos políticos de hoje. Assim, é apenas com o aumento crescente da ideia de democracia que o partido político se solidifica na vida pública, enquanto grupo que visa, mediante ação conjunta, preencher cargos representativos e implementar seu programa político.

Com efeito, já no contexto da Revolução Francesa havia uma significativa dinamização de interesses, os quais foram canalizados pelos Jacobinos e Girondinos, grupos que lutavam pelo controle da Revolução, a qual podia tomar rumos distintos a depender das ideias a serem aplicadas. Havia, entretanto, representantes na Convenção denominados em conjunto de Planície *(La Plaine)*, de posição intermediária com relação aos dois grupos mencionados acima. Ainda na França, no momento posterior, a crescente expansão do direito de voto a partir de 1848 dinamizou ainda mais os interesses sociais defendidos no Legislativo e, portanto, os partidos precisaram ir às ruas para captar os anseios populares. Nesse ponto, conseguimos visualizar uma crescente vinculação entre a população e os partidos políticos, visando dar efetividade à ideia de representação típica das democracias liberais modernas e possibilitando que, para fins didáticos e conceituais, passássemos a utilizar propriamente o conceito de partido político. Evidente que a expansão do sufrágio universal verificada no decorrer do século XX nas democracias liberais tornou essa vinculação cada vez mais efetiva, pelo menos em tese.

14.2 CONCEITO E IMPORTÂNCIA

A partir desse histórico, consolida-se após o século XIX a ideia de partido político tal como a conhecemos. Trata-se, portanto, de um conjunto de cidadãos, os chamados membros do partido, que se reúnem em torno de ideias comuns, visando acesso aos cargos representativos para possibilitar a concretização dessas ideias, as quais encontram-se consubstanciadas num programa político. Em termos bastante simples, podemos também conceituá-los como grupos institucionalizados com o objetivo de alcançar o poder político e exercê-lo. Para José Afonso da Silva, "o partido político é uma forma de agremiação de um grupo social que se propõe organizar, coordenar e instrumentar a vontade popular com o fim de assumir o poder para realizar seu programa de governo"[1].

Consiste, portanto, na mais efetiva forma encontrada de intermediar ideias e anseios da população com o exercício efetivo do poder. Afinal, a ideia de autogoverno apresentada pela democracia direta encontra muitas dificuldades na hora de ser operacionalizada, ou seja, em sua efetiva aplicação prática. Assim, o governo do povo, pelo povo e para o povo não pode ficar desorganizado e se esperar que, da igualdade dos cidadãos, resulte uma igualdade de participação na condução dos assuntos públicos. Os princípios democráticos

---

1   SILVA, José Afonso da. **Curso de direito constitucional positivo.** 41ª ed. São Paulo: Malheiros, 2018, p. 397.

da igualdade e do poder do povo encontram uma dificuldade prática em sua aplicação plena e ideal (tal como aquela pensada na democracia direta), gerando a necessidade de modelos representativos de democracia, os quais, obviamente, nos conduzem à criação de grupos organizados – os partidos – que visam canalizar determinados anseios da população para vencer pleitos eleitorais e, empossados de um mandato conferido pelo povo, exercer o poder político.

Temos, é claro, muitas outras formas de tentar influenciar ações estatais que não por meio de partidos políticos, como, por exemplo, a organização de grupos de interesse e grupos de pressão (que serão analisados no capítulo 16), bem como de greves, movimentos, marchas, passeatas, manifestações etc., os quais são abarcados pela liberdade de reunião e de expressão, direitos fundamentais imprescindíveis em regimes democráticos. Todas essas formas de influenciar ações estatais podem ser efetivas. Entretanto, encontram-se numa esfera mais afastada do poder do que os partidos que, inevitavelmente, vão preencher postos de poder e exercê-lo em nome do povo (verdadeiro detentor do poder político). Afinal, Presidente, Governador, Deputados e Senadores são, todos eles, sem exceção – no caso do Brasil –, membros de partidos políticos.

Os partidos políticos têm seus *filiados*, isto é, membros formalmente registrados como tal e que, portanto, possuem certos direitos, como o de votar em assembleias realizadas pelo partido. No entanto, há também os *simpatizantes* e *militantes* que não necessariamente são membros do partido, sendo cidadãos que, por questões ideológicas, identificam-se com o programa político e com as ideias defendidas pelo partido e, portanto, unem-se para defender tais ideias, embora sem vínculo formal estabelecido.

Vale frisar, por fim, que os partidos políticos figuram como essenciais no contexto das democracias representativas. Afinal, não poderiam os cidadãos, espontaneamente e sem organização, coordenar as ações estatais de modo a realizar projetos de interesse público. Seria necessária alguma instância minimamente organizada que canalizasse esses anseios populares, com número reduzido de pessoas, possibilitando então a efetivação de interesses coletivos. Assim, os partidos políticos apresentam-se como instrumentos necessários de qualquer democracia representativa. Daí serem tão perigosos os discursos antipolíticos que ouvimos com frequência nos últimos anos, não raro até mesmo proferidos por atores políticos. Ora, se a autogestão é faticamente impraticável e a representação política for abominável, nos restará apenas a força bruta como forma de poder.

Há, entretanto, aqueles que defendem a possibilidade de *candidaturas independentes (avulsas)*, isto é, de candidatos que não sejam vinculados a qualquer partido político, modelo existente em alguns Estados democráticos, porém vedado no Brasil, nos termos do art. 14, § 3º, inciso V da Constituição. Essa ideia surge, basicamente, por dois motivos. Um deles é o da ausência de partidos que sejam adequados à ideologia do candidato, o qual, portanto, apresenta-se como independente dos movimentos partidários existentes, aos quais não pode, por ideologia, vincular-se. Outro motivo é, certamente, a descrença com relação à política e aos políticos diante da crise de legitimidade enfrentada pela democracia representativa, sobretudo nessa virada de século. Nesse caso, trata-se de se candidatar como um não político, isto é, um típico *outsider* – alguém de fora do jogo da política e que supostamente trará para a política algo novo. É necessário, nesse caso, questionar a real possibilidade de um candidato a um cargo político ser, de fato, um não político. Apresentar-se como suprapartidário ou neutro do ponto de vista ideológico (apartidário) é, quase sempre, um argumento falacioso para a aplicação de ideologias específicas, que não se quer abertamente sustentar e, portanto, não devemos confundir a inexistência de partidos com a inexistência de ideias políticas a serem aplicadas – as quais certamente existirão. Se assim for, melhor que tais ideias sejam de antemão apresentadas aos eleitores e não se escondam por trás de uma pseudoneutralidade.

14.3 DISCIPLINA CONSTITUCIONAL DOS PARTIDOS POLÍTICOS

O art. 17 da Constituição Federal de 1988 disciplina os partidos políticos e estabelece, em seu § 2º que: "Os partidos políticos, após adquirirem personalidade jurídica, na forma da lei civil, registrarão seus estatutos no Tribunal Superior Eleitoral". Ao exigir seu registro na forma da lei civil, referido dispositivo caracteriza os partidos políticos como sendo pessoas jurídicas de direito privado, sujeitos, portanto, ao registro perante o Registro Civil de Pessoas Jurídicas, nos termos da Lei dos Registro Públicos brasileira. Após isso, o partido deve registrar seu estatuto perante o Tribunal Superior Eleitoral – TSE.

No que tange aos princípios que regem a organização e o funcionamento do partido, destacam-se o da *liberdade partidária* e o da *autonomia*.

O *caput* do art. 17 da CF/88 estabelece que são livres a criação, a fusão, a incorporação e a extinção de partidos políticos, resguardados a soberania nacional, o regime democrático, o pluripartidarismo, os direitos fundamentais da pessoa humana e observado seu caráter nacional, a proibição de financiamento de entidade ou governo estrangeiro ou a subordinação a esses, a necessidade de prestação de contas à Justiça Eleitoral e, por fim, seu funcionamento de acordo com a lei.

Assim, o princípio da *liberdade partidária* possibilita a livre criação, fusão, incorporação e extinção de partidos e significa, em especial, a impossibilidade do Estado de interferir na criação ou extinção de partidos, como vimos algumas vezes em nossa história (vide, por exemplo, o art. 18 do Ato Institucional nº 2[2] que, durante a ditadura militar, extinguiu todos os partidos e criou condições para a existência de apenas dois: Arena e MDB). Entretanto, como visto anteriormente, essa liberdade partidária encontra limites de acordo com o regime democrático. Nesse sentido é que os partidos devem observar a soberania nacional, o regime democrático, o pluripartidarismo, os direitos fundamentais e seu caráter nacional. Ressalte-se, nesse aspecto, que dado o sistema pluripartidário adotado por nossa Constituição, é livre a criação de novos partidos, desde que observadas as regras aplicáveis pela legislação vigente. Além dos limites apontados, destaca-se a proibição de utilização de organização paramilitar pelos partidos. Assim, embora os partidos políticos busquem alcançar e exercer o poder político, devem fazê-lo dentro das regras do jogo, isto é, dentro da legislação vigente no contexto de um regime democrático.

O segundo princípio que rege a atividade partidária é o da *autonomia*, conforme disposto no § 1º do art. 17. Segundo esse dispositivo legal, é assegurada aos partidos políticos "autonomia para definir sua estrutura interna e estabelecer regras sobre escolha, formação e duração de seus órgãos permanentes e provisórios e sobre sua organização

---

2   "Art. 18 – Ficam extintos os atuais Partidos Políticos e cancelados os respectivos registros."

e funcionamento e para adotar os critérios de escolha e o regime de suas coligações nas eleições majoritárias, vedada a sua celebração nas eleições proporcionais, sem obrigatoriedade de vinculação entre as candidaturas em âmbito nacional, estadual, distrital ou municipal, devendo seus estatutos estabelecer normas de disciplina e fidelidade partidária". Diante disso, não cabe ao Estado regrar os aspectos de organização interna dos partidos ou interferir nas tratativas que esses fazem para estabelecer coligações para as eleições majoritárias. Repare que, em virtude da EC 97/2017, o texto desse artigo foi alterado, de tal modo que a partir das eleições de 2020 foram proibidas as coligações partidárias para fins de eleições pelo sistema proporcional (Vereadores, Deputados Estaduais, Distritais e Federais), sendo permitidas apenas para eleições majoritárias. Ainda, conforme já mencionado no capítulo anterior, a Lei nº 14.208/2021 alterou a Lei dos Partidos Políticos (Lei nº 9.096/95) e a Lei das Eleições (Lei nº 9.504/97), possibilitando que dois ou mais partidos reúnam-se em uma *federação*, a qual atuará como se fosse uma única agremiação partidária após registro no TSE (Tribunal Superior Eleitoral).

Por fim, cabe dizer que ainda é prática pouquíssimo difundida no Brasil a realização de *prévias* (ou primárias) no âmbito interno dos partidos. Isto é, eleições internas dentro do partido para que seus membros decidam quem será o candidato do partido numa eleição majoritária (Prefeito, Governador e Presidente). Salvo raras exceções, atualmente esses nomes são escolhidos por líderes partidários – informalmente apelidados de caciques – e não por meio de um procedimento democrático interno dos partidos.

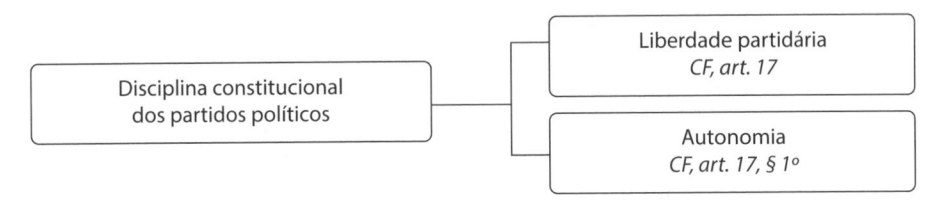

14.4 SISTEMAS PARTIDÁRIOS

Há três diferentes sistemas partidários, a depender da liberdade para a criação de partidos, isto é, da quantidade de partidos que são permitidos de acordo com as leis vigentes, bem como pelas consequências ocasionadas pelos sistemas eleitorais adotados que não raro tendem a ser fator preponderante na formação de partidos e na consolidação de determinado número de partidos no cenário político.

O *sistema unipartidário* permite a existência de um único partido em todo Estado, sendo proibida a criação de outros. A ideia aqui é que toda política seja coordenada pelo partido oficial e que todos os candidatos a cargos representativos sejam filiados a esse partido. Trata-se de um modelo que dificilmente pode conviver com a liberdade de expressão, a qual tende a abrir o espectro ideológico para além das ideias defendidas pelo partido único. Afinal, ainda que se tenham discussões dentro do partido e se realizem eleições gerais, todos os candidatos devem, em maior ou menor grau, estar vinculados às ideologias do partido. Também do lado do eleitor, o sistema unipartidário acaba por restringir de forma significativa as possibilidades de voto e, portanto, restringe também o pluralismo político típico das democracias. Por esses motivos, o unipartidarismo apresenta-se como o sistema mais afastado dos ideais democráticos. Não é por acaso que todos os regimes totalitários do século XX se valeram do unipartidarismo e, atualmente, alguns regimes ditatoriais ainda se valem desse sistema.

O *sistema bipartidário*, por sua vez, caracteriza-se pela preponderância de dois grandes partidos. Nesse caso, é importante anotar que há, geralmente, diversos outros partidos, mas na prática apenas dois consolidam os votos da maioria expressiva da população, de modo que esses dois partidos tendem a se alternar no governo. Enquanto um exerce o governo, o outro assumirá necessariamente o papel de oposição. É o caso dos Estados Unidos. Lá se verifica a existência de diversos partidos (Partido Democrata, Partido Republicado, mas também do Partido Verde e do Partido da Constituição, entre outros). Entretanto, os Partidos Democrata e Republicano consolidam um modelo na prática bipartidarista ao preencher a esmagadora maioria dos cargos representativos (Câmara e Senado) e sempre elegendo o Presidente. Nesse sentido, o sistema bipartidário, não raro, apresenta-se como uma consequência do sistema eleitoral adotado (majoritário de turno único para Presidente e distrital para os cargos legislativos) ou da dificuldade imposta à criação e à continuidade de pequenos partidos. No caso brasileiro, o sistema bipartidário foi utilizado no contexto da ditadura militar a partir do Ato Institucional nº 2, que determinou expressamente a extinção de todos os partidos políticos existentes e estabeleceu condições para existência de apenas dois: Arena e MDB.

O *sistema pluripartidário (ou multipartidário)*, por fim, é aquele em que se viabiliza, dentro de certas regras previstas na Constituição, a livre criação de novos partidos e, portanto, é caracterizado pela existência de diversos partidos. Há aqui uma superação da polarização típica do sistema bipartidário por meio de um sistema em que vários partidos grandes, médios e pequenos sustentam ideologias dos mais diversos tipos, dando assim maior amplitude à liberdade de expressão e maior possibilidade de representação às correntes ideológicas minoritárias e à defesa de direitos de minorias. Esse sistema é previsto atualmente por nossa Constituição Federal de 1988, e no Brasil, atualmente, o número de partidos existentes é superior a trinta.

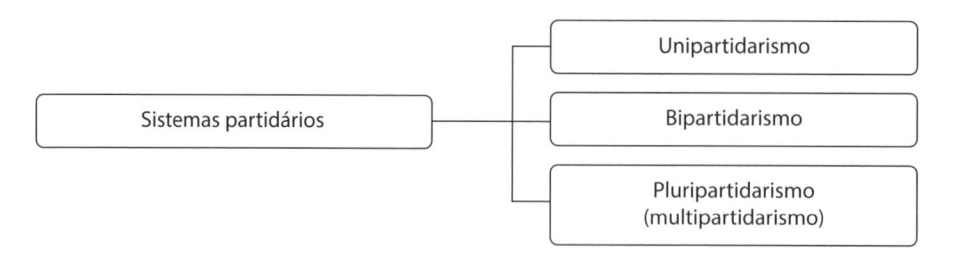

Feita a caracterização dos diferentes sistemas partidários, vale destacar alguns pontos positivos e negativos acerca da utilização de cada modelo.

Quanto à *liberdade de expressão* e à *representatividade de minorias,* o sistema pluripartidário parece levar vantagem com relação aos demais. Afinal, nele é possível a existência, com representação no Congresso, de partidos dedicados a causas minoritárias ou específicas, mas que encontram na sociedade alguma receptividade. Assim, ainda que algum partido tenha um percentual pequeno de representação no Congresso, eles estão lá, com voz na tribuna e com algum peso nas votações no Congresso. Já no sistema bipartidário, correntes minoritárias são ofuscadas pelos grandes partidos ou são de alguma forma absorvidas por esses, de modo a dar menos voz a demandas provenientes de minorias. A propósito, o sistema distrital adotado por esses modelos (como no caso dos Estados Unidos) por si só já torna dificultoso o preenchimento de vagas no legislativo por grupos minoritários, conforme já foi anotado no capítulo 13. O sistema unipartidário, por fim, é evidentemente o que menos viabiliza as condições para representação de direitos de minorias ante a impossibilidade de criação de partidos e, consequentemente, de partidos focados em causas dessa natureza.

Já quanto à *formação de consensos*, parece levar vantagem o bipartidarismo. Afinal, é muito mais simples obter consenso com apenas dois partidos – geralmente representados por meio de um porta-voz cada – do que num modelo pluripartidário, em que representantes de nove, quinze ou até vinte partidos tenham que aderir a algum projeto, ideia ou causa para formar um bloco majoritário que possibilite sua aprovação. Assim, em sistemas bipartidários, um acordo entre os dois partidos viabiliza a governabilidade plena, enquanto, num modelo pluripartidário, verifica-se a necessidade de compor uma base de sustentação do governo muito ampla do ponto de vista ideológico e do número de partidos. Essa questão de se compor maioria, não raro, gera desgastes ao governo, bem como a necessidade de mudança de projetos para agradar a todos em alguma medida. Assim sendo, é necessária a formação de uma base heterogênea de sustentação do governo, o que faz esse modelo ser bastante instável. Por fim, considerando a natureza não democrática do sistema unipartidário (falta-lhe o pluralismo típico de uma democracia), não é possível verificar propriamente a formação de consensos, mas apenas a existência de decisões unilaterais.

No que tange à *eficiência na gestão* e à *velocidade na tomada de decisão*, leva vantagem o sistema unipartidário que, por não comportar o pluralismo típico de sistemas democráticos, possibilita a tomada de decisões de forma muito mais rápida e eficiente do que nos demais, especialmente quando comparado ao modelo pluripartidário, em que a discussão envolvendo diversos partidos torna extremamente alongados os processos de aprovação de importantes reformas.

Assim, é possível fazer uma correlação entre o pluralismo político e a eficiência administrativa, já que ouvir e efetivamente levar em consideração as diversas opiniões e interesses de uma sociedade plural demanda tempo e torna os processos de aprovação legislativa mais lentos, embora mais democráticos. Já o modelo não democrático que adota o sistema unipartidário pode ser extremamente eficiente, por ignorar anseios populares e agir conforme a vontade de um só grupo político dominante. Perceba que a democracia nunca se apresentou como o modelo mais eficiente de gestão, mas como o modelo que garante o Estado de direito, os direitos e garantias fundamentais, os direitos políticos e a participação política e tudo isso dentro de um pluralismo que deve ser respeitado, especialmente diante da liberdade de expressão que também é garantida. Diante disso, a democracia nunca alcançará a eficiência administrativa de um regime ditatorial, que pode impor regras sem a observância dos ritos e direitos característicos de sistemas democráticos.

Por fim, vale destacar a importância dos sistemas eleitorais para a formação dos diferentes sistemas partidários. Conforme nos ensina Duverger[3], "o escrutínio majoritário de um só turno tende ao dualismo dos partidos", enquanto "o escrutínio majoritário de dois turnos ou a representação proporcional tendem ao multipartidarismo". Trata-se, obviamente, de uma tendência para a formação de um ou de outro modelo a partir do sistema eleitoral aplicado. A partir dessa lição, temos que o modelo bipartidário vigora nos Estados Unidos em razão do voto distrital e do escrutínio majoritário de turno único para Presidente, enquanto no Brasil vigora o pluripartidarismo em razão das eleições proporcionais para o Legislativo (salvo Senado) e das eleições majoritárias em dois turnos para Presidente, Governadores e Prefeitos.

Filmografia

Danton: o processo da revolução – França/Polônia, 1982

Entreatos – Brasil, 2004

Germinal – França, 1993

Milk: a voz da igualdade – EUA, 2008

Questões Objetivas

1. **Quanto aos sistemas partidários, assinale a opção <u>incorreta</u>:**

   a) No sistema pluripartidário, é livre a criação de partidos políticos, observadas as disposições legais aplicáveis.

   b) No sistema unipartidário, verifica-se a existência de um só partido político e a proibição da criação de novos partidos.

   c) O sistema bipartidário se caracteriza pela predominância de dois partidos, tal como ocorre nos Estados Unidos.

   d) No sistema unipartidário, é livre a criação de partidos políticos, mas verifica-se a predominância de um só.

2. **Assinale a opção que contém os princípios que regem a criação e a organização dos partidos políticos de acordo com a Constituição Federal de 1988.**

   a) Liberdade partidária e autonomia.

   b) Liberdade partidária e impessoalidade.

   c) Transparência e eficiência.

   d) Autonomia e eficiência.

---

3   DUVERGER, Maurice. **Os partidos políticos.** Rio de Janeiro: Zahar, 1970, p. 253-274.

3. **Qual é o sistema partidário mais apto a proporcionar a representação de minorias?**
   a) Bipartidário.
   b) Unipartidário.
   c) Pluripartidário.
   d) Majoritário.

 ## Questões Dissertativas

1. Caracterize os diferentes sistemas partidários.
2. Disserte sobre os princípios que regem a criação e o funcionamento dos partidos políticos no Brasil de acordo com a Constituição Federal de 1988.
3. Aponte as vantagens e desvantagens da utilização do pluripartidarismo.

 ## Caso Prático

Segundo informações do Tribunal Superior Eleitoral – TSE, o Brasil possui atualmente mais de 30 partidos políticos registrados e diversos outros em processo de formação.

Analise o atual cenário político-partidário brasileiro a partir das características e dos pontos positivos e negativos dos diferentes sistemas partidários.

BUROCRACIA E TECNOCRACIA

Acesse o QR code e assista ao vídeo sobre o tema

> uqr.to/eeqj

15.1 BUROCRACIA

Muitas vezes ignorado nas análises políticas, o estudo da burocracia é de grande valia para a compreensão do fenômeno político moderno. Nesse sentido, é clara a afirmação de Max Weber de que "toda dominação expressa si mesma e suas funções por meio da administração"[1]. No contexto do Estado moderno, essa administração se realiza de forma burocrática. É nela, portanto, que se manifesta a forma de *dominação legal-racional* trabalhada por Weber, na qual existe um regulamento administrativo que fixa as atribuições oficiais dentro de uma hierarquia de mando e subordinação, sempre com o devido lastro em documentos escritos. Em suma, temos que a burocracia representa, em termos weberianos, a *racionalização da administração pública*.

Conceituamos *burocracia* como uma forma de organização a partir de uma estrutura que busca a impessoalidade, a previsibilidade e a especialização de funcionários hierarquicamente organizados. Muito embora esse conceito seja extensível a qualquer organização (incluindo às empresas privadas), neste capítulo centraremos nossa análise no fenômeno na burocracia estatal.

A partir desse conceito, podemos extrair as características da burocracia: *impessoalidade, previsibilidade, especialização* e *hierarquia*.

A *impessoalidade*, que nesse contexto pode ser equiparada à *imparcialidade*, consiste em decorrência lógica da igualdade perante a lei que sustenta os ordenamentos jurídicos modernos; ou seja, dado o fato de que todos são iguais perante a lei, assume-se que todos devem ser tratados igualmente pelo Estado e, portanto, por todo corpo de funcionários que age e fala em nome do Estado. Dessa forma, o cidadão se relaciona com o aparato burocrático do Estado esperando ser tratado de forma igual aos demais e, do outro lado,

---

1   WEBER, Max. **O direito na economia e na sociedade.** Trad. Marsely De Marco Martins Dantas. São Paulo: Ícone, 2011, p. 304.

aqueles investidos com poderes estatais devem tratar todos os cidadãos sem privilégios ou favoritismos pessoais.

A *previsibilidade*, por sua vez, é uma expectativa passada ao cidadão de que os representantes do Estado, na execução de suas tarefas públicas, encontram-se regidos por regras e que, portanto, toda e qualquer ação daquele que representa o Estado deve ser de acordo com a lei. Obviamente, a impessoalidade mencionada acima representa uma das faces da previsibilidade, dado o fato de que, nas democracias ocidentais, constitui ponto nevrálgico dos ordenamentos jurídicos a isonomia, isto é, a igualdade de todos perante a lei. Assim, o cidadão, ao se relacionar com o poder público e "enfrentar" seu aparato burocrático, assume que será tratado tal como previsto e tal como os outros cidadãos foram e serão tratados. Não é possível dois pesos e duas medidas para atos estatais, de modo que o desfecho de situações iguais deve ser igual, em se tratando de atos do poder público lastreados em previsão legal.

Já a *especialização* se refere à delimitação das atividades dos funcionários. Assim, busca-se uma maior *eficiência* a partir da realização de um número limitado de tarefas por cada servidor, de modo que haja uma melhor e mais rápida execução dessas tarefas pela repetição. Podemos aplicar aqui os princípios típicos do modelo de produção fordista para compreendermos a natureza dessa característica típica da burocracia.

A última característica, a *hierarquia*, representa a divisão ordenada e escalonada dos poderes visando a eficiência pela possibilidade de decisão imposta de cima para baixo.

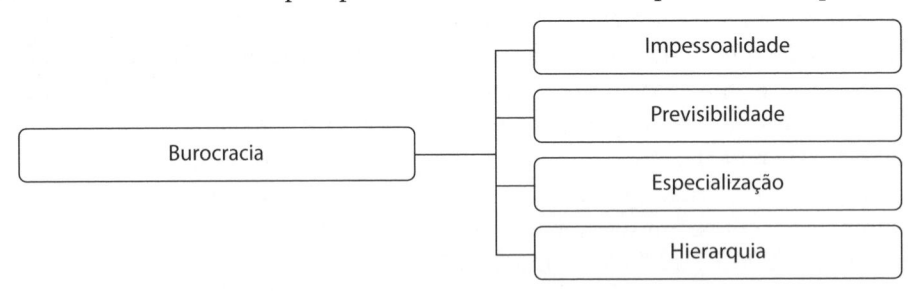

A partir de tais características, temos maior clareza do que é e de como funciona a burocracia estatal. Visa-se uma maior eficiência a partir de uma atuação previsível e impessoal, prestada por servidores organizados hierarquicamente com especialização de funções. Trata-se, portanto, de uma tentativa de racionalizar a administração pública, tentando ao máximo aproximar a atuação do Estado a uma máquina fria e racional. Destaque-se, nesse sentido, que os avanços da Quarta Revolução Industrial, sobretudo da inteligência artificial (I.A.), aparecem como importante fator de análise sobre o assunto, na medida em que passa a ser possível a substituição de servidores por *softwares* dotados de I.A. para a execução de tarefas repetitivas. Como se sabe, as máquinas podem executar tarefas repetitivas em menor tempo e com menor custo, alcançando a eficiência almejada pelos aparatos burocráticos.

Weber[2] nos ajuda a compreender com maiores detalhes o conceito ao apresentar as características específicas da burocracia moderna, tanto aquela baseada no direito público,

---

2   WEBER, Max. **Economia e sociedade:** fundamentos da sociologia compreensiva. Trad. Regis Barbosa e Karen Elsabe Barbosa. Brasília: UnB; São Paulo: Imprensa Oficial do Estado de São Paulo, 1999, vol. II. p. 198-200.

quanto a da empresa privada burocratizada, as quais tomamos a liberdade de sintetizar: 1) o funcionalismo é regido pelo princípio da competência, ou seja, há uma distribuição fixa das atividades e poderes de mando determinados também de forma fixa; 2) há hierarquia de cargos determinada por um sistema fixamente regulamentado de mando e subordinação de autoridades e com fiscalização, bem como uma sequência de instâncias determinada; 3) baseia-se a administração moderna em documentos escritos (atas) e há separação entre o escritório e as atividades privadas; 4) há especialização dos serviços; 5) exige-se o emprego da plena força de trabalho do funcionário; e 6) a administração dos funcionários se dá de acordo com regras.

A partir dessa análise, Weber[3] apontará que as vantagens da organização estritamente burocrática são "a precisão, velocidade, consistência, disponibilidade de registros, continuidade, possibilidade de sigilo, unidade, coordenação rigorosa, além da redução de atritos e gastos com material e pessoal". Trata-se de conceito similar ao que apresentamos anteriormente e que pode ser estudado em conjunto para uma melhor compreensão do tema em análise.

Do ponto de vista crítico, cria-se com a burocracia um mecanismo de alienação social, no qual as pessoas não falam em seu nome, vez que não têm o domínio sobre a situação, isto é, não participam pessoalmente do processo decisório, mas devem obedecer às ordens emanadas de cima e às regras, além de agir com suposta imparcialidade. Assim, o bom funcionamento da administração pública resulta da alienação decorrente da observância de regras – em que pode haver uma possível distinção entre o pensado e o executado, além de certa insensibilidade com relação a causas particulares.

15.2 TECNOCRACIA

Verificamos ao longo do século XX uma pressão por modernização (racionalização) da produção e, consequentemente, da administração pública, de modo que a ciência assumirá um papel central como forma de se avaliar modelos e discursos, incluindo aqueles de natureza política.

Em linha com as análises feitas nesta obra sobre a burocracia, temos aqui uma ampliação da racionalização da administração pública que, tal como as empresas privadas, acaba por se transformar em espécies de grandes organizações, complexas, hierarquizadas e racionalizadas. Nesse cenário, o desenvolvimento tecnológico típico do século XX, bem como a expansão dessa lógica ao Estado torna-o instrumento de resolução de problemas técnicos, despolitizando as decisões que passam a ser decididas tecnicamente.

Nesse contexto, as questões sociais que na teoria democrática clássica deveriam ser resolvidas a partir de consultas populares diretas ou indiretas, apresentam-se como resolvidas por critérios meramente técnicos, detidos por aqueles que possuem a *expertise* necessária, os técnicos (especialistas) que, quando revestidos de poder social, podem tornar-se *tecnocratas*.

---

3   WEBER, Max. **O direito na economia e na sociedade.** Trad. Marsely De Marco Martins Dantas. São Paulo: Ícone, 2011, p. 325.

Embora o conceito seja complexo, podemos caracterizar o tecnocrata, para fins didáticos, como sendo aquele que, mediante discurso, busca despolitizar problemas políticos e sociais, traduzindo-os em conceitos conhecidos apenas pelos membros da chamada comunidade técnico-científica da qual faz parte e que se reveste, ainda, de poder político – institucionalizado ou não –, se valendo desses atributos para realizar ações políticas de modo impositivo, sustentando suas posições com discursos fundamentados na pseudoneutralidade científica.

Anote-se, ainda, que a ideia por trás do conceito de tecnocracia não é a de uma forma de governo, vez que pode se inserir em diversos tipos de organização, desde que haja, para caracterizá-la, a manipulação do poder por especialistas habilitados para colocar em prática os planos de condução da administração. Nessa perspectiva, há uma latente anulação das autoridades sociais e das liberdades dos indivíduos no que tange à possibilidade de influência na condução da sociedade, apresentando-se a tecnocracia com uma sempre perigosa pretensão de neutralidade, implicando, assim, uma concepção segundo a qual a condução da sociedade cabe aos que possuem a capacidade técnica de determinar seus fins e organizá-la. Dessa forma, a prática comum dos tecnocratas é a de trazer para o campo técnico as discussões e os problemas que são fundamentalmente políticos. Trata-se de se traduzir em termos técnicos um problema político, despolitizando-o, de tal modo a prescindir da opinião popular ou dos representantes do povo.

Nesse ponto, vale traçarmos algumas palavras adicionais sobre a relação entre democracia e tecnocracia. Bobbio[4], nesse sentido, nos faz importante alerta, ao dizer que "tecnocracia e democracia são antitéticas: se o protagonista da sociedade industrial é o especialista, impossível que venha a ser o cidadão qualquer". Trata-se aí de um ponto central para a compreensão dos discursos e da prática política das últimas décadas, que tendem a enfatizar a eficiência e a gestão técnica da coisa pública, apresentando soluções pseudoneutras para problemas de natureza social, tais como o desemprego, a inflação e outros, considerando-os como exclusivamente técnicos e, com isso, afastando os cidadãos e seus representantes das discussões políticas.

Cabe destacar que a mera existência de técnicos no poder não configura por si só a existência de práticas tecnocráticas. Ao contrário, dada a complexidade das sociedades atuais, é fundamental que técnicos e cientistas assumam cargos em que sua expertise é fundamental para uma boa gestão. Desse modo, não podemos confundir técnicos (expertos em determinadas áreas do conhecimento) com tecnocratas, os quais buscam suplantar decisões políticas e sociais por decisões técnicas, a partir da *pseudoneutralidade* de seu discurso, o qual busca ser legitimado pela suposta neutralidade axiológica da ciência, utilizada aqui para encobrir sua decisão de natureza político-ideológica.

15.3 RELAÇÕES ENTRE BUROCRACIA E TECNOCRACIA

Por fim, cumpre destacar que a tecnocracia não se confunde com a burocracia. O fato de a burocracia apresentar os valores da racionalidade, da eficiência, da objetividade

---

4   BOBBIO, Norberto. **O futuro da democracia.** Trad. Marco Aurélio Nogueira. São Paulo: Paz e terra, 2000, p. 46.

e da profissionalidade nada tem a ver com o incremento da participação de tecnocratas nos centros de decisão que comandam o funcionamento do Estado.

A burocratização, nesse sentido, equivale a uma forma administrativa que aumenta a racionalidade do sistema, independentemente de quem sejam os ocupantes dos centros de poder e de decisão. Assim, o mero fato da estrutura administrativa do Estado ser organizada de forma racional, colocando-se a serviço de uma finalidade objetiva e impessoal, ou seja, de forma burocrática, não acarreta uma necessidade do aumento da participação de profissionais de natureza técnica nos cargos de decisão dessa sociedade e não implementa necessariamente um discurso visando a prevalência da técnica sobre a política – questão característica da tecnocracia.

Nesse sentido, a burocracia é meramente o que acaba por tornar eficiente a gestão de sistemas administrativos modernos de dominação, na medida em que submete a pessoa ao aspecto burocrata do seu cargo, tornando racional a administração, de modo que tal racionalidade se alinha mais à ideia de disciplina e cumprimento estrito de regras do que aos conceitos de ciência e técnica.

Assim, temos que o burocrata é essencial à administração, e o tecnocrata o é apenas quando os dirigentes necessitam de sua *expertise*. Ademais, temos que o burocrata é substituível, na medida em que seu caráter pessoal é submisso às regras, ao seu serviço desempenhado. Já com o técnico o mesmo não acontece, pois ninguém que não seja um técnico com habilidades similares pode fazer em seu lugar o que ele é capaz. O poder do burocrata lhe é concedido pela organização de que faz parte. O poder do técnico é o conhecimento que lhe é inerente. Por fim, o poder do tecnocrata é derivado de sua posição de poder e da efetiva possibilidade de apresentar ou impor soluções técnicas para problemas políticos e sociais. Daí ser possível, também, conciliar os dois conceitos e falarmos em *tecnoburocratas*, sendo esse aquele que se supõe tenha a possibilidade de orientar conjuntos administrativos complexos de organização burocrática, estando assim apto a fazer valer os entendimentos tecnocráticos.

 ## Filmografia

Brazil: o filme – Reino Unido, 1985
Eu, Daniel Blake – Reino Unido/França/Bélgica, 2016
O processo – França/Itália/Alemanha, 1962
Tempos modernos – EUA, 1936

 ## Questões Objetivas

1. São características da burocracia:
   a) unidade, moralidade, impessoalidade e previsibilidade.
   b) moralidade, ética, pessoalidade e especialização.

c) impessoalidade, previsibilidade, especialização e hierarquia.

d) pessoalidade, previsibilidade, especialização e moralidade.

2. **A dominação legal-racional trabalhada por Max Weber se expressa por meio da:**

a) administração pública burocratizada.

b) administração pessoal.

c) administração carismática.

d) administração tradicional.

3. **No que tange aos tecnocratas, assinale a opção correta:**

a) O tecnocrata busca impor soluções técnicas para problemas políticos e sociais, despolitizando decisões.

b) Tecnocracia e burocracia são conceitos equivalentes.

c) Burocratas e tecnocratas são igualmente substituíveis.

d) O tecnocrata se pauta pela pessoalidade.

 ## Questões Dissertativas

1. Relacione a racionalidade típica da filosofia moderna com o avanço da tecnocracia.
2. Qual é a relação da tecnocracia com a democracia?
3. Quais são as semelhanças e diferenças existentes entre burocracia e tecnocracia?

 ## Caso Prático

A Lei nº 13.726, de 8 de outubro de 2018 dispõe em seu art. 1º que: "*Art. 1º Esta Lei racionaliza atos e procedimentos administrativos dos Poderes da União, dos Estados, do Distrito Federal e dos Municípios mediante a supressão ou a simplificação de formalidades ou exigências desnecessárias ou superpostas, cujo custo econômico ou social, tanto para o erário como para o cidadão, seja superior ao eventual risco de fraude, e institui o Selo de Desburocratização e Simplificação*".

Diante da referida lei, bem como do contexto político-administrativo brasileiro, disserte acerca da relação entre racionalização, burocratização e democracia.

GRUPOS DE PRESSÃO

Acesse o QR code e assista ao vídeo sobre o tema

> uqr.to/eeqk

Grupos de interesse, grupos de pressão e *lobby* são, por vezes, expressões utilizadas indistintamente para tratar do mesmo fenômeno. Entretanto, é possível apresentar aqui algumas diferenças entre tais conceitos, ainda que para fins didáticos.

Os *grupos de interesse* consistem em organizações de pessoas reunidas em virtude de uma motivação compartilhada (um interesse), mas que não realizam qualquer forma de pressão política. Já os *grupos de pressão* são organizações que buscam, por meio de ação coletiva, influenciar decisões dos poderes públicos (decisões políticas) para que essas sejam de acordo com os ideais defendidos pelo grupo. São pessoas que, reunidas, movem-se visando influenciar decisões dos poderes Executivo, Legislativo e até mesmo do Judiciário, bem como de quaisquer órgãos, empresas estatais, repartições, enfim, de todos os entes que de alguma maneira podem dar efetividade às suas ideias. Diante dessas definições[1], podemos afirmar que todos os grupos de interesse são, potencialmente, grupos de pressão; falta-lhes, por vezes, a vontade para exercer pressão ou os meios para tanto (um efetivo poder de influência).

A título de exemplo, os grupos podem se mobilizar para pressionar um ou vários deputados a aprovarem determinado projeto de lei que está em votação ou podem pressionar via protesto nas ruas para que o Presidente vete determinada lei que se encontra para sua sanção presidencial. Enfim, podem se reunir para pressionar quaisquer atores

---

1   Meynaud os define como "associações das mais diferentes formas políticas, que tendo os mesmos objetivos e atitudes pretendem impor certas posições e reinvindicações, por todos os meios que dispõem, especialmente por meio de pressão sobre o poder público". David Truman os define como "todo grupo que na base de determinadas atitudes, faz certas reinvindicações sobre certos grupos sociais, para determinar ou manter certas formas de comportamento impostas pela atitude do grupo". E Finer os define como "todo grupo ou associação que procura influir em uma orientação política, dirigida no seu interesse, embora não precise assumir a responsabilidade na direção do país" (conceitos extraídos de CAVALCANTI, Themístocles Brandão. **Introdução à ciência política.** 2. ed. Rio de Janeiro: FGV, 1969, p. 125).

políticos com poderes de decisão, buscando a implementação dos interesses ou ideais defendidos pelo grupo.

16.1 CARACTERIZAÇÃO DOS GRUPOS DE PRESSÃO

Inicialmente, podemos destacar que os grupos de pressão podem ser organizados ou esporádicos. São *organizados* os grupos permanentes e que se encontram estruturados e, via de regra, possuem personalidade jurídica própria ou estão vinculados a alguma entidade que possua. Já os grupos *esporádicos* consistem naqueles constituídos em virtude de fato ou caso específico. Podem os grupos esporádicos, evidentemente, transformar-se posteriormente em grupos organizados ou podem, como é comum também, desfazer-se rapidamente após terem fracassado ou serem bem-sucedidos na causa de sua reunião.

Quanto aos elementos caracterizadores, entendemos que, para que seja um grupo de pressão, um grupo precisa ter, basicamente, três características: *reunião de pessoas*, *interesse* e *meios de pressão*.

No que tange à *reunião de pessoas*, é importante anotar que a quantidade de membros que um grupo possui assegura sua legitimidade para representar causas e, obviamente, tem impacto na qualidade e quantidade de pressão que ele pode exercer, sendo, portanto, fator de extrema importância.

Quanto ao *interesse* a ser defendido (motivação), os grupos podem ser classificados de diversas maneiras, sendo inúmeros os assuntos possíveis em torno dos quais pode um grupo se organizar. A título de exemplo, podemos mencionar as seguintes motivações: econômica, religiosa, cultural, política, profissional, ambiental, classista etc. Assim, é importante anotar que os grupos podem se organizar em torno de uma ou mais causas lícitas.

Por fim, quanto à forma de atuação, isto é, aos *meios de pressão* a serem empregados, os grupos de pressão podem se valer de diversos meios para fazer prevalecer seus interesses, a depender do tema, do tipo de decisão que se busca e de quem a toma. Dessa forma, não é possível classificar os meios em esquemas rígidos, já que os procedimentos que serão realizados pelos grupos dependerão da melhor estratégia traçada caso a caso.

Vale destacar, ainda, que a palavra "pressão", por vezes, concede aos grupos uma conotação negativa. Entretanto, os meios de pressão a que aqui nos referimos são aqueles permitidos pelo texto constitucional – normalmente ligados ao direito de reunião, ao direito de petição e à liberdade de expressão – e, portanto, não há qualquer análise valorativa do trabalho desempenhado pelos grupos de pressão, os quais são inevitáveis em uma democracia. Diante disso, analisaremos aqui grupos de pressão que, como tal, exercem pressões lícitas com intenção de influenciar decisões. Já os grupos que buscam tal objetivo por meio de práticas ilícitas – mediante tráfico de influência ou corrupção, por exemplo – não serão objeto de nossa análise.

Como exemplos de meios de pressão podemos mencionar que os grupos podem se valer de manifestações públicas, visando com isso chamar atenção para sua causa, divulgando-a ou demonstrando aos atores políticos que a causa em torno da qual se concentram goza de ampla aceitação pela população, dada a expressividade da manifestação. Também é possível a realização de visitas, telefonemas ou o envio de *e-mails* aos responsáveis pela ação que se busca influir. Outra possibilidade é a contratação de assessoria de imprensa visando atrair atenção à causa por meio de notícias em redes sociais, jornais etc. Podem também, é claro, valer-se de propagandas e demais ferramentas oferecidas pelas mais diversas mídias, destacando-se, recentemente, a prática do chamado *lobby digital*, conceito que inclui as mais variadas formas de influenciar decisões políticas por meio da Internet. Enfim, os grupos de pressão podem se utilizar de todos os meios lícitos para divulgar e chamar atenção ou melhor explicar sua causa, quer seja perante o público em geral, quer seja perante os responsáveis pela ação ou decisão que buscam influir.

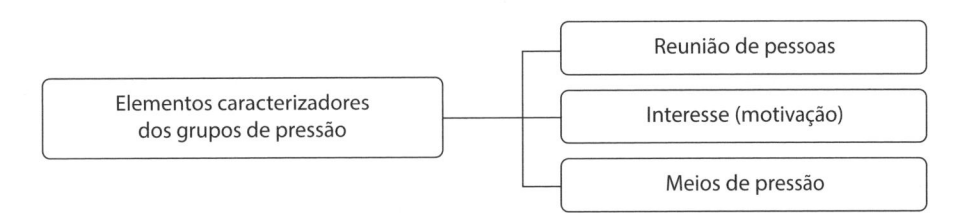

Cumpre ainda destacar que no cenário político norte-americano a regulamentação dos grupos de pressão mediante lei gerou a existência de grupos organizados, especializados e, dada a previsão legal, institucionalizados como tal. Trata-se aí dos chamados lobbies. Na prática, a expressão é utilizada também para se referir a alguns grupos de pressão no Brasil e em outros lugares em que a prática ainda não é reconhecida e regulamentada por legislação específica, embora, conforme demonstraremos a seguir, existem fundamentos constitucionais que viabilizam a existência desses grupos no Brasil e, em última análise, em qualquer Estado Democrático de Direito.

A palavra *lobby* significa a antessala (corredor) das repartições ou dos edifícios utilizados pelos políticos, onde originalmente os grupos de pressão exerciam seu trabalho sobre os deputados, senadores e demais representantes. Dessa palavra surgem então os termos *lobbyist* (lobistas) e o *lobbying*, isto é, o procedimento que busca fazer prevalecer interesses de determinado grupo.

A ideia nasce já em 1791, com a primeira emenda à constituição americana, que permitiu ao povo o direito peticionar ao poder público. Isso, somado à ideia da liberdade de expressão consagrada pela mesma emenda, viabilizava a prática de *atos lícitos* tendentes a interferir nas ações governamentais.

Adicionalmente, o Congresso americano aprovou, em 1946, o *"Federal Regulation of Lobbying Act"*, disciplinando pela primeira vez a atividade dos grupos de pressão que evidentemente já existiam e atuavam. Com essa lei, há a exigência de registro dos grupos na Câmara dos Representantes e no Senado, com abertura de informações sobre a atuação e o financiamento do grupo.

Quanto à nomenclatura, o termo *lobby* pode ser usado para se referir à atuação dos grupos de pressão, conforme anteriormente destacado, mesmo que no Brasil tal atuação não seja regulamentada por lei – porém, desde que os meios sejam lícitos, não há qualquer impedimento, conforme os fundamentos que apresentaremos no item a seguir. Vale ressaltar, ainda, a possibilidade do uso da expressão aportuguesada lóbi, da qual deriva o termo lobista (aquele que realiza o lóbi).

16.2 COMPATIBILIDADE COM REGIMES DEMOCRÁTICOS

Os grupos de pressão apresentam-se, no contexto dos regimes democráticos, como esferas intermediárias entre o indivíduo – verdadeiro detentor do poder político – e os representantes ou agentes públicos – que efetivamente exercem o poder. Segundo essa visão, a democracia representativa não trata de concretizar, nos atos de governo, a vontade do indivíduo – o qual, em tese, aparece como figura central –, mas sim de grupos, ou seja, de indivíduos reunidos. Diante dessa visão crítica acerca do real funcionamento de regimes democráticos, temos que a vontade de um indivíduo isolado só passa a ser relevante quando ele se incorpora a um grupo, somando e aumentando a amplitude e a influência social e política desse. Com efeito, as influências que terão algum peso nas decisões políticas efetivamente tomadas não são decorrentes das ideias desse indivíduo, mas do grupo do qual faz parte – ainda que entre as ideias do indivíduo e as do grupo se verifiquem incongruências.

Segundo esse entendimento, os verdadeiros sujeitos da democracia são os grupos, isto é, pessoas consideradas em conjunto. Nesse campo, podemos situar os grupos de pressão e de interesse, bem como os próprios partidos políticos que também figuram como intermediários entre o indivíduo e o poder político; embora os partidos, em tese, estão direcionados ao interesse público em geral, enquanto os grupos atendem a interesses específicos.

De toda sorte, do ponto de vista de uma teoria democrática, não podemos condenar grupos de pressão quando esses atuam dentro da legalidade. Afinal, proibi-los seria o mesmo que anular a liberdade de reunião e de expressão, o que uma democracia não pode admitir. Dentro do contexto democrático, grupos podem se reunir para debater ideias e também para sair às ruas buscando ampliar o conhecimento do público em geral acerca da relevância de suas crenças. Podem também entrar em contato diretamente com representantes dos poderes públicos – atualmente até mesmo via *e-mail* – pedindo-lhes que aprovem ou não determinado projeto de lei dada a relevância social ou o impacto econômico do caso.

Aqui, é necessário compreender que o direito de reunião, de pressão lítica e de efetiva prática de *lobby* feito por um grupo de ativistas ligados à proteção do meio ambiente é o mesmo que possui um grupo de empresários ligado ao setor químico de realizar atos semelhantes (desde que todos os atos sejam lícitos, é claro). Ou seja, o grupo de ativistas ligados à defesa do meio ambiente poderá se reunir, protestar e buscar, dentro da legalidade, interferir na ação de deputados que estão prestes a aprovar um projeto de lei que, no entendimento do grupo, vai ser prejudicial ao meio ambiente. Do mesmo modo, um grupo de empresários ligado à indústria química pode buscar, pelos meios legais, interferir na ação de deputados que vão votar tal projeto, demonstrando que se trata de projeto essencial para a continuidade daquela empresa que paga impostos, gera empregos e movimenta a economia de sua região.

Com esse exemplo, pretendemos apenas demonstrar que a existência de grupos de pressão é inevitável numa democracia e que, ainda, podemos encontrar grupos que possuem posições antagônicas, para as quais os direitos de liberdade de expressão, petição e manifestação são os mesmos. Entretanto, é evidente que os meios de pressão de cada grupo estão condicionados por uma série de fatores, dentre eles o econômico. Assim, é possível arguir que o poder aquisitivo dos empresários, no exemplo acima, tende a convergir as decisões políticas em seu interesse, havendo, portanto, uma significativa influência do poder econômico no processo democrático.

Nesse contexto, quanto mais organizado e financiado é o grupo, mais pressão poderá exercer, fazendo com que a correlação de forças no jogo democrático lhe seja favorável em virtude dos interesses econômicos financiadores, e isso, em tese e na prática, distorce a democracia.

De toda forma, a correlação de forças verificada dentro da legalidade é parte constitutiva da democracia plural e a influência de fatores econômicos é inerente ao capitalismo[2]. Grupos com interesses distintos podem exercer livremente seu direito de expressão e de reunião para fins lícitos e pacíficos, manifestando publicamente seus interesses que são todos eles abarcados pelas liberdades de reunião e de expressão típicas das democracias modernas. Proibir que um ou outro expresse ou manifeste suas ideias é violar de forma extremamente grave preceitos fundamentais à democracia. Imagine-se, por exemplo, um Estado que proíba a existência de grupos de interesse ou, permitindo, proíba que esses direcionem seus interesses diante do Poder Público. Tratar-se-ia, sem dúvida, de um governo ditatorial que, abolindo a liberdade de expressão, não aceita o contraditório e não admite manifestações públicas de interesses que lhe são opostos.

16.3 FUNDAMENTOS CONSTITUCIONAIS

Embora a atividade dos grupos de pressão não seja disciplinada em lei específica, tal como acontece nos Estados Unidos, ela encontra guarida em nosso texto constitucional. Diante disso, apontamos a seguir os principais fundamentos constitucionais que permitem a existência e a atuação dos grupos de pressão:

Art. 5º, inciso IV, e Art. 220

O inciso IV do art. 5º do texto constitucional dispõe acerca da liberdade de manifestação de pensamento, direito que reverbera pelo texto constitucional e que, como sabido, é de fundamental importância em regimes democráticos. No que tange ao tema deste capítulo, é fundamental reconhecer que a atuação de grupos de pressão se vale fundamentalmente deste direito para que seus membros possam, dentro das balizas constitucionais, expressar suas opiniões acerca dos temas que o grupo defende. Já o art. 220 dispõe acerca da liberdade de imprensa. Conforme já apontado, é possível que grupos se utilizem da imprensa para expor suas ideias ao público em geral. Diante disso, tal direito também pode ser apontando como relevante na atuação de grupos de pressão.

---

2 "O capitalismo está necessariamente resguardado nos mecanismos democráticos das sociedades capitalistas. As deliberações que envolvam um risco sistemático à própria reprodução do sistema fazem levantar um bloqueio advindo das forças que mantêm o encadeamento da sociabilidade capitalista. Inexoravelmente, daí, o risco das escolhas democráticas – ao se inclinarem pela alteração da socialização político-econômica – será enfrentado com o bloqueio da própria forma democrática" (MASCARO, Alysson Leandro. **Estado e forma política.** São Paulo: Boitempo, 2013, p. 87).

Art. 5º, incisos XVI e XVII

O inciso XVI do art. 5º de nossa Constituição dispõe que "todos podem reunir-se pacificamente, sem armas, em locais abertos ao público, independentemente de autorização, desde que não frustrem outra reunião anteriormente convocada para o mesmo local, sendo apenas exigido prévio aviso à autoridade competente". Garante-se, com esse dispositivo, a *liberdade de reunião*, sendo desnecessária a autorização prévia. Basta, portanto, mero aviso à autoridade, a qual terá o dever de ofício de garantir a reunião[3].

No mesmo sentido vai o inciso XVII do art. 5º que dispõe que "é plena a liberdade de associação para fins lícitos, vedada a de caráter paramilitar". Trata-se aqui de permitir que indivíduos se associem para a consecução de fins lícitos, possibilitando assim a criação de grupos de pressão de modo institucionalizado. Dessa forma, visando fins pacíficos, as associações são livres e, de fato, podemos verificar em nossa sociedade associações de diversas naturezas, que defendem ideias, setores, projetos etc., apoiando-se, também, no inciso XVIII do art. 5º da CF/88.

Art. 5º, inciso XXXIV, alínea "a"

Dispõe o referido dispositivo acerca do *direito de petição* aos Poderes Públicos, que todos – incluindo associações – têm para a defesa de direitos ou contra ilegalidades. Com isso, os grupos – especialmente os juridicamente organizados – podem se valer do direito de petição para fazer solicitações formais aos Poderes Públicos ou para visar o fim ou a reparação de práticas ilegais.

Art. 58, § 2º, incisos II e IV

Trata-se aqui de dispositivos atinentes à *participação no processo legislativo*, especificamente no que tange às comissões que podem realizar audiências públicas com entidades da sociedade civil (inciso II) e, também, receber petições, reclamações, representações ou queixas de qualquer pessoa contra atos ou omissões das autoridades ou entidades públicas (inciso IV). Temos aí, portanto, a possibilidade de interações diretas entre comissões do Congresso Nacional com entidades representativas de interesses da sociedade.

 **Filmografia**

Armas na mesa – França/EUA, 2016

Constituinte 1987-1988 – Brasil, 2012

Obrigado por fumar – EUA, 2006

---

3   SILVA, José Afonso da. **Curso de direito constitucional positivo.** 30ª ed. São Paulo: Malheiros, 2008, p. 264.

 Questões Objetivas

1. Sobre a relação entre democracia e grupos de pressão, é correto afirmar que:
   a) é incompatível, já que o indivíduo é o que deve atuar como verdadeira fonte do poder político em uma democracia.
   b) é compatível, vez que todo regime democrático deve garantir a liberdade de expressão e de reunião, possibilitando assim a atuação de grupos de pressão dentro da lei.
   c) é compatível, pois a legislação brasileira equipara partidos políticos a grupos de pressão.
   d) é incompatível, já que os partidos políticos são os únicos grupos organizados que podem ter influência política no contexto de uma democracia representativa.

2. São elementos caracterizadores dos grupos de pressão:
   a) reunião de pessoas, interesse e organização paramilitar que viabilize o exercício de pressão política.
   b) reunião de pessoas, interesse e meios de pressão.
   c) reunião de pessoas, registro no TSE e um mínimo de representatividade no Congresso Nacional.
   d) reunião de pessoas, registro no TSE e meios de pressão.

3. São direitos diretamente relacionados à existência e à atuação de grupos de pressão no Brasil:
   a) liberdade de reunião, liberdade de associação e direito de petição.
   b) liberdade de expressão, liberdade de locomoção e devido processo legal.
   c) dignidade da pessoa humana, direito à vida e pluralismo político.
   d) liberdade de expressão, direito de petição e direito de propriedade.

 Questões Dissertativas

1. Diferencie grupos de pressão de partidos políticos.
2. Quais são os dispositivos constitucionais que viabilizam a existência e a atuação legítima de grupos de pressão no Brasil?
3. Quais são os meios de pressão lícitos que podem ser utilizados por grupos de pressão?

 Caso Prático

O Projeto de Lei nº 1.202, de 2007, visa disciplinar a atividade e a atuação de pessoas e grupos de pressão ou interesse no âmbito dos Poderes Legislativo e Executivo. Referido projeto dispõe, dentre outras coisas, que: "As pessoas físicas e jurídicas que exercerem, no âmbito da Administração Pública Federal, atividades tendentes a influenciar a tomada de decisão administrativa ou legislativa deverão cadastrar-se perante os órgãos responsáveis pelo controle de sua atuação, ao qual caberá o seu credenciamento" (art. 3º do PL 1.202/2007).

Analise o PL 1.202/2007 e apresente um parecer sobre a regulamentação dos grupos de interesse e de pressão.

REVOLUÇÃO E GOLPE DE ESTADO

Acesse o QR code e assista ao vídeo sobre o tema

> *uqr.to/eeql*

17.1 REVOLUÇÃO

Em *sentido histórico*, a Revolução é vista como uma interrupção de um período (científico, social ou cultural), inaugurando um novo desenvolvimento histórico, com uma nova forma de sociabilidade. Ou seja, trata-se de uma transformação essencial de uma situação existente para o estabelecimento de uma nova. Nesse sentido, a ideia de Revolução apresenta-se quase sempre com fundamentos filosóficos e pode ser aplicada às descobertas de Copérnico, ao criticismo kantiano, à máquina a vapor (Revolução Industrial), bem como a toda e qualquer descoberta, invenção, ideia ou sistema político ou filosófico que, em determinado campo do conhecimento, rompe completamente com paradigmas vigentes, estabelecendo novos e dando outros rumos ao estudo desse campo[1].

Em *sentido político*, o conceito de Revolução aparece ligado à instauração de uma nova ordem político-jurídica a partir do fim daquela forma anterior, que visa abolir. Não se trata, portanto, de mera reforma em questões pontuais do ordenamento jurídico ou da reorganização de formas políticas no âmbito do poder, mas de uma mudança substancial dos valores que fundamentam uma ordem jurídico-política.

Anote-se, de início, que a palavra "revolução", originalmente, advém da astronomia e ganhou relevância com a obra *De revolutionibus orbium coelestium*, de Nicolau Copérnico, na qual seu uso representa o movimento regular e necessário dos astros em suas órbitas. A ideia de retorno ao mesmo lugar de onde partiu acaba por se relacionar com a primeira utilização da expressão revolução em sentido político, a qual se deu no contexto da chamada Revolução Gloriosa (1688-1689), que cuidou de expulsar os Stuart e transferir o poder

---

1   BONAVIDES, Paulo. **Ciência Política.** 13ª ed. São Paulo: Malheiros, 2006, p. 438.

soberano a Guilherme, Príncipe de Orange. Na leitura de Hannah Arendt[2], esse evento não se tratou de uma revolução – tal como entendida no contexto da modernidade –, mas da restauração do poder monárquico. Com efeito, a revolução em comento voltou-se contra a monarquia e, ao fim, retornou a ela. Tratou-se, portanto, de uma volta ao mesmo lugar e, assim, a utilização do termo parece mais adequada ao seu sentido astronômico. O sentido da expressão, entretanto, viria a ser alterado em razão de eventos políticos dos séculos seguintes, conforme passaremos a expor.

A Revolução Americana (1776) e a Revolução Francesa (1789), nesse tocante, cuidaram de conferir ao termo revolução um outro significado. Esses dois eventos se diferenciam substancialmente da Revolução Gloriosa pelo fato de terem colocado fim às formas sociais do *ancien régime* e por serem responsáveis pela fundação de novas formas de organização política e social.

A partir daí, a ideia de uma revolução consiste, no contexto político da modernidade e até hoje, na instauração de uma nova ordem, isto é, de um novo estado de coisas, substancialmente distinto daquele que combate e visa abolir. Para Arendt, trata-se de um conceito ligado à instauração da liberdade a partir da experiência de um novo início da história. Dessa forma, Arendt acrescenta ao conceito exposto aqui a ideia de *fundação da liberdade* como inerente à ideia de revolução em sentido político.

Já para Huntington[3], a revolução é "a expansão ampla, rápida e violenta da participação política fora da estrutura existente das instituições políticas". Referido autor aponta como requisitos de uma revolução a existência de instituições políticas rígidas que sejam incapazes de proporcionar a expansão da participação de novas forças sociais e de grupos sociais que demandam tal expansão. Conclui, com brilhantismo, "que toda a classe social que não esteja incorporada ao sistema político é potencialmente revolucionária".

Com base no que foi até aqui exposto, não podemos associar as lutas pelo poder na Antiguidade com o conceito de revolução, vez que não resultavam – sequer buscavam – algo inteiramente novo. Nesse sentido:

> O conceito moderno de revolução, indissociavelmente ligado à ideia de que o curso da história de repente se inicia de novo, de que está para se desenrolar uma história totalmente nova, uma história jamais narrada ou conhecida antes, era desconhecido antes das duas grandes revoluções do final do século XVIII[4].

Assim, a Revolução Americana (1776) e a Francesa (1789) são as responsáveis pelo conteúdo político que possui o termo revolução no contexto da modernidade que, para Arendt, está ligado à ideia de fundar a liberdade a partir da experiência de um novo início.

---

2   ARENDT, Hannah. **Sobre a revolução.** Trad. Denise Bottmann. São Paulo: Companhia das Letras, 2011, p. 73.

3   HUNTINGTON, Samuel P. **A ordem política nas sociedades em mudança**. Trad. Pinheiro de Lemos. Rio de Janeiro: Forense-Universitária; São Paulo: Ed. USP, 1975, p. 284.

4   ARENDT, Hannah. **Sobre a revolução.** Trad. Denise Bottmann. São Paulo: Companhia das Letras, 2011, p. 56.

Já em *sentido jurídico-formal*, a ideia de revolução significará inevitavelmente a ruptura ilegal de uma ordem jurídica vigente para o estabelecimento de uma nova. Ou seja, trata-se da instauração de um novo poder constituinte originário visando o estabelecimento de uma nova Constituição. Assim, do ponto de vista jurídico, isto é, de uma análise estritamente formal, a revolução é sempre ilegal de acordo com o ordenamento jurídico vigente que, é claro, será violado para o estabelecimento de uma nova ordem constitucional, à luz dos princípios revolucionários.

A legitimidade dessa revolução, em *sentido sociológico*, dependerá dos fundamentos, da aceitação e da participação popular. Via de regra, a ilegalidade da Revolução, conforme abordagem jurídica supramencionada, será suplantada pela legitimidade adquirida perante o povo. Anote-se que, nesse contexto, a nova Constituição não figura como um ato de governo, mas num documento que cria – a partir de um poder constituinte originário – um novo Estado e estabelece um novo governo ou forma de tê-lo. Repare que as abordagens jurídica e sociológica acerca da revolução trazem consigo uma das discussões centrais para se compreender a complexidade de movimentos revolucionários, qual seja, a interação entre os conceitos de legalidade e legitimidade.

Por fim, é importante não confundir a ideia de revolução com a de *reforma*. Esta representa uma mera reformulação das condições de exercício do poder, mantendo o que há de fundamental na organização político-social. Assim, há um conjunto de valores políticos, jurídicos e sociais que são mantidos, embora haja uma reformulação das formas de exercício do poder. Os motivos e os rumos de uma reforma dependem do contexto em que se insere. Pode-se realizar uma reforma para viabilizar uma maior participação do povo no poder, mas também pode ocorrer uma reforma para viabilizar a manutenção do poder, de tal sorte que a reforma pode ser utilizada também em sentido conservador. A reforma pode se dar, sobretudo, em questões de política econômica, ainda que, para que sejam meras reformas, devam ser mantidas as estruturas de reprodução do sistema.

Assim, o que distingue reforma de revolução é que essa última rompe totalmente com os valores, os princípios e os fundamentos jurídicos, políticos e até mesmo sociais do modelo que visa abolir, estabelecendo um novo início da história, enquanto a reforma é, por definição, uma manutenção desse conjunto de fatores nucleares de uma sociedade, apenas alterando questões secundárias afetas ao exercício ou distribuição do poder.

17.2 GOLPE DE ESTADO

A expressão golpe de Estado é comumente referida, na literatura pertinente, por sua expressão em francês *coup d'état*. As discussões acerca do tema podem alongar-se, a depender do conceito de golpe de Estado utilizado, o qual, como é comum a todos os conceitos, altera-se ao longo de processos históricos. Com efeito, se compreendermos os golpes de Estado como ações voltadas à conservação do poder (autogolpe) ou à tomada do poder, em sentido amplo, será possível, obviamente, encontrarmos exemplos de golpes durante toda a história das sociedades políticas. Nesse sentido, Maquiavel[5] trabalha o

---

5 MAQUIAVEL, Nicolau. **Comentários sobre a primeira década de Tito Lívio**. Trad. Sérgio Bath. 5. ed. Brasília: UnB, 2008, p. 313-328.

tema da tomada do poder a partir de guerras abertas ou conspirações. Essas, em sentido moderno, são o que modernamente chamamos de golpes de Estado.

Entretanto, o uso do termo irá aparecer na literatura somente no século XVII, de modo a se localizar historicamente próximo à utilização da própria expressão Estado, conforme já foi aqui trabalhado nos capítulos anteriores. Nesse momento, o termo é empregado para se referir a uma ação do soberano voltada à conservação do Estado, ainda que fosse necessário valer-se de violência[6]. Assim, o termo não aparece como propriamente ligado à ideia de ilegalidade, mas relacionado à manutenção do poder em face de ameaças – sendo compreendido, inclusive, de modo positivo. Do ponto de vista teórico, destacam-se as obras *O golpe de Estado de Luís XIII: ao rei (1631)*, de Jean Sirmond e *Considerações políticas sobre os golpes de Estado (1639)*, de Gabriel Naudé[7], muito embora tais obras não trabalhem com o conceito da mesma forma que aconteceria nos séculos seguintes[8].

A partir do século XVIII, entretanto, a noção ganhará outra dimensão, quer seja pelo surgimento do constitucionalismo e de novas bases jurídicas para se pensar a política, quer seja por se contrastar com outro evento de ruptura institucional: a revolução. A Revolução Francesa (1789) e o Golpe do 18 de Brumário (1799) possuem, obviamente, papel determinante nessa questão. Nesse contexto, o golpe de Estado passa a ser visto como uma ruptura institucional com sentido negativo, enquanto a revolução ganha uma dimensão de ruptura em sentido positivo. Veremos adiante, com mais detalhes, as aproximações e diferenças entre os dois conceitos.

A partir de então, passamos a compreender o golpe de Estado a partir de uma ação de natureza ilegal organizada por um governante ou por grupos que possuam autoridade instituída visando assumir ou manter o poder[9]. Ainda:

> Para os institucionalistas, uma das correntes mais influentes na ciência política contemporânea, as ausências das "escolhas racionais" no jogo da política, traídas por grupos radicalizados em contextos de polarização ideológica, abre caminho para processos golpistas. Portanto, o golpe de Estado, nessa linhagem de interpretação, seria a forma de resolução de uma crise política que não foi absorvida institucionalmente dentro das

---

6 "O conceito de golpe de Estado, nesse caso, nos lembra a clássica reflexão sobre as atribuições do Príncipe de Maquiavel, cujas ações devem se basear na 'Razão de Estado' e na manutenção do seu poder, considerado o fundamento da estabilidade social e política do Reino" (NAPOLITANO, Marcos. Golpe de Estado: entre o nome e a coisa. In: **Estudos Avançados**, 33(96), 397-420, p. 397. Disponível em: https://doi.org/10.1590/s0103-4014.2019.3396.0020. Acesso em: 9 jan. 2023).

7 "[...] ações audazes e extraordinárias que os príncipes se vêem obrigados a executar no acometimento de empreitadas difíceis, beirando o desespero, contra o direito comum, e sem guardar qualquer ordem ou forma de justiça, colocando em risco o interesse de particulares pelo bem geral." (NAUDÉ, G. Considérations politiques sur les coups d'État. Introduction et notes par François Charles-Daubert. Hildesheim: Georg Olms, 1993, p. 65 apud NAPOLITANO, Marcos. Golpe de Estado: entre o nome e a coisa. In: **Estudos Avançados**, 33(96), 397-420, p. 397-398. Disponível em: https://doi.org/10.1590/s0103-4014.2019.3396.0020. Acesso em: 9 jan. 2023.

8 BIGNOTTO, Newton. Golpe de Estado: história de uma ideia. Rio de Janeiro: Bazar do Tempo: 2021.

9 Lembramos que a Lei nº 14.197/2021 incluiu no Código Penal os crimes de Abolição violenta do Estado Democrático de Direito ("Tentar, com emprego de violência ou grave ameaça, abolir o Estado Democrático de Direito, impedindo ou restringindo o exercício dos poderes constitucionais.") e de Golpe de Estado ("Tentar depor, por meio de violência ou grave ameaça, o governo legitimamente constituído.").

regras constitucionais e práticas de negociação e pactuação, maximizando demandas de um setor, partido ou grupo social em detrimento dos outros grupos. No limite, Golpes seriam respostas autoritárias a situações de anomia institucional[10].

A resposta ilegal a crises institucionais perpetrada por golpistas tende a ser por eles defendida, em geral, a partir de duas linhas argumentativas. A primeira, curiosamente, reaproxima o golpe de Estado ao clássico conceito de Naudé, visto anteriormente, apoiando-se na necessidade de preservação do Estado[11]. A segunda, embora endosse o argumento da primeira, acrescenta uma suposta natureza revolucionária do golpismo[12].

Diante disso, cabe desde já traçar uma linha distintiva entre golpe de Estado e revolução. A doutrina costuma apontar, com certa razão, que a principal diferença entre os dois conceitos reside na origem do movimento. O movimento de norte golpista advém de autoridades investidas de poder estatal, especialmente de governantes ou de membros das Forças Armadas. O movimento revolucionário, por sua vez, seria aquele proveniente de grupos sociais que não possuem participação política institucionalizada, sendo comum apontar como advindo do povo. Essa divisão dá conta de categorizar a maioria dos eventos golpistas e revolucionários verificados em nossa história, mas em nossa leitura é insuficiente para distinguir os conceitos e, ainda, parte do pressuposto de que toda revolução se dá em proveito do povo, abrindo a possibilidade de que grupos nitidamente golpistas se apresentem como representantes do povo e se autodeclarem revolucionários. Assim, em complemento a essa distinção apresentada, entendemos que a diferença entre golpe de Estado e revolução reside sobretudo na dimensão das mudanças intentadas ou implementadas pelo movimento. Se se trata de tomar o poder político por meio de ato ilegal, mantendo o que há de elementar e estrutural na organização política, social e econômica do Estado – ainda que com nova constituição – teremos um golpe de Estado. Entretanto, se se tratar de mudanças profundas no sistema político, econômico e/ou social o movimento terá conteúdo revolucionário. Nessa linha vai Paulo Bonavides:

> Com efeito, se há mudança do sistema político, remoção da velha ordem social, advento de nova ideologia que sirva de inspiração e base ao regime recém-instituído, alteração essencial na forma ou sistema de participação política, é claro que houve revolução e não golpe de Estado, porquanto este nunca toca nas raízes da organização social, nem cria um novo direito, mas simplesmente, nas circunstâncias mais favoráveis, se contenta com pequenas reformas[13].

Assim sendo, embora aceitemos a distinção tradicional feita pela doutrina acerca dos conceitos de golpe de Estado e revolução, apontando o primeiro como advindo de autoridades investidas de poder estatal e o segundo como movimento proveniente daqueles desprovidos de tal poder, acrescentamos aqui outra distinção que nos parece fundamental,

---

10 NAPOLITANO, Marcos. Golpe de Estado: entre o nome e a coisa. In: **Estudos Avançados**, 33(96), 397-420, p. 399-400. Disponível em: https://doi.org/10.1590/s0103-4014.2019.3396.0020. Acesso em: 9 jan. 2023.

11 Argumento que se torna frágil em razão da existência de previsão constitucional para situações excepcionais (Estado de defesa e de sítio, por exemplo).

12 Veja, nesse sentido, o Ato Institucional nº 1, de 9 de abril de 1964.

13 BONAVIDES, Paulo. **Ciência Política.** 13ª ed. São Paulo: Malheiros, 2006, p. 458.

qual seja, a de que a revolução, diferente do golpe de Estado, busca introduzir uma nova ordem política, econômica ou social, distinta daquela que visa abolir, sendo esse fator determinante na distinção dos conceitos.

Cabe-nos agora voltar ao estudo dos golpes de Estado, apontando suas variações. À luz dos eventos históricos passados e recentes, bem como da literatura afeta ao tema, compreendemos que há duas espécies de golpes de Estado: aqueles que se valem da violência ou da ameaça do uso de meios violentos e aqueles que se realizam por meios não violentos. No primeiro caso, trata-se do golpe de Estado em *sentido clássico*; no segundo caso, trata-se de espécie de golpe de Estado que, por não se valer de meios violentos, recebeu o nome de *soft coup* (golpe suave), expressão comumente traduzida no Brasil como *golpe branco*. Há ainda a figura do *autogolpe*, o qual significa a ampliação ilegal de poderes de um líder que já está no poder. Nesse caso, o autogolpe pode ser realizado com ou sem o emprego de meios violentos.

O *golpe de Estado em sentido clássico* consiste na tomada do poder por meio do emprego de violência ou da ameaça do uso de violência. Estrategicamente, pode ser realizado de diversas maneiras, a depender da forma de organização do poder que se busca derrubar e de seus sustentáculos. Pode-se, por exemplo, ocupar lugares estratégicos (centros políticos, principais canais midiáticos, pontes e estradas cuja logística é determinante etc.) ou valer-se da força para acuar ou forçar a fuga dos líderes políticos que o golpe pretende tirar do poder. Deve-se, obviamente, buscar a neutralização e a incapacidade de reação do governo empossado. Daí falar-se em subitaneidade como uma de suas características. Ou seja, os golpes de Estado com uso da violência devem ser bem planejados e executados, geralmente atrelados a ataques surpresas, que não deixam margem a reações possíveis de conduzir o golpe ao fracasso. Dada a natureza violenta e armada dessa forma de golpe, é comum que ele seja efetuado pelas Forças Armadas (*golpe militar*) e/ou com o auxílio de grupos armados. No caso de um golpe militar, há a possibilidade de divisão das Forças Armadas em grupos golpistas (aderentes ao golpe) e legalistas (que, cumprindo sua função constitucional, permanecem em defesa do Estado e de suas instituições).

O *golpe branco* (ou *soft coup*), por sua vez, caracteriza-se pelo uso de meios não violentos. Essa primeira diferenciação é relevante para que não haja qualquer confusão entre as duas espécies de golpe. Assim, o golpe branco é aquele que busca a tomada ou manutenção do poder mediante a utilização fraudulenta ou manipulativa de meios previstos no ordenamento jurídico vigente, a fim de conceder à referida fraude uma roupagem jurídica que, apoiada na suposta estabilidade das instituições, legitimaria o golpe.

Dessa forma, golpes brancos dependem de uma série de requisitos para sua ocorrência, dentre eles estão: utilização forçada ou manipulativa de meios previstos no ordenamento jurídico vigente (meios lícitos), apoio das instituições e fragilidade institucional.

No que tange à *utilização forçada ou manipulativa de meios previstos no ordenamento jurídico*, referimo-nos exatamente ao que descaracteriza o golpe branco como golpe de Estado clássico, vez que esse, por definição, vale-se de violência ou ameaça de uso da violência, em manifesta desconformidade com relação ao ordenamento jurídico vigente. O golpe clássico – com violência – raramente se respalda de forma sólida em alguma legalidade –, fundando-se numa legitimidade (ainda que essa não exista). Já o golpe branco funda-se na legalidade (ainda que essa não exista).

Ademais, o golpe branco depende da *aprovação das instituições,* que conferem ao golpe a necessária conformidade jurídica. Ou seja, todo golpe branco goza de aprovação dos Poderes Públicos, notadamente do Judiciário e, a depender da espécie de golpe, do Legislativo e do Executivo. Trata-se aqui de ponto central para a compreensão do golpe branco: a partir do uso de ferramentas jurídicas e políticas previstas na Constituição, um grupo se vale da fragilidade institucional para que as instituições vigentes convalidem o golpe, dando-lhe a necessária roupagem jurídica (legalidade). Assim, enquanto no golpe de Estado clássico os principais atores serão generais, militares, milícias ou grupos armados, no golpe branco os principais atores serão políticos, advogados e juristas.

Dessa forma, a referida legalidade que encobre o golpe branco só ocorre pelo fato de haver uma espécie de *fragilidade institucional*, ou seja, as instituições não conseguem entregar na prática aquilo que o ordenamento jurídico vigente prevê, deixando-se influenciar por pressões exógenas ou intestinas que minam a independência dos Poderes ou a imparcialidade de agentes que deveriam tê-la. Nesse sentido, é comum que esse tipo de golpe seja precedido de movimentos de cooptação dos poderes por parte do grupo golpista, visando ampliar sua influência nas instituições.

Assim, imaginemos um regime democrático em que Legislativo, Executivo e Judiciário funcionam rigorosamente como determina o texto constitucional e, portanto, tal democracia encontra-se em estágio avançado, bastante sólida e com instituições funcionantes. Nesse contexto, qualquer tentativa de golpe branco seria rapidamente barrada pelos mecanismos típicos das democracias contemporâneas, que possuem uma tripartição dos poderes tal que inviabiliza a tomada de poder por um grupo ligado aos Poderes Executivo ou Legislativo, por exemplo. Assim, imaginemos um projeto de lei manifestadamente inconstitucional, vindo do Legislativo, para suprimir quase que por completo os poderes do Presidente (Executivo), transferindo-os ao Legislativo (típico golpe branco que, nesse caso, é chamado de *golpe parlamentar*). Ora, nesse exemplo, se o Legislativo funciona tal como prevê a Constituição, tal projeto será barrado em algum momento do processo legislativo. Caso não seja, pois supostamente o Legislativo, em maioria, faz parte do golpe, tal lei será fatalmente considerada inconstitucional pelo controle de constitucionalidade realizado pela corte judiciária suprema (Poder Judiciário), inviabilizando o golpe e demonstrando, claramente, que esse Estado democrático possui instituições sólidas e que não passarão despercebidas quaisquer ilegalidades tendentes a tomadas fraudulentas do poder.

Entretanto, podemos imaginar um regime democrático que, dada a fragilidade de suas instituições, possibilitaria que esse golpe branco passasse por todas as esferas institucionais (comissões no legislativo, votação na Câmara, votação no Senado, sanção presidencial e aprovação pelo Judiciário) sem que quaisquer dessas instâncias decida pela inconstitucionalidade do ato. Nesse caso, os simpatizantes do governo prejudicado pelo golpe argumentarão que se tratou de um golpe de Estado – branco no caso – posto que decorreu de uma fraude, isto é, de um projeto de lei manifestadamente inconstitucional que somente foi aprovado por todas as instituições em virtude de uma manipulação política e jurídica que acabou por conferir ao golpe uma suposta legalidade, que na essência inexiste. Os que tomaram o poder e seus apoiadores sustentarão que se tratou de processo absolutamente legal, já que todos os trâmites constitucionalmente previstos foram rigorosamente cumpridos, contando com a aprovação de todas as instituições da República que permanecem sólidas e operantes tal como determina o texto constitucional. Assim, do ponto de vista argumentativo, assenta-se todo golpe branco na suposta estabilidade das instituições – repare, nesse sentido, que no golpe branco, mais enfaticamente do que no golpe clássico, haverá uma forte disputa de narrativas.

A partir dessa exposição, temos que a configuração do golpe branco é bastante complicada e incerta, já que o grau de maturidade das instituições e as discussões de ordem jurídica que emergem de tal ato são extremamente complexas e comportam diversas interpretações, de tal sorte que a existência ou não do golpe branco raramente pode ser apontada de forma precisa e inequívoca, notadamente pelo respaldo institucional que sempre goza (afinal, se não tiver aprovação institucional, não será um golpe, mas uma tentativa de golpe).

Para sedimentar os conceitos trabalhados neste capítulo, vale apontar aqui as principais diferenças entre o golpe de Estado em sentido clássico e o golpe branco *(soft coup)*. Nesse sentido, repare que as palavras-chaves para compreendermos um golpe de Estado clássico são *violência, ameaça* e *subitaneidade*. Já no caso do golpe branco, as palavras-chaves serão *manipulação política/jurídica, violação de direitos* e *instabilidade ou fragilidade institucional*. Ademais, no caso do golpe de Estado clássico, os principais atores serão grupos armados de qualquer natureza (Forças Armadas, milícias, grupos rebeldes etc.), enquanto no golpe branco os principais atores serão políticos, advogados e juristas.

Espécies de golpes de Estado	Características	Principais atores
Golpe de Estado clássico	Uso de violência ou ameaça do uso de violência	Forças Armadas ou grupos políticos armados
Golpe branco (ou *soft coup*)	Utilização forçada ou manipulativa de meios previstos no ordenamento jurídico vigente (meios lícitos), apoio das instituições e fragilidade institucional	Políticos, advogados e juristas

 **Filmografia**

A praça Tahrir – Canadá, 2013

A revolução não será televisionada – Irlanda, 2003

Democracia em vertigem – Brasil, 2019

Doutor Jivago – EUA/Itália, 1965

Jango – Brasil, 1984

O ataque ao Capitólio – EUA, 2022

O dia que durou 21 anos – Brasil, 2012

O processo – Brasil, 2018

 ## Questões Objetivas

1. "Meio violento para a tomada ilegal do poder" pode ser um conceito de:

   a) Reforma.

   b) Golpe de Estado.

   c) Golpe parlamentar.

   d) Rebelião.

2. Assinale a alternativa que contém uma definição possível de reforma política:

   a) instauração de uma nova ordem, isto é, de um novo estado de coisas, substancialmente distinto daquele que combate e visa abolir.

   b) ruptura ilegal com o poder estabelecido.

   c) reformulação das condições de exercício do poder, mantendo o que há de fundamental na organização político-social.

   d) tomada do poder por meios ilegais, porém sem o uso de violência ou ameaça.

3. São características do golpe branco (*soft coup*):

   a) ruptura violenta com a ordem jurídica estabelecida.

   b) utilização forçada ou manipulativa de instrumentos jurídicos e fragilidade institucional.

   c) atuação efetiva das Forças Armadas e fragilidade institucional.

   d) subitaneidade, uso da violência e grave ameaça.

 ## Questões Dissertativas

1. Analise a ideia de revolução do ponto de vista jurídico.

2. Quais são as diferenças entre golpe de Estado, reforma e revolução?

3. Diferencie o golpe de Estado clássico do chamado golpe branco (*soft coup*).

 ## Caso Prático

O Ato Institucional nº 2 de 27 de outubro de 1965 ("AI-2") realizou inúmeras mudanças na estrutura política do país, dentre elas a extinção de todos os partidos políticos (art. 18) e a mudança na composição do Supremo Tribunal Federal (STF) de 11 para 16

ministros (art. 6), possibilitando ao Presidente apontar 5 novos ministros. Destaca-se que outros 3 ministros foram cassados durante o período ditatorial (1964-1985).

Sabe-se que o Poder Judiciário é figura relevante no efetivo funcionamento do mecanismo de "freios e contrapesos" decorrente da tripartição dos poderes utilizada pelo Brasil e que, portanto, o STF é uma instituição fundamental para a manutenção da regularidade democrática do País. Diante disso, considere uma hipotética proposta de emenda constitucional advinda do Poder Executivo que vise ampliar a Corte Suprema de 11 para 21 ministros, mantendo o atual critério de indicação dos ministros. Essa proposta poderia ser considerada uma tentativa de golpe branco *(soft coup)*? Fundamente sua resposta com base na Constituição Federal de 1988.

Acesse o QR code e assista ao vídeo sobre o tema

> uqr.to/eeqm

18.1 ASPECTOS HISTÓRICOS

É possível realizar a análise histórica do constitucionalismo a partir de diversos pontos de vista e, também, dividi-lo em virtude das distintas características do modelo inglês, do americano e do francês. Aqui, cuidaremos de analisar o movimento histórico do constitucionalismo a partir de uma leitura mais ampla, que busca verificar os eventos e os documentos que antecederam a forma constitucional adotada por nós atualmente, sem nos prendermos a qualquer vertente específica.

Diante dessa compreensão ampla, é possível definir o constitucionalismo como "o movimento de valorização da juridicização do poder, com a finalidade de dividi-lo, organizá-lo e disciplina-lo, bem como da elevação de tal norma à condição de legislação suprema do Estado"[1]. Trata-se, portanto, do movimento histórico de formalização da ideia do poder das leis em detrimento do poder das pessoas.

Nesse sentido, o constitucionalismo, tal como o conhecemos hoje, ficou consolidado no mundo jurídico ocidental no século XIX, entretanto, suas raízes históricas são centenárias. Nessa empreita, podemos iniciar uma análise dos aspectos históricos da ideia de Constituição já na Antiguidade ou, como é mais comum, desde o século XIII de nossa era.

Costuma-se apontar, a partir de Karl Loewenstein, que o primeiro movimento de caráter limitador do poder político se deu entre os hebreus, que em seu Estado teocrático criaram limites ao poder por meio da imposição da "Lei do Senhor", a qual, apesar de não escrita, restringia a atuação do Estado, impedindo o exercício do poder absoluto. Já entre os gregos antigos – notadamente Aristóteles –, havia a distinção entre normas que tratavam dos fundamentos da Cidade-Estado e de sua organização política (*politeia*) e normas comuns (*nómoi*). Tal distinção também era verificada pelos romanos, sendo a expressão

---

1   BASTOS, Celso Ribeiro. **Curso de direito constitucional.** 22ª ed. São Paulo: Malheiros, 2010, p. 149.

rem publicam constituere a que designava a ideia de constituição, a qual era uma ordem normativa fundamental e responsável talvez pela utilização do termo até hoje[2]. Essas análises provenientes da Antiguidade partem do conceito de constituição em sentido amplo, já que tais normas hebraicas, gregas e romanas pouco se assemelham, em termos formais, às constituições que temos hoje. As "Constituições de Atenas" mencionadas por Aristóteles, por exemplo, fazem referência à forma de organização da pólis grega e não podem equiparar-se à constituição em sentido moderno, entendida como uma lei de hierarquia superior que regula a organização do Estado e estabelece direitos dos cidadãos.

Posto isso, temos que a história do constitucionalismo que vai resultar no modelo constitucional que temos hoje (Constituição em sentido jurídico/formal) remonta, ao menos, ao final da Idade Média, sendo a limitação do poder real um dos grandes vetores que, durante séculos, determinou o avanço desse movimento. Afinal, o absolutismo monárquico surge por volta do século XIII e somente terminará no século XVIII, sendo precisamente durante esse período que ganha forma a ideia de uma Constituição escrita que, como dito, terá como papel central a limitação dos poderes do rei e, portanto, a proteção contra formas absolutas de poder. Nesse sentido, já em 1215 o Rei João Sem Terra assina a Magna Carta em virtude de pressões políticas e se compromete a obedecer suas disposições que de alguma maneira limitam seu poder. Ainda que tal diploma não mencionasse os direitos do povo, representou grande avanço por estabelecer normas de organização e exercício do poder político.

Já a partir do século XVI, é verificado um aumento na quantidade de leis relacionadas a diversos aspectos da vida social, inclusive na condução do governo. Afinal, é nesse período que se desenvolvem o comércio e as cidades (questão amplamente analisada no capítulo 3 desta obra), aumentando em termos significativos a relevância social das relações econômicas e comerciais, as quais precisam de regras claras e com previsibilidade de aplicação para ocorrerem. Esse ponto preparou o caminho para o advento posterior das Constituições escritas, em sentido formal e solene, algo que veio a ocorrer apenas no século XVIII.

Nesse sentido, vale destacar no século XVII a Petição de Direitos (*Petition of Rights*) de 1628, que se tratou de uma petição do Parlamento ao Rei Carlos I, na qual pleiteava-se o reconhecimento, pelo rei, de direitos e liberdades dos súditos e de certas prerrogativas do Parlamento. Tendo o rei deferido a petição, o documento torna-se, pelo acordo de vontade das partes, uma espécie de pacto constitucional. Em seguida, a Declaração de Direitos (*Bill of Rights*) de 1689 diminuiria substancialmente o poder real e aumentaria o do Parlamento, sendo considerado também uma espécie de Constituição, por regular o exercício da prerrogativa real, o lançamento de impostos, a liberdade nas eleições, o porte de arma pelos protestantes, as imunidades parlamentares, as relações entre o trono e a Igreja e questões de sucessão, colocando fim à teoria do direito divino dos reis na Inglaterra[3]. Tais documentos foram importantes marcos contra o absolutismo monárquico que tenderia a se enfraquecer ao longo do século seguinte.

---

2   TEIXEIRA, J. H. Meirelles. **Curso de direito constitucional.** Maria Garcia (orgs.). Florianópolis: Conceito Editorial, 2011, p. 94.

3   TEIXEIRA, J. H. Meirelles. **Curso de direito constitucional.** Maria Garcia (orgs.). Florianópolis: Conceito Editorial, 2011, p. 98.

Já no século XVIII verifica-se o mais relevante avanço para o constitucionalismo: a Constituição dos Estados Unidos da América de 1787, primeira Constituição escrita da história em sentido moderno. O documento trazia conceitos típicos de sua época, como aqueles provenientes do direito natural moderno: a proteção da liberdade e da propriedade, especialmente. Ainda, preocupava-se sobremaneira com a concentração do poder – tal como ocorria nos modelos monárquicos de sua época – inaugurando o sistema de governo presidencialista, em oposição ao modelo monárquico parlamentar então vigente em grande parte dos Estados europeus da época. O presidencialismo, como se sabe, realiza uma melhor separação entre os poderes, além de excluir a figura do monarca. Vale destacar, ainda, que desde a Declaração de Independência (1776), os Estados americanos já eram soberanos e a referida Constituição de 1787, portanto, foi formada a partir de um processo constituinte com características democráticas – para os parâmetros da época –, algo que seria aperfeiçoado ao longo dos séculos seguintes.

Nos momentos posteriores da história, a França revolucionária adota uma Constituição escrita em 1791, decorrente de uma assembleia de representantes e certamente sob influência do evento americano. Vale destacar que, um pouco antes, a ideia de Constituição já era prevista pelos franceses nos termos do art. 16 da Declaração dos Direitos do Homem e do Cidadão de 1789, que dispunha que: "A sociedade em que não esteja assegurada a garantia dos direitos nem estabelecida a separação dos poderes não tem Constituição". Trata-se de um uso impreciso da expressão. De toda forma, a referida Declaração constou do Preâmbulo da Constituição francesa de 1791 que foi o primeiro diploma constitucional formal da Europa continental. Nesse sentido, a primeira Constituição escrita francesa estabeleceu limites ao governo, bem como a garantia das liberdades civis e relativas à propriedade que, em linha com os demais diplomas do período, foi elevada à categoria de um direito natural, sagrado e inviolável, notadamente a partir das formulações teóricas de John Locke.

Diante disso, a Constituição aparece como expressão formal das teorias filosóficas revolucionárias de Spinoza, Locke, Rousseau e Montesquieu, dentre outros, cuidando de incorporar ao texto legal os direitos apresentados pelos referidos filósofos como inerentes à condição humana e que, portanto, Estado algum poderia violar. A Constituição aparece, nesse sentido, definindo os limites de atuação do Estado e para o exercício do poder político, coibindo assim o arbítrio de reis e nobres na condução da coisa pública. Posteriormente, aparecerá como instrumento decorrente de aprovação popular e, portanto, que representa a formalização da teoria da soberania popular. Nesse cenário, cai por terra a legitimação de origem divina dos reis e o fundamento do poder político passa a ser racionalizado nos termos da filosofia política moderna.

Vale destacar as teorias contratualistas modernas como fundamento do Estado moderno – tarefa já realizada na Parte II desta obra – e, para o que nos importa aqui, da própria ideia de uma Constituição escrita como fundamento de um Estado regido por leis. Afinal, as teorias contratualistas apresentavam a sociedade política – leia-se, o Estado – como decorrente de um pacto fundamental (o contrato social) que cria a sociedade. Assim, a ideia de uma Constituição escrita para reger a organização do Estado e os direitos de um povo pode ser compreendida como resultante prática desse modelo teórico contratualista, ou seja, da concretização de um contrato que, na teoria, era apenas hipotético.

No século seguinte (XIX), haverá a consolidação desse modelo constitucionalista e a clareza do conceito de Constituição em sentido jurídico (formal) como lei superior de um Estado, bem como é ressaltada a importância dos códigos escritos de leis, destacando-se nesse contexto o Código Civil Napoleônico de 1804 e todos os demais códigos civilistas feitos no ocidente a partir dele e que cuidaram de disciplinar as relações privadas, notadamente centradas nos conceitos de contrato e propriedade. O legalismo e a juridicidade passam a imperar e não há mais necessidade de qualquer modelo teórico – tal como o contratualista – para justificar o constitucionalismo que, portanto, passa a se legitimar por si mesmo.

Essa questão ganha peso já na segunda metade do século XIX, em que o conceito de Estado de Direito passa a se tornar relevante, notadamente pela preocupação com a limitação do poder político e sua possível interferência nas relações privadas que demandam um relevante grau de segurança jurídica. Pouco depois, no início do século XX, a *Teoria Pura do Direito* de Hans Kelsen seria um marco teórico relevante para o estabelecimento da hierarquia das normas e da legitimidade do sistema jurídico.

Destaca-se, ainda no contexto do século XX, a Constituição mexicana de 1917, que representa importante marco teórico na preocupação socializante inserida no texto constitucional, demarcando a transição do Estado liberal para o Estado social, muito embora não tenha sido aplicada. Nesse tocante, a Constituição alemã de 1919 da chamada República de Weimar foi a que, em termos práticos, teve esse efeito ao atribuir ao Estado o papel de garantidor dos direitos sociais, rompendo com a tradição liberal-burguesa[4].

Após a Segunda Guerra (1939-1945), o movimento constitucionalista é retomado a partir de outro ângulo e alcança importante função na tentativa de coibir o ressurgimento de regimes ditatoriais como os vistos na primeira metade do século, bem como de impedir as violações aos direitos fundamentais dos indivíduos verificadas no mesmo período. Nesse sentido, foi necessário à Declaração Universal dos Direitos Humanos de 1948 relembrar os avanços modernos e apontar, novamente, que todos os humanos nascem livres e iguais em direitos e dignidade. A partir daí, a segunda metade do século XX será marcada por constituições que criam Estados democráticos de direito, preocupados com a legalidade (império da lei), a separação dos poderes, os direitos e garantias individuais, incluindo a dignidade da pessoa humana, a isonomia e o pluralismo político. Nesse cenário, destacam-se os direitos e garantias fundamentais como núcleos intransponíveis dos sistemas constitucionais típicos do pós-guerra.

18.2 CLASSIFICAÇÕES

A partir das diferentes manifestações históricas das constituições é possível extrair algumas classificações que nos ajudam na compreensão do tema. Destacamos as seguintes:

---

4   DALLARI, Dalmo de Abreu. **A Constituição na vida dos povos:** da Idade Média ao século XXI. 2ª ed. São Paulo: Saraiva, 2013, p. 138.

Quanto ao conteúdo	– Material
	– Formal
Quanto à forma	– Escrita
	– Não escrita
Quanto à extensão	– Sintética
	– Analítica
Quanto à origem	– Promulgada
	– Outorgada
Quanto à estabilidade	– Rígida
	– Flexível
	– Semirrígida

Quanto ao conteúdo, falamos em *constituição material* quando essa é analisada de forma abrangente, referindo-se à noção de como e do que algo é constituído. Assim, estudar a constituição de algo é verificar de que elementos esse algo se compõe e de que modo tais elementos foram organizados para formar uma unidade[5]. Dessa forma, ao se aplicar tal conceito, visto de forma ampla, à organização social e sua unidade de poder, temos que Constituição será o conjunto de normas pertinentes à composição e ao funcionamento desse poder. Diante disso, não há sociedade política organizada e, consequentemente, não há Estado sem Constituição, por mais simples que essa seja, inclusive quando não é escrita. Já em *sentido jurídico (formal)*, a Constituição aparece como documento escrito e solene que estabelece normas jurídicas que regem a atuação do Estado e declaram os direitos e garantias dos cidadãos, com hierarquia superior às demais e decorrentes de um poder constituinte (conceito que será analisado a seguir).

Quanto à forma, temos *constituições escritas* quando as normas constitucionais são veiculadas por textos normativos sistematizados num documento denominado constituição – é o caso da maioria expressiva das constituições atualmente em vigor pelo mundo. Já as *constituições não escritas*, conhecidas também como *históricas* ou *costumeiras*, são aquelas que não decorrem de um único documento, mas de diversas leis esparsas, costumes e precedentes judiciais que, em conjunto, formam a constituição a partir de um processo de sedimentação histórica[6].

Quanto à extensão, temos *constituições sintéticas* quando o texto constitucional estabelece apenas princípios e normas gerais acerca da organização do Estado e apresenta os direitos e garantias dos cidadãos (o grande exemplo é a Constituição americana de 1787). Já as *constituições analíticas* são mais extensas, contemplando desde princípios amplos até regras específicas acerca de diversos assuntos que o constituinte entendeu como relevantes.

Já quanto à origem, são *promulgadas* as constituições democráticas, as quais resultam de uma assembleia constituinte composta por representantes do povo e que, portanto,

---

5   DALLARI, Dalmo de Abreu. **A Constituição na vida dos povos:** da Idade Média ao século XXI. 2ª ed. São Paulo: Saraiva, 2013, p. 17.
6   SARLET, Ingo W.; MARINONI, Luiz G.; MITIDIERO, Daniel. **Curso de direito constitucional**. 11ª ed. São Paulo: Saraiva, 2022, p. 30.

acaba por refletir o ideal da soberania popular. Já as constituições *outorgadas* são aquelas decorrentes de atos de natureza autoritária pelos quais uma nova constituição é imposta, sem que tenha havido qualquer processo de natureza democrática em sua formulação, isto é, são aquelas estabelecidas sem a participação do povo[7].

Quanto à estabilidade, as *constituições rígidas* são aquelas que somente podem ser alteradas mediante processos, solenidades e exigências formais especiais e, portanto, a modificação do texto constitucional depende de procedimentos mais difíceis que aqueles estabelecidos para leis ordinárias e complementares. Já as *constituições flexíveis* são aquelas que podem ser alteradas pelo legislador segundo o mesmo processo de elaboração de leis ordinárias. Por fim, as *semirrígidas* são aquelas constituições que contêm uma parte rígida e outra flexível[8]. Moraes[9] aponta que a Constituição de 1988 pode ser classificada como *super-rígida*, vez que pode ser alterada por processo legislativo diferenciado, porém contém pontos imutáveis (conforme art. 60, §4º – as chamadas cláusulas pétreas).

18.3 O PODER CONSTITUINTE

Após trabalharmos a constituição do ponto de vista histórico e conceitual, cabe aqui fazer alguns questionamentos: se a Constituição cria o Estado, regulando sua organização e funcionamento, bem como estabelecendo os direitos dos indivíduos, quem é que cria a Constituição? Quem é titular desse direito? Há limites jurídicos para a criação de um texto constitucional?

Diante dessas questões é que se apresenta a *teoria do poder constituinte*. Repare que apontar o poder constituinte como aquele que pode criar uma nova ordem constitucional – uma nova Constituição – significa, em outros termos, discutir não só sua legalidade, mas também sua *legitimidade*.

Como vimos, a ideia de Constituição, tal como a conhecemos, solidifica-se no pensamento jurídico e político ocidental a partir dos desenvolvimentos das Revoluções Liberais dos séculos XVII e XVIII. Nesse contexto, firma-se a ideia da soberania popular em detrimento da antiga forma de poder ilimitado dos reis absolutistas, cujo fundamento de legitimidade residia num alegado direito divino. Assim, verifica-se a transição da soberania com base no direito divino para a soberania popular, apresentando o povo como verdadeiro titular do poder político e, portanto, aquele que pode, de forma legítima, criar as regras constitutivas de um novo Estado.

Repare que aqui estamos apresentando a *teoria* do poder constituinte, o que não se confunde com o poder constituinte em si, tal como se deu em suas diversas manifestações históricas. Afinal, toda e qualquer sociedade política já existente teve um poder que a constituiu, determinando-lhe as regras; mas a teorização desse poder, visando legitimá-lo, passou a existir apenas após o século XVIII, como decorrência das filosofias iluministas.

---

7   SILVA, José Afonso da. **Curso de direito constitucional positivo**. 30ª ed. São Paulo: Malheiros, 2008, p. 41.
8   SILVA, José Afonso da. **Curso de direito constitucional positivo**. 30ª ed. São Paulo: Malheiros, 2008, p. 42.
9   MORAES, Alexandre de. **Direito constitucional**. 38ª ed. Barueri: Atlas, 2022, p. 9.

Nesse sentido, aponta-se que a teoria do poder constituinte teve para a concepção revolucionária a mesma força que a teoria da soberania teve no passado para a implantação dos regimes absolutistas[10]. Afinal, durante o Antigo Regime, vigorava a ideia do poder como emanado de Deus, sendo essa a única fonte legítima de poder. A secularização desse conceito ocorrerá apenas no século XVIII com a Revolução Americana e, principalmente, com a Revolução Francesa e a instalação da Assembleia Nacional Constituinte em 1789.

No que se refere à *titularidade* do poder constituinte, é imprescindível destacar a teorização de Emmauel Seyès, que, em seu clássico *Qu'est-ce que le Tiers État?* (O que é o Terceiro Estado?), aponta o Terceiro Estado como a *nação* e essa como detentora do poder de fundar uma ordem constitucional legítima. A imprecisão do termo, que tanto já causou transtorno desde então, fez com que, contemporaneamente, fosse apontado o *povo* como verdadeiro detentor do poder político e, portanto, aquele que tem, em última análise, a possibilidade de fundar uma ordem constitucional nova, conforme a *teoria da soberania popular* consagrada nos últimos séculos. Ao compatibilizarmos essa lógica com a da democracia representativa, tem-se que são os representantes do povo aqueles que podem formar uma *Assembleia Constituinte* (ou *Convenção*) visando expressar, numa nova Constituição que cria um novo Estado, a vontade constituinte, a qual pertence, em última instância, ao povo. Nesse sentido, cumpre apresentar algumas palavras da aludida obra:

> A nação existe antes de tudo, ela é a origem de tudo. Sua vontade é sempre legal, é a própria lei. Antes dela e acima dela só existe o direito natural. (...). Em cada parte, a Constituição não é obra do poder constituído, mas do poder constituinte. (...) O poder só exerce um poder real enquanto constitucional. Só é legal enquanto é fiel às leis que foram impostas. A vontade nacional, ao contrário, só precisa de sua realidade para ser sempre legal: ela é a origem de toda legalidade[11].

A teoria, portanto, procura fundamentar juridicamente as reivindicações da burguesia da época a partir de um direito superior: o direito natural do povo de se autoconstituir, a fim de justificar a renovação da ordem jurídica vigente, notoriamente injusta. Trata-se, portanto, de um conceito desenvolvido nos termos do racionalismo iluminista, do contratualismo e da ideologia liberal daquele momento histórico. Posteriormente, com a consolidação do positivismo jurídico no século XX, a natureza jurídica do poder constituinte será questionada, uma vez que será apresentada a positividade como o único modo de ser do direito, o que contrasta com a teoria do poder constituinte, que é apresentado como anterior ao próprio direito posto[12]. Dessa forma, podemos dizer que o poder constituinte consiste num poder *político* e não jurídico – ainda que se possa atribuir um direito de caráter *jusnaturalista* ou *metajurídico* a esse poder. Diante disso, temos que a Constituição, ao contrário das demais normas infraconstitucionais, não extrai seu fundamento de qualquer ordem jurídica formal que lhe seja superior, mas se estabelece como autoridade jurídica superior em função da "vontade" das forças determinantes e

---

10 BONAVIDES, Paulo. **Curso de direito constitucional.** 30ª ed. São Paulo: Malheiros, 2015, p. 143-144.

11 SIEYÈS, Emmanuel Joseph. **A constituinte burguesa:** o que é o Terceiro Estado? Trad. Norma Azeredo. 3ª ed. Rio de Janeiro: Lumen Juris, 1997, p. 94-95.

12 BASTOS, Celso Ribeiro. **Curso de direito constitucional.** 22ª ed. São Paulo: Malheiros, 2010, p. 48.

representativas da sociedade na qual surge a Constituição. O poder constituinte é, portanto, pré-constitucional[13].

Nesse ponto, cabe diferenciar o *poder constituinte originário* do *poder constituinte derivado*.

O *poder constituinte originário* é aquele que pode criar a Constituição, entendida como o documento jurídico que cria o Estado, regulando sua estrutura e funcionamento, bem como estabelecendo os direitos dos seus cidadãos. Como visto, a Constituição aparece como primeiro e mais alto diploma jurídico de um Estado, sendo a norma de hierarquia superior e, portanto, todas as demais produções legislativas desse Estado devem se dar de acordo com ela e ser compatíveis com suas disposições.

Em termos formais, o poder constituinte originário acaba por inaugurar uma nova ordem constitucional, revogando a Constituição anterior (se houver), bem como toda a legislação incompatível com o novo texto. Por exemplo, a Constituição Federal de 1988, fruto de um poder constituinte originário, criou e regulou o Estado brasileiro, substituindo a ordem constitucional anterior e passando a ser ela a Lei Fundamental desse Estado recém-criado e fundamento de validade de toda e qualquer outra norma pertinente a esse Estado.

Em termos práticos, a *titularidade* do poder constituinte originário pode ser atribuída a algum movimento revolucionário que se coloque na posição de constituinte ou a uma assembleia constituinte que melhor represente a ideia da teoria do poder constituinte exposta aqui. No primeiro caso, em se tratando de revolução, é comum que os novos detentores do poder político se autoproclamem como aptos a fundar um novo Estado (geralmente se colocando como representantes legítimos do povo, ainda que não o sejam), sob uma nova ordem constitucional e, dentro desse contexto, a constituição é, geralmente, *outorgada*, isto é, imposta pelo líder do movimento político em marcha. Já na segunda hipótese – da assembleia constituinte ou convenção – teremos a convocação de representantes do povo para a elaboração de um texto que será, nesse caso, *promulgado*, uma vez que aprovado por representantes do povo eleitos para a tarefa de fazer a nova Constituição. Repare que o movimento revolucionário pode se valer de uma assembleia constituinte para conceder ao movimento maior legitimidade. Ademais, destacamos que a assembleia constituinte (ou convenção) não possui a titularidade do poder constituinte, que permanece com o povo. Há, nesse caso, apenas uma transferência (delegação) de poderes – via mandato – para que os deputados constituintes exerçam o poder em nome do povo, verdadeiro detentor deste poder.

Uma vez que visa criar um novo Estado, regido por uma nova ordem constitucional a ser implementada, o poder constituinte originário não se vê sujeito à ordem constitucional vigente, a qual vai inevitavelmente revogar. Diante disso, costuma-se apontar o poder constituinte originário, qualquer que seja, como *ilimitado* – ainda que se possa argumentar que os constituintes se encontram limitados pelos direitos naturais que, no contexto do pós-guerra em diante, apresentam-se como direitos humanos. De fato, se a

---

13 SARLET, Ingo Wolfgang; MARINONI, Luiz Guilherme; MITIDIERO, Daniel. **Curso de direito constitucional.** 2ª ed. São Paulo: RT, 2013, p. 99.

intenção dos constituintes for a de manter o Estado dentro do sistema internacional de proteção dos direitos humanos, esses acabarão por exercer um papel limitador do poder constituinte originário.

Já o *poder constituinte derivado*, por vezes referido como *secundário*, é de natureza eminentemente jurídica, vez que se presta a realizar as reformas no texto constitucional, de acordo com o procedimento previsto no próprio texto da Constituição. Trata-se de um mecanismo que possibilita adequar as constituições às transformações sociais, políticas e econômicas, não tornando o texto constitucional imutável, o que acarretaria extrema instabilidade, já que, se fosse imutável, toda necessidade de adequação do texto geraria um novo processo constituinte.

Assim, o poder constituinte *originário*, na medida em que busca criar um novo Estado, não se encontra limitado por qualquer poder jurídico constituído, muito embora seja ele quem estabelecerá as balizas jurídicas do Estado a ser criado. Por sua vez, o poder constituinte *derivado* é decorrente da Constituição já existente e deve observar aos parâmetros de reforma da Constituição previstos pelo texto constitucional, isto é, conforme disposto pelo poder constituinte originário. Assim, trata-se de um poder *limitado*.

No caso da Constituição brasileira de 1988, o procedimento de reforma constitucional está disciplinado no art. 60, pelo qual a Constituição confere ao Congresso Nacional a competência para realizar emendas ao texto constitucional – *poder constituinte derivado reformador*. Repare, portanto, que o poder do Congresso de editar normas com a hierarquia de normas constitucionais não lhe é inerente, mas decorre de outro poder (do poder constituinte originário que fez a Constituição) e, portanto, trata-se de um poder constituinte derivado, secundário. Conforme nos ensina José Afonso da Silva: "(…) seria muito complicado ter que convocar o constituinte originário todas as vezes em que fosse necessário emendar a Constituição. Por isso, o próprio poder constituinte originário, ao estabelecer a Constituição federal, instituiu um *poder constituinte reformador*, ou *poder de reforma constitucional*, ou *poder de emenda constitucional*"[14].

Vale destacar, quanto à reforma do texto constitucional, que a própria Constituição, no § 4º do referido art. 60 dispõe acerca de questões que não poderão ser abolidas, sequer por emenda, são elas: a forma federativa de Estado; o voto direto, secreto, universal e periódico; a separação dos Poderes; e os direitos e garantias individuais. Qualquer proposta de emenda constitucional tendente a abolir esses direitos não será objeto de deliberação. Nesse caso, trata-se de uma restrição imposta pelo constituinte originário visando manter a integridade da Constituição, isto é, deixando claro que ela possui um conjunto de normas que expressam valores imutáveis – as chamadas cláusulas pétreas.

Além do poder constituinte derivado reformador, há também o chamado *poder constituinte derivado decorrente*, o qual se refere à possibilidade dos Estados-membros se auto-organizarem por meio de constituições estaduais. Ainda que haja autonomia político-administrativa dos Estados-membros, tais constituições estaduais estão obviamente sujeitas aos limites da Constituição Federal.

---

14   SILVA, José Afonso da. **Curso de direito constitucional positivo.** 30ª ed. São Paulo: Malheiros, 2008, p. 64.

Por fim, cabe relacionar os conceitos de *legitimidade* e *legalidade* com as diferentes expressões do poder constituinte. Assim, temos que o *poder constituinte originário*, apto a criar uma nova ordem jurídica, não se sujeita a limites jurídicos, vez que está precisamente criando a Constituição e, portanto, é anterior a ela. Dessa forma, o poder originário, por seu caráter político, demanda *legitimidade*. Essa, desde o século XVIII, decorre da teoria da soberania popular e, portanto, o poder constituinte originário legítimo é aquele que emana do povo, verdadeiro detentor do poder político.

Por outro lado, vimos que o poder constituinte originário estabelece, no texto constitucional então criado, as regras para alteração das normas constitucionais, conferindo ao Congresso Nacional os poderes para tanto, observadas as regras lá previstas. Assim, atribui-se aos representantes do povo – no caso brasileiro, ao Congresso Nacional – o chamado *poder constituinte derivado*. Esse, por sua vez, deve ser exercido com base na *legalidade*, isto é, na observância das normas constitucionais existentes, sendo, portanto, limitado por elas.

Poder constituinte	originário	ilimitado	pauta-se pela legitimidade
	derivado	limitado	pauta-se pela legalidade

18.4 HISTÓRICO CONSTITUCIONAL BRASILEIRO

18.4.1 Constituição Política do Império do Brasil de 1824

A história constitucional brasileira começa com nossa independência em 1822, aparecendo o Estado brasileiro como independente de Portugal – em verdade, do Reino Unido de Portugal, Brasil e Algarves – e, portanto, propriamente um Estado soberano. Menos de um ano após a declaração de independência, em 3 de maio de 1823, é instalada a primeira Assembleia Constituinte do Brasil, formada por eleição convocada antes da declaração (em 3 de junho de 1822). Ocorre que, temendo que os constituintes seguissem os exemplos das primeiras constituições francesas da Revolução e que houvesse a racionalização e a limitação dos seus poderes imperiais, D. Pedro I dissolve a Assembleia em 12 de novembro de 1823 e convoca um Conselho de Estado integrado por dez membros nomeados por ele para fazer um projeto de Constituição[15]. Assim, elaborada pelo Conselho de Estado e outorgada pelo Imperador D. Pedro I em 25 de março de 1824, nasce a primeira constituição brasileira: a Constituição Política do Império do Brasil.

A Constituição não adotou a teoria da separação dos poderes de forma tripartida, posto haver a existência de quatro poderes: Moderador, Judiciário, Executivo e Legislativo.

O Poder Legislativo era bicameral, havendo uma Câmara dos Deputados, eletiva e com mandatos temporários, e a Câmara dos Senadores, composta por membros nomeados pelo Imperador e com cargos vitalícios. O Poder Executivo, por sua vez, era chefiado pelo próprio Imperador e exercido pelos Ministros de Estado, nomeados e demitidos

---

15   SARLET, Ingo Wolfgang; MARINONI, Luiz Guilherme; MITIDIERO, Daniel. **Curso de direito constitucional.** 2ª ed. São Paulo: RT, 2013, p. 236.

pelo Imperador. Já o Poder Judiciário era "independente", porém o Imperador poderia, em determinados casos, suspender juízes. Por fim, o Poder Moderador foi certamente o principal traço característico de nossa Constituição de 1824, o qual era conferido ao Imperador e regulado nos termos dos arts. 98 a 101 do referido texto constitucional. Dentro dos poderes atribuídos ao Imperador estavam o direito de nomear os Senadores (art. 101, I) e o de nomear e demitir livremente os Ministros de Estado (art. 101, VI). Ademais, na linha dos modelos absolutistas do passado, colocava o Imperador como isento de toda e qualquer responsabilidade, enaltecendo o caráter inviolável e sagrado de sua pessoa (art. 99). Ainda, cumpre destacar que havia a adoção oficial da religião católica (art. 5).

Curioso notar que o art. 179 da referida Constituição trazia a proteção dos direitos civis e políticos dos cidadãos brasileiros, incluindo o princípio da isonomia – em linha com o constitucionalismo liberal da época –, mas também algumas questões referentes a direitos sociais, tais como a garantia de socorros públicos (saúde) e a instrução primária gratuita (educação). Essas previsões, entretanto, não se concretizaram, uma vez que durante o Império verificou-se a manutenção dos privilégios da nobreza, o voto censitário e o regime escravocrata[16].

Vale destacar, por fim, que a Constituição de 1824 permaneceu vigente até a Proclamação da República, em 1889 e, portanto, durou 65 anos, sendo a Constituição mais duradoura de nossa história.

18.4.2 Constituição da República dos Estados Unidos do Brasil de 1891

É possível apontar um rol bastante extenso de fatores que, de alguma forma, contribuíram para o fim do Império e o início de nossa República, dentre eles, temos a própria decadência do Império, a crescente adesão às ideias do Partido Republicano (criado em 1870), o aparecimento do Exército como força política, a elevação de seu prestígio após a Guerra do Paraguai e as ideias federalistas que vinham desde a constituinte da Constituição anterior.

Formou-se então o ambiente propício para o golpe de Estado resultante da união das elites com o Exército, com pouca ou nula participação popular. Com isso, a partir do Dec. nº 1 – redigido por Rui Barbosa –, foi formalizada a Proclamação da República em 15 de novembro de 1889 e estabelecido o Governo Provisório, o qual instituiu uma comissão encarregada de redigir o anteprojeto de uma nova Constituição, feito e aprovado pelos deputados e senadores da assembleia constituinte um ano depois da Proclamação da República. Esse aspecto formal não esconde o tom autoritário com que começa nossa República. Conforme anota Barroso:

> A República se inicia de forma melancólica densamente autoritária, omissa na questão social, elitista no seu desprezo à conscientização popular. Prenunciava-se, desde que promulgada a nova Carta, a convulsiva instabilidade das instituições, golpeadas logo à primeira hora pelo Marechal Deodoro, que em gesto de força decretou a dissolução das Câmaras Legislativas[17].

---

16 BARROSO, Luís Roberto. **O direito constitucional e a efetividade de suas normas:** limites e possibilidades da Constituição brasileira. 8ª ed. Rio de Janeiro: Renovar, 2006, p. 12.

17 BARROSO, Luís Roberto. **O direito constitucional e a efetividade de suas normas:** limites e possibilidades da Constituição brasileira. 8ª ed. Rio de Janeiro: Renovar, 2006, p. 13.

Influenciada pela Constituição americana do século anterior, nossa Constituição de 1891 trouxe para cá a forma de governo republicana, o sistema de governo presidencialista e a forma de Estado federalista. Ademais, valeu-se do nome "Estados Unidos do Brasil" de forma um tanto imprópria, dado que a origem da federação brasileira não se assemelha com a origem dos Estados americanos. Como se sabe, a federação americana é decorrente de uma Confederação de Estados que já eram soberanos e se uniram para formar os Estados Unidos da América como um Estado Federal. Já aqui, tratava-se de um Estado unitário (conforme Constituição de 1824) com províncias que, com a nova constituição, ganhariam autonomia na qualidade de entes federativos.

Como decorrência dessas características, passa-se a adotar o sistema da tripartição dos poderes, independentes e harmônicos entre si, conforme dispõe o art. 15 do referido texto constitucional. O Executivo passaria a ser exercido pelo Presidente, com mandato de quatro anos e eleito de forma direta; o Legislativo permanece dividido em duas câmaras, agora a Câmara dos Deputados – representantes do povo, com proporcionalidade – e o Senado Federal, com representantes dos Estados, em número de três por unidade federativa; e o Judiciário, por fim, seria composto pelo Supremo Tribunal Federal e por juízes e tribunais distribuídos pelo País.

Outros avanços implementados pela Constituição da Primeira República são o abandono da religião oficial e o estabelecimento de procedimento qualificado para alteração de normas constitucionais, distinto do procedimento de alteração de normas comuns. Ademais, destacam-se as declarações de direitos, incluindo o *habeas corpus* como forma de garantir o cumprimento efetivo dos direitos e garantias individuais mediante eventuais ilegalidades do poder público.

Entretanto, a realidade de nossa República Velha foi certamente destoante dos avanços formais trazidos pela Constituição. Como se sabe, esse período é notório pelas fraudes eleitorais, o famoso "voto de cabresto" e a consequente forma oligárquica do poder político, sendo os membros do Executivo e do Legislativo escolhidos pelos partidos dominantes em São Paulo e Minas Gerais.

Em 1926, houve uma Emenda ao texto constitucional aumentando a autoridade do Presidente ao dispor sobre as possibilidades de intervenção nos Estados. Ela ainda proibiu a reeleição de presidentes e governadores estaduais e restringiu o *habeas corpus*. Embora tenha alterado substancialmente o texto original, ela não foi suficiente para garantir a longevidade da Constituição que, no contexto da crise de nossa Primeira República, durou até 1930, quando o Decreto de 11 de novembro desse ano instituiria um Governo Provisório que duraria até o advento da Constituição de 1934.

Embora tenha implementado, ao menos no aspecto formal, importantes avanços no sentido de estabelecer instituições republicanas e democráticas que perduram até hoje, bem como colocado fim ao modelo monárquico ainda de tom absolutista previsto pela carta constitucional anterior, o período abarcado pela Constituição de 1891 se caracterizou, na prática, pelo exercício do poder político pelas oligarquias do Sudeste.

18.4.3 Constituição da República dos Estados Unidos do Brasil de 1934

Conforme dito, a Constituição Republicana de 1891 convivia com um injusto sistema eleitoral, que colocava todos diante do poder dos coronéis locais, alinhados numa aliança oligárquica que detinha o poder. Isso, é claro, não inspirava confiança no sistema político por parte dos cidadãos e não agradava as lideranças políticas não dominantes. Nesse contexto, Washington Luís indica Júlio Prestes para sua sucessão, sem o apoio de Minas Gerais, Rio Grande do Sul e Paraíba, cujos governadores formaram uma Aliança Liberal e indicaram candidatos próprios à Presidência e Vice-Presidência para as eleições de 1930 (Getúlio Vargas e João Pessoa). Venceu Júlio Prestes que, embora eleito, não assumiu em virtude da chamada Revolução de 30, um golpe de Estado que depôs Washington Luís e impediu o Presidente então eleito de assumir. O poder foi então entregue a um Governo Provisório, liderado por Getúlio Vargas, tendo como uma de suas funções a criação de uma nova Constituição.

O País passou cerca de quatro anos sem uma Constituição formal, contando apenas com o referido Decreto que instituiu o Governo Provisório, a cargo de Getúlio. Nesse meio tempo, ocorre a Revolução Constitucionalista de 1932 requerendo a Constituição e temendo a continuidade do governo de tom ditatorial de Getúlio. Embora tal movimento tenha sido reprimido pelo governo provisório, em 1933 ocorre a convocação da Assembleia Constituinte e, em seguida, a promulgação da Constituição da República dos Estados Unidos do Brasil de 1934.

Do ponto de vista da estrutura do Estado, a Constituição manteve a forma de governo republicana, o sistema presidencialista e a forma federativa. A tripartição dos poderes, já consagrada pelo último texto constitucional, também foi continuada. Importante destacar, ainda, a criação da Justiça Eleitoral como órgão do Poder Judiciário e, nesse âmbito, a admissão do sufrágio feminino. Vale destacar que a reformulação do sistema eleitoral constava da pauta da Revolução de 1930, já que o modelo da República Velha era escancaradamente injusto. Essa importante evolução do ponto de vista formal não teve efeitos práticos pela inexistência de eleições diretas durante a vigência dessa Constituição.

Ademais, a Carta de 1934 inseriu o Brasil no rol de democracias sociais, em linha com a ideia do Estado social de direito decorrente da Constituição da República de Weimar, contendo inclusive um título chamado "Da Ordem Econômica e Social", incluindo artigos de proteção do trabalhador. Nesse sentido, é essa Carta a responsável por instituir a Justiça do Trabalho.

A Constituição de 1934, em suma, caracterizou-se por manter preceitos liberais que vinham desde a ordem constitucional anterior e também por incrementar as hipóteses de intervenção estatal, sendo manifestadamente antagônica. Talvez por isso tenha sido a Constituição de menor longevidade de nossa história, sendo substituída já em 1937 com o autogolpe de Getúlio que instituiria o chamado Estado Novo.

18.4.4 Constituição dos Estados Unidos do Brasil de 1937

O contexto ideológico brasileiro da época refletia o conflito europeu entre comunistas e fascistas, o que criou um cenário propício à permanência de Getúlio no poder a partir do pretexto da "ameaça de perigosas ideologias". A manutenção de Getúlio, entretanto, somente ocorreria com a ruptura institucional, já que a Constituição de 1934 vedava a reeleição do Presidente. Nesse contexto, expõe-se um suposto perigo comunista para justificar o golpe proferido em 10 de novembro de 1937, quando Getúlio dissolve o congresso com tropas de choque, faz uma proclamação à Nação e outorga a Carta de 1937[18]. Assim, a Constituição de 1937 foi a segunda de nossa história a ser outorgada (em conjunto com a de 1824), sendo todas as demais cartas promulgadas, pelo menos na teoria.

Tratou-se, portanto, de uma Constituição sem qualquer respaldo democrático e que serviu unicamente para dar uma roupavam "constitucional" à ditadura do Estado Novo[19]. Destaque-se, ainda, que o art. 187 da Constituição de 1937 dispunha que a Carta seria submetida a plebiscito nacional, cuja convocação nunca veio a ocorrer, tornando sua situação jurídica objeto de debate.

No que tange ao seu conteúdo, a Constituição ficou conhecida como "Polaca" por ter sido inspirada na Constituição da Polônia de 1935 e fortaleceu substancialmente o Poder Executivo, caracterizando-se pelo tom autoritário e centralizador do poder, com normas que deixavam possível um controle do Judiciário pelo Executivo. Ainda, possuía diversos artigos de tom nacionalista, especialmente em questões econômicas, reforçando o caráter centralizador supramencionado. De toda forma, lembra-nos José Afonso da Silva que a Carta de 1937 não teve aplicação regular e que houve foi uma "ditadura pura e simples, com o Poder Executivo e Legislativo concentrado nas mãos do Presidente da República, que legislava por via de decretos-leis que ele próprio depois aplicava, como órgão do Executivo"[20].

Destaque-se – de forma negativa – o final do art. 139, ao dizer que: "A greve e o *lock-out* são declarados recursos antissociais nocivos ao trabalho e ao capital e incompatíveis com os superiores interesses da produção nacional", bem como o item 13 do art. 122, que ampliava significativamente as hipóteses de pena de morte.

Já com a Segunda Guerra Mundial finalizada, Getúlio anunciou a convocação de eleições gerais, visando mitigar o tom ditatorial de seu governo, o que nada adiantou, vez que foi deposto pelas Forças Armadas em 29 de outubro de 1945, assumindo a presidência o Presidente do STF à época, Ministro José Linhares, até a posse de Eurico Gaspar Dutra em 31 de janeiro de 1946.

18.4.5 Constituição dos Estados Unidos do Brasil de 1946

No âmbito do governo provisório exercido pelo então Presidente do STF, determinou-se que o congresso a ser convocado teria natureza de assembleia constituinte com poderes ilimitados, a qual se reuniu a partir de março de 1946, resultando na promulgação da Constituição em 18 de setembro daquele ano, visando à redemocratização do País.

---

18   BARROSO, Luís Roberto. **O direito constitucional e a efetividade de suas normas:** limites e possibilidades da Constituição brasileira. 8ª ed. Rio de Janeiro: Renovar, 2006, p. 22.

19   SARLET, Ingo Wolfgang; MARINONI, Luiz Guilherme; MITIDIERO, Daniel. **Curso de direito constitucional.** 2ª ed. São Paulo: RT, 2013, p. 245.

20   SILVA, José Afonso da. **Curso de direito constitucional positivo.** 30ª ed. São Paulo: Malheiros, 2008, p. 83.

Com o fim da Segunda Guerra Mundial e o declínio das doutrinas autoritárias típicas do entreguerras, a Constituição de 1946 buscou retomar o norte democrático perdido pela última Carta e visou conciliar a livre iniciativa com a justiça social. Estabeleceu eleições diretas para Presidente, trouxe os Partidos Políticos para dentro do texto constitucional, baniu a pena de morte, trouxe o direito de greve e, ainda, colocou o controle de constitucionalidade com o Poder Judiciário, sem qualquer possibilidade de interferência do Executivo, tal como previa a Polaca.

Em 1961, com a renúncia de Jânio Quadros, ativa-se o movimento golpista na tentativa de impedir a posse de seu vice, João Goulart. Para revestir o golpe com ares de juridicidade, faz-se uma emenda à Constituição transformando nosso sistema em parlamentarista, visando, obviamente, limitar os poderes do Presidente (esse movimento pode ser enquadrado como um *golpe parlamentar*, tal como trabalhado aqui no capítulo 17). Entretanto, em 1963, essa decisão é revertida em plebiscito que determinou a volta ao sistema presidencialista e, portanto, a retomada dos poderes de João Goulart. Diante disso, intensificou-se o movimento golpista e deflagrou-se, em 31 de março de 1964, o golpe militar que instauraria uma ditadura de vinte e um anos, cuja juridicidade seria extraída dos chamados Atos Institucionais, de normatividade paralela e de caráter supraconstitucional[21].

Já em 9 de abril de 1964, o Ato Institucional nº 1 dispôs acerca da manutenção da Constituição de 1946, que seria substituída pela Carta de 1967, analisada a seguir e, ainda, estabeleceu a eleição indireta do Presidente e do Vice-Presidente, a suspensão por seis meses das garantias constitucionais de vitaliciedade e estabilidade e a possibilidade de suspensão de direitos políticos e de cassação de mandatos legislativos federais, estaduais e municipais, sendo excluída a apreciação judicial desses atos (vide, em especial, arts. 1, 2, 7 e 10 do Ato Institucional nº 1).

18.4.6 Constituição da República Federativa do Brasil de 1967 e EC nº 1 de 1969

Nos termos previstos no AI-1, é eleito de forma indireta – pelo Congresso Nacional – o Marechal Humberto Castelo Branco como Presidente da República. Logo após, em 1966, o Ato Institucional nº 4 "convoca o Congresso Nacional para se reunir extraordinariamente, de 12 de dezembro de 1966 a 24 de janeiro de 1967, para discussão, votação e promulgação do projeto de Constituição apresentado pelo Presidente da República". Diante do curto prazo para aprovação do texto e da natureza ditatorial do regime então instaurado, não é incomum apontar a Constituição de 1967 como sendo outorgada, ainda que tenha havido, do ponto de vista formal, sua promulgação pelo Congresso.

Em linha com o caráter ditatorial do regime, a Constituição de 1967 diminuiu os poderes do Legislativo e do Judiciário e apresentou diversas hipóteses de suspensão e perda de direitos políticos, tendo sido influenciada pela Carta de 1937.

Já no final de 1968, edita-se o Ato Institucional nº 5 (AI-5), cujas normas demarcavam, longe de qualquer dúvida, a natureza ditatorial do regime, notadamente por

---

21 BARROSO, Luís Roberto. **O direito constitucional e a efetividade de suas normas:** limites e possibilidades da Constituição brasileira. 8ª ed. Rio de Janeiro: Renovar, 2006, p. 33.

representar uma ruptura com o próprio texto constitucional de 1967, com o qual não se compatibilizava. O conhecido AI-5 determinava a possibilidade de o Presidente fechar o Congresso Nacional, bem como as Assembleias Estaduais e Câmara dos Vereadores, que nessa hipótese seriam conduzidos pelo Executivo (art. 2º). Ainda, autorizava o Presidente a suspender os direitos políticos de qualquer cidadão pelo prazo de dez anos e cassar mandatos eletivos federais, estaduais ou municipais (art. 4º). Proibia também o *habeas corpus* em caso de crimes políticos contra a segurança nacional (art. 10) e excluía a jurisdição do Judiciário para atos fundados no AI-5 (art. 11).

Diante dessas disposições e de sua natureza hierárquica, é comum apresentar o AI-5 como o substituto da Constituição de 1967, já que aos limites dessa não se sujeitava o Estado. Nesse contexto, a chamada Junta Militar é equiparada a um poder constituinte originário. Aliás, o próprio preâmbulo do AI-1 já dispunha que: "A revolução vitoriosa se investe no exercício do Poder Constituinte. Este se manifesta pela eleição popular ou pela revolução. Esta é a forma mais expressiva e mais radical do Poder Constituinte. Assim, a revolução vitoriosa, como Poder Constituinte, se legitima por si mesma". Tal como trabalhamos no capítulo 17 supra, a apresentação de movimentos golpistas como revolucionários é uma das poucas alternativas teóricas do movimento para buscar sua legitimidade – ainda que não a possua.

Ainda, em 1969, é promulgada a EC nº 1, que apresentou uma nova redação para a Constituição de 1967 e, portanto, é possível considerarmos a EC nº 1, de 1969, como uma nova Constituição, vez que apresentou 217 artigos em substituição aos 189 da Constituição de 1967.

A partir de 1978, veem-se movimentos tendentes a diminuir o autoritarismo do regime, notadamente a EC nº 11 de 1978, que incluiu a revogação dos Atos Institucionais, ainda que com curiosa redação (Art. 3º – São revogados os Atos institucionais e complementares, no que contrariarem a Constituição Federal, ressalvados os efeitos dos atos praticados com bases neles, os quais estão excluídos de apreciação judicial). Ademais, é posto fim ao bipartidarismo e restabelecido o pluralismo político. Posteriormente, as Emendas Constitucionais seguintes determinariam a eleição direta para Governadores e Senadores. Em seguida, o povo sairia às ruas com o lema "Diretas Já". Ainda que visando à redemocratização, Tancredo Neves é eleito em 1985 por meio de votação indireta feita pelo Colégio Eleitoral.

Como se sabe, Tancredo faleceu antes de assumir, dando lugar ao seu Vice, José Sarney, que convocou os membros da Câmara dos Deputados e do Senado Federal para se reunirem unicameralmente em Assembleia Nacional Constituinte para a elaboração de uma nova carta constitucional ao País.

18.4.7 Constituição da República Federativa do Brasil de 1988

Em 1º de fevereiro de 1987 reuniram-se os membros da Câmara dos Deputados e do Senado Federal, de forma unicameral no Congresso Nacional e presididos pelo Presidente do STF à época, o Ministro José Carlos Moreira Sales, para dar início aos trabalhos da Assembleia Nacional Constituinte, a qual seria presidida por Ulysses Guimarães.

Os trabalhos se prolongam até 5 de outubro de 1988, quando então é promulgada a sétima (ou oitava, se se contar a EC nº 1 de 69) Constituição brasileira.

Formalmente, é possível apontar que a Constituição de 1988 não representou uma ruptura com a ordem constitucional passada, já que a Emenda Constitucional 26 que previa a convocação da Assembleia Nacional Constituinte foi editada com base no art. 46, I da Constituição de 1969 (EC nº 1 de 1969).

No que tange ao conteúdo, a Constituição de 1988 cumpriu os anseios democráticos que vinham desde o golpe de 64 e instaurou um Estado democrático de Direito, sendo conhecida como "Constituição Cidadã", em virtude da contribuição popular e da tentativa de implementação do exercício de uma cidadania plena aos brasileiros. Estruturalmente, é distinta das anteriores, tendo nove títulos: (1) dos princípios fundamentais; (2) dos direitos e garantias fundamentais, abrangendo os direitos individuais e coletivos, bem como os direitos sociais dos trabalhadores, da nacionalidade, dos direitos políticos e dos partidos políticos; (3) da organização dos poderes, Legislativo, Executivo e Judiciário, seguindo-se de capítulo sobre as funções essenciais à Justiça, com Ministério Público e advocacia pública (da União e dos Estados), advocacia privada e defensoria pública; (5) da defesa do Estado e das instituições democráticas, com mecanismos de Estado de sítio e de defesa; (6) da tributação e do orçamento; (7) da ordem econômica e financeira; (8) da ordem social; e (9) das disposições gerais – títulos esses distribuídos em 245 artigos, além dos 73 referentes às disposições transitórias[22].

Ainda a respeito de seu conteúdo, trata-se de uma Constituição preocupada com a mudança da realidade social do País e com o pluralismo político. Destaca-se, nesse ponto, não só o extenso rol de direitos e garantias individuais e coletivos do art. 5º, mas também o art. 3º, que traz como objetivos fundamentais da República Federativa do Brasil a construção de uma sociedade livre, justa e solidária, a garantia do desenvolvimento nacional, a erradicação da pobreza e da marginalização e a redução das desigualdades sociais e regionais e, ainda, a promoção do bem de todos, sem preconceitos de origem, raça, sexo, cor, idade e quaisquer outras formas de discriminação.

Seja pelo seu processo de elaboração, seja pelo conteúdo, a Constituição de 1988 é certamente a mais democrática da história constitucional brasileira e, embora constantemente ameaçada por teorias antigarantistas, permanece vigente já por mais de três décadas, durante as quais verificamos diversos momentos de ampliação e de restrição da efetiva concretização dos direitos e garantias previstos no texto constitucional, fazendo com que as lutas pela efetivação de suas disposições sejam constantes.

 Filmografia

Constituinte 1987-1988 – Brasil, 2012

Eles não usam black-tie – Brasil, 1981

Getúlio Vargas – Brasil, 1974

Independência ou morte – Brasil, 1972

---

22 SILVA, José Afonso da. **Curso de direito constitucional positivo.** 30ª ed. São Paulo: Malheiros, 2008, p. 90.

Libertários – Brasil, 1976

Olga – Brasil, 2004

Pra frente, Brasil – Brasil, 1982

Revolução de 30 – Brasil, 1980

 ## Questões Objetivas

1. Quanto à história das constituições brasileiras, assinale a alternativa correta:

    a) A Constituição de 1824 foi promulgada pela primeira Assembleia Constituinte do Brasil e estabeleceu uma forma unitária de Estado.

    b) Nossa Constituição de 1891 trouxe a forma de governo republicana, o sistema de governo presidencialista, mantendo a forma unitária de Estado.

    c) A Constituição de 1934 inaugura no Brasil a teoria da tripartição dos poderes.

    d) A Constituição de 1891 estabelece a forma federativa de Estado, a qual foi mantida em todos os diplomas constitucionais posteriores.

2. Analise as seguintes afirmativas quanto ao poder constituinte:

    I – Numa Assembleia Nacional Constituinte, não se confunde o titular e o exercente do poder constituinte.

    II – Dentre as características do poder constituinte originário, destaca-se a possibilidade incondicional de atuação, isto é, a Assembleia Nacional Constituinte, via de regra, possui poderes ilimitados.

    III – Toda e qualquer alteração do texto constitucional implica em convocação da Assembleia Nacional Constituinte.

    Está(ão) correta(s) a(s) afirmação(ões):

    a) I, apenas.

    b) I e II.

    c) I, II e III.

    d) II e III.

3. Sobre o poder constituinte originário e o poder constituinte derivado, assinale a alternativa correta:

    a) Ambos são ilimitados.

    b) A reforma da Constituição por um poder constituinte derivado permite a alteração do texto constitucional sem limitações.

    c) O poder constituinte derivado é de natureza eminentemente jurídica, vez que se presta a realizar as reformas no texto constitucional, de acordo com os limites previstos no próprio texto da Constituição.

    d) O poder constituinte derivado demanda legitimidade e não se encontra limitado pelas normas jurídicas vigentes.

 Questões Dissertativas

1. Disserte sobre o fundamento de legitimidade e de legalidade do poder constituinte.

2. Quais constituições brasileiras foram promulgadas e quais foram outorgadas? Aponte a possível relação entre a forma de origem do texto constitucional e a forma do regime político que dele decorre.

3. O preâmbulo da Emenda Constitucional nº 1 de 17 de outubro de 1969 deixava clara a tarefa da Emenda: "Edita o novo texto da Constituição Federal de 24 de janeiro de 1967". Diante disso, discorra sobre a possibilidade de o poder constituinte derivado substituir integralmente o texto constitucional então vigente.

 Caso Prático

Em discurso proferido na sessão de 5 de outubro de 1988, Ulysses Guimarães disse:

"Há, portanto, representativo e oxigenado sopro de gente, de rua, de praça, de favela, de fábrica, de trabalhadores, de cozinheiros, de menores carentes, de índios, de posseiros, de empresários, de estudantes, de aposentados, de servidores civis e militares, atestando a contemporaneidade e autenticidade social do texto que ora passa a vigorar. Como o caramujo, guardará para sempre o bramido das ondas de sofrimento, esperança e reivindicações de onde proveio. (Palmas.)

A Constituição é caracteristicamente o estatuto do homem. É sua marca de fábrica.

O inimigo mortal do homem é a miséria. O estado de direito, consectário da igualdade, não pode conviver com estado de miséria. Mais miserável do que os miseráveis é a sociedade que não acaba com a miséria.

Tipograficamente é hierarquizada a precedência e a preeminência do homem, colocando-o no umbral da Constituição e catalogando-lhe o número não superado, só no art. 5º, de 77 incisos e 104 dispositivos.

Não lhe bastou, porém, defendê-lo contra os abusos originários do Estado e de outras procedências. Introduziu o homem no Estado, fazendo-o credor de direitos e serviços, cobráveis inclusive com o mandado de injunção." (http://www2.camara.leg.br/atividade-legislativa/plenario/discursos/escrevendohistoria/25-anos-da-constituicao-de-1988/constituinte-1987-1988/pdf/Ulysses%20Guimaraes%20-%20DISCURSO%20%20REVISADO.pdf)

Diante das palavras do Presidente da Assembleia Nacional Constituinte, disserte sobre a importância histórica da Constituição da República Federativa do Brasil de 1988, destacando seus avanços quanto às constituições brasileiras anteriores no que tange aos direitos e garantias fundamentais.

IMPACTOS POLÍTICOS DECORRENTES DA QUARTA REVOLUÇÃO INDUSTRIAL

Acesse o QR code e assista ao vídeo sobre o tema

> uqr.to/eeqn

19.1 ESTADO, DIREITO E DEMOCRACIA NA INFLEXÃO DA MODERNIDADE

Considerando os mais diversos temas trabalhados ao longo desta obra, podemos agora realizar uma breve análise acerca dos desafios enfrentados pelo Estado e pelo Direito neste século XXI e como eles afetam o presente e o futuro da democracia.

Diante da exposição histórica das formas de organização social, bem como da apresentação das diferentes teorias que justificaram e justificam o Estado, verificamos que o Estado é uma construção moderna – isto é, típica da modernidade – e que, em nossa leitura, permanece com as características estruturantes que lhe foram dadas desde então. De fato, verificamos que os diplomas jurídicos dos séculos XVIII e XIX estruturaram a forma política estatal e estabeleceram um conjunto de valores – expressos em direitos e garantias juridicamente tutelados – que foram aos poucos sendo implementados nos Estados ocidentais. Dessa forma, entendemos que não houve qualquer ruptura ou completude do projeto de modernidade que nos possibilite dá-la como finda ou superada e, portanto, permanecemos – ao menos nos aspectos políticos e jurídicos – sob as premissas estabelecidas ao longo dos séculos XVIII e XIX.

Embora os diplomas internacionais de Direitos Humanos do século XX tenham alterado de forma significativa os regimes democráticos no contexto do pós-guerra, estruturalmente sua organização política e jurídica se faz de modo muito similar nos últimos duzentos anos. É diante dessa visão que entendemos não termos superado – ou, ao menos, alterado de modo substancial – a forma jurídico-política pela qual se estrutura o Estado moderno e, portanto, encontramo-nos, neste início de séc. XXI, ainda no período moderno – ainda que seja possível chamá-lo de modernidade tardia.

Nesse sentido, as justificativas teórico-filosóficas do Estado moderno foram apresentadas ao longo do capítulo 5 desta obra, incluindo as teorias contratualistas modernas, cuja tarefa era fundamentar o Estado em bases racionais, distintas das teorias antigas e medievais e, já no século XX, coube, dentre outros, a John Rawls e Jürgen Habermas reformular os conceitos modernos e apresentá-los adequados à realidade de sua época. Com isso, tais teóricos buscaram conceder fôlego adicional ao que aqui compreendemos como *projeto moderno*, trabalhando com os conceitos de Estado e Direito tal como foram cunhados na aurora da modernidade, porém acrescentando-lhes certas modificações que, entretanto, não alteram substancialmente seus fundamentos.

Dessa forma, temos que as tentativas de justificação do Estado e de sua ordem jurídica são assentadas sobre bases semelhantes desde o início da modernidade, notadamente na ideia de formação de uma vontade única a partir da multiplicidade típica da modernidade – o que aparece como vontade geral e, posteriormente, como consenso – e, consequentemente, na ideia de autolegislação, de monumental relevância desde o início da modernidade como forma de justificar toda e qualquer lei ou governo que decorra direta ou indiretamente de procedimentos apontados como democraticamente formulados e implementados. Posteriormente, a legalidade trabalhada pelas teorias positivistas daria a requerida pretensão de cientificidade ao modelo.

À vista disso, verificamos dificuldades nesses modelos teóricos em justificar o Estado na atual conjuntura político-social, em especial diante das transformações econômicas típicas do chamado capitalismo tardio. Há aqui dois relevantes fatores: o primeiro consiste na repolitização da economia a partir do aumento da participação do Estado no planejamento econômico e no desempenho de funções mercadológicas que, no âmbito do capitalismo industrial, eram desempenhadas pelo mercado, conforme disposto nas teorias liberais clássicas de viés não intervencionista; o segundo fator se refere a mudanças estruturais na economia, com a produção perdendo cada vez mais espaço para as especulações no mercado financeiro e, sobretudo, para a tecnologia, a informação e os demais bens de natureza imaterial – características típicas de uma sociedade *pós-industrial*.

Nesse cenário, verificamos recentemente notáveis avanços tecnológicos no contexto da chamada *Quarta Revolução Industrial*, a qual é caracterizada pela chamada lógica das redes[1] e especialmente pela crescente utilização de tecnologias disruptivas, como robótica, nanotecnologia, impressão 3D, internet das coisas (IoT), inteligência artificial, *machine learning*, e demais tecnologias de *big data* (grande volume de dados estruturados ou não).

Para Schwab[2], o que caracteriza a Quarta Revolução Industrial é a fusão e a interação entre os domínios físicos, digitais e biológicos. Do ponto de vista dos bens físicos, há uma mudança substancial no que tange à propriedade/utilização, sendo o padrão a disponibilidade de utilização sem se ter propriedade. Como exemplo, basta vermos os

---

1 "Uma estrutura social com base em redes é um sistema aberto altamente dinâmico suscetível de inovação sem ameaças ao seu equilíbrio. Redes são instrumentos apropriados para a economia capitalista baseada na inovação, globalização e concentração descentralizada; para o trabalho, trabalhadores e empresas voltadas para a flexibilidade e adaptabilidade; para uma cultura de desconstrução e reconstrução contínuas; para uma política destinada ao processamento instantâneo de novos valores e humores políticos; e para uma organização social que vise a suplantação do espaço e invalidação do tempo" (CASTELLS, Manuel. A sociedade em rede – A era da informação: economia, sociedade e cultura. Vol. I. 9. ed. Trad. Roneide Venancio Majer. São Paulo: Paz e Terra, 1999, p. 566).

2 SCHWAB, Klaus. **A quarta revolução industrial.** Trad. Daniel Moreira Miranda. São Paulo: Edipro, 2016, p. 16.

aplicativos de transporte e de locação de imóveis, ambos se referem a uma mudança da propriedade para o acesso e tudo isso via plataforma *on-line* ou aplicativo. Temos, aqui, modelos que rompem com a lógica produtiva e material típica do capitalismo industrial e criam inúmeros desafios ao direito e à política e seus operadores a partir da sedimentação dessa sociedade agora pós-industrial. Ainda que haja resistência em alguns setores, essa parece ser uma tendência inevitável e que reflete uma alteração substancial na sociedade, envolvendo uma nova forma de sociabilidade (agora permeada por aplicativos de mensageria e redes sociais), a reconfiguração das relações de trabalho (agora intermediadas por aplicativos) e alterações significativas na comunicação política que passa a focar nas redes sociais, incluindo aí a problemática da desinformação propagada em massa.

Referidas tecnologias possuem grande potencial e já trazem importantes modificações nas democracias atuais, seja na condução da administração pública, seja no papel determinante que vêm adquirindo em processos eleitorais, inobstante todas essas questões serem reguladas por institutos jurídicos típicos dos séculos passados e que, portanto, não conseguem compreender e fiscalizar adequadamente o relevante papel político das novas tecnologias.

Adicionalmente, a popularização da internet e das mídias sociais altera a materialidade das relações humanas e termina de liquidar o já debilitado capitalismo industrial, base econômica dada para todas as teorias de justificação do Estado típicas da modernidade que, portanto, não possuem os elementos necessários para responder aos anseios sociais sobre o papel da ciência e da tecnologia no âmbito da economia e da democracia, tal como se apresentam nesse início de séc. XXI. Dessa forma, o centro do projeto político moderno, isto é, a racionalidade autônoma do sujeito e suas funções ativa e passiva como cidadão de uma democracia liberal, encontram-se solapados econômica e politicamente pelo desenvolvimento tecnológico.

Diante disso, o sujeito, apontado pelas teorias justificadoras do Estado como formador do todo social a partir do atomismo político típico da modernidade e, é claro, da teoria da soberania popular, afasta-se gradativamente da centralidade do projeto moderno para ser mero partícipe, isto é, afasta-se da visão kantiana do sujeito autônomo, racional e, portanto, capaz das condições necessárias para sua emancipação e passa a figurar como aquele que recebe ordens – expressas ou tácitas – de como falar, vestir, consumir e, em especial, portar-se diante de regras que acabam por aparecer como decorrência de sua autonomia, mas que, em verdade, surgem a partir de decisões técnicas despolitizadas, de novas tecnologias (dotadas de algoritmos) ou de entendimentos de grupos de pressão e interesse dos quais não participa ou concorda.

Tendo em vista essa complexidade, verificamos a ausência de teorias que possam explicar satisfatoriamente o papel da tecnologia no atual contexto político e jurídico e a insistência em se valer de ferramentas teóricas típicas do início da modernidade para lidar com questões tecnológicas extremamente atuais. Tais teorias, como sabemos, não possuem o poder de articulação necessário para dar conta dessa realidade em constante transformação, o que pode abalar a efetividade das normas jurídicas, bem como acarretar as noticiadas crises de representação (de legitimidade), ainda que as leis e a composição do governo tenham decorrido de procedimentos democraticamente gerados e aplicados, remetendo-nos à problemática da circularidade da justificação do Estado e do direito, cujas tentativas de imposição tencionam o projeto moderno, podendo figurar como vetor determinante de sua ruptura.

As instituições políticas e jurídicas ainda hoje vigentes, como o Estado, o direito e a própria democracia, são todas elas frutos da aurora da modernidade. Isto é, são conceitos criados dentro de uma sociedade industrial e para equalizar os problemas de sua época. Frente às transformações socioeconômicas da última década – notadamente aquelas promovidas pelas novas tecnologias, que cuidam de consolidar o capitalismo em bases pós-industriais – resta saber se tais institutos darão conta de assimilar e resolver problemas novos e decorrentes de tecnologias inexistentes quando de sua formulação. Diante disso é que a tecnologia figura como principal motivo pelo qual o futuro da democracia é hoje, mais do que nunca, incerto[3].

 ## Filmografia

A rede social – EUA, 2010

A.I. – Inteligência artificial – EUA, 2001

Blade Runner: o caçador de androides – Hong Kong/EUA, 1982

Buscando... – EUA, 2018

Ela – EUA, 2003

Ex_Machina: instinto artificial – Reino Unido/EUA, 2014

Laranja mecânica – EUA/Reino Unido, 1971

Minority Report: a nova lei – EUA, 2002

O dilema das redes – EUA, 2020

O show de Truman – EUA, 1998

Privacidade hackeada – EUA, 2019

Rede de ódio – Polônia, 2020

Westworld (série) – EUA, 2016

---

3   Uma exposição ampliada desta tese aparece em: GAMBA, João Roberto Gorini. **Democracia e tecnologia:** impactos da quarta revolução industrial. 2ª ed. Rio de Janeiro: Lumen Juris, 2022.

GABARITO – QUESTÕES OBJETIVAS

Capítulo 1
1-B; 2-C; 3-A

PARTE I
Capítulo 2
1-A; 2-D; 3-D

Capítulo 3
1-D; 2-C; 3-B

PARTE II
Capítulo 4
1-A; 2-D; 3-B

Capítulo 5
1-C; 2-C; 3-C

PARTE III
Capítulo 6
1-B; 2-D; 3-B

Capítulo 7
1-A; 2-C; 3-C

Capítulo 8
1-B; 2-A; 3-C

Capítulo 9
1-C; 2-C; 3-D

Capítulo 10
1-C; 2-B; 3-C

Capítulo 11
1-D; 2-C; 3-A

Capítulo 12
1-C; 2-C; 3-D

Capítulo 13
1-A; 2-A; 3-A

Capítulo 14
1-D; 2-A; 3-C

Capítulo 15
1-C; 2-A; 3-A

Capítulo 16
1-B; 2-B; 3-A

Capítulo 17
1-B; 2-C; 3-B

Capítulo 18
1-D; 2-B; 3-C

GABARITO – QUESTÕES DISSERTATIVAS

Capítulo 1

1) O leitor deve correlacionar os temas a partir do seu ponto em comum: a política. Entretanto, deve diferenciar a perspectiva filosófica daquela científica. Vide Cap. 1, item 1.2 (Filosofia Política e Ciência Política).

2) A resposta deve centrar-se no fato de as ciências naturais e exatas estarem ligadas aos conceitos de necessidade, certeza, imutabilidade e determinismo (características do mundo natural), e as ciências humanas estarem relacionadas aos conceitos de liberdade, incerteza, mutabilidade e diversidade (características do mundo cultural humano). Vide Cap. 1, item 1.3 (Natureza e cultura).

3) O leitor deve ser capaz de relacionar os conceitos de Teoria Geral do Estado e Ciência Política expostos no Cap. 1, item 1.1 (Terminologia e objeto de estudo) com os apontamentos feitos no início do Cap. 1.

PARTE I

Capítulo 2

1) É possível apontarmos como elementos característicos de uma sociedade o elemento humano, o vínculo de natureza normativa, a finalidade e o poder. Para descrição dos elementos, vide Cap. 2, item 2.1 (Caracterização e conceito).

2) A resposta deve correlacionar as teorias naturista e contratualista vistas no Cap. 2, itens 2.2.1 (Teoria da origem natural (naturalista)) e 2.2.2 (Teorias convencionalistas (contratualistas)) e as ideias de liberdade e necessidade, conforme analisadas no Cap. 1, item 1.3 (Natureza e cultura). No Cap. 5 (As justificações do Estado em perspectiva histórica), o leitor encontrará um aprofundamento dessa questão.

3) A resposta deve apontar a ênfase em deveres nas sociedades organicistas e a ênfase em direitos nas sociedades mecanicistas. Vide Cap. 2, item 2.4 (Teorias organicista e mecanicista).

Capítulo 3

1) A importância histórica se deve, em especial, à inspiração para a formação da democracia moderna, muito embora esta seja caracterizada pela representatividade. No que tange às características, a democracia ateniense, embora direta, aplicava um conceito reduzido de cidadão (homem livre, filho de pai e mãe atenienses livres). De todo modo, tratava-se de um modelo político mais descentralizado do que as demais sociedades de sua época.

Ainda, é possível apontar como características da democracia ateniense: a isonomia, ou seja, igualdade de todos perante a lei; a isotimia, que dava livre acesso aos cargos públicos a todos os cidadãos, abolindo funções hereditárias; e a isegoria, o direito de palavra, em igualdade, para que todos os cidadãos pudessem debater os temas relevantes da pólis. Para mais informações, vide Cap. 3, item 3.2.2.1 (Antiguidade grega).

2) No que tange aos *aspectos sociais*, a sociedade feudal era estratificada, isto é, havia estamentos distintos – clero, nobreza e servos/camponeses, além da realeza – sendo praticamente nula a possibilidade de ascensão social. *Economicamente*, toda a produção é centrada em produtos agropecuários produzidos pelos servos, sendo os feudos autossuficientes; ademais, toda produção era destinada exclusivamente ao consumo, não havendo sentido qualquer produção de excedentes, vez que não há comércio para tanto. Quanto aos *aspectos jurídicos*, verificava-se uma notória insegurança, já que não havia um código legal dominante, mas apenas normas romanas, costumeiras e outros fragmentos advindos dos povos que ali ficaram. Assim, os tribunais feudais aplicavam as leis de forma não padronizada, sempre prevalecendo os interesses para a manutenção do modelo feudal. Vide Cap. 3, item 3.3.1 (Considerações sobre o regime feudal).

3) O direito consuetudinário feudal não possuía institutos e conceitos suficientemente adequados às atividades comerciais desenvolvidas após o séc. XI. Nesse tocante, o direito romano era muito mais adequado à nova sociedade em formação. Dentre os motivos, podemos apontar a segurança jurídica, o direito das obrigações (e o respeito aos contratos bilaterais) e, em especial, o conceito romano de propriedade: jus *utendi et abutendi* (o direito de usar e abusar), o que torna a propriedade um bem disponível nas mãos de seu proprietário, seja para vendê-la, seja para dá-la em garantia, questões de suma importância para o comércio e demais formas de relações sociais que passam a ser relevantes nessa sociedade em transformação. Para mais informações, vide Cap. 3, item 3.3.3 (O Direito Romano medieval).

PARTE II

Capítulo 4

1) É necessário que o leitor apresente os conceitos de legalidade, legitimidade e justificação ético-filosófica do Estado e os relacione com as abordagens jurídica, sociológica e filosófica, respectivamente. A seguir, estabeleça a relação entre eles, na medida em que as questões éticas e filosóficas tratam de justificar o aspecto normativo (a forma como é posto o ordenamento jurídico), e este, por sua vez, vincula a obediência fática, ou seja, justifica legal e racionalmente o poder, legitimando-o em bases sociológicas para que haja o efetivo cumprimento das regras.

2) Em linhas gerais, a *legalidade (aspecto jurídico)* consiste na aceitação do poder do Estado como decorrente de uma ordem jurídica, o que denota um dever de obediência às estruturas jurídicas postas, nos conduzindo à ideia da simples legalidade do poder ou, ainda, à legitimação normativa do Estado. Essa perspectiva refere-se a uma visão formalista acerca do problema da justificação do Estado. A *legitimidade (aspecto sociológico)*, por sua vez, refere-se à aceitação fática – possibilidade de obediência efetiva – de um poder específico, relacionada, portanto, ao aspecto empírico do problema da justificação. Por fim, a *justificação (aspecto ético-filosófico)*, noção de teor abstrato,

refere-se a teorias e doutrinas que buscam apontar o Estado como justo. Essa última dimensão alinha-se ao estudo da filosofia política.

3) O leitor deve ser capaz de apresentar as formas de dominação previstas por Max Weber (carismática, tradicional e legal-racional) e relacionar a formação do Estado moderno com a dominação do tipo legal-racional. Para uma resposta mais ampla, vide o Cap. 15 desta obra, que trata da burocracia.

Capítulo 5

1) A resposta deve evidenciar o aspecto naturalista da teoria aristotélica e o confrontar com a ideia de liberdade natural encontrada nas teorias contratualistas. Ademais, deve relacionar o contratualismo com o conceito de soberania popular. Os conceitos estão expostos nos itens 5.1 (A justificação aristotélica do Estado na Antiguidade Clássica) e 5.4 (As justificações contratualistas do Estado na Modernidade). A leitura do Cap. 3, item 3.4 (Modernidade) pode ajudar na contextualização da resposta. Quanto ao conceito de soberania popular, vide Cap. 6, item 6.1.5 (Soberania).

2) A resposta deve enfatizar as diferentes caracterizações do estado de natureza na obra dos referidos pensadores, destacando em especial a visão negativa de Hobbes, que via o homem natural como belicoso e egoísta, e a visão positiva de Rousseau, para o qual o homem natural é bom. Vide itens 5.4.1 (Thomas Hobbes e as bases do contratualismo moderno) e 5.4.3 (Jean-Jacques Rousseau: o contrato social e a vontade geral).

3) O leitor deve compreender o contexto histórico em que as teorias contratualistas foram formuladas, em especial aquelas de John Locke e Jean-Jacques Rousseau (Cap. 5, itens 5.4.2 e 5.4.3). Tais teorias se relacionam com os conceitos de soberania popular e democracia ao fundamentarem o poder político com base no consentimento dos governados; ao apresentarem noções de participação política (vide a vontade geral de Rousseau); e ao proporem a estruturação do Estado a partir de instituições limitadas e criadas para a fruição segura dos direitos naturais humanos. A leitura do Cap. 3, item 3.4 (Modernidade), pode ajudar na resposta. Quanto ao conceito de soberania popular, vide Cap. 6, item 6.1.5 (Soberania).

4) As teorias contratualistas modernas, como as de Hobbes, Locke e Rousseau, fundamentaram a legitimidade do poder político no consentimento dos indivíduos consubstanciado em um contrato social. John Rawls retoma essa lógica, ao trabalhar com a ideia de um acordo original na chamada posição original, na qual indivíduos, sob o véu de ignorância, escolhem princípios de justiça para garantir equidade e igualdade. Vide, em especial, Cap. 5, item 5.5 (A justificação neocontratualista de John Rawls).

PARTE III

Capítulo 6

1) A partir do conceito de Estado aqui utilizado, verificamos a existência dos seguintes elementos constitutivos: povo, território, governo, ordem jurídica, soberania e reconhecimento externo. Entretanto, encontramos na doutrina diversos conceitos de Estado e formas distintas de se compreender seus elementos constitutivos. Parte da doutrina,

seguindo o conceito clássico de Jellinek, aponta como elementos constitutivos do Estado apenas povo, território e poder. Outra posição bastante comum é aquela que aponta a soberania como elemento constitutivo do Estado. Sobre essa discussão, vide Cap. 6, item 6.1 (Análise dos elementos constitutivos do Estado).

2) O território pode ser compreendido como o limite geográfico da jurisdição estatal. Assim, a delimitação do território é fundamental para que seja possível identificar até onde vai o poder de um Estado e a partir de onde inicia-se o poder de outro. Sem uma delimitação clara, surgem disputas e incertezas quanto ao alcance do poder estatal, comprometendo a ordem jurídica, a segurança e a integridade nacional. Para mais informações, vide os itens 6.1.2 (território) e 6.1.5 (soberania).

3) Em nosso entendimento, Estado é "a instituição politicamente organizada de um povo, dotada de uma ordem jurídica própria, cuja aplicação lhe cabe com exclusividade dentro de determinado território e que possui reconhecimento externo suficiente para exercer sua soberania". Nação, por sua vez, é uma comunidade sociocultural, formada por indivíduos que compartilham língua, costumes, tradições, religião e outros fatores de ordem cultural. Diante disso, a nação é uma construção cultural e identitária, enquanto o Estado é uma estrutura política e jurídica. Vale destacar que um Estado pode abrigar múltiplas nações, assim como uma nação pode se espalhar por vários Estados.

Capítulo 7

1) A Constituição Federal de 1988 estabelece a organização da União, dos Estados, do Distrito Federal e dos Municípios, atribuindo a todos eles autonomia política, administrativa e financeira. Dessa forma, existem três esferas de poder sobrepostas: a União, os Estados e os Municípios, sendo que o Distrito Federal possui características tanto de Município quanto de Estado. Cada ente federativo tem competências específicas e bem definidas pela Constituição, e a distribuição dessas responsabilidades busca garantir a descentralização administrativa e promover a participação democrática.

2) É possível apontar como vantagens do modelo federativo sobre o modelo unitário a autonomia regional, permitindo a aplicação de políticas públicas conforme o contexto de cada Estado-membro; uma possível eficiência administrativa diante da maior proximidade com o cidadão; e, por fim, uma maior resiliência em tempos de crise, diante da descentralização do poder.

3) Inicialmente, há uma diferença substancial entre Federação e Confederação no que tange à natureza jurídica, pois, enquanto a Federação é um Estado soberano, a Confederação consiste em uma união permanente de Estados soberanos. Quanto à *forma de criação*, as Confederações são criadas por documentos de direito internacional (tratados, pactos ou convenções), já as Federações são criadas a partir de uma Constituição. Outra diferença notável se refere à *natureza jurídica dos membros* de uma Federação e de uma Confederação. A Federação é composta por Estados-membros, Províncias ou Cantões autônomos e, portanto, não soberanos, já a Confederação é composta por Estados soberanos. Outra diferença se refere à

possibilidade de secessão. A Federação consiste em uma união indissolúvel entre Estados autônomos, porém não soberanos, e, portanto, supõe-se perpétua, não conferindo aos Estados-membros, Províncias ou Cantões o direito de se desligarem da União, já no caso das Confederações o mesmo não ocorre, pois, em se tratando de Estados soberanos unidos por um tratado, um pacto ou uma convenção, é natural que, na qualidade de soberanos, nada os impeça de se desligarem da Confederação. Por fim, temos que o *relacionamento com o cidadão* é feito diretamente no caso da Federação e indiretamente no caso da Confederação.

Capítulo 8

1) A criação de um novo Estado implica necessariamente na extinção de outro(s) em casos de fusão, federalização e desmembramento total. Na fusão, dois ou mais Estados se unem para formar um novo Estado, extinguindo os Estados preexistentes. A federalização, por sua vez, transforma Estados soberanos em autônomos, criando um novo Estado (do tipo federação) e extinguindo os Estados soberanos originais, que agora passam a ser meramente autônomos nos termos da Constituição Federal. Já no desmembramento total, o Estado originário é completamente dissolvido, dando lugar a dois ou mais novos Estados.

2) Na transformação de uma Confederação em uma Federação, como ocorreu com a Confederação dos Estados Unidos da América que deu origem aos Estados Unidos da América (uma Federação), a Confederação é dissolvida, e os Estados, até então soberanos, deixam esse atributo para se tornarem Estados-membros da Federação, com autonomia definida por uma Constituição.

3) Do ponto de vista do povo expulso, faltará o território para que nele possa estabelecer um governo e reunir os demais elementos constitutivos de um Estado. A tendência é que esse povo passe a viver como refugiado em outro(s) Estado(s), mantendo, perante a comunidade internacional, uma demanda pela retomada do território perdido.

Capítulo 9

1) A resposta deve apontar e explicar os seguintes elementos: Estado de Direito; separação dos poderes; direitos e garantias fundamentais; sufrágio universal; eleições livres e periódicas; e pluralismo político-partidário.

2) A resposta deve conter a análise dos mecanismos de participação direta previstos no art. 14 da Constituição Federal de 1988: plebiscito, referendo e iniciativa popular.

3) A transformação de regimes democráticos em autocráticos pode ocorrer de forma súbita ou gradual. Golpes de Estado cuidam de implementar regimes autocráticos de modo súbito. Já no caso da transformação gradual, verificam-se práticas autoritárias sendo implementadas dentro de um sistema democrático e que visam enfraquecer os mecanismos de controle institucional ou cooptar instituições. A gradualidade pode dificultar a percepção do risco, permitindo que o regime autoritário se consolide com menos resistência da sociedade.

Capítulo 10

1) Dentre os argumentos favoráveis à forma republicana de governo, podemos destacar a eletividade do Chefe de Estado e a temporalidade do seu mandato e, ainda, a igualdade formal entre os indivíduos. Já como argumentos contrários, é possível apontar a instabilidade jurídica e a fragilidade política, sendo a república supostamente mais suscetível a golpes de Estado, em razão da permanente disputa pelo poder.

2) Como argumentos favoráveis à monarquia, podemos apontar a estabilidade decorrente do posto suprapartidário exercido pelo monarca e o critério hereditário de transferência do poder, que é apontado como fator que reduz as disputas políticas. Já do ponto de vista das críticas, apontam-se como argumentos contrários à monarquia a natureza antidemocrática do critério hereditário e, ainda, a possível instabilidade decorrente do fato de que as instituições se sustentam na figura do monarca e não em diplomas jurídicos impessoais.

3) Na Monarquia absolutista, o monarca governa sem qualquer limitação, seja por um órgão legislativo, seja por um texto legal. Já na Monarquia constitucional pura, o monarca exerce os cargos de Chefe de Estado e Chefe de Governo, porém limitado por uma Constituição. Por fim, na Monarquia Parlamentarista, há a limitação dos poderes do monarca pelo texto constitucional e, ainda, o monarca exerce apenas a função de Chefe de Estado, sendo a Chefia de Governo a cargo de um Primeiro-Ministro eleito pelo Parlamento.

Capítulo 11

1) No Presidencialismo, o Presidente da República acumula os cargos de Chefe de Estado e Chefe de Governo. Já no Parlamentarismo, o Presidente (em Repúblicas) ou o Monarca (em Monarquias) é apenas Chefe de Estado e o Chefe de Governo é o Primeiro-Ministro, eleito e destituído pelo Parlamento. Por fim, no sistema Semipresidencialista, o Poder Executivo é dual, composto pelo Presidente (que tem funções além de um mero Chefe de Estado) e pelo Primeiro-Ministro/Chanceler/Premier (Chefe de Governo), responsável perante o Legislativo e, por vezes, perante o Presidente.

2) A resposta pode incluir mecanismos de "parlamentarização" de sistemas presidencialistas, bem como o *recall* analisado no Cap. 9, item 9.1.2.

3) A questão comporta diversas respostas, a depender das características que o leitor considera mais adequadas à configuração de um regime democrático. Ver item 11.5 (A democracia, o problema da representação e os sistemas de governo). A análise dos elementos caracterizadores de regimes democráticos (Cap. 9, item 9.1.1) pode ajudar na elaboração da resposta.

Capítulo 12

1) Os tipos de sufrágio restrito já utilizados ao longo da história incluem o *sufrágio censitário*, que limitava o direito de voto aos indivíduos que cumpriam determinados requisitos de natureza pecuniária, como pagar taxas, possuir uma renda mínima

ou ser proprietário de bens, assegurando o poder à elite econômica. O *sufrágio capacitório*, que restringia o direito de votar com base na instrução, exigindo capacidades como leitura ou níveis mínimos de escolaridade, é frequentemente usado para excluir grupos específicos sob justificativas supostamente técnicas. O *sufrágio aristocrático*, por sua vez, concedia o direito ao voto apenas a estamentos privilegiados, como nobres e clero, excluindo a população não privilegiada. O *sufrágio racial* excluía de modo preconceituoso determinados grupos étnicos ou raciais, assegurando a manutenção do poder com a elite branca. Por fim, o *sufrágio masculino* negava o direito de voto às mulheres, assegurando sua exclusão aos cargos de poder.

2) O principal objetivo de modelos de sufrágio restrito é evitar a ascensão político-social de grupos sociais minoritários e, é claro, conservar a dominação política existente. Afinal, ao se atribuir o direito de votar e de ser votado apenas aos membros já participantes da elite política, garante-se que o poder permanecerá com esse mesmo grupo enquanto o voto for a maneira de se chegar ao poder. Ou seja, salvo em caso de revolução ou golpe (por definição opções ilegais), toda aplicação dos meios legais garantirá a perpetuidade das elites no poder. Assim, é imperioso concluirmos que qualquer espécie de sufrágio restrito gera, como consequência inevitável, uma aristocracia.

3) Historicamente, o voto público (aberto) sempre significou um instrumento de coação, fazendo com que o voto secreto figurasse como pilar fundamental de sustentação de qualquer democracia. Entretanto, é comum a utilização do voto aberto no caso de deliberações em casas legislativas, visando com isso a devida transparência dos representantes para com os eleitores.

Capítulo 13

1) Dentre os argumentos favoráveis, podemos mencionar a representação de todas as regiões (distritos), um menor custo da campanha e a maior proximidade entre candidatos e eleitores. Já como argumentos negativos, temos a dificuldade de representação de minorias e a possível redução do pluralismo político-partidário (tendendo ao bipartidarismo).

2) No caso da eleição por maioria absoluta, é apontado como vencedor aquele que obtiver mais da metade dos votos válidos. Se não houver a obtenção da maioria absoluta no primeiro turno, faz-se um *segundo turno* com os dois candidatos mais bem votados, garantindo-se assim que um deles tenha mais de 50% dos votos válidos (sendo esses os votos concedidos aos candidatos, excluindo-se, portanto, os brancos e nulos). Já na eleição por maioria relativa, é apontado como vencedor aquele que recebeu mais votos, independentemente do percentual.

3) O sistema proporcional costuma ser apontado como mais apto a garantir a representação de minorias, pois aproveita percentuais menores de votos que seriam ignorados em sistemas majoritários ou distritais, fortalecendo, assim, a democracia ao incluir diversas vozes no Legislativo.

Capítulo 14

1) O sistema unipartidário permite a existência de um único partido em todo o Estado, sendo proibida a criação de outros. O sistema bipartidário, por sua vez, caracteriza-se pela preponderância de dois grandes partidos. O sistema pluripartidário (ou multipartidário), por fim, é aquele em que se viabiliza, dentro de certas regras previstas na Constituição, a livre criação de novos partidos e, portanto, é caracterizado pela existência de diversos partidos.

2) A resposta deve conter uma análise do art. 17 da Constituição Federal de 1988, com destaque para a liberdade partidária e a autonomia. Segundo tais princípios, os partidos políticos têm liberdade para se organizar, se estruturar e criar suas normas internas, bem como para definir suas direções, suas candidaturas e suas plataformas políticas, sem interferência estatal.

3) Como vantagens, é possível apontar a representatividade de minorias e a melhor compatibilização com o pluralismo democrático. Quanto às desvantagens, é possível apontar a dificuldade de obtenção de consenso e a possível existência de partidos extremistas com representatividade.

Capítulo 15

1) A racionalidade moderna, consolidada a partir do Iluminismo, fundamenta-se em princípios de eficiência, previsibilidade, objetividade e controle, que reconfiguraram as estruturas sociais e políticas para afastar arbitrariedades, tradições e subjetividades em nome do progresso. Assim, é possível apontar a tecnocracia como um fruto – ainda que tardio – da racionalidade moderna. Entretanto, ao traduzir problemas políticos em termos técnicos, a tecnocracia despolitiza o debate público e exclui a participação cidadã, marcando um distanciamento das promessas democráticas da modernidade.

2) É possível apontar uma dissonância entre os conceitos. Enquanto a democracia valoriza a participação cidadã, o tecnocrata busca tomar decisões sem a consulta popular, a partir do pressuposto de que tal decisão decorre de um entendimento técnico-científico inacessível aos leigos. Esse recurso tipicamente tecnocrata de despolitizar decisões a partir de uma suposta neutralidade científica não parece estar alinhado com os princípios democráticos, sobretudo com relação à soberania popular. A análise do Cap. 9, item 9.1 (Regimes democráticos), pode ajudar na elaboração da resposta.

3) A burocracia e a tecnocracia são conceitos distintos, embora possam se relacionar. A burocracia é uma forma administrativa que organiza o Estado de maneira racional, impessoal e eficiente, baseada no cumprimento estrito de regras e na disciplina. Seu foco está na racionalidade do sistema. O burocrata, nesse sentido, é substituível, já que seu papel é desempenhado mediante o estrito cumprimento de normas e o acatamento de ordens. A tecnocracia, por outro lado, envolve a condução do poder por especialistas técnicos, cujo conhecimento específico lhes confere autoridade. Diferentemente do burocrata, o técnico é insubstituível (ou pelo menos de difícil substituição), pois seu poder deriva de sua expertise, e o tecnocrata, além disso, exerce influência ao impor soluções técnicas (ou supostamente técnicas) para questões políticas e sociais. Por fim, é possível verificarmos a existência do tecnoburocrata, isto é, um profissional que

está inserido no âmbito da burocracia estatal e, ainda, reveste-se de um poder social adquirido em razão de conhecimentos técnicos e que busca impor suas decisões a partir de discursos apoiados em uma suposta neutralidade.

Capítulo 16

1) Os grupos de pressão são organizações que buscam, por meio de ação coletiva, influenciar decisões dos poderes públicos (decisões políticas) para que estas sejam de acordo com os ideais defendidos pelo grupo. Embora sua atuação seja legal, não há uma legislação específica que regule a atuação desses grupos. Já os partidos políticos são um conjunto de cidadãos, os chamados membros do partido, que se reúnem em torno de ideias comuns, visando acesso aos cargos representativos para possibilitar a concretização dessas ideias, as quais encontram-se consubstanciadas num programa político. Diferentemente dos grupos de pressão, os partidos estão disciplinados pela Constituição Federal e devem, ainda, obedecer a uma série de legislações infraconstitucionais. Devem, também, obter registro perante o TSE, exigência não aplicável aos grupos de pressão.

2) A atividade dos grupos de pressão no Brasil é respaldada pela Constituição, embora não haja legislação específica. O *art. 5º, inciso IV,* garante a liberdade de manifestação do pensamento, permitindo que esses grupos expressem suas ideias. O *art. 220* assegura a liberdade de imprensa, possibilitando o uso da mídia para difundir suas posições. O *art. 5º, incisos XVI e XVII,* garante a liberdade de reunião e associação para fins lícitos. O *art. 5º, inciso XXXIV, alínea* a, assegura o direito de petição aos Poderes Públicos, permitindo que esses grupos façam solicitações formais. Finalmente, o *art. 58, § 2º, incisos II e IV,* possibilita a participação em audiências públicas e o envio de petições no processo legislativo, facilitando a interação entre comissões e entidades da sociedade civil.

3) Como exemplos de meios de pressão podemos mencionar que os grupos podem se valer de manifestações públicas, visando com isso chamar atenção para sua causa, divulgando-a ou demonstrando aos atores políticos que a causa em torno da qual se concentram goza de ampla aceitação pela população, dada a expressividade da manifestação. Também é possível a realização de visitas, telefonemas ou o envio *e-mails* aos responsáveis pela ação que se busca influir. Outra possibilidade é a contratação de assessoria de imprensa visando atrair atenção à causa por meio de notícias em redes sociais, jornais etc. Podem também, é claro, valer-se de propagandas e demais ferramentas oferecidas pelas mais diversas mídias, destacando-se, recentemente, a prática do chamado *lobby digital*, conceito que inclui as mais variadas formas de influenciar decisões políticas por meio da Internet. Enfim, os grupos de pressão podem se utilizar de todos os meios lícitos para divulgar e chamar atenção ou melhor explicar sua causa, quer seja perante o público em geral, quer seja perante os responsáveis pela ação ou decisão que buscam influir.

Capítulo 17

1) Do ponto de vista estritamente jurídico, a ideia de revolução significará inevitavelmente a ruptura ilegal de uma ordem jurídica vigente para o estabelecimento de uma nova. Ou seja, trata-se da instauração de um novo poder constituinte originário visando o

estabelecimento de uma nova Constituição. Nesse cenário, a legitimidade do movimento revolucionário buscará suplantar a ilegalidade relativa à mencionada ruptura institucional.

2) *Golpe de Estado* consiste em uma ação de natureza ilegal realizada por grupos que possuam autoridade instituída visando assumir ou manter o poder. Já a *revolução* geralmente advém de atores que são desprovidos de autoridade estatal e, ainda, diferente do golpe de Estado, a revolução busca introduzir uma nova ordem política, econômica ou social, distinta daquela que visa abolir, sendo esse fator determinante na distinção dos conceitos. Por fim, a *reforma* consiste em uma mera reformulação das condições de exercício do poder, mantendo o que há de fundamental na organização político-social do Estado.

3) O golpe de Estado em sentido clássico consiste na tomada ou manutenção do poder por meio do emprego de violência ou da ameaça do uso de violência. Já o golpe branco *(soft coup)* é aquele em que se busca assumir ou manter o poder mediante a utilização de meios previstos no ordenamento jurídico vigente, a fim de conceder à referida fraude uma roupagem jurídica que, apoiada na suposta estabilidade das instituições, legitimaria o golpe.

Capítulo 18

1) O *poder constituinte originário*, apto a criar uma nova ordem jurídica, não se sujeita a limites jurídicos, vez que está precisamente criando a Constituição e, portanto, é anterior a ela. Dessa forma, o poder originário, por seu caráter político, demanda *legitimidade*. Por outro lado, vimos que o poder constituinte originário estabelece, no texto constitucional então criado, as regras para alteração das normas constitucionais, conferindo ao Congresso Nacional os poderes para tanto, observadas as regras lá previstas. Assim, atribui-se aos representantes do povo – no caso brasileiro, ao Congresso Nacional – o chamado *poder constituinte derivado*. Esse, por sua vez, deve ser exercido com base na *legalidade*, isto é, na observância das normas constitucionais existentes, sendo, portanto, limitado por elas.

2) Costuma-se apontar as constituições de 1824 e 1937 como sendo outorgadas e as demais como sendo promulgadas. Há discussões acerca da Constituição de 1967 (geralmente apontada como outorgada, embora formalmente tenha sido promulgada) e da EC nº 1 de 1969, que pode ou não ser vista como uma carta constitucional nova, caso em que também seria considerada outorgada. Quanto à relação entre a forma de origem do texto constitucional e o regime político que dele decorre, é possível dizer que constituições outorgadas tendem a se relacionar com regimes autocráticos, enquanto constituições promulgadas alinham-se a regimes democráticos. Não há, entretanto, uma vinculação necessária entre os conceitos.

3) O poder constituinte derivado (no caso, reformador) encontra-se limitado juridicamente pelas disposições constantes do texto constitucional e atua por meio de reformas (emendas à Constituição). Se considerarmos que substituição integral do texto constitucional equivale à elaboração de uma nova Constituição, temos que essa tarefa deveria ser desempenhada pelo constituinte originário, por meio da convocação de uma assembleia constituinte. Diante disso, a EC 1, de 1969, suscita um necessário questionamento acerca de sua juridicidade.

REFERÊNCIAS

ANDERSON, Perry. **Linhagens do estado absolutista.** Trad. Telma Costa. Porto: Afrontamento, 1984.

AQUINO, Tomás de. **Escritos políticos de Santo Tomás de Aquino.** Trad. Francisco Benjamin de Souza Neto. Petrópolis: Vozes, 1997.

AQUINO, Tomás de. **Suma Teológica.** I Seção da II Parte. Questões 49-114. São Paulo: Loyola, 2005. vol. 4.

ARENDT, Hannah. **Origens do totalitarismo.** Trad. Roberto Raposo. São Paulo: Companhia das Letras, 1989.

ARENDT, Hannah. **Sobre a revolução.** Trad. Denise Bottmann. São Paulo: Companhia das Letras, 2011.

ARISTÓTELES. **A Política.** Trad. Roberto Leal Ferreira. São Paulo: Martins Fontes, 1991.

BANDEIRA DE MELLO, Celso Antônio. **O conteúdo jurídico do princípio da igualdade.** 3. ed. São Paulo: Malheiros, 2010.

BARROSO, Luís Roberto. **O direito constitucional e a efetividade de suas normas:** limites e possibilidades da Constituição brasileira. 8. ed. Rio de Janeiro: Renovar, 2006.

BASTOS, Celso Ribeiro. **Curso de teoria geral do Estado e ciência política.** 6. ed. São Paulo: Celso Bastos, 2004.

BASTOS, Celso Ribeiro. **Curso de direito constitucional.** 22. ed. São Paulo: Malheiros, 2010.

BAUMAN, Zygmunt. **Modernidade líquida.** Trad. Plínio Dentzien. Rio de Janeiro: Zahar, 2001.

BIGNOTTO, Newton. **Golpe de Estado:** história de uma ideia. Rio de Janeiro: Bazar do Tempo, 2021.

BLINKHORN, Martin. **Mussolini e a Itália fascista.** Trad. Ivone C. Benedetti. São Paulo: Paz e Terra, 2009.

BOBBIO, Norberto. **Thomas Hobbes.** Trad. Carlos Nelson Coutinho. Rio de Janeiro: Campus, 1991.

BOBBIO, Norberto. **Locke e o direito natural.** Trad. Sérgio Bath. Brasília: UNB, 1997.

BOBBIO, Norberto. **O futuro da democracia.** Trad. Marco Aurélio Nogueira. São Paulo: Paz e Terra, 2000.

BOBBIO, Norberto. **Teoria do ordenamento jurídico.** São Paulo: Edipro, 2011.

BOBBIO, Norberto; MATTEUCCI, Nicola; PASQUINO, Gianfranco. **Dicionário de política.** 13. ed. Coord. trad. João Ferreira. Brasília: UNB, 2010. vol. 1.

BOBBIO, Norberto; MATTEUCCI, Nicola; PASQUINO, Gianfranco. **Dicionário de política.** 13. ed. Coord. trad. João Ferreira. Brasília: UNB, 2010. vol. 2.

BODIN, Jean. **Os seis livros da república:** livro primeiro. Trad. José Carlos Orsi Morel. São Paulo: Ícone, 2011.

BONAVIDES, Paulo. **Ciência Política.** 13. ed. São Paulo: Malheiros, 2006.

BONAVIDES, Paulo. **Do Estado Liberal ao Estado Social.** 9. ed. São Paulo: Malheiros, 2009.

BONAVIDES, Paulo. **Teoria Geral do Estado.** 9. ed. São Paulo: Malheiros, 2012.

BONAVIDES, Paulo. **Curso de direito constitucional.** 30. ed. São Paulo: Malheiros, 2015.

BURDEAU, Georges. **Droit constitutionnel et institutions politiques.** 15. ed. Paris: Librairie Générale de Droit et de Jurisprudence, 1972.

CAENEGEM, R.C. van. **Uma Introdução Histórica ao Direito Privado.** Trad. Carlos Eduardo Machado. São Paulo: Martins Fontes, 1995.

CALDAS, Camilo Onoda. **A teoria da derivação do Estado e do direito.** 2ª ed. São Paulo: Contracorrente, 2021.

CASTELLS, Manuel. **A sociedade em rede** – A era da informação: economia, sociedade e cultura. Vol. I. 9. ed. Trad. Roneide Venancio Majer. São Paulo: Paz e Terra, 1999.

COULANGES, Fustel de. **A cidade antiga:** estudos sobre o culto, o direito, as instituições da Grécia e de Roma. Trad. Jonas Camargo Leite e Eduardo Fonseca. 12. ed. São Paulo: Hemus, 1975.

DAHL, Robert A. **Poliarquia:** participação e oposição. Prefácio Fernando Limongi; tradução Celso Mauro Paciornik. São Paulo: USP, 2005.

DAHL, Robert A. **A democracia e seus críticos.** Trad. Patrícia de Freitas Ribeiro. São Paulo: Martins Fontes, 2012.

DALLARI, Dalmo de Abreu. **Elementos de Teoria Geral do Estado.** 33. ed. São Paulo: Saraiva, 2016.

DE CICCO, Cláudio. **História do pensamento jurídico e da filosofia do direito.** 5. ed. São Paulo: Saraiva, 2010.

DE CICCO, Cláudio; GONZAGA, Alvaro de Azevedo. **Teoria geral do Estado e ciência política.** 7. ed. São Paulo: RT, 2016.

DERATHÉ, Robert. **Jean-Jacques Rousseau e a ciência política de seu tempo.** Trad. Natalia Maruyama. São Paulo: Barcarolla, 2009.

DUVERGER, Maurice. **Ciência política:** teoria e método. Trad. Heloísa de Castro Lima. Rio de Janeiro: Zahar, 1962.

DUVERGER, Maurice. **Os partidos políticos.** Rio de Janeiro: Zahar, 1970.

ECO, Umberto. **O fascismo eterno.** 9. ed. Trad. Eliana Aguiar. Rio de Janeiro: Record, 2020.

ELTZBACHER, Paul. **The great anarchists:** ideas and teachings of seven major thinkers. New York: Dover, 2004.

ENGELS, Friedrich. **A origem da família, da propriedade privada e do Estado:** trabalho relacionado com as investigações de L. H. Morgan. 8ª ed. Trad. Leandro Konder. Rio de Janeiro: Civilização Brasileira, 1982.

FERNANDES, Florestan. **Marx, Engels, Lenin:** história em processo. São Paulo: Expressão Popular, 2012.

FERRAJOLI, Luigi. **A soberania no mundo moderno:** nascimento e crise do Estado nacional. Trad. Carlo Coccioli, Márcio Lauria Filho e Karina Jannini. São Paulo: Martins Fontes, 2002.

FILOMENO, José Geraldo. **Manual de teoria geral do Estado e ciência política.** 7. ed. Rio de Janeiro: Forense Universitária, 2009.

FISCHBACH, Oskar Georg. **Teoría general del Estado.** 4. ed. Trad. Rafael Luengo Tapia. Barcelona: Editorial Labor, 1949.

FUKUYAMA, Francis. **As origens da ordem política:** dos tempos pré-humanos até a Revolução Francesa. Trad. Nivaldo Montingelli Jr. Rio de Janeiro: Rocco, 2013.

GAMBA, João Roberto Gorini. **Democracia e tecnologia:** impactos da quarta revolução industrial. 2ª ed. Rio de Janeiro: Lumen Juris, 2022.

GAMBA, João Roberto Gorini. **Direito de propriedade:** fundamentos históricos e filosóficos. 3. ed. Rio de Janeiro: Lumen Juris, 2021.

GUÉRIN, Daniel. **O anarquismo:** da doutrina à ação. Rio de Janeiro: Germinal, 1968.

HABERMAS, Jürgen. **Pensamento pós-metafísico:** ensaios filosóficos. Trad. Lumir Nahodil. Lisboa: Almedina, 2004.

HABERMAS, Jürgen. **Direito e democracia:** entre facticidade e validade. Trad. Flávio Beno Siebeneichler. Rio de Janeiro: Tempo Brasileiro, 2011. vol. 2.

HABERMAS, Jürgen. **Direito e democracia:** entre facticidade e validade, volume I. 2. ed. Trad. Flávio Beno Siebeneichler. Rio de Janeiro: Tempo Brasileiro, 2012.

HABERMAS, Jürgen. **Para a reconstrução do materialismo histórico.** Trad. Rúrion Melo. São Paulo: Unesp, 2016.

HAYES, Paul M. **Fascism.** London: George Allen & Unwin, 1973.

HEGEL, Georg Wilhelm Friedrich. **Princípios da filosofia do direito.** Trad. Norberto de Paula Lima, adaptação e notas Márcio Pugliesi. São Paulo: Ícone: 1997.

HEYWOOD, Andrew. **Ideologias políticas:** do liberalismo ao fascismo. Trad. Janaína Marcoantonio e Mariane Janikian. São Paulo: Ática, 2010. v. 1.

HOBBES, Thomas. **Leviatã ou Matéria, forma e poder de um estado eclesiástico e civil.** Trad. João Paulo Monteiro e Maria Beatriz Nizza da Silva. 2. ed. São Paulo: Abril Cultural (Os Pensadores), 1979.

HOBBES, Thomas. **Do cidadão.** Trad. Renato Janine Ribeiro. São Paulo: Martins Fontes, 1992.

HOBBES, Thomas. **Os elementos da lei natural e política.** Trad. Bruno Simões. São Paulo: WMF Martins Fontes, 2010.

HÖFFE, Otifried. **Immanuel Kant.** Trad. Christian Viktor Hamm e Valeio Rohden. São Paulo: Martins Fontes, 2005.

HUBERMAN, Leo. **História da Riqueza do Homem.** Trad. Waltensir Dutra. 12. ed. Rio de Janeiro, Zahar: 1976.

HUNTINGTON, Samuel P. **A ordem política nas sociedades em mudança.** Trad. Pinheiro de Lemos. Rio de Janeiro: Forense-Universitária; São Paulo: EdUSP, 1975.

HUZEK, Carlos Roberto. **Curso de direito internacional.** 14. ed. São Paulo: LTr, 2017.

JELLINEK, Georg. **Teoría general del Estado.** Trad. y prólogo de Fernando de los Ríos. México: FCE, 2000.

KANT, Immanuel. **Rumo à paz perpétua.** Trad. Heloísa Sarzana Pugliesi. São Paulo: Ícone, 2010.

KANT, Immanuel. **Doutrina do Direito.** 4. ed. Trad. Edson Bini. São Paulo: Ícone, 2013.

KELSEN, Hans. **Teoría general del Estado.** Trad. Luiz Legaz Lacambra. México: Editora Nacional, 1970.

KRASNER, Stephen D. Sovereignty: Organized Hypocrisy. Princeton: Princeton University Press, 1999.

LAHR, C. Manual de filosofia: resumido e adaptado do "Cours de Philosophie". 4. ed. Porto: Livraria Apostolado da Imprensa, 1948.

LEITE, Flamarion Tavares. **Manual de filosofia geral e jurídica:** das origens a Kant. Rio de Janeiro: Forense, 2008.

LEVITSKY, Steven; ZIBLATT, Daniel. **Como morrem as democracias.** Trad. Renato Aguiar. Rio de Janeiro: Zahar, 2018.

LÉVY, Jean-Philippe. **História da Propriedade.** Trad. Fernando Guerreiro. Lisboa: Estampa, 1973.

LOCKE, John. **Segundo Tratado do Governo.** Trad. E. Jacy Monteiro. São Paulo: Nova Cultural (Os Pensadores), 1991.

LOSANO, Mario G. **Os grandes sistemas jurídicos:** introdução aos sistemas jurídicos europeus e extraeuropeus. Trad. Marcela Varejão. São Paulo: Martins Fontes, 2007.

MACHIAVELLI, Niccolò. **O príncipe.** Trad. Lívio Xavier. Rio de Janeiro: Ediouro, 2000.

MALATESTA, Errico. **A anarquia.** Trad. Plínio Augusto Coêlho. São Paulo: Nu-sol, Imaginário e Soma, 2001.

MALUF, Sahid. **Teoria geral do Estado.** 26. ed. Atual. Miguel Alfredo Malufe Neto. São Paulo: Saraiva, 2003.

MANN, Michael. **Fascistas.** Trad. Clóvis Marques. Rio de Janeiro: Record, 2008.

MAQUIAVEL, Nicolau. Comentários sobre a primeira década de Tito Lívio. Trad. Sérgio Bath. 5. ed. Brasília: UnB, 2008.

MARKY, Thomas. **Curso elementar de direito romano.** 3ª ed. São Paulo: Saraiva, 1987.

MARTINS, Ives Gandra da Silva; MENDES, Gilmar Ferreira; NASCIMENTO, Carlos Valder (coords.). **Tratado de direito constitucional.** 2. ed. São Paulo: Saraiva, 2012. vol. 1.

MARX, Karl; ENGELS, Friedrich. **A ideologia alemã:** crítica da mais recente filosofia alemã e seus representantes Feurbach, B. Bauer e Stiner, e do socialismo alemão em seus diferentes profetas. Trad. Rubens Enderle, Nélio Schneider e Luciano Cavini Martorano. São Paulo: Boitempo, 2007.

MARX, Karl; ENGELS, Friedrich. **O Manifesto do Partido Comunista.** Trad. Marcos Aurélio Nogueira e Leandro Konder. Petrópolis: Vozes, 2011.

MASCARO, Alysson Leandro. **Estado e forma política.** São Paulo: Boitempo, 2013.

MASCARO, Alysson Leandro. **Crítica do fascismo.** São Paulo: Boitempo, 2022.

MENDES, Gilmar Ferreira. **Curso de Direito Constitucional.** São Paulo: Saraiva, 2007.

MEYNAUD, Jean. **A ciência política:** sua natureza e seu alcance. Trad. Luiz Cláudio de Castro. Rio de Janeiro: Função Getúlio Vargas, 1960.

MONTESQUIEU. **Do espírito das leis.** Trad. Fernando Henrique Cardoso e Leôncio Martins Rodrigues. 2. ed. São Paulo: Abril Cultural (Os Pensadores), 1979.

MORAES, Alexandre de. **Direito constitucional.** 38ª ed. Barueri: Atlas, 2022.

NAPOLITANO, Marcos. Golpe de Estado: entre o nome e a coisa. In: **Estudos Avançados**, 33(96), 397-420, p. 397-398. Disponível em: https://doi.org/10.1590/s0103-4014.2019.3396.0020. Acesso em 9 jan. 2023.

NETTO, Pedro Salvetti. **Curso de ciência política:** teoria do Estado. 2. ed. São Paulo: TJ, 1977. vol. 1.

NEUMANN, Franz. **Estado democrático e Estado autoritário.** Trad. Luiz Corção. Rio de Janeiro: Zahar, 1969.

NIETZSCHE, Friedrich Wilhelm. **Genealogia da moral:** uma polêmica. Trad. Paulo César de Souza. São Paulo: Companhia das Letras, 2009.

NOZICK, Robert. **Anarquia, Estado e utopia.** Trad. Ruy Jungman. Rio de Janeiro: Jorge Zahar, 1991.

PASUKANIS, Eugeny Bronislanovich. **A Teoria Geral do Direito e o Marxismo.** Trad. Paulo Bessa. Rio de Janeiro: Renovar, 1989.

PEIXOTO, José Carlos de Matos. **Curso de Direito Romano.** 4. ed. Rio de Janeiro: Haddad, 1960.

PIRENNE, Henri. **História econômica e social da Idade Média.** Trad. Lycurgo Gomes da Motta. São Paulo: Mestre Jou, 1968.

PROUDHON, Pierre-Joseph. **O que é a propriedade?** Trad. Marília Caeiro. Lisboa: Estampa, 1971.

PROUDHON, Pierre-Joseph. **A propriedade é um roubo.** Trad. Suely Bastos. Porto Alegre: L&PM, 2011.

PUGLIESI, Márcio. **Teoria do direito.** 2. ed. São Paulo: Saraiva, 2009.

RADCLIFFE-BROWN, Alfred Reginald. **Estrutura e função na sociedade primitiva.** Trad. Nathanael C. Caixeiro. Petrópolis, Vozes: 1973.

RANIERI, Nina. **Teoria do Estado:** do Estado de Direito ao Estado Democrático de Direito. 2. ed. Barueri: Manole, 2019.

RAWLS, John. **O liberalismo político.** Trad. Dinah de Abreu Azevedo. 2. ed. São Paulo Ática Lisboa: 2000.

RAWLS, John. **O direito dos povos.** Trad. Luís Carlos Borges. São Paulo: Martins Fontes, 2001.

RAWLS, John. **Justiça e democracia.** São Paulo, Martins Fontes, 2002.

RAWLS, John. **Uma teria da justiça.** Trad. Jussara Simões. 4. ed. rev. São Paulo: Martins Fontes, 2016.

REALE, Miguel. Introdução à filosofia. 4. ed. São Paulo: Saraiva, 2002.

REZEK, José Francisco. **Direito internacional público:** curso elementar. 17. ed. São Paulo: Saraiva, 2018.

ROUSSEAU, Jean-Jacques. **Do Contrato Social ou Princípios do Direito Público.** Trad. Lourdes Santos Machado. São Paulo: Nova Cultural (Os pensadores), 1999.

ROUSSEAU, Jean-Jacques. **Discurso sobre a origem e os fundamentos da desigualdade entre os homens:** precedido de discurso sobre as ciências e as artes. Trad. Maria Ernantina de Almeida Prado Galvão. 3. ed. São Paulo: Martins Fontes, 2005.

SARLET, Ingo Wolfgang; MARINONI, Luiz Guilherme; MITIDIERO, Daniel. **Curso de direito constitucional.** 2. ed. São Paulo: RT, 2013.

SARTORI, Giovanni. **A teoria da democracia revisada:** o debate contemporâneo. Trad. Dinah de Abreu Azevedo. São Paulo: Ática, 1994. v. 1.

SCHWAB, Klaus. **A quarta revolução industrial.** Trad. Daniel Moreira Miranda. São Paulo: Edipro, 2016.

SHAW, Malcolm N. **Direito internacional.** Trad. de Marcelo Brandão Cipolla, Lenita Ananias do Nascimento, Antônio de Oliveira Sette-Câmara. São Paulo: Martins Fontes, 2010.

SIEYÈS, Emmanuel Joseph. **A constituinte burguesa:** O que é o Terceiro Estado? Trad. Norma Azeredo. 3. ed. Rio de Janeiro: Lumen Juris, 1997.

SILVA, José Afonso da. **Curso de direito constitucional positivo.** 30. ed. São Paulo: Malheiros, 2008.

SINGER, Peter. **Hegel.** Trad. Luciana Pudenzi. São Paulo: Loyola, 2012.

STRAUSS, Leo. **Direito Natural e História.** Trad. Bruno Costa Simões. São Paulo: WMF Martins Fontes, 2014.

TEIXEIRA, J. H. Meirelles. **Curso de Direito Constitucional.** Maria Garcia (orgs.). Florianópolis: Conceito Editorial, 2011.

TIGAR, Michael E.; LEVY, Madeleine R. **O direito e a ascensão do capitalismo.** Trad. Ruy Jungmann. Rio de Janeiro: Zahar, 1978.

ULLMANN, Walter. **Principios de gobierno y politica en la Edad Media.** Trad. Graciela Soriano. Madrid: Revista de Occidente, 1971.

VARELLA, Marcelo Dias. **Direito internacional público.** 8ª ed. São Paulo: Saraiva, 2019.

VELASCO ARROYO, Juan Carlos. **Para leer a Habermas.** Madrid: Alianza Editorial, 2003.

VIEIRA, Luiz Vicente. **A democracia em Rousseau:** a recusa dos pressupostos liberais. Porto Alegre: EDIPUCRS, 1997.

WEBER, Max. **Economia e sociedade:** fundamentos da sociologia compreensiva. Trad. Regis Barbosa e Karen Elsabe Barbosa. Brasília: UnB; São Paulo: Imprensa Oficial do Estado de São Paulo, 1999. vol. I.

WEBER, Max. **Economia e sociedade:** fundamentos da sociologia compreensiva. Trad. Regis Barbosa e Karen Elsabe Barbosa. Brasília: UnB; São Paulo: Imprensa Oficial do Estado de São Paulo, 1999. vol. II.

WEBER, Max. **O direito na economia e na sociedade.** Trad. Marsely De Marco Martins Dantas. São Paulo: Ícone, 2011.

WILLEMS, Emílio. **Antropologia social.** Trad. Yolanda Leite. São Paulo: Difusão Europeia do Livro, 1962.

WOODCOCK, George. **História das Idéias e movimentos anarquistas.** Vol. I. Porto Alegre: L&PM, 2002.

ZIPPELIUS, Reinhold. **Teoria Geral do Estado.** Trad. Karin Praefke-Aires Coutinho e J.J. Gomes Canotilho. Lisboa: Fundação Calouste Gulbenkian, 1997.

ŽIŽEK, Slavoj. **Alguém disse totalitarismo?** cinco intervenções no (mau) uso de uma noção. Trad. Rogério Bettoni. São Paulo: Boitempo, 2013.